中国工伤保险发展报告
（2004—2020年）

Report on the development of industrial injury insurance in China

陈刚　主编

中国劳动社会保障出版社

图书在版编目（CIP）数据

中国工伤保险发展报告. 2004—2020/陈刚主编. -- 北京：中国劳动社会保障出版社，2021

ISBN 978-7-5167-4371-3

Ⅰ.①中… Ⅱ.①陈… Ⅲ.①工伤保险-产业发展-研究报告-中国-2004-2020 Ⅳ.①F842.61

中国版本图书馆 CIP 数据核字（2021）第 087068 号

中国劳动社会保障出版社出版发行

（北京市惠新东街 1 号　邮政编码：100029）

*

三河市华骏印务包装有限公司印刷装订　新华书店经销

787 毫米×1092 毫米　16 开本　28.75 印张　443 千字

2021 年 6 月第 1 版　2021 年 6 月第 1 次印刷

定价：75.00 元

读者服务部电话：（010）64929211/84209101/64921644

营销中心电话：（010）64962347

出版社网址：http://www.class.com.cn

中国工伤保险发展报告编委会

内容简介

工伤保险制度是社会保障制度的重要组成部分，党和人民政府高度重视工伤保险工作，在中华人民共和国成立之初，就已经将劳动保险制度建设提上重要议程，直至形成目前较为完善的工伤预防、补偿、康复“三位一体”的现代工伤保险制度体系，我国的工伤保险制度经历了波澜壮阔的改革发展历程。本书采用多维视角全面展现我国工伤保险制度的全貌，系统总结了工伤保险制度的改革发展历程，并介绍了国家行政主管部门、重点省份关于工伤保险改革完善的经验、成果、存在的问题与发展方向，同时结合对国际工伤保险制度的研究提出了我国工伤保险制度改革发展的建设性建议。

本书共分五大部分：第一部分总论，回顾我国工伤保险的发展历程并研究了国际工伤保险的发展趋势；第二部分主报告，回顾我国工伤保险的发展情况，具体讲述了我国工伤保险事业发展现状与特点，对我国工伤保险改革发展进行展望，深入研究探索了我国工伤保险面临的挑战与问题、新时代工伤保险发展的主要任务，以及未来工伤保险改革发展的机遇和前景展望；第三部分业务发展报告，以工伤保险工作内容为线索，详细归纳总结了我国工伤保险制度体系的发展阶段与成果；第四部分专题发展报告，总结分析了我国工伤保险在各个历史特殊阶段所发挥的重要作用；第五部分区域发展报告，研究并总结了我国工伤保险工作重点省份的工作经验、成果与发展方向。

本书可供社会保险行政部门、经办机构和研究机构人员作为珍贵资料参考使用，也可供社会各方面人士了解我国工伤保险制度创立发展和工作情况。

前　言

工伤保险是工业化社会为受到职业伤害的劳动者建立的社会保险制度，现在已成为世界上覆盖国家最多、最为成熟的一项社会保障制度。我国的工伤保险制度从 1951 年政务院发布《中华人民共和国劳动保险条例》起始到现在，已经走过了 70 年的历程。特别是改革开放以来，在 2004 年实施《工伤保险条例》以后，我国已经初步构建起了工伤预防、工伤补偿、工伤康复“三位一体”的现代工伤保险制度体系，切实保障了工伤职工的权益，有效地分散了用人单位的工伤风险，促进了经济社会和谐发展，充分发挥了工伤保险作为职工“保护伞”、经济发展“助推器”、社会和谐“稳定桩”的作用。

当前，我国经济社会发展进入了一个新时代。工伤保险也面临着诸多的挑战：新经济、新业态的发展，客观上要求扩大工伤保险覆盖面，建立健全灵活就业人员的职业伤害保险制度；新的劳动业态、劳动方式不断涌现，工伤种类有新的变化；工伤预防、工伤康复与工伤补偿的制度体系尚需健全完善；工伤保险管理和服务水平仍需进一步提高。

党的十九大对社会保障工作提出了“按照兜底线、织密网、建机制的要求，全面建成覆盖全民、城乡统筹、权责清晰、保障适度、可持续的多层次社会保障体系”，并明确要求“完善工伤保险制度”。党的十九届五中全会进一步提出了“推动工伤保险省级统筹”“健全灵活就业人员社保制度”的要求，为工伤保险未来一个时期的发展指明了方向。为了加强对工伤保险实践的研究和经验总结，推动我国工伤保险事业持续、健康、高质量发展，中国医疗保险研究会工伤保险专业委员会组织编写了《中国工伤保险发展报告（2004—2020 年）》（以下简称《发展报告》）一书，对我国工伤保险事业的发展进行全面系统的回顾、研究和评估，以推动我国工伤保险的理论研究和实践创新，为决策部门制定政策建言献策，为社会保障系统干部的学习参考、专家学者的学术研究、社会公众的宣传普及提供一本体现时代特征、涵盖专业特色的工伤保险发展研究报告。

《发展报告》采用科学的调查研究方法，由研究机构、高等院校和工伤保险专业委员会的专家学者承担报告的编撰任务。《发展报告》主要突出体现了四大方面的特点。

一、完整性与首创性。作为工伤保险的首部发展报告，《发展报告》对截至 2020 年年底的中国工伤保险事业发展状况进行了全面的回顾，总论部分对 1951 年建立劳动保险制度到《工伤保险条例》实施之前的工伤保障制度的创立发展、曲折经历和改革探索做了总结。《发展报告》按照时间发展的顺序，对工伤保险在不同发展时期取得的成就和经验教训进行了客观的分析，重点记述了 2004 年国务院《工伤保险条例》实施后工伤保险的发展过程。《发展报告》是目前为止第一部完整记载中华人民共和国成立后工伤保险事业发展的研究报告。

二、全面性与系统性。《发展报告》采用了“总论+主报告+业务发展报告+专题发展报告+区域发展报告”的编撰模式，涵盖了工伤保险制度的总体评估，各主要业务如工伤预防、工伤认定、劳动能力鉴定、工伤康复、工伤保险待遇、工伤保险基金、工伤保险经办等，重大事件如国有企业“老工伤”人员纳入工伤保险统筹管理、四川汶川大地震灾区工伤保险保障、工伤保险的国际交流与合作等，部分地区工伤保险的发展情况。《发展报告》从不同纬度和经度全面、系统地反映了中国工伤保险的发展进程、取得的成就、面临的挑战、今后主要任务以及对未来的展望。

三、客观性与建设性。《发展报告》以充分的事实和数据资料作依据，对工伤保险制度的主体功能和发展成就、面临的挑战给予客观的评价，对存在的问题作出了客观的分析。为促进工伤保险事业更好发展，对工伤保险在“十四五”期间以及更长一段时间发展的主要任务、政策措施，专家们认真负责地提出了建设性的意见和建议，并在部分章节中介绍了具有借鉴意义的地方典型经验，以期推动工伤保险高质量发展。

四、创新性与前瞻性。我国已经进入了以推动高质量发展为主题的新发展阶段，工伤保险制度也需要与时俱进，不断改革创新、完善发展。《发展报告》始终坚持工伤保险制度创新、理论创新、政策创新的理念，在各项改革中通过创新解决存在的问题，化解面临的挑战。在对发展现状客观分析判断的基础上，《发展报告》对“十四五”期间工伤保险制度的改革创新、覆盖面的进一步扩大、管理服务水平的升级、受益群体的增加，作出了发展前景的展望。

2004 年《工伤保险条例》实施以来，工伤保险制度在改革发展中不断前行。截至 2020 年年底，参保人数已达 2.68 亿人，每年有 200 万左右的工伤职工享受工伤保险待遇，工伤预防、工伤康复工作也在不断向前推进。展望未来，再经过五年到十年的发展，工伤保险将覆盖所有职业人群，为我国工业化和城镇化进程搭建起世界上最大的职业伤害“保护伞”，造福更多的工伤职工。《发展报告》作为第一部工伤保险发展蓝皮书，截稿之时，正逢“十三五”规划时期的结束，也正赶上“十四五”规划开局之年。《发展报告》作为工伤保险发展状况全景式的记录和展示，尽可能收集相关的资料和数据，为工伤保险管理人员、研究学者和大众读者提供研究工伤保险制度发展历程的专业报告。希望通过这部《发展报告》，为我国工伤保险在新时代的高质量发展提供有价值的建言和参考。

谨以此书纪念 1951 年《中华人民共和国劳动保险条例》颁布后建立起来的中国工伤保险制度 70 周年！

致谢中国劳动社会保障出版社为工伤保险领域的历史发展记录提供的支持。

中国医疗保险研究会副会长

陈 刚

2020 年 12 月 20 日

目　　录

第一部分　总　　论

第二部分　主　报　告

第三部分　业务发展报告

第四部分　专题发展报告

第五部分　区域发展报告

第一部分

总　　论

中国工伤保险发展历程（1951—2003 年）

工伤保险是指国家通过立法建立，用社会统筹的方式形成基金，对在生产、工作过程中负伤致残、患职业病丧失劳动能力的职工，以及对无生活来源的因工死亡职工遗属提供物质帮助的制度。

工伤保险是伴随工业化的进程而产生并发展起来的，是工业化社会的产物。1884 年 7 月 6 日，世界上第一部工伤保险法在德国诞生。之后，西方主要工业化国家相继进行了本国工伤保险的立法。初期工伤保险只覆盖了伤残事故的受害者，随着工业化进程的深入，所引发的各类职业病不断增加，职业病也被逐步纳入工伤保险范围。1906 年，英国通过的职业补偿法修正案最早将职业病纳入了工伤保险补偿范围，现在世界各国的工伤保险制度都已将职业病包括在内。至此，专门针对工伤事故和职业病进行补偿的工伤保险法律制度体系在西方主要工业化国家初步形成。工伤保险制度建立后，工伤保险成为国家对劳动者履行的社会责任，同时成为劳动者应该享受的基本权利。工伤保险使职工的政治、社会和经济地位得到一定程度的提高，同时也在一定程度上缓解了因工业伤害造成的社会矛盾，避免了劳资双方对立，有利于经济社会稳定发展，成为社会文明进步的标志之一。

据统计，目前全球实行工伤保险的国家或地区达到 160 多个，而且呈扩大之势。国际劳工组织对工伤保险也十分重视，先后通过了 12 个涉及工伤保险的国际劳工公约和建议书，推进了工伤保险制度在世界各国的建立和发展。从工伤保险在各国的发展情况看，工伤保险模式主要有以下三种类型：一是以建立公共基金，即统筹基金为特征的社会保险类型，由政府主导；二是雇主责任保险类型，即在工伤事故中强调雇主承担责任，而雇主一般通过投保商业保险来分散工伤风险；三是兼有社会保险和雇主责任保险两个类型特征的混合型。以上三种类型，多数国家实行的是第一种，即建立社会统筹基金的工伤保险。

工伤保险作为社会保险最早产生的险种，经过多年的发展和完善，已形成了一些国际上普遍认同的基本理念和主要原则，主要有以下六个方面：

一是强制性。国家通过立法，强制雇主对雇员的工伤事故和职业病负责，实行基金统筹模式的，则要求雇主为全体雇员参保缴费。世界上凡是实行了工伤保险制度的国家，都是通过国家或政府以颁布法令法规的形式强制实现的。

二是无责任补偿原则，又称补偿不究过失原则。职工在因工负伤后，不管工伤过失在谁，工伤职工均可获得经济补偿，以保障其得到及时的救治和基本生活保障。无责任补偿原则并不妨碍有关部门对事故责任人的追究，以防止类似事故重复发生。

三是职工个人不缴费原则。工伤保险费全部由企业或雇主缴纳，职工个人不缴费，这是工伤保险与养老、医疗等其他社会保险的主要区别之一，并已在国际上达成共识。

四是实行行业差别费率和企业浮动费率原则。工伤保险产生和发展的过程，也是不断促进工伤预防、减少工伤事故的过程。工伤保险对工伤预防的促进作用，主要通过行业差别费率和企业浮动费率来体现，即工伤保险费率设定与行业或职业风险程度和企业实际发生的事故率相关。工伤保险的行业差别费率和企业浮动费率机制也是工伤保险有别于其他社会保险的重要特征之一。

五是工伤预防、工伤补偿和工伤康复相结合的原则。工伤预防、工伤补偿和工伤康复三者是密切相连的，构成了工伤保险制度的三个支柱。工伤预防是工伤保险制度的重要内容，工伤保险制度致力于采取各项措施，减少或预防事故发生。工伤事故发生后，及时对工伤职工予以医治并给予经济补偿，使工伤职工本人或其家庭成员的生活得到一定的保障，是工伤保险制度的基本功能。同时，要及时对工伤职工进行医学康复和职业康复，使其尽可能恢复生活能力和劳动能力，进而具备继续从事某种职业的能力，这是工伤保险制度对已伤残职工提供的良好保障。这种工伤预防、工伤康复、工伤补偿“三位一体”的现代工伤保险制度，已成为国际工伤保险制度发展的普遍趋势。

六是一次性补偿与长期待遇相结合原则。对工伤职工或是因工死亡职工的遗属，工伤保险待遇实行一次性补偿与长期待遇相结合的办法。例如，对高伤残等级的职工、因工死亡职工的遗属，工伤保险基金一般在支付一次性补偿金的同时，还按月支付长期待遇。这种一次性补偿与长期待遇相结合的补偿办法，可以长期、有效地保障工伤职工及工亡职工遗属的基本生活。这也是工伤保险不同于其他保险如商业保险的重要特征之一。

工伤保险制度作为最早立法的社会保险制度，自工业革命以来在促进各国经济社会发展中发挥了重要作用，主要表现在以下三个方面：

一是切实保障了工伤职工的合法权益。职工在发生工伤后能及时得到医治及基本生活待遇、伤残抚恤、体能康复及生活辅助器具、职业康复和转业训练等经济补偿与物质帮助。

二是有利于促进用人单位的职业安全卫生工作，保护和发展生产力。工伤保险的实行对促进用人单位改善劳动条件、开展工伤预防、防止事故发生、保护职工安全与健康有积极的作用。

三是通过工伤保险制度强制征收工伤保险费，实现企业之间、地区之间的工伤风险分担，避免了企业由于发生严重的工伤事故而导致破产，维护了经济和社会的良性发展。国际工伤保险制度的基本原则、作用以及一些国家的成熟做法，对改革开放后我国工伤保险制度改革方案的研究设计以及法律制度和政策体系的形成都起到了重要的参考和借鉴作用。

我国工伤保险制度是在中华人民共和国成立后，在国民经济的恢复与发展中逐步建立和成长起来的，工伤保险制度的改革则是在我国由计划经济体制向市场经济体制的历史性转轨中开始逐步深入的。回顾我国工伤保险的发展历史，从 1951 年的《中华人民共和国劳动保险条例》（以下简称《劳动保险条例》）到 2003 年的《工伤保险条例》，工伤保险制度的建立和每一次重大改革都与当时的社会经济发展特别是工业化的快速发展、职业安全事故风险上升、工伤与职业病发展的严重程度密切相关。总结我国工伤保险发展的历史经验，是为了更好地从我国国情出发，不断与时俱进，改革完善工伤保险制度，使之作为我国工业化、城镇化发展中“安全网”的功能得到有效发挥，促进实现健康中国和全面建成小康社会的宏伟目标。

一、计划经济时期工伤补偿制度的建立和实施

1951年，中央人民政府政务院颁布了《劳动保险条例》，这是我国第一部包括养老、工伤、工亡职工遗属等保险项目在内的全国性统一法规，也是社会保障制度在我国开始实施的起点。《劳动保险条例》对劳动保险的实施范围，保险费的征集、管理和支付，保险的项目和标准以及保险业务的执行和监督都作出了明确规定。

（一）制度设计

1.《劳动保险条例》工伤补偿部分的主要内容

《劳动保险条例》中关于工伤待遇的规定主要如下：

（1）职工因工负伤，全部治疗费、药费、住院费、住院时的膳费与就医路费，均由企业行政方面或资方负担。在医疗期间，工资照发。在医疗期满或伤情处于相对稳定状态时必须安装义肢、义眼的，其所需费用完全由企业方面负担。

（2）因工负伤致残，完全丧失劳动能力退职后，饮食起居需人扶助者，发给本人工资75%的因工残疾抚恤费，付至死亡时止；因工负伤致残，完全丧失劳动能力退职后，饮食起居不需人扶助者，发给本人工资60%的因工残疾抚恤费，付至恢复劳动能力或死亡时止。

（3）部分丧失劳动能力尚能工作者，企业应给予适当工作，并在劳动保险基金下，按其残疾后丧失劳动能力的程度，发给因工残疾补助费。如果工资减少11%~20%，其因工残废补助费为残疾前本人工资的10%；工资减少21%~30%，为残废前本人工资的20%；工资减少30%以上，一律补助30%。但是，因工残疾补助费与残疾后复工的工资合计不得超过残疾前本人工资。

（4）职工因工死亡或因工伤残退休后死亡时，由企业发放丧葬费，并由保险基金每月付给供养亲属抚恤费：其供养亲属1人者，为死者本人工资的25%；2人者，为死者本人工资的40%；3人或3人以上者，为死者本人工资的50%。抚恤费付至受供养者失去供养条件时止。

2. 主要特点

（1）覆盖对象以企业为主。《劳动保险条例》的实施范围为：有职工百人以上的国营、公私合营、私营和合作社经营的工厂、矿场及其附属单位，以及铁路、航运、邮电的各企业单位与附属单位。当时实施范围之所以如此规定，主要有以下三个方面原因：一是财力有限，还不能在所有企业实行；二是尚缺乏经验，只宜采取“重点试行，逐步推广”的办法；三是有百人以上职工的单位，生产经营比较正常，具有缴纳保险费的能力。据统计，到 1952 年年底，全国实行《劳动保险条例》的企业有 3 861 个，职工 302 万人，连同他们的供养直系亲属在内，有 1 000 万人左右享受规定的劳动保险待遇。

（2）企业负担全部工伤费用。劳动保险的各项保险费用全部由企业行政方面或资方负担，职工个人不负担任何费用。保险费用实行统一征集，统缴费率为本企业职工工资总额的 3%。征集来的费用 30%上缴中华全国总工会，作为全国调剂基金；70%存于该企业工会基层委员会，作为劳动保险基金，用于支付退休、退职、丧葬补助、工残抚恤、疾病救济等项待遇。劳动保险费用的筹集制度及其调剂金制度，对各企业支付劳动保险待遇和发展劳动保险事业起到了一定的保障作用。

（二）制度实践

我国的工伤保险制度是在计划经济时期建立和发展起来的，可以划分为三个阶段。

1. 中华人民共和国成立初期至“文化大革命”前的制度实施

《劳动保险条例》颁布后，随着财政经济状况的好转，国家进入了计划经济建设时期。为适应大规模经济建设的需要，政务院于 1953 年 1 月 2 日修正并重新公布了《劳动保险条例》，进一步扩大了劳动保险的实施范围，提高了若干劳动保险的待遇标准，主要内容如下：

（1）适当扩大实施范围，由修正前的仅限于工矿企业和铁路、邮电、航运三个产业，扩大到工矿和交通事业的基本建设单位以及国营建筑公司。

（2）酌量提高待遇标准，主要是提高了因工和非因工致残待遇，对因工致残部分丧失劳动能力的，由修正前的发给本人工资 5%～20%的因工残废补助费，改为发给本人工资 10%～30%的因工残废补助费；对非因工致残，完全丧失劳动能力的，由修正前的发给本人工资 20%~30%的非因工残废救济费，改为根据饮食起居需人扶助的程度分别发给非因工残废救济费，需人扶助的发给本人工资 50%的非因工残废救济费，不需人扶助的发给本人工资 40%的非因工残废救济费。对因工和非因工死亡待遇也进行了调整，因工死亡的丧葬费，修改为 3 个月的企业平均工资；非因工死亡的丧葬补助费，由修正前 1 个月的企业平均工资，改为 2 个月的企业平均工资；非因工死亡的供养直系亲属救济费由修正前的支付死者本人 3~12 个月的工资，改为 6~12 个月的工资。

与此同时，国家机关、事业单位的保险制度也以单项法规的形式逐步建立：1950 年 12 月 11 日内务部公布了《革命工作人员伤亡褒恤暂行条例》，规定了伤残死亡待遇；1952 年、1953 年和 1955 年三次对这个条例进行了修改，提高了待遇水平。

随着我国工业生产的发展，职业病伤害开始凸显。为了加强对职业病伤害的保障，1957 年 2 月 23 日，卫生部制定颁布了《职业病范围和职业病患者处理办法的规定》，确定了将严重危害职工健康，严重影响生产，职业性比较明显的职业中毒、尘肺病等 14 种与职业活动有关的疾病正式列入职业病范围（即“法定职业病”）。同时，首次将职业病列入了工伤补偿的范围。

中华人民共和国成立之初，在百废待兴之际，党和政府很快建立起城镇职工劳动保险制度，并使之初具规模，这对于稳定社会、提高职工生产积极性、保护职工安全与健康、促进和发展生产都起到了积极作用。但是，在实践过程中也出现了不少问题。为此，中央及时作出了调整劳动保险制度的决定。

1957 年 9 月，在中国共产党八届中央委员会第三次全体扩大会议上，周恩来同志在《关于劳动工资和劳保福利问题的报告》中，肯定了几年来在劳动保险方面取得的成绩，同时又指出了存在的不足：步子迈得太大，与我国人口众多、经济底子薄、广大农民生活水平还较低的现状不相适应，且助长了职工对国家的依赖心理；还存在着项目混乱、制度规定不合理、管理不完善、标准不统一、苦乐不均及浪费严重等现象。为此，周恩来同志在报告中指出，今后工作的重点是调整与完善。

从 1957 年 9 月党的八届三中全会提出调整与完善劳动保险制度到 1966 年“文化大革命”开始，这段时期党和政府有关保险制度的工作重点在于调整一些不适应生产力发展水平的规定，使之趋于完善。在工伤补偿待遇、工伤范围、职业病问题以及死亡、抚恤等几大方面都作出了明确规定，还规定了异地支付劳动保险待遇的办法等。

这一时期我国的工伤待遇体系主要是依据1953年修正公布的《劳动保险条例》及其后发布的一系列单行规定而制定的，主要包括工伤医疗待遇、伤残待遇、职业病待遇、职业康复待遇以及因工死亡待遇等项目。

2. “文化大革命”期间制度遭受的破坏

1966—1976年的“文化大革命”给国家带来了深重的灾难，我国劳动保障事业同样未能幸免。劳动保险体系遭到严重破坏，由实质上的“国家保险”退化为“企业保险”。

（1）《劳动保险条例》被诬蔑为修正主义的条例横遭批判。在“文化大革命”初期，《劳动保险条例》被诬蔑为“典型的修正主义条例”“腐蚀工人，也腐蚀机关的工作人员”“形式上是为工人好，实际上腐蚀工人意识”“鼓励懒汉”“小病大养、无病也养、越养越修”，是“修正主义大染缸”“维护四旧”等。在批判砸烂所谓修正主义劳动保险条例的恶潮中，个别地区还草拟了《关于职工劳动保险的若干规定（草稿）》，对《劳动保险条例》的实施任意作出调整，严重影响和损害了职工利益。尽管由于广大职工的抵制和反对，这些决定未能付诸实施，却造成了很坏的影响。

（2）劳动保险管理机构被削弱或撤销。“文化大革命”前，从中央到地方乃至基层均有比较健全的劳动保险管理机构，配有专、兼职干部。但在“文化大革命”期间，当时政府授权管理企业职工劳动保险业务工作的工会组织被迫停止活动，劳动行政部门的行政管理被削弱。受无政府主义思潮的影响，在许多单位出现了劳保福利政策和规定不能正确地贯彻执行，有法不依、有章不循，任意放宽享受条件，提高待遇标准，劳保福利档案资料丢失，基础台账残缺不全等不良现象，劳保福利的正常工作也难以开展。整个劳动保险事业一度陷于瘫痪和混乱局面。

（3）劳动保险费用统筹制度被迫中止。由于“文化大革命”的冲击，劳动保险工作的正常秩序遭到破坏，劳动保险专管机构被撤销后，劳动保险费用的统一征集、管理和调剂使用制度随之停止执行。1969年2月，财政部发出的《关于国营企业财务工作中几项制度的改革意见（草案）》规定，“国营企业一律停止提取劳动保险金”“企业的退休职工、长期病号工资和其他劳保开支，改在营业外列支。”这一改变产生了严重后果，一是从此劳动保险失去它固有的社会互济功能，劳动保险变成了“企业保险”；二是由于保险费用的各项开支由企业实报实销，造成各企业间费用负担的畸轻畸重。

“文化大革命”期间，我国劳动保险事业遭受了多方面的严重挫折和破坏，处于停滞乃至倒退状态。只是由于广大职工群众对这一制度的拥护和迫切要求，基本保险待遇还在勉强维持支付；同时，企业仍由国家统负盈亏，并不承担保险的最终责任，所以，劳动保险制度尽管已经支离破碎，但仍能艰难地延续下来。

3. 改革开放初期对制度的恢复

1978 年 12 月党的十一届三中全会召开以后，我国进入了以经济建设为中心的新的历史时期，劳动保险制度的重建工作也被提上了议事日程。

在此期间，有关主管部门颁发了一系列规定。

（1）扩大了实施劳动保险的范围。除肯定并恢复了“文化大革命”前的劳动保险实施范围外，还专门就学徒及临时工的工伤待遇作出新的补充规定，将实施范围由原来的国营企业扩大到其他一些非国有企业（“比照执行”）。

（2）整顿和加强劳动保险工作。1980 年 3 月 14 日，国家劳动总局、全国总工会发出《关于整顿与加强劳动保险工作的通知》[（80）劳总险字 27 号、工发总字〔1980〕51 号]，强调建立医务劳动鉴定委员会，确定病、伤职工的休假、复工、定残工作；加强对退休、退职、残疾职工和因工死亡职工遗属的管理工作；受理职工的申诉等。

（3）进一步明确因工负伤治疗与疗养期间的其他费用问题。

（4）对工伤补助及抚恤问题进一步作出了明确规定。

（5）陆续增加了职业病名单。继 1957 年卫生部公布的 14 种法定职业病、1963 年增加皮毛工人布氏杆菌、1964 年增加煤矿井下工人滑囊炎、1974 年增加接触碳黑引起的尘肺病之后，这一时期有关职业病的范围和待遇也有所增加及调整，对于电焊混合尘肺、碳黑尘肺、滑石尘肺及其他混合尘肺、石棉尘肺，参照硅肺病处理；对于职工患血吸虫病、支农患钩端螺旋体病、接触铅而中毒的，也比照工伤待遇处理；同时积极治疗，适当安排工作，已完全丧失劳动能力的，按照因工致残做出退休处理。

（三）制度实施评价

我国的劳动保险制度是在革命战争年代供给制的基础上，参照苏联国家保险模式建立起来的，形成了以城市劳动保险为主的社会保障体系，国家和单位负担了全部社会保险费用，职工个人不需要缴纳任何费用。这种社会保障体系是与当时我国工业化迅速推进对劳动力资源和生产社会化的要求相联系的，并与计划经济体制下“高就业、低工资、高补贴”的劳动工资制度相适应的，在很长一段时间内，为广大职工和国家机关工作人员带来了福祉。劳动保险制度中的工伤补偿制度，改变了我国没有完整统一的工伤保障制度的历史，通过实行部分基金统筹的办法，为计划经济时期大规模的建设提供了工伤补偿制度，保障了这一时期工伤职工及其家属的基本生活，有着分散工伤风险、促进经济建设的积极意义。

二、改革开放时期工伤保险制度的改革探索和实践

（一）工伤保险制度改革背景

1. 旧的工伤保障制度无法适应新形势需要

随着改革开放的不断深入，《劳动保险条例》规定的企业职工工伤补偿制度已不适应新形势的需要。尤其是经济体制改革后，劳动用工制度、工资制度、物价水平和生活消费标准等都发生了显著变化，致使职工工伤保障出现了许多亟待解决的问题，主要表现如下：

一是覆盖范围过窄。由于工伤保障制度覆盖范围只限于国有企业和城镇集体企业，难以维护所有职工的基本权益。改革开放后，大量外商投资企业不断涌现，形成了国营、集体、私营、个体、股份制和外商投资企业等多种经济形式共同发展的新格局。其中一些企业不重视安全管理，劳动条件差，工伤事故和职业病发生率高，由于没有相应的强制性工伤保险，一旦发生工伤事故和职业病，受害者和亲属的权益就难以保障。

二是缺乏抗风险能力。在中华人民共和国成立初期建立的劳动保险基金制度，没有得到进一步发展和完善，反而在“文化大革命”中又被取消，变为没有基金保障的“企业保险”。“企业保险”方式由于缺乏社会共济，当企业发生工伤事故和职业病时，面临的工伤风险难以分散。一旦发生事故，企业不堪重负，既不能有效保障职工的合法权益，也给企业生存和发展带来诸多困难。

三是工伤待遇项目不完整、标准低。例如，只注重补偿工资收入损失，对伤残者的肢体、器官缺损及其功能障碍以及工亡者等均无一次性赔偿。由于工伤待遇标准基本上还是 20 世纪五六十年代制定的，之后又没有建立起正常的调整机制，因此，改革开放以后，随着职工收入的提高，工伤待遇占工资收入的比例逐年下降，使得领取长期工伤待遇的工伤人员生活水平逐渐下降，甚至生活困难。因此，伤残职工“闹工伤”事件屡有发生，严重影响企业的生产和工作秩序，同时也损害了工伤职工的利益。

四是政策和管理不规范。例如，缺乏科学的评残等级标准和健全的劳动能力鉴定制度。《劳动保险条例》将工伤残疾等级分为完全丧失劳动能力和部分丧失劳动能力两类，完全丧失劳动能力又分为饮食起居需要人扶助和不需要人扶助两个等级。这种只划分两类三级的评残标准过于原则和粗略，不能反映不同伤残人员的伤残程度，缺乏公平合理性，极易发生争议纠纷。另外，由于当时多数地区劳动能力鉴定工作标准不统一，办事机构和专业人员缺乏，职工因工伤残退休只凭医生的一纸诊断证明即可批准，缺乏规范性，使“人情风”和“突击退休”之风得以大行其道，既破坏了政策的公平性，也给国家和企业造成了不必要的负担。

五是工伤预防机制未建立。当时工伤保障工作的重点只局限于事故后的赔偿，没有开展事故前的预防。工伤预防机制的缺失，使对工伤事故率上升的企业无惩罚措施，对事故率下降的企业也无奖励办法，不利于降低工伤事故率和促进安全生产。

2. 经济体制改革催生新的工伤保险制度

20 世纪 80 年代中期，我国经济体制改革进入了以城市改革为重点，以企业搞活为中心的阶段。企业成为自主经营、自负盈亏、相对独立的商品生产者和经营者。随着经济市场化程度的提高，企业之间工伤费用负担不均衡的矛盾日益显现。例如，新建企业的职工普遍年轻，人工成本费用低，又不存在以往工伤造成的经济负担，在竞争中占有优势。同时，随着劳动力正常流动和企业产权变动频率的增加，一部分伤残和患职业病的职工，因工作单位变动，原所享受的工伤待遇是由原单位支付，还是由调入单位支付，往往争论不休，难以落实，致使伤残职工权益受损。加之经济发展，工业化进程加快，企业伤亡事故率及职业病发生率明显上升，职业安全形势严峻，事故多发与工伤保险滞后的矛盾，直接影响着企业制度改革和社会稳定。

3. 改革工伤保险制度是完善社会保障体系的迫切要求

随着我国社会主义市场经济体制改革的不断深入和社会保障体系的逐步建立，工伤保险制度的改革也被提上了日程。1991 年，全国人大七届四次会议批准的《中华人民共和国国民经济和社会发展十年规划和第八个五年计划纲要》提出，要努力改革工伤保险制度。1993 年，党的十四届三中全会通过的《中共中央关于建立社会主义市场经济体制若干问题的决定》提出，要在我国“普遍建立企业工伤保险制度”。1994 年，《中华人民共和国劳动法》（以下简称《劳动法》）进一步明确了建立包括工伤保险在内的社会保障制度。

我国改革开放进程的加快和社会主义市场经济体制的建立，以及原有制度本身存在的缺陷，使之前建立的工伤补偿制度已不适用。建立适应社会主义市场经济体制要求的工伤保险制度，是新时期的迫切任务。

（二）工伤保险制度改革的主要内容和试点做法

1. 改革的主要内容和工作进展

我国工伤保险制度改革始于 20 世纪 80 年代中期，特别是 1988 年劳动部主持制定了社会保险制度改革方案，选择了社会保险作为我国工伤保障的制度模式，初步形成了工伤保险制度改革框架，提出了工伤保险制度改革的主要内容。一是建立工伤保险基金，逐步实行社会化管理。工伤保险基金按照“以支定收、留有储备”的原则，根据不同行业的不同事故率确定企业缴费率，并随着企业工伤事故实际发生情况定期调整。二是调整和完善工伤保险待遇项目和标准。由原来只对重度伤残职工发给退休金，改为对所有因工致残职工依据伤残等级发给定期抚恤金和一次性补助金；适当提高丧葬补助金和供养亲属抚恤金标准，同时增加一次性抚恤制度；建立工伤保险待遇调整机制。三是加强和规范工伤保险管理。对工伤认定条件、劳动能力鉴定标准以及工伤待遇支付等环节作出了规范。

1988 年，劳动部召开了全国劳动厅（局）长会议。会议要求各地按照改革方案做好工伤保险制度改革的准备工作，并提出选择有条件的地区进行试点。之后，试点工作在海南省海口市，辽宁省东沟县、铁岭市、锦州市，广东省东莞市、深圳市，福建省将乐县、霞浦县，吉林省延吉市等地先后展开。20 世纪 90 年代初，劳动部陆续出台了一系列有关工伤保险改革的政策，为改革的进一步深化创造了条件。到1995年，全国参加工伤保险制度改革试点的市县达1 103个，参保人数2 615万人。

2. 各地改革试点工作的主要做法

一是扩大覆盖面。一般都将全民、集体、外商投资企业的固定工、合同工和临时工纳入工伤保险范围之内。广东省、海南省包括私营企业和实行企业化管理的事业单位，海口市还包括个体工商户，东莞市还包括乡镇企业。二是适当调整工伤待遇。对于伤残人员，除发给定期伤残抚恤金（相当于原来的退休金）外，还按鉴定后的伤残等级发给一次性伤残补助金；对于死亡人员，既发给丧葬补助费，还发给一次性工亡补助金和供养亲属抚恤金。三是建立工伤保险基金，实行差别费率。一般按企业工资总额的一定比例提取工伤保险费，平均为1%左右。确定统筹总金额时，一般在以支定收的基础上宽余15%作为应急储备金。依据各行业工伤风险程度和以往一定时期工伤事故发生率确定各行业企业的保险费率，即实行差别费率。四是实行企业管理与社会化管理相结合。例如，一次性抚恤费、定期伤残抚恤金、遗属抚恤费、工伤医疗费、护理费、丧葬费等由社会保险机构负责，治疗工伤期间工资、丧事处理、生活福利等由企业负责。五是加强工伤保险管理。各地建立健全了劳动能力鉴定机构，建立工伤档案，加强争议仲裁工作等。社会保险机构还协助监督安全生产措施的落实，并对安全生产搞得好的单位给予适当奖励或返还部分工伤保险费，以鼓励企业搞好安全生产。

各地的上述做法，为推进全国工伤保险制度改革积累了宝贵经验，劳动部于1990年在辽宁省东沟县召开了工伤保险制度改革现场经验交流会，对各地工伤保险改革情况进行了交流；1992年又在辽宁省兴城市召开了工伤保险立法研讨会，会上就工伤保险制度改革的意义、指导思想、基本原则，以及建立工伤保险基金和加强工伤保险管理等交流了经验，厘清了改革思路，为进一步做好全国各地的试点工作起到了推动作用。

（三）《企业职工工伤保险试行办法》等相关规定的颁布和影响

劳动部在总结多年工伤保险改革试点经验和借鉴国外成熟做法的基础上，于1996年8月12日颁布《企业职工工伤保险试行办法》（劳部发〔1996〕266号），从1996年10月1日起开始试行。这一部颁规章对改革后的工伤保险制度作了统一规定，对沿用至20世纪90年代初的企业自我保险的工伤制度进行了根本性改革。同时，国家技术监督局也在 1996 年 3 月颁布了《职工工伤与职业病致残程度鉴定》（GB/T 16180—1996）。而在此之前的 1987 年 11 月 15 日，为了保护职工的身体健康，合理解决职工患职业病后的劳动保险问题，卫生部、劳动人事部、财政部、中华全国总工会颁布了《职业病范围和职业病患者处理办法的规定》［（87）卫防字第 60 号］，把 102 种疾病列入职业病范围，从制度上为进一步维护职工权益提供了保障。

新的工伤保险制度的实施，着重强调了工伤保险要把工伤预防、工伤康复和工伤补偿结合起来的思路，进一步明确了我国工伤保险制度的任务和框架，影响深远。

（1）实行工伤保险基金社会统筹，变“企业保险”为社会保险。确立了“以支定收、收支基本平衡”的工伤保险基金筹集原则，并在一个统筹地区范围内实行基金统一调剂，大大分散了企业的工伤风险。

（2）扩大了工伤保险的覆盖范围。突破了以往工伤保险“全民企业执行、集体企业参照”的局限，把覆盖面扩大到各类企业及全体职工，进一步维护了广大职工的合法权益。

（3）建立了工伤保险差别费率机制。一是行业差别费率。即根据各行业工伤事故风险和职业危害程度，规定不同的费率标准。二是企业浮动费率。即在行业差别费率的基础上，根据不同企业工伤事故发生率和职业安全情况，实行企业浮动费率。

（4）规范了工伤保险待遇项目和待遇标准。除了对工伤保险保障工伤人员基本生活的定期待遇进行调整提高外，对被鉴定为一级至四级伤残程度的工伤职工增加了一次性补偿。

（5）明确了管理程序，完善了制度体系。统一规范了工伤认定和劳动能力鉴定的标准和程序，首次提出了建立工伤预防、工伤康复和工伤补偿相结合的工伤保险制度体系的要求。此外，《企业职工工伤保险试行办法》还对工伤保险的监督检查、企业和职工责任、争议处理等作出了规定。

《职工工伤与职业病致残程度鉴定》是我国工伤保险立法中一个重要的国家标准，它明确规定了适用范围、致残分级原则和伤残等级。①适用范围：适用于职工在职业活动中负伤和因职业病致残程度的鉴定。②致残分级原则：依据伤病者医疗终结时器官损伤、功能障碍及其对医疗与护理的依赖程度，适当考虑由于伤残引起的社会心理因素影响，对伤残程度进行分级。③伤残等级：依据分级原则将由工伤和职业病伤残造成的功能丧失情况分为十个等级。标准划分为 5 个部分、54 类、469 个条目，详细开列了分级依据或判定基准以及正确使用标准的说明。《职工工伤与职业病致残程度鉴定》是我国第一个工伤评残国家标准，它的颁布使我国工伤与职业病致残评定工作有了科学、规范、详尽的依据，有助于遏制伤残等级评定工作中的随意行为，减少并消除由此带来的工伤待遇不合理、管理不规范等问题，有力地推进了工伤保险制度改革和发展。

（四）工伤保险制度改革的成效

《企业职工工伤保险试行办法》的颁布，使工伤保险制度改革进入了全面实施阶段，为工伤保险事业的发展注入了新的活力，取得了明显的改革成效，主要表现在以下五个方面：

1. 参保人数明显增加，保障能力进一步增强

截至 2002 年年底，全国有 28 个省、自治区、直辖市和新疆生产建设兵团实施了工伤保险社会统筹，实行工伤保险费用社会统筹的市县近 2 000 个，比 1995 年的 1 103 个增长近 1 倍，占当年全国市县总数的 75%以上；全国参加工伤保险的城镇职工已有 4 406 万人，比 1995 年增加 1 791 万人；共有 34. 9 万人享受工伤保险待遇。工伤保险基金收支也由 1995 年的 10 亿元增加到 52 亿元，累计结余 81. 1 亿元。工伤保险制度抵御职业伤害风险的能力明显增强，获得工伤保险保护的职工总量在增加，待遇水平也有明显提高。

2. 建立了统筹基金，提高了抵御工伤风险的能力

《企业职工工伤保险试行办法》颁布前，在“企业保险”制度下，各行业企业的工伤保险费用支出负担不平衡现象十分突出，影响企业平等竞争。《企业职工工伤保险试行办法》实施后，通过实行工伤保险基金社会统筹，提高了抵御工伤风险的能力，使高风险企业能够平等参与竞争。同时，为体现保险费用的公平负担和基金收支平衡，按照各行业职业伤害风险程度和伤害频率划分职业伤害风险等级，在统筹范围内普遍实行差别费率，为工伤保险基金收支平衡建立了重要机制。

3. 提高了社会共济能力，促进了企业改革

工伤保险制度改革前，工伤人员的待遇全部由企业支付，由于经济体制转轨，企业面临市场经营风险，经济效益时有升降起伏，难以持续保证职工工伤待遇支付。随着企业转制、改组、兼并、破产的改革力度加大，如何妥善处理工伤职工的生活保障及其他工伤待遇的接续问题，就成为“企业保险”制度下的棘手难题。《企业职工工伤保险试行办法》实施后，对工伤职工实行社会化管理和安置，将企业的保险责任转移给政府和社会机构，并通过工伤保险基金社会统筹，以“社会共济”形式分摊工伤待遇支付与接续费用，为顺利推进企业改革创造了条件。

4. 减少了企业与职工之间的工伤争议，促进了社会和谐

在工伤保险制度改革前，工伤待遇项目不完整、待遇水平偏低等制度缺陷，导致工伤职工及其家属利益明显受损，由此引发许多劳动争议，出现“闹工伤”现象。《企业职工工伤保险试行办法》实施后，工伤保险待遇由社会保险经办机构按照国家规定标准支付，把企业从争议纠纷中解脱出来，有助于保持企业正常生产工作秩序，受到企业和职工的欢迎。

5. 初步建立了工伤保险预防机制，提出了建立预防、康复和补偿相结合的工伤保险制度体系的目标

《企业职工工伤保险试行办法》在规范工伤补偿项目和标准的基础上进一步提出了促进工伤预防和发展职业康复的要求，并明确了开展工伤预防和职业康复所需费用的支付途径。通过规定实行行业差别费率和企业浮动费率，奖优罚劣，对促进企业改善劳动条件，加强安全管理，减少伤亡事故和职业病的发生，以及促进工伤职工最大限度地恢复生理和工作能力、重返社会等都起到了积极作用。

（五）对《企业职工工伤保险试行办法》实施的评价

我国在由计划经济向社会主义市场经济过渡阶段，一方面，多种所有制形式打破国有企业“一统天下”局面，企业走向市场参与竞争；另一方面，大批农民工冲破城乡壁垒进城务工，就业形式发生巨大变化。作为现代企业制度配套措施之一的《企业职工工伤保险试行办法》的颁布顺应形势发展，为保护职工权益，促进经济发展起到了积极作用。

这一时期工伤保险制度的主要特点：全面保障职工权益的观念有所加强；工伤保险制度发生了根本性变革，由“企业负责”的管理体制过渡到国家主管的社会统筹属地管理体制，国家责任开始回归；工伤预防理念初现，职业康复处于初步探索阶段，“补偿加救治”仍是核心。《企业职工工伤保险试行办法》的实施，为改革开放以来的探索试验做了总结，为下一步工伤保险更高层次的立法打下了基础。

三、适应市场经济的工伤保险制度的形成

2003 年 4 月，国务院颁布《工伤保险条例》，标志着适应我国社会主义市场经济体制的工伤保险制度以法规形式确立。

（一）《工伤保险条例》的出台背景

1. 工伤保险法制建设的要求

自 1996 年劳动部颁布《企业职工工伤保险试行办法》到 2002 年，虽然全国已有 28 个省、自治区、直辖市制定了工伤保险方面的地方性法规或规章，但是参加工伤保险的职工仅 4 406 万人，其中，国有企业 3 408 万人，集体企业 670 万人，外资企业 328 万人。总体上看，参加工伤保险的人数较少，一些非公有制经济体和个体工商户基本上未参加工伤保险。主要问题是工伤保险制度立法层次低，约束力弱，制度推广有困难，迫切需要提高立法层次，拓展适用范围。

2. 深化社会主义市场经济体制改革的要求

进入 21 世纪以来，随着我国市场经济的深化改革，工业化、城镇化快速发展，大量农民向城镇转移就业，就业制度发生了很大的变化。原有的工伤保险制度适用范围窄，仅限于企业单位，已不适应社会主义市场经济的要求。按照社会保险的普遍性原则，社会组织的各类职工都应当参加工伤保险。由此，要通过强有力的法律手段，将更多的职业人群纳入工伤保险范围，保障职工的工伤保险权益。

3. 多年实践为工伤保险立法创造了条件

自 1996 年《企业职工工伤保险试行办法》实施以来，各地通过不断探索实践，发现了问题，积累了经验，为工伤保险制度进一步改革创造了条件。1999 年，国务院颁布《社会保险费征缴暂行条例》，规定工伤保险参照执行。2002 年，国务院将《工伤保险条例》列入立法工作计划。在条例起草的过程中，立法部门多次征求有关部门和

专家学者的意见。根据我国改革的实际情况，借鉴国外成功经验，针对《企业职工工伤保险试行办法》中存在的问题，对工伤保险制度进行了进一步的完善和补充。2003 年 4 月 27 日，温家宝总理签署了第 375 号国务院令，公布了《工伤保险条例》，并于 2004 年 1 月 1 日起实施。

（二）《工伤保险条例》颁布的重要意义

《工伤保险条例》的颁布，是我国工伤保险制度建设进程中具有里程碑意义的大事，标志着我国的工伤保险制度步入了法制化轨道，我国的工伤保险制度改革也因此进入一个崭新的发展阶段，意味着适应我国社会主义市场经济的新型工伤保险制度初步形成。同时，《工伤保险条例》的颁布，使工伤保险成为我国社会保障体系的重要组成部分，对于进一步健全我国的社会保障体系，维护我国经济和社会的健康稳定发展，以及加快推进我国社会保障法制化建设无疑起到了重要的推动作用。

《工伤保险条例》的颁布，使广大职工的合法权益得到切实有效的维护。《工伤保险条例》进一步明确和规范了工伤保险制度的适用范围，将不同所有制形式、不同地域和不同组织结构的用人单位统一纳入工伤保险制度范围，规定只要与用人单位建立了劳动关系的职工，包括各种用工形式、各种用工期限的职工，都应该获得工伤保险制度的保障。《工伤保险条例》对工伤职工的医疗救治、各项津贴补贴待遇、辅助器具配置待遇以及开展职业康复等都作出了非常明确的规定，从而充分保障了工伤职工的基本生活及其生存权和发展权。

《工伤保险条例》的颁布实施，也为分散用人单位风险，减轻用人单位负担提供了重要保证。《工伤保险条例》的立法宗旨之一是促进工伤预防，减少企业安全生产事故。建立工伤保险基金，有效地分散了用人单位的工伤风险，较好地避免了用人单位发生工伤事故后对生产经营带来的重大影响。同时，《工伤保险条例》也明确规定，通过对用人单位实行行业差别费率和单位浮动费率机制，建立工伤保险费率与工伤事故发生率挂钩的预防机制，对于促进用人单位特别是有效促进企业改进安全生产工作起到了积极作用。

（三）对《工伤保险条例》实施的评价

在全面、深刻的经济转型与社会变革中，在大规模的工业化、城市化进程中，不仅原有产业结构与劳动就业格局被打破，城镇职工面临着转换工作环境与就业岗位的压力和新的职业风险；而且，乡村劳动者大规模地向非农产业转移，新的劳动环境、劳动工具与劳动方式，同样也不可避免地会带来新的劳动风险，原有的劳动保护制度与工伤保险制度都会受到很大的挑战。此外，经济全球化带来的挑战，以及在“渐进式”改革过程中出现的“老工伤”和尚未被覆盖人群的“新工伤”这些制度完善过程中的挑战，使探索一条适合中国国情的工伤保险发展道路成为新的时代要求。

《工伤保险条例》适时出台，将建立统一的、健全的工伤社会保险体系设定为中国工伤保险制度的发展目标，把工伤预防、工伤补偿与工伤康复一并列为中国工伤保险制度的三大职能。与此同时，该条例还将适用范围扩大到“中华人民共和国境内的各类企业、有雇工的个体工商户”，并适当提高了待遇水平，科学规范了相关标准和程序，对基金收支、工伤认定、监督管理等也做了较为详细的规定，从而把工伤保险制度带入一个全面发展的新时期。这也是中国工伤保险法制建设的重要时期，一系列与工伤保险相配套的法规相继出台，包括《工伤认定办法》（2004 年 1 月 1 日起施行）、《关于印发加强工伤康复试点工作指导意见的通知》（2007 年 4 月 3 日起施行）、《关于印发〈工伤康复诊疗规范（试行）〉和〈工伤康复服务项目（试行）〉的通知》（2008 年 3 月 11 日起施行）等，并颁布了针对具体行业、人群的专项规范性文件，构建起比较完整的工伤保险制度以及事故预防、职业病防治相结合的体系框架，从法制的角度保障了工伤保险制度实施的有效性，标志着中国工伤保险制度已逐步定型。

从 20 世纪 50 年代初的《劳动保险条例》到 20 世纪 90 年代中的《企业职工工伤保险试行办法》，再到 21 世纪初的《工伤保险条例》，中国工伤保险走过了一条不断探索、不断创新的道路，在一路的风雨洗礼中不断成长壮大并趋于稳定。《工伤保险条例》的颁布实施，结束了改革开放中对工伤保险制度模式的选择探索，使工伤保险制度进入一个崭新的发展时期。

第二部分

主 报 告

中国工伤保险发展主报告
（2004—2020 年）

工伤保险是现代社会保障制度的重要组成部分，是工业化发展过程中的产物，其主要功能是解决工业化进程中职工职业伤害保障问题，是专门保障工伤职工的社会保障制度。改革开放以来，我国对工伤保险制度改革进行了长期的探索尝试。在总结成功经验的基础上，2003 年 4 月 27 日，国务院颁布了《工伤保险条例》（以下简称《条例》），并于 2004 年 1 月 1 日起施行。从《条例》实施到 2020 年，工伤保险制度稳步运行了 17 年，我国已初步建成了一个适合社会主义市场经济需要、护航快速发展的中国工业化进程、保障职工免受工伤之累、具有中国特色的新型工伤保险制度。工伤保险制度已发挥其保障功能，成为工伤职工的保护伞、工业化进程的安全网、经济发展的助推器、社会和谐的稳定桩。

当前，我国经济和社会发展进入了一个新时代。工伤保险制度也面临着诸多挑战：新劳动业态、新经济业态，如平台经济、共享经济从业人员的工伤保障需求十分迫切，但原有的制度无法覆盖这部分人群；安全生产的总体形势依然严峻，工伤事故和职业病发生率仍然较高；工伤预防、工伤补偿、工伤康复“三位一体”制度尚需发展巩固；多层次工伤保险体系构建尚未完成；工伤保险管理与服务的水平与质量仍有提高的空间。

今后一个时期，特别是国民经济和社会发展第十四个五年规划（2021—2025 年）时期，是工伤保险制度发展的重大机遇期。党的十九届五中全会审议通过了《中共中央关于制定国民经济和社会发展第十四个五年规划和二〇三五年远景目标的建议》，明确提出了“推动工伤保险省级统筹”“健全灵活就业人员社保制度”“健全覆盖全民、统筹城乡、公平统一、可持续的多层次社会保障体系”的要求，为“十四五”时期和更长远时期的工伤保险制度改革发展指明了方向。工伤保险要坚持以人民为中心，坚持新发展理念，坚持以改革开放为动力，推动高质量发展。

展望这个时期的发展趋势，工伤保险的主要任务是完善工伤保险制度建设，将无劳动关系的从业人员纳入工伤保险保障，基本实现所有从业人员的全覆盖；加强工伤保险法制建设，修改完善《中华人民共和国社会保险法》（以下简称《社会保险法》）工伤保险专章和《工伤保险条例》，进一步健全完善工伤保险法律法规政策体系；加强工伤预防、工伤康复体系建设，推动“三位一体”的工伤保险制度体系巩固完善；推动多层次的工伤保险制度体系建设，通过试点、解决难点、逐步推开；强化工伤保险管理服务能力建设，加强工伤保险管理人员队伍建设，构建大数据平台，完善提高信息化服务水平，为工伤职工提供高效、便捷的服务。

一、工伤保险事业的发展现状

（一）工伤保险制度体系基本形成，工伤保险制度功能全面实现

《工伤保险条例》的颁布实施，是我国社会保障法制化进程中具有里程碑意义的大事，标志着适应我国社会主义市场经济发展需要的新型工伤保险制度基本形成，工伤保险的保障体系不断完善。

一是实现了由“企业保险”向社会保险的转变，建立了社会统筹的保障体系。从 20 世纪 80 年代末进行工伤保险社会统筹的探索试点开始，企业职工的工伤待遇通过建立工伤保险基金实现了社会互济功能，从而建立起了真正意义上的工伤保险社会统筹制度，解决了“企业保险”存在的诸多问题，既保障了工伤职工待遇支付，又分散了用人单位的工伤风险。

二是实现了工伤保险从较低立法层次向法制化的转变，建立了法规和政策标准较为完善的法制化保障体系。从 1989 年工伤保险改革试点中地方出台工伤保险规定开始，到原劳动部颁布《企业职工工伤保险试行办法》、国务院颁布《工伤保险条例》，再到 2010 年全国人大常委会颁布《社会保险法》，我国的工伤保险立法水平和层次不断上升。特别是《工伤保险条例》的颁布实施，使我国的工伤保险法制化水平迈上了一个较高的台阶，为工伤保险制度的进一步完善营造了良好的法律环境。为配合《社

会保险法》《工伤保险条例》的贯彻实施，原劳动和社会保障（以下简称劳动保障）部与现在的人力资源和社会保障（以下简称人力资源社会保障）部以及有关部门又先后颁布制定了一系列配套规章和政策，就工伤认定、工伤保险费率和基金管理、工伤保险待遇管理和调整等政策和工伤保险药品目录、劳动能力鉴定标准、工伤康复相关标准，以及工伤医疗服务管理等作出了明确具体的规定。各地也先后制定了本地区的工伤保险实施办法，并结合各地实际陆续出台了一系列配套政策和工作规范，为新型工伤保险制度的运行奠定了扎实的基础。

三是实现了工伤保险由重补偿到预防、补偿和康复相结合的转变，开始形成与国际接轨的“三位一体”保障体系。工伤预防、工伤补偿、工伤康复是工伤保险制度在国际通行的三大功能。在工伤保险制度初建时期，工伤保险以工伤补偿为主，优先解决工伤职工最急迫的经济补偿问题，随后各地先后开展了工伤预防和工伤康复的试点工作，对降低职工的工伤风险，恢复工伤职工的劳动能力，帮助他们实现再就业，重新融入社会，发挥了积极的作用。

（二）制度覆盖范围不断扩大，参保人数大幅增加

2004 年《工伤保险条例》实施后，工伤保险适用范围不断扩大、参保人数持续增加，是工伤保险制度取得的最显著的成就之一。

一是工伤保险适用范围不断扩大。2004 年以后，工伤保险适用范围从原国有、集体企业为主扩大到包括民营企业、外资企业等各类企业和有雇工的个体工商户；2010 年《工伤保险条例》修订后，适用范围进一步扩大到全部事业单位、社会团体、民办非企业单位、基金会、律师事务所、会计师事务所等用人单位；2018 年年底，《中华人民共和国公务员法》修改后，将国家公务员也全部纳入了工伤保险，基本实现了具有规范劳动关系的从业人员和公务员的全覆盖。

二是参保人数大幅增加。2004—2020 年工伤保险参保人数如图 2-1 所示。全国参保人数从 2003 年年底的 4 575 万人，逐年快速增长。2006 年，工伤保险参保人数突破了 1 亿人，达到 10 268 万人；2014 年，工伤保险参保人数突破了 2 亿人，达到了 20 639 万人；到 2020 年年底，工伤保险参保人数达到 26 763 万人，比 2003 年年底人数增长了 5. 8 倍。同其他社会保险险种一样，我国工伤保险成为世界上覆盖人数最多

的工伤保障网。

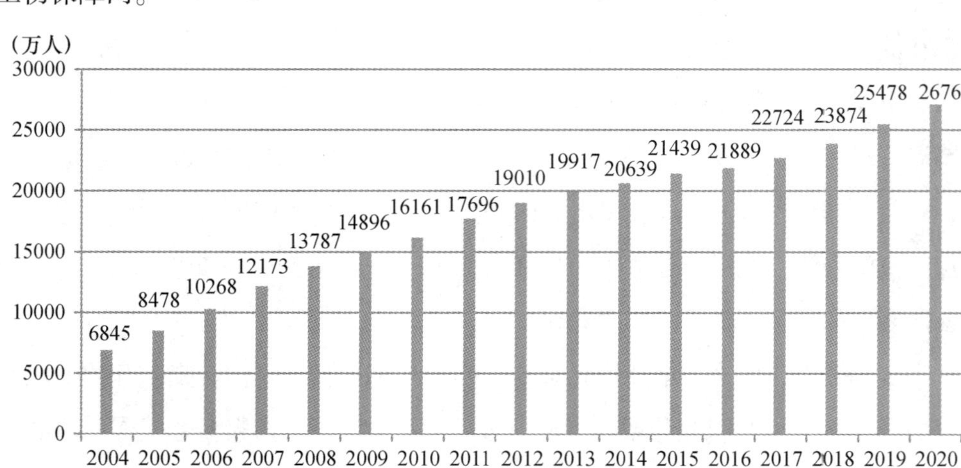

图 2-1　2004—2020 年工伤保险参保人数

资料来源：人力资源社会保障部历年统计公报。

（三）基金收支规模不断扩大，工伤保障能力稳步提升

《工伤保险条例》实施后，制度适用范围不断扩大，参保人数大幅增加。同时，工资水平也不断提高，工伤保险基金收支也出现了快速增长的趋势，为工伤职工的保障提供了良好的经济基础。

一是基金收支大幅增长。2014—2019 年工伤保险基金收支情况如图 2-2 所示。2004 年工伤保险基金收入为 58 亿元，2019 年工伤保险基金收入为 819. 4 亿元，是 2004 年的 14. 1 倍；2004 年工伤保险基金支出为 33 亿元，2019 年工伤保险基金支出为 817 亿元，是 2004 年的 24. 8 倍；2019 年工伤保险基金累计结存为 1 783 亿元。2020 年由于突发新冠肺炎疫情，工伤保险继续执行阶段性降低费率政策和减免政策，当年基金收入为 486. 3 亿元，支出为 820. 3 亿元。

二是工伤保险基金统筹层次不断提升。从改革初期的社会统筹试点开始，工伤保险的统筹层次已逐步由县级统筹向市级统筹过渡，形成以中心城市为依托的管理网络；2010 年《社会保险法》出台后，工伤保险从市级统筹向省级统筹发展；2020 年全国各省、自治区、直辖市基本实现省级统筹，工伤保险基金保障能力大大增强。

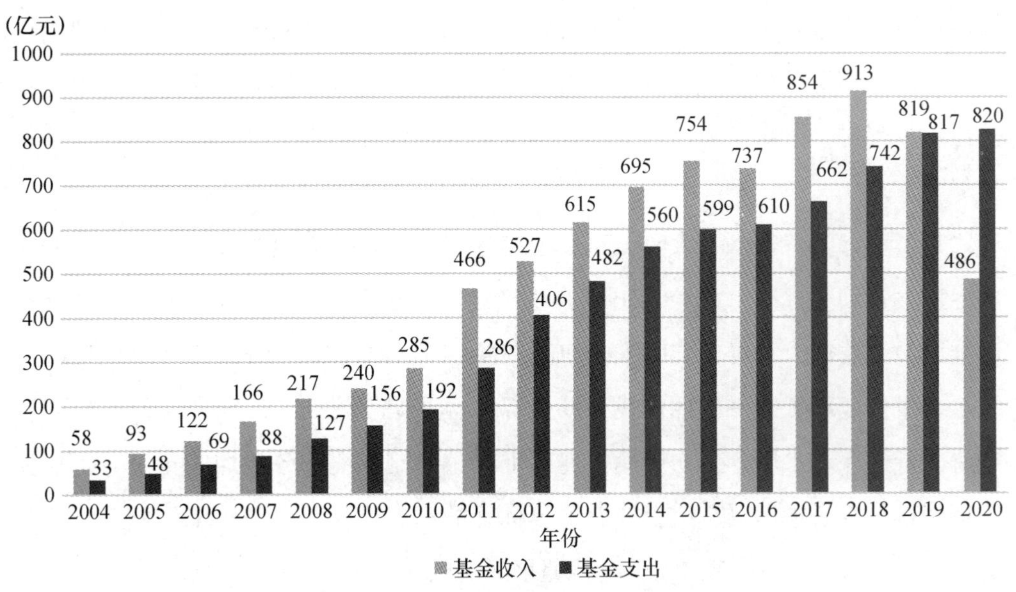

图 2-2 2004—2020 年工伤保险基金收支情况

资料来源：人力资源社会保障部历年统计公报。

三是工伤保险抵御重特大工伤事故风险能力大大增强。工伤保险基金实现社会统筹后，工伤保险应对重大工伤事故、保障工伤职工待遇的能力稳步提升。《工伤保险条例》实施以后，动用工伤保险基金先后妥善处理了四川汶川特大地震造成的数万工伤人员补偿问题、历史遗留的国有企业 312 万“老工伤”人员纳入工伤保险统筹管理问题、2003 年感染“非典”和 2020 年感染新冠肺炎的医护及相关工作人员的工伤保障等问题。

（四）工伤保险待遇水平不断提高，享受待遇人数持续增长

为工伤职工发放工伤保险待遇是工伤保险制度的主要保障功能。《工伤保险条例》实施后，特别是 2010 年《工伤保险条例》修订后，工伤保险待遇项目增加，工伤保险待遇水平大幅提高，享受工伤保险待遇的工伤职工及工亡职工供养亲属人数持续增长。在社会保险各险种中，工伤保险待遇最为优厚，有力地保障了工伤职工获得医疗救治和经济补偿。

一是工伤保险待遇支出项目增加。2010 年《工伤保险条例》修订后，工伤保险待

遇支出项目有所增加，原由用人单位支付的工伤职工住院伙食补助费、统筹地区以外的交通费、食宿费及终止或解除劳动关系时的一次性医疗补助金等待遇，改由工伤保险基金统一支付。工伤保险待遇支出项目由 9 项增加到 13 项，提升了工伤职工待遇发放的保障性。

二是工伤保险待遇水平大幅提高。2010 年《工伤保险条例》修订后，工亡职工的一次性工亡补助金标准由原 48~60 个月统筹地区上年度职工月平均工资，提高至按上年度全国城镇居民人均可支配收入的 20 倍发放，比原标准增加了两倍多。同时，上调一级至十级伤残职工的一次性伤残补助金标准，大幅度提高了工伤职工及工亡职工供养亲属的待遇保障水平。工伤保险待遇标准调整机制建立，各地均实行了对工伤保险待遇特别是对生活护理费、伙食补助费等标准的动态调整，保障了工伤职工待遇的不断增长。2007 年与 2019 年工伤保险待遇水平对照见表 2-1。

表 2-1　　2007 年与 2019 年工伤保险待遇水平对照　　单位：元

	一次性伤残补助金	月人均伤残津贴	月人均生活护理费	人均辅助器具配置费	一次性工亡补助金	平均丧葬补助金	月人均供养亲属抚恤金
2007 年	9 217	626	328	5 055	75 576	9 548	425
2019 年	36 667	3 373	2 026	7 102	785 000	33 422	1 402
	次均门（急）诊费用	次均住院费用	次均康复费用	一次性工伤医疗补助金	人均住院伙食补助费	人均统筹地区以外就医交通费	人均统筹地区以外就医食宿费
2007 年	400	6 742	—	—	—	—	—
2019 年	537	14 100	20 000	31 000	24. 0	166	1 106

资料来源：根据工伤保险历年统计资料整理。

三是享受待遇人数有较大增长。2004 年以来，随着工伤保险覆盖面的不断扩大，享受工伤保险待遇的人数有了较大的增长。2020 年全国享受工伤保险待遇人数为 188 万人，是 2004 年的 3. 6 倍。2004—2020 年享受工伤保险待遇人数如图 2-3 所示。

（五）重点推动农民工参加工伤保险，切实保障农民工的工伤权益

将农民工纳入工伤保险，对工伤保险的意义特别重大。如果农民工工伤保障问题解决不好，工伤保险制度的功能也就没有完全得以实现。农民工是我国工业化、城镇

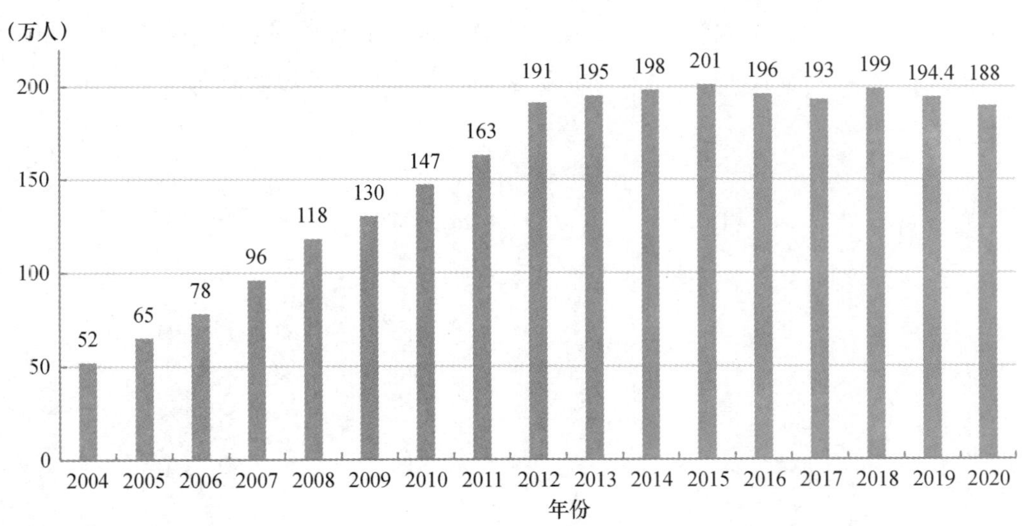

图 2-3　2004—2020 年享受工伤保险待遇人数

化进程中的新兴力量，主要分布在苦、脏、累、险的高风险行业和服务业，劳动条件普遍较差，工伤风险较高，抵御风险能力较弱，将他们纳入统筹范围是中国工伤保险的重要特色。

针对农民工的现实情况，劳动保障部在调查研究的基础上，于 2004 年明确了农民工先行参保的具体政策。2006 年，国务院下发了《关于解决农民工问题的若干意见》（国发〔2006〕5 号），明确提出要优先解决农民工的工伤保险和大病医疗问题，依法将农民工纳入工伤保险范围。为切实推进高风险企业农民工参加工伤保险工作，劳动保障部于 2006 年 5 月开始在全国组织实施农民工“平安计划”，即用 3 年左右时间将矿山、建筑等高风险企业的农民工基本覆盖到工伤保险制度之内。2008 年农民工参加工伤保险人数达到 4 942 万人。

自 2009 年开始，人力资源社会保障部又发布了实施“平安计划”二期的通知，确定用两年左右的时间，将有稳定劳动关系的农民工基本纳入工伤保险。截至 2010 年年底，农民工参保人数已达到 6 300 万人，在高风险行业从事劳动的和有稳定劳动关系的农民工基本上已经参保。

2015 年，人力资源社会保障部启动了建筑业从业人员参加工伤保险的“同舟计划”，建立按项目参保和优先办理工伤保险的工作机制，目标是到 2017 年建筑业从业人员全部参加工伤保险。截至 2020 年年底，农民工工伤保险参保人数已达到 8 934 万人，占参保总人数的 33%。2005—2020 年农民工工伤保险参保情况如图 2-4 所示。

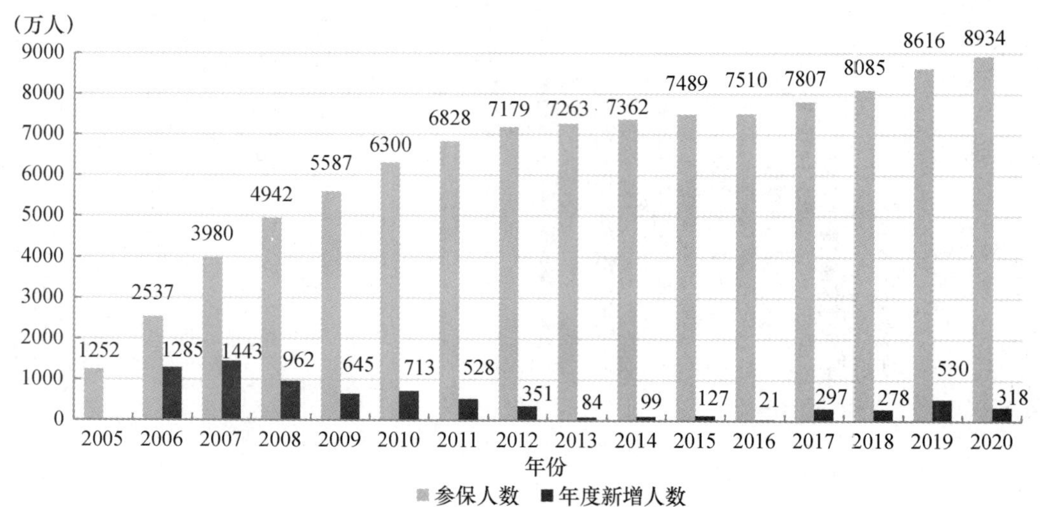

图 2-4　2005—2020 年农民工工伤保险参保情况

资料来源：工伤保险历年统计数据。

（六）“老工伤”人员纳入统筹管理，历史遗留问题得到妥善解决

2011 年 1 月 12 日，国务院常务会议对做好国有企业“老工伤”人员纳入工伤保险统筹工作进行了研究部署，明确要求 2011 年 4 月底前将国有企业有伤残等级的“老工伤”职工和工亡职工供养亲属纳入工伤保险统筹管理。经国务院同意，人力资源社会保障部、财政部、国资委、监察部联合印发了《关于做好国有企业老工伤人员等纳入工伤保险统筹管理有关工作的通知》，作出了具体部署，提出了“老工伤”人员纳入工伤保险统筹管理的资金筹集原则，即通过统筹基金调剂、企业趸缴部分费用、政府补助等多渠道筹集国有企业“老工伤”人员纳入工伤保险统筹所需资金，协调中央财政专门安排了 56 亿元专项补助资金，用于支持各地做好这项工作；与各地签订了工作目标协议书，落实了工作责任。

截至 2011 年年底，全国共有 312 万企业“老工伤”人员被纳入了工伤保险统筹管理，基本解决了长期影响社会稳定的历史遗留问题，保障了“老工伤”人员的工伤医疗和基本生活。

（七）工伤预防和工伤康复试点工作逐步展开，初步构建起工伤预防、工伤补偿、工伤康复“三位一体”的工伤保险体系框架

《工伤保险条例》实施后，工伤保险从初建时期以工伤补偿为主，优先解决工伤职工最急迫的经济补偿问题开始，开展了工伤预防和工伤康复的试点工作，并在全国逐步展开，取得了积极进展。

1. 工伤预防方面

一是开展工伤预防试点工作。2010 年修订的《工伤保险条例》确定了将工伤预防费纳入工伤保险基金支出范围，建立了工伤预防工作经费的保障机制。人力资源社会保障部于 2009 年、2013 年、2015 年三次推动各地开展工伤预防试点工作，先后确定了 200 多个城市作为试点城市。

二是利用费率浮动促进工伤预防的机制初步建立。2015 年，人力资源社会保障部、财政部联合下发了《关于调整工伤保险费率政策的通知》（人社部发〔2015〕71 号），将原来三大类行业风险类别调整为八大类，明确提出了合理确定工伤保险费率，促进工伤预防工作。根据《关于调整工伤保险费率政策的通知》的要求，全国工伤保险统筹地区制定了工伤保险费率的浮动办法，采用差别费率的浮动费率机制，根据企业的风险和工伤事故发生情况，调整企业缴纳工伤保险费的差别费率与浮动费率，从而激励和督促企业改善安全生产状况，减少工伤事故和职业病的发生，充分发挥了工伤保险制度预防事故的经济杠杆作用。工伤保险平均费率从 1%降到 0.5%，全国共减少企业缴费达数百亿元。

三是全面开展工伤预防工作。2017 年年底，人力资源社会保障部等四部委出台了《关于印发工伤预防费使用管理暂行办法的通知》（人社部规〔2017〕13 号），明确了工伤预防费的支出比例和使用办法，有针对性、主动地为企业开展预防工伤事故与职业病的服务工作，从而降低工伤事故和职业病的发生率。工伤预防工作在全国普遍开展，2019 年全国有 27 个省、自治区、直辖市开展了工伤预防工作，使用了工伤预防费。其中，湖南省、广东省等 6 个省使用的工伤预防费总额超过 1 000 万元。

2. 工伤康复方面

一是人力资源社会保障部印发了《关于加强工伤康复试点工作的指导意见》（劳

社厅发〔2007〕7号），提出要按照建立工伤预防、工伤补偿、工伤康复“三位一体”工伤保险制度体系的总要求，以保障工伤职工权益为根本出发点，以健全制度、完善标准、形成机制、规范管理为重点，大胆探索，稳步推进，长短结合，成熟先行，促进工伤康复工作健康发展，建立规范的“购买服务，协议管理”的工伤康复管理制度，形成“康复早期介入”和“先康复、后评残”的工作机制，充实和完善工伤康复相关技术规范和标准，构建国家级、区域级工伤康复示范机构与地区级工伤康复服务机构相结合的工伤康复服务体系。

二是制定颁布了《工伤康复服务规范（试行）》《工伤康复服务项目（试行）》两个康复技术标准，为工伤康复工作奠定了良好的基础。

三是积极探索工伤康复服务模式。提出在充分利用现有资源的情况下，逐步建立国家级、区域性工伤康复示范中心和地区级工伤康复协议机构相互衔接、优势互补的工伤康复服务格局。目前全国已确定了4家工伤康复区域示范平台和300多家工伤康复协议机构。2019年，全国共计3.7万人次享受工伤康复待遇。

二、工伤保险事业发展的主要经验

改革开放以来，工伤保险制度的改革实践和事业发展为新时代工伤保险事业的发展奠定了良好的基础，积累了宝贵的经验，使其具有鲜明的特点。

（一）固本培元，始终坚持立足中国国情、体现中国特色的制度体系

作为一项现代社会保障制度，我国工伤保险具有国际工伤保险制度的共性。但是，我国国情与其他国家也存在很大不同，照抄照搬别国经验是难以成功的。20世纪90年代，改革探索者从中国国情、发展特点、发展阶段出发，在多种模式中选择了政府主导、社会统筹的社会保险模式，既保证了制度的强制性、推进的高效性，又保障了工伤职工的权益，同时分散了用人单位的工伤风险，促进了社会和谐发展。实践证明，我国工伤保障制度选择社会保险模式是符合中国国情的保障方案。以高风险行业农民工作为扩面重点、采取多种便利方式方便农民工参保，解决国有企业等“老工伤”问题，都是针对我国独特而有重大社会影响的问题而做出的方案。正是这些立足中国国

情、体现中国特色的经验和方式使得我国工伤保险制度被社会普遍接纳并得以平稳而快速地发展。

（二）以人为本，始终坚持为工伤职工服务的核心价值

工伤保险制度建立的根本目的就是要通过社会统筹的方式及时为工伤职工提供医疗救治、康复和经济补偿，所有政策的出发点和落脚点都应当是为工伤职工的合法权益服务，这就是制度的初心，也是制度的宗旨。对农民工参保政策的“松绑”、对农民工工伤的异地认定、简化工伤事故的快速认定程序、工伤保险待遇的提高、积极推动工伤预防和工伤康复工作，都是基于为工伤职工提供更好的服务，最大限度地保障工伤职工的权益而设计和改革的。不断提高工伤职工工伤保险获得感，是工伤保险制度永葆生机和活力的根本保证。

（三）持之以恒，始终坚持把扩大覆盖面作为工伤保险事业发展的优先任务

参保是实现职工工伤权益的前提条件，是减少工伤争议的切实保证。在《工伤保险条例》实施之初，我国工伤保险就确立了这一优先任务，年年制订扩大覆盖面计划，在不同的时段针对不同的重点扩面领域或行业，解决不同人群参保的堵点、难点问题。从有稳定劳动关系的企业职工到农民工再到事业单位职工，从建筑业到其他高风险行业，再到中小型服务业，坚持将所有职业人群覆盖作为目标，使工伤保险的保障功能得到最大限度的发挥。

（四）攻坚克难，始终坚持改革创新、不断完善的时代精神

坚持制度的改革创新、不断完善，是改革开放后工伤保险制度一路发展的基本经验之一。在工伤保险扩面工作中，我国工伤保险针对不同行业的不同特点，分门别类地研究提出了不同行业的参保政策，并注重创新工作机制、改进工作方法，一年一个重点，一步一个脚印，跨上了一个又一个新台阶。2006 年，首先以重特大工伤事故频发、社会各界高度关注的煤矿企业为重点，明确细化了统筹方式、费率、交费方式等方面的相关政策；2007 年，为适应建筑企业人员流动性大、劳动关系复杂、工资基数

难以计算的特点，及时制定了按项目参保、按造价提取工伤保险费等具体政策，同时还研究探索了餐饮、商贸、住宿服务业农民工的参保政策。回顾历史，工伤保险制度从无到有、从弱到强，无一不是改革创新、不断完善的结果。没有 20 世纪 80 年代的探索、试点，没有后来每一个阶段的制度创新，就不会有今天的良好局面。注重创新、不断完善是工伤保险事业快速发展的驱动源泉。

（五）维系法制，始终坚持健全完善工伤保险法律法规和政策标准体系

法律法规和政策标准是工伤保险制度创设、运行的基石和准则。从 20 世纪 90 年代社会工伤保险制度试点开始，主管部门始终紧抓法制建设环节，不断推动工伤保险的法制化进程。历经地方制定法规办法，原劳动部发布《企业职工工伤保险试行办法》，国务院颁布《工伤保险条例》，全国人大常委会制定《社会保险法》，工伤保险立法层次不断提高。同时，围绕着《工伤保险条例》和《社会保险法》的贯彻实施，主管部门制定了《工伤认定办法》《工伤职工劳动能力鉴定管理办法》《工伤保险辅助器具配置管理办法》等数个部颁规章；在政策和业务标准方面，陆续出台了工伤医疗服务协议管理，事业单位、建筑业及农民工参保，调整工伤保险费率、工伤预防费使用等规章和规范性文件；陆续制定了《劳动能力鉴定　职工工伤和职业病致残等级》和工伤行业风险分类表、工伤保险药品目录、工伤康复服务项目、工伤康复服务规范等规范和标准。

近 20 年来，与工伤保险制度相关的《中华人民共和国劳动合同法》（以下简称《劳动合同法》）、《中华人民共和国劳动争议调解仲裁法》《中华人民共和国安全生产法》《中华人民共和国职业病防治法》（以下简称《职业病防治法》）等法律陆续颁布实施。最高人民法院发布了《关于审理工伤保险行政案件若干问题的规定》（法释〔2014〕9 号）。截至 2019 年，工伤保险法律法规和一系列政策标准，与其他相关的法律法规一起构成了比较健全的工伤保险法律法规政策标准体系。工伤保险的主要功能，特别是工伤认定、工伤保险待遇、工伤争议等均为法定条件、法定标准和法定程序，用人单位依法参保，行政部门依法行政，大大减少了工伤争议矛盾，保障了工伤职工得到及时救治，分散了用人单位风险，促进了社会和谐。工伤保险成为社会保险各险种中法制化程度最高的险种。工伤保险事业稳定发展的实践表明，不断健全和完善法

律法规和政策标准体系，是工伤保险进而有为、行稳致远的关键所在。

（六）试点先行，始终坚持用改革试点推动事业的全面发展

坚持试点先行，典型引路。在改革进程中，始终坚持将开展试点作为掌握客观规律、积累改革经验的重要途径，避免改革所带来的社会问题，保证了制度建设的顺利推进。1996 年，在总结各地工伤保险社会统筹试点的基础上，劳动部制定颁布了《企业职工工伤保险试行办法》，初步建立了有利于企业改革、保障职工权益的工伤保险制度；2005 年以来，在广东省、河南省、海南省等地开展了工伤预防和工伤康复的试点，构建了预防、补偿、康复相结合的制度框架，工伤保险制度得到了进一步完善。在实践工作中，特别是在贯彻《工伤保险条例》的过程中，很多难点问题没有现成的模式可循。各地解放思想，从实际出发，进行了积极探索；主管部门及时总结地方成功的经验，并在全国推广，采用典型引路的方式推进工作。例如，在扩面、工伤认定、劳动能力鉴定、经办等方面，都积累了一些典型经验。实践证明，这种总结经验、典型引路的做法非常有效，大大推动了工伤保险事业的发展。

三、工伤保险面临的主要问题和挑战

2004 年《工伤保险条例》实施后，工伤保险事业快速发展，取得了显著的成就。当前，我国加快进入智能化、城镇化进程，“互联网+”带来新的经济形态，经济发展进入了新常态时期。在经济新常态的情况下，经济增长速度、经济发展模式、经济结构调整、农村劳动力转移这些宏观因素的变化，特别是经济新业态发展带来的就业形式、用工方式的多元化，使工伤保险制度运行中一些深层次矛盾显露出来，对如何进一步改革和完善工伤保险制度，使其在新的时期更好地发挥职工“保护伞”、工业化发展“安全网”作用提出了挑战。

（一）工伤保险面临的主要问题

1. 制度覆盖范围不广泛，灵活就业人群无法纳入

工伤保险制度作为国家在工业化、城镇化、现代化进程中针对职业伤害建立的社

会保障制度，覆盖范围应是所有从事职业劳动的人群。我国工伤保险制度形成于 20 世纪 90 年代，当时正处于计划经济体制向市场经济体制转型过程中，国有企业正在快速改革转轨，外资、民营等非公有制经济正在发展初期，工业化、城镇化步伐不断加快，工伤和职业病高发。正是在这样的历史背景下，2004 年《工伤保险条例》实施时将覆盖范围确定在有劳动关系的各类企业职工，后来法定覆盖范围几次扩大，但无劳动关系的灵活就业等职业人群始终没能覆盖进来。2019 年年底，工伤保险参保人数达到 2.55 亿人，占城镇就业人数（4.42 亿人）的 57.7%，占全部就业人数（7.75 亿人）的 32.9%。从统计数据分析，工伤保险法定覆盖范围之外的职业人群主要是各类灵活就业人员（非正规就业人员）和农牧渔业劳动者。

近年来，随着经济社会的发展，无劳动关系的灵活就业人员规模不断扩大，特别是新经济、新业态的迅速发展，劳动者的就业形式和劳动方式也发生了巨大的变化。2018 年，为共享经济提供服务的人数为 7500 万人，约占全国就业人数的 9.7%。与此同时，各类灵活就业人员和农业劳动者的职业风险越来越显性化，由于没有工伤保险制度保障，他们的职业风险缺少“安全网”和“保护伞”，一旦受到职业伤害，劳动者个人和家庭将背上沉重的经济负担，形成社会问题。这种情况对扩大我国工伤保险制度的覆盖面提出了巨大的挑战，亟须抓紧推动工伤保险制度的改革和完善，将所有职业人群全部纳入工伤保险保障范围。

2. 工伤保险法律法规仍需修改完善

近 20 年来，工伤保险注重健全法律法规，已经形成了具有不同层次法律法规和政策标准的法规体系，这些法律法规在工伤保险制度的实施中发挥了重大作用，促进了工伤保险制度的良性发展。但是随着经济社会的发展，现有的工伤保险法律法规中一些重要规定过于原则、操作性不强、易引发争议等问题日益显现，有的造成了较多的工伤行政诉讼争议，有的导致相关机制难以顺利运行。

工伤保险法律法规存在的问题，主要涉及以下五个方面：

一是工伤保险制度的法定适用范围问题。根据《社会保险法》和《工伤保险条例》的规定，工伤保险的适用范围是与用人单位建立劳动关系的职工。在工伤工作实践中，对劳动关系的确认依据存在着法律法规规定与司法解释等不统一、不一致的问题。例如，对超过法定退休年龄的人员和挂靠用人单位的人员发生工伤事故时职工身份的确定，存在着各方认识不统一的问题。另外，法律法规确定的工伤保险适用范围，未将没有劳动关系的灵活就业人员纳入，也需要在完善工伤保险制度时，扩大适用范围，将灵活就业人员（非正规就业人员）等职业人群纳入工伤保障范围，以体现工伤保险制度的普遍性、公平性原则。

二是工伤认定的有关规定问题。在工伤认定工作实践中，认定的有些条款过于原则、操作性差，甚至引发伦理道德之争等问题，需要认真研究加以修改完善。例如，上下班途中遭受非本人主要责任交通事故的条款，在实践中会遇到非常复杂的情形，此情形的工伤认定数量已占工伤认定总数的 8%，排在第二位，需要对此条款完善细化；关于在工作时间和工作岗位突发疾病死亡或在 48 小时内经抢救无效死亡的条款，在实践中对工作时间、工作岗位的认定易产生歧义，同时极易引发伦理之争，这类认定已占视同工伤认定总量的 96%，矛盾十分突出。此外，因工外出期间，由于工作原因受到伤害或者发生事故下落不明的条款等，执行过程中都需要对有关规定作出细化。另外，随着将灵活就业人员纳入工伤保险保障，《工伤保险条例》应增加相应的工伤认定条款。

三是工伤保险基金先行支付问题。为保障未参保的工伤职工得到及时救治和补偿，《社会保险法》制定了工伤保险基金先行支付制度。工伤保险基金先行支付制度实行多年，起到了保障工伤职工权益的积极作用，但也产生了一些问题，主要是基金追偿机制不完善，社会保险经办机构先行支付后追偿难，甚至无法追偿。《社会保险法》虽然对社会保险经办机构的追偿规定了责令支付、要求偿还的方式，但这些方式缺乏执行力度和强制手段，对无法追回的基金也未作财务处理规定，造成先行支付制度运转不畅。因此，必须通过修改完善《社会保险法》相关条款予以解决。

四是第三人侵权造成工伤的双重赔偿问题。《社会保险法》规定了“由于第三人的原因造成工伤，第三人不支付工伤医疗费用或者无法确定第三人的，由工伤保险基金先行支付”。由于《社会保险法》未明确在第三人侵权模式下，工伤保险待遇和民事赔偿不可兼得的原则，在实践中常常出现两者兼得的情形。这种情形常见于上下班途中交通事故造成的工伤。由于立法的不完善，双重赔偿既不符合民事侵权赔偿原则，也不符合社会保险保障的原则，对在企业生产中受到伤害的工伤职工产生了制度性的不公平。

五是对不参保不缴费造成严重工伤后果的用人单位的刑事处罚问题。由于工伤和职业病与一般的对职工的侵权行为性质不同，遭遇工伤或患职业病后，职工的健康甚至生命受到严重损害，导致职工本人及靠其收入维持生活的家庭陷入极大困境，因此工业化国家都通过工伤保护立法，将不参保不缴费的雇主列入追究刑事责任范畴。我国《社会保险法》对未缴纳社会保险费的用人单位只规定了责令补缴和向开户银行划拨社会保险费的规定，并可处罚款的行政处罚。从工伤保险实践看，这样的规定强制性不足。自《工伤保险条例》实施以来，仍有大量企业拒绝参保缴费，发生了严重的工伤事故和职业病后，将职工推向社会，造成了社会问题。我国正处在工业化快速发展时期，工伤事故和职业病发生率较高，为从源头上保障工伤职工权益，减少社会矛盾，宜修改完善相关法律，将拒不参保缴费的用人单位列入刑事处罚范围。

3. 工伤预防、工伤康复发展缓慢

2004 年《工伤保险条例》实施，在立法宗旨上表明了建立工伤预防、工伤补偿、工伤康复相结合的工伤保险制度体系的目标。2010 年修订后的《工伤保险条例》明确规定了工伤预防费支出项目，《社会保险法》也单独制定了工伤康复费支出项目，为两项工作的开展奠定了法律基础和依据。随后，工伤预防、工伤康复试点工作先后铺开，一些管理规范和标准相继出台，初步形成了工伤预防、工伤补偿和工伤康复“三位一体”的工伤保险体系框架。但是从总体上看，工伤预防和工伤康复工作进展不快，遇到了困难。从 2011 年到 2019 年，工伤预防支出占工伤保险基金总支出的比例最高为 2012 年的 0. 94%，最低为 2019 年的 0. 30%。2018 年后受到《工伤预防费使用管理暂行办法》出台的影响，一些地区按规定降低了提取标准，收紧了工伤预防费使用范围，加上项目实施主体、费用支出管理方式改变及经办机构改革人员变动等变化，2019 年全国工伤预防费支出仅 2. 4 亿元；工伤康复待遇支出始终保持在工伤保险待遇总支出的 1%左右，没有大的增长。据对全国工伤康复协议机构的调查看，2019 年工伤康复总人次比 2018 年有所下降，工伤职业康复发展也较缓慢。

工伤预防与工伤康复工作的主要问题在于政策标准体系不健全，缺乏推进工作的政策依据和标准规范；工伤预防和工伤康复的工作机制未建立起来，运行构架不完善；缺乏工伤预防和工伤康复专业管理人员，使两项工作难以管理到位。

4. 工伤保险经办力量严重不足，信息化建设程度不高

2004 年《工伤保险条例》实施后，在建设工伤保险经办机构和业务队伍方面，主管部门下了很大的功夫。长期以来，地方实施工伤医疗保险经办工作一体化管理，工伤保险在经办机构设置、人员队伍、业务管理、信息系统等方面与医疗保险融合，尤其是在工伤医疗管理方面，借助医疗保险的经办力量开展工作。2018 年机构改革后，医疗保险从人力资源社会保障部门分离出去，工伤保险经办人员少、任务重的状况立刻显现。随着工伤预防、工伤康复工作逐渐加大力度，工伤保险经办业务范围不断扩大，工伤保险经办缺乏专业人员的情况更加严重，经办服务能力受到制约。

工伤保险信息化建设程度不高，主要表现为信息化建设集中度不够，大部分省份系统建设层级在地市级，个别地区仍存在区县级系统；系统建设模式多样，有五险合一建设的，有与医疗保险或养老保险系统合作建设的，也有工伤保险独立建设的；工伤认定、劳动能力鉴定、待遇支付系统化建设薄弱，有的地方业务管理还处于手工模式状态，工伤认定、劳动能力鉴定、待遇支付全流程一体化系统尚未建立；只有少部分地区工伤医疗费能够实现与协议机构直接结算；通过互联网提供工伤认定、劳动能力鉴定、工伤保险待遇申请业务的地区较少。工伤保险信息化水平不高，影响了为工伤职工、用人单位和协议医疗机构提供便捷服务，也限制了工伤保险管理精细化、高效化的能力提升。

5. 历史遗留的尘肺病农民工保障问题尚需制度性解决机制

在我国快速工业化的发展中，数亿农民工作为建设者参与了这一进程，其中相当一部分农民工从事矿山采掘、建材建筑和有尘毒危害行业的工作，由于缺乏劳动保护，很多农民工罹患尘肺病。近些年，农民工尘肺病问题集中显现。这些患病农民工中有相当一部分人没有劳动合同，没有参加工伤保险，没有稳定的待遇保障，患上尘肺病失去劳动能力后返乡生活，在医疗救治、基本生活方面十分困难，成为因病致贫群体中的一部分。虽经当地政府有关部门救助，但多数人仍未能摆脱缺医少药、生活贫困的境地。从典型调查情况看，他们最需要的是对尘肺病的治疗和对家庭基本生活的资金帮助。尘肺病农民工保障问题是我国工业化过程中形成的历史遗留问题，尘肺病不是普通的疾病，是与职业劳动密切相关的职业性疾病。尘肺病农民工由于未参加工伤保险且无法满足《职业病防治法》规定的诊断条件，他们无法被确诊为法定职业病人，无法享受工伤保险待遇，在很大程度上需要自己支付治疗尘肺病的费用，个人和家庭承担了职业伤害的后果。从近年的实践看，城乡居民医疗保险和民政方面的救助可以缓解他们的困境，但无法从根本上解决他们的困难。解决现存的尘肺病农民工保障问题需要另辟蹊径，通过为尘肺病农民工这个特殊群体建立专项保障制度来解决问题。

（二）工伤保险面临的挑战

当前，我国经济社会发展正处于经济结构深度调整、社会结构深刻变化的时期，发展过程中一些不协调、不平衡、不可持续的矛盾日益凸显，使工伤保险事业的发展面临着新形势和重大挑战。

1. 社会主要矛盾发生变化带来的挑战

党的十九大报告提出，我国社会主要矛盾已经转化为人民日益增长的美好生活需要和不平衡不充分发展之间的矛盾。工伤保险也同样存在发展的不平衡不充分问题。例如，灵活就业人员等职业群体对职业伤害保障的需求越来越迫切，而现行的工伤保险制度无法接纳他们；工伤预防、工伤补偿、工伤康复“三位一体”制度体系还不够完善，工伤预防、工伤康复工作还是工伤保险工作的短板，不能满足通过工伤预防减少工伤事故伤害、让符合条件的工伤职工人人享有工伤康复的要求，特别是职业康复目前只限于在少数地区开展，无法实现工伤职工回归劳动岗位的理想目标；工伤保险基金的统筹层次发展不平衡，一些地区工伤保险基金保障能力不足；工伤保险信息化水平不高，无法为工伤职工和用人单位提供便捷高效的服务等。面对这些问题，工伤保险制度如何进一步改革完善，满足工伤职工和亲属对美好生活的需要，是工伤保险必须积极应对的重大挑战。

2. 新经济新业态下的新就业形态带来的挑战

近年来，“三新”（新产业、新业态、新商业模式）经济迅速发展壮大。2017 年，全国“三新”经济增加值为 13 万亿元，占 GDP（国内生产总值）的 15.7%。在以“三新”经济为依托，通过互联网平台为社会提供商品或服务，从而获取劳动报酬或收入的新型就业形态中，从业人员大幅度增加。2018 年，中国数字经济领域提供的就业岗位有 1.91 亿个，占当年总就业人数的 24.6%，许多从业人员以无雇主、无单位的方式进入新业态平台，如外卖骑手、快递小哥等。由于难以确定他们的劳动关系，现行工伤保险制度难以为他们提供制度性保障。工伤保险制度面对新经济、新业态下众多劳动者的职业风险，必须以改革创新思维，探索建立适合新业态从业人员的职业伤害保障制度。

3. 工业化过程中安全生产状况带来的挑战

我国依然处在工业化的过程中，作为制造业大国，我国工伤和职业病的总体发生数量依然较多。近年来，安全生产总体形势比较稳定，但危险化学品、道路运输、建筑、煤炭与矿山行业等领域重特大安全生产事故仍有发生，职业病发病人数仍有增长。同时，工业化进入智能化时代，从业人员的劳动形态（劳动岗位、劳动时间、劳动方式）等都会发生巨大变化，新的职业伤害和风险也会出现，如何在稳妥做好传统产业工伤保障工作的同时有效应对新劳动形态下的职业伤害，是对工伤保险管理的重大挑战。

4. 城镇化持续发展带来的挑战

近年来，我国城镇化持续发展。到 2019 年，城镇化率已达到 60%。预期未来十年，我国城镇化速度仍将保持增长的趋势。城镇化对工伤保险最主要的影响是进城务工的农民工工伤保障问题。这些在城镇化过程中进城务工的农民工主要在第二产业和第三产业就业，相当数量的农民工在高风险行业工作，其工伤保险问题更加突出。截至 2019 年年底，全国农民工总量达到 2. 9 亿人，其中外出务工农民工达到 1. 74 亿人。2019 年年底，有 8 616 万农民工参加了工伤保险。农民工参保问题依然是工伤保险扩面工作的重点，在对有劳动关系的农民工应保尽保后，对灵活就业的农民工，应依靠建立的职业伤害社会保险给予保障。在今后若干年内，如何有效地将农民工纳入工伤保险制度，也是工伤保险要应对的重大挑战。

四、“十四五”时期工伤保险发展的总体目标、主要任务和政策建议

党的十九大报告明确提出了“完善工伤保险制度”的要求，十九届五中全会进一步要求“健全覆盖全民、统筹城乡、公平统一、可持续的多层次社会保障体系”“推

动工伤保险省级统筹”“健全灵活就业人员社保制度”。这是新时代推进工伤保险事业发展的指导思想，在国民经济和社会发展第十四个五年规划期间，工伤保险制度的改革完善，必须坚持以人民为中心，努力推动新时代工伤保险事业高质量发展。

（一）总体目标

今后一个时期，工伤保险事业发展的总体目标是形成更加完善的工伤保险法律政策标准体系，保障水平与经济社会发展水平相适应的工伤保险待遇体系，运行良好的工伤预防和工伤康复工作体系，以人为本、高效便捷的工伤保险服务体系，健全和完善适应工业化和现代化发展、适用范围覆盖城乡所有职业人群，促进建设全面小康社会的现代工伤保险制度体系。

（二）主要任务和政策建议

今后五年，正是国民经济和社会发展第十四个五年规划实施时期，我国正处在转变发展方式、优化经济结构、转换增长动力的关键时期，工伤保险事业所处的发展环境中既有挑战，也有机遇。要坚持问题导向和目标导向，抓住影响工伤保险事业发展的重大问题，补齐工伤保险体系建设的短板，创新推动工伤保险制度的改革完善，将工伤保险推向新的发展阶段。

1. 加快完善工伤预防、工伤补偿和工伤康复“三位一体”的工伤保险制度体系

（1）全面推进工伤预防工作，充分实现工伤保险制度的预防功能。全面推进工伤预防工作，一是要推动工伤预防的法规政策完善，适时补充《工伤保险条例》中关于工伤预防管理的规定；制定部颁规章《工伤预防管理规定》，清晰划定工伤预防参与各方的责权利，明确规范工作流程和工作机制，特别是对工伤预防费使用支付范围、监督管理等作出具体规定；制定工伤预防项目的筛选、评定、招投标办法，使工伤预防的主要环节有法可依，保证工伤预防项目平稳实施。二是要制定工伤预防业务标准，为工伤预防项目的实施提供业务规范支撑。主要是制定工伤预防培训项目筛选、评审办法，用人单位职工工伤预防培训大纲及考核标准，用人单位工伤风险评估标准，工伤预防项目绩效评估办法等。三是建立和应用大数据系统为工伤预防提供工作基础。建立和运用大数据分析系统的目的是通过工伤数据资料，有效反映行业或企业工伤预防实际情况，找出工伤预防工作的重点领域，将工伤预防资金投入重点行业、重点企业中，有效减少或消除工伤风险隐患。可首先推动建立省级工伤预防大数据分析系统，然后建立全国系统。四是加紧规范和培育工伤预防的第三方宣传、培训机构，建立第三方服务机构管理机制，形成主管部门、参保单位、第三方服务机构协同推进工伤预防的工作模式。

（2）全力推进工伤康复工作，让更多的工伤职工享受工伤康复。全力推进工伤康复工作，一是要继续完善工伤康复法规政策标准体系。将经过实践被广泛认可接受的“先康复、后评残”“工伤康复早期介入”等理念，在修订《工伤保险条例》时予以明确，列为法定内容；抓紧制定部颁规章《工伤康复管理规定》，规范工伤康复管理程序，健全管理办法；制定工伤康复费用和服务价格的规范性文件，解决部分工伤康复项目特别是职业康复项目无收费标准的问题；制定和完善工伤康复的基础标准、管理标准、技术标准和服务标准，为各级工伤康复管理和服务机构实现科学和规范管理提供依据。二是加强工伤康复管理。优化工伤康复协议机构布局，提升协议机构工伤康复服务的能力。完善工伤康复费用审核、结算办法，强化协议管理，加强康复基金管理，确保工伤康复工作规范、有序。推行工伤康复早期介入，建立工伤康复的前、中、末期评估机制，促进“先康复、后评残”工作机制的建立。三是强化职业康复工作。职业康复是工伤康复的主体内容和特色。加强对康复机构开展职业康复的政策指导，将职业康复项目列入基金支付范围，确定收费标准；加强对工伤康复人才，特别是职业康复人才的培养；制定促进职业康复后工伤职工重返就业的政策，将职业康复和就业指导结合起来，为工伤职工回归社会和就业创造条件。

（3）调整完善工伤补偿政策，巩固和发挥其保障工伤职工医疗救治和基本生活的主体功能。认真研究论证、努力调整完善工伤补偿政策，一是调整完善工伤保险待遇结构和待遇标准。对制度建设初期确定的一些待遇项目和待遇标准，随着经济社会的发展，已明显不适应的，或者与制度建设目标相违造成不公平的，或者应该新增加的项目，围绕更好地保障工伤职工权益的目的，予以调整、修改或补充。同时，认真落实工伤保险待遇调整机制，定期调整工伤保险待遇标准，保障工伤职工享受经济社会发展进步的成果。二是全面落实省级统筹，提高省域范围内工伤保险基金共济和保障能力，增强工伤保险的公平性和可持续性。自《工伤保险条例》实施以来，工伤保险基金的统筹层次长期徘徊在县级、市级统筹。除了几个直辖市外，实行省级统筹的省份也只是建立了省级调剂金，调剂金总量不多，仅用于对少数出现大的工伤事故、基金支撑能力不足的地区进行调剂，依然没有解决辖区内各地市参保对象、缴费标准、工伤认定、待遇支付标准、经办流程、信息系统方面差异大、不统一、矛盾多，以及基金保障能力强弱不一等问题。真正意义的工伤保险基金省级统筹应该是在全省（直辖市、自治区）范围内实现基金收支管理、参保范围和参保对象、费率政策和缴费标准、工伤认定和劳动鉴定办法、待遇项目和支付标准、经办流程和信息系统“六统一”。实现了省级工伤保险的“六统一”，才实现了现代工伤保险制度互助共济，化解职业伤害风险，保障工伤职工医疗、生活的基本权益的社会功能。按照人力资源社会保障部落实工伤保险基金省级统筹的指导意见，2020 年完成全国各地省级统筹工作。“十四五”时期，推动“六统一”的工伤保险省级统筹模式，也是党的十九大提出“完善工伤保险制度”的重要任务。

2. 继续扩大工伤保险覆盖范围，建立灵活就业人员职业伤害保险制度

（1）不断扩大工伤保险覆盖面。《工伤保险条例》规定的适用范围，包括了有劳动关系的各类职业人群。“十四五”时期，要继续推动适用范围内的职业人群参加工伤保险，特别是要巩固建筑业从业人员参保成果，大力推进铁路、公路、水运、水利、能源、机场等工程项目参保工作。同时，重点推动小微企业等民营经济企业、存在尘毒危害作业的高风险企业参加工伤保险，做到应保尽保，切实保障工伤职工的权益。

（2）建立灵活就业人员职业伤害保险制度。我国的职业人群从用工属性上区别，一般分为有劳动关系的职业人群和非劳动关系的职业人群两大类别。“十四五”时期，从我国国情出发，建立起非劳动关系的职业人群——灵活就业人员职业伤害保险制度，是工伤保险制度创新发展的一个重大任务。

1）灵活就业人员职业伤害保险的覆盖人群、性质和原则。职业伤害保险覆盖的人群是非劳动关系的职业人群，包括各类灵活就业人员（非正规就业人员），新经济、新业态从业人员，从事自由职业的自雇人员等。职业伤害保险属于社会保险属性，是工伤保险制度外延性制度创新结果，是非劳动关系的职业人群的工伤职业伤害保险。制度创新应坚持五条原则：政府主导，社会参与原则；广覆盖、保基本、可持续原则；无责任补偿（无过失补偿）原则；工伤认定和待遇标准法定原则；非营利原则。

2）职业伤害保险基金的筹资模式。筹资模式可采用灵活就业人员个人缴费、财政资金给予补助的方式。缴费额度统一，暂不按行业风险费率征缴。统筹基金以支定收、收支平衡，基金专管单列。

3）职业伤害的认定和伤残鉴定。职业伤害的认定情形可先确定为因工作原因受到的事故伤害，随着制度的不断发展完善，逐步扩大认定范围。参保人员的伤残鉴定可参照劳动能力鉴定国家标准，委托劳动能力鉴定机构进行。

4）职业伤害保险待遇和经办服务。职业伤害保险的待遇项目根据参保人最需要保障的内容设定。从一些试点城市的做法看，设置医疗费补助、伤残补助、护理费、工亡补助金等项目的较多。应稳慎确定待遇水平，水平过高，支付压力过大；水平太低，保障功能弱，补偿效果低，也没有吸引力。

职业伤害保险待遇经办应由社会保险经办机构直接经办，也可以公开招标社会力量，如由商业保险公司具体承办。商业保险公司承办职业伤害保险经办业务，是政府购买公共服务的一种方式。社会保险经办机构开设职业伤害保险费专户，缴费资金进入专户，用于统一收缴并划拨职业伤害保险待遇资金。

建立灵活就业人员职业伤害保险，是从我国的实际出发，解决灵活就业人员职业伤害保障问题的制度建设。近些年，国内部分城市开展了试点探索工作，取得了一些进展。在对这些试点做法认真总结经验的基础上，研究论证建立职业伤害保险制度的基本框架，尽快完成制度的顶层设计，早日推出灵活就业人员的职业伤害保险，造福这部分职业人群，将是工伤保险制度法定覆盖范围的第二次重大扩面行动。从长远发展看，灵活就业人员职业伤害保险在发展到一定阶段后，会与现行工伤保险制度统一为一个制度。

3. 推动修改完善工伤保险法律法规，健全完备法律法规体系

《工伤保险条例》实施已有十几年，虽然 2010 年进行了一次大的修订，又出台了《社会保险法》，但从工伤保险实践上看，还有一些工伤保险制度层面的重大问题需要通过修改法律法规来解决。推动《社会保险法》工伤保险专章和《工伤保险条例》的修订工作，应是“十四五”时期工伤保险的重大任务。

（1）修改完善《社会保险法》有关工伤保险的内容。一是将扩大工伤保险适用范围的内容写入《社会保险法》工伤保险专章。在第三十三条增加“灵活就业人员、自雇人员可以参加工伤保险。国家建立和完善灵活就业人员、自雇人员职业伤害保险制度，灵活就业人员、自雇人员按照国家规定缴纳职业伤害保险费”。通过完善法律规定，将灵活就业人员等职业人群全部纳入工伤保险制度。

二是补充完善《社会保险法》第四十一条中先行支付的法律规定。增加和完善先行支付的追偿途径、强制手段和异地追偿、追偿不能坏账的财务处理等办法，解决工伤保险实践中由于法律规定简单、原则带来的追偿难和实施难的困境，使先行支付制度在保障工伤职工权益上顺畅实施。

三是完善《社会保险法》第四十二条关于第三人侵权造成工伤的赔偿规定。明确第三人侵权造成的工伤，侵权人应承担赔偿责任，第三人支付赔偿金的，工伤保险基金在工伤保险待遇标准额度内不再支付；第三人不能赔偿或者少赔付的，工伤保险基金在工伤保险待遇标准额度和范围内全额支付或补足差额。通过修改完善第三人侵权造成的工伤赔偿法律关系，解决一次伤害双重赔偿的问题，切实保障工伤职工的权益，避免第三人侵权造成的工伤赔偿与一般工伤保险待遇失衡。

四是加重对拒不参保企业的处罚，在《社会保险法》中增加相关的处罚条款。企业不参保，特别是高风险企业不参保，一旦发生工伤，尤其是群体性工伤，造成的社会后果极其严重。因此，与社会保险其他险种相比，企业不参加工伤保险的性质是非常恶劣的，必须强化企业参加工伤保险的强制性。从国际惯例看，工业化各国对拒不参保的雇主在法律上都规定了追究刑事责任。在《社会保险法》中，加大对拒不参保的用人单位行政处罚的同时，也主张在刑法中适时增加追究刑事责任的规定。

（2）修改完善《工伤保险条例》有关内容。一是修改扩大《工伤保险条例》适用范围，将灵活就业人员、自雇人员纳入，与《社会保险法》修改内容相一致。

二是增加建立灵活就业人员、自雇人员职业伤害保险具体规定专章，明确职业伤害保险制度的适用范围、基本原则、筹资办法、认定鉴定和待遇给付等规定。

三是修改完善工伤认定、工伤保险待遇相关条款。对在工伤认定中争议的焦点和适用中存在较大问题的条款，如上下班途中交通事故条款、工作中突发疾病 48 小时抢救无效死亡的条款、一次性医疗补助金和伤残就业补助金条款等，加以修改完善。

四是增加工伤预防和工伤康复工作的相关章节。对工伤预防、工伤康复的主要工作环节、程序应作出明确规定，使这两项工作的开展有法可依。

4. 加强工伤保险服务体系建设，推动工伤保险实现高质量发展

2004年以来，随着《工伤保险条例》的实施，工伤保险已经建立起了工伤认定、劳动能力鉴定和工伤保险经办三支专业队伍，每年完成工伤认定百万件，劳动能力鉴定申请人数为60万人左右，享受工伤保险待遇的有200万人次，保证了工伤保险制度的平稳运行。但是长期以来，三支队伍工作任务不断增加，人员编制则没有增长，有的工作长期面临着人手严重不足、超负荷运转的局面。同时，整个工伤保险信息化建设程度不高，通过大数据化、信息化管理提高工作效能、提升服务水平则举步维艰，成为影响工伤保险事业高质量发展的短板。“十四五”时期和今后较长时期，加强工伤保险服务体系建设都应该是重点任务之一。

（1）改变传统思维，坚持建立完善自成系统的工伤保险服务体系。长期以来，工伤保险服务体系特别是工伤保险经办，在工伤医疗和待遇管理上，与医疗保险或养老保险交织在一起，借助其他险种的力量，弥补经办力量的不足。长此以往，工伤保险经办队伍十分薄弱。2018年医疗保险机构改革划走后，相当多地方的工伤保险经办人员所剩无几，工作运转困难。工伤保险事业发展到今天已经拥有2.5亿参保人员，基金年收支1 500亿元以上，在业务内容上，不仅有待遇保障管理，而且有工伤预防和工伤康复等其他险种不具备的职能。工伤保险经办完全应该形成自己的系统和队伍。没有工伤保险工作特点的经办队伍，难以实现工伤预防、工伤康复、工伤补偿“三位一体”的制度功能。因此，要加强工伤保险服务体系建设，特别要补充配备开展工作所必需的专业人员，增加工伤认定人员、劳动能力鉴定人员和经办人员。在经办机构设置上，要改变取消、合并工伤保险中心（处、局）的做法，恢复工伤保险独立的经办机构，承担工伤预防、工伤补偿和工伤康复的具体经办工作。

从目前来看，工伤保险经办队伍人员不足的状况可能会长期存在，工伤保险事业发展与经办能力不足的矛盾也会长期存在。在经办机构和人员队伍难以靠增加机构人员编制加强的情况下，需要改变传统思维，通过创新制度解决这个问题。在国际上，大多数国家的工伤保险经办机构是非营利性的公法机构，承担工伤保险业务经办工作，所需运转资金来自工伤保险基金。我国也可考虑建立一个非营利性的独立经办机构，接受政府委托，具体承办工伤保险经办业务，所需运转资金来自政府购买服务资金或从工伤保险基金提取一定的管理费用。

（2）深化工伤保险领域“放管服”改革，建立方便快捷高效的服务机制。全面下放省级工伤认定和劳动能力鉴定事项，积极推进认定鉴定受理窗口进服务大厅，加快实现“互联网+认定鉴定”，让广大工伤职工充分感受到便捷高效的良好服务。

工伤保险经办机构要加强资源整合，解决用人单位和工伤职工办事“进多扇门”“来回跑路”的问题，积极推行“一窗通办”“一网通办”，持续推进“简政便民”，从办事群众角度出发，充分利用大数据手段，提升管理效能。

（3）大力推进工伤保险信息化建设，建立以大数据为基础的“智慧工伤保险管理网络”。加快建设省级集中的信息平台，推进网上参保、网上经办、网上结算和网上支付待遇，实现工伤认定、劳动能力鉴定、工伤信息的互联互通及业务的快速办理。运用大数据推动工伤保险管理转型，向数字化要人、向数字化要效率、向数字化要服务。通过大数据对工伤保险管理实现精准扩面、精准预防、精准认定、精准鉴定、精准经办，大大优化工伤职工和用人单位的办事体验，大大提升工伤保险的服务质量和服务水平。

5. 探索推动建立多层次工伤保险制度体系

党的十九大报告提出了“按照兜底线、织密网、建机制的要求，全面建成覆盖全民、城乡统筹、权责清晰、保障适度、可持续的多层次社会保障体系”目标，同时还提出了今后三十年分两步走的战略布局。这个战略目标和战略布局实际上是对工伤保险在未来长时期发展提出的战略任务。工伤保险在未来发展中，要从有稳定劳动关系的职工向非劳动关系的灵活就业人员等职业人群覆盖，要从城镇劳动者向农村农业劳动者覆盖，要从各类职业人群向全体公民覆盖（意外伤害社会保险）。根据这样的战略发展目标，未来多层次的制度体系模型应该是建设包括职工工伤保险、灵活就业人员职业伤害保险、全民意外伤害保险的多层次意外伤害社会保险制度，在各类职业人群和公民遭受职业伤害或非职业意外伤害时，给受害人提供医疗康复和经济补偿等帮助。多层次制度体系的主要内容如下：

（1）第一个层次是职工工伤保险制度，是基础的职业伤害保障制度。在今后若干年，应继续予以完善以适应经济社会发展。

（2）第二个层次是灵活就业人员的职业伤害保险制度，是工伤保险制度适用范围的扩大，也是工伤保险制度的创新发展。“十四五”时期，应通过顶层设计和试点探索，建立起职业伤害保险的基本框架，并不断补充完善。

（3）第三个层次是全民意外伤害社会保险制度，是经济社会发展到一定阶段，人民生活质量提高后，对美好、安全、有保障的生活的需要，也是满足全民性社会保障需求的必然选择。研究探索建立全民意外伤害社会保险制度，有四个重要的原因：

一是我国居民意外伤害的发生率和风险非常高，数量相当大。每年全国各类意外伤害发生约 2 亿人次，平均每天 55 万人次，全年死亡超过 70 万人。

二是各类意外伤害导致的直接或间接经济损失相当巨大。据有关部门统计，每年各类意外伤害就医人数达 6 200 万人次，产生直接医疗费用达 650 亿元，间接损失目前尚无统计。

三是意外伤害造成了受害人及家庭的巨大经济负担，且少有保障机制。据典型调查，意外伤害发生后，个人支付的医疗费比例达 72%，相当多的受害人存在伤残，劳动能力受到影响，生活困难。

四是意外伤害风险已经从个人风险演化为社会风险，化解社会风险就要用社会保障的方式解决。现有的商业保险、医疗保险、工伤保险等都无法有效、全面、根本解决公民意外伤害保障问题。因此，有必要研究建立全民意外伤害社会保险制度。建立一个新的社会保障制度，需要一个科学设计、稳妥试点、总结经验、立法规范的较长过程，“十四五”时期，可考虑专题研究，设计方案，并选择部分有条件的地区进行试点，总结试点经验，逐步推开。

6. 建立尘肺病农民工专项保障机制，妥善解决历史遗留问题

尘肺病农民工属于职业病人的群体，现有职业病保障制度缺失，无法对尘肺病农民工提供工伤保障。因为部分尘肺病农民工无法确定用人单位，也未参加工伤保险，因此无法用直接纳入工伤保险的办法来解决他们的保障问题。对这部分尘肺病农民工群体，解决其保障问题需要从实际出发，在法定保障制度之外建立一个专项保障制度，以期从根本上化解他们的实际困难，为他们提供一个长期、稳定的保障机制。

解决工伤保障的历史遗留问题，可以借鉴我国在 2011 年解决国有企业改革转轨时期遗留的数百万“老工伤”人员保障问题的经验。当年由国家层面制定了解决“老工伤”人员保障问题的方案，分省市实施，采取了工伤保险统筹资金、企业趸缴费用、中央和地方财政资金“三家抬”的方式筹集资金，成功解决了这一困扰多年的历史遗留问题。在解决现存的尘肺病农民工保障问题时，筹集资金是核心。与解决国有企业“老工伤”人员保障问题不同的是，尘肺病农民工已经无法找到原工作单位，筹集资金的主要责任需由政府承担。政府可主要利用各级财政资金、社会保险资金、社会捐助资金，形成专项保障资金，用于对尘肺病农民工的医疗救治和家庭基本生活的支持。将建立专项保障制度解决尘肺病农民工保障问题列入“十四五”规划专项议题，推进专项保障制度尽快落地实施，是“十四五”规划期间，落实党中央、国务院的关切，造福尘肺病农民工及家庭的重要任务。

五、未来十年工伤保险事业发展展望

从 2020 年到 2035 年，正是党的十九大报告提出“两步走”战略布局的第一步发展时期。到 2035 年，我国将基本实现社会主义现代化。工伤保险制度在这个时期，将有一个全面的发展，迈上一个新的台阶。

1. 工伤保险将实现所有职业人群的全覆盖

工伤保险制度进一步扩大覆盖范围，有劳动关系的各类职业人群做到了应保尽保；灵活就业人员职业伤害保险完成了制度建设，覆盖了灵活就业人员（包括新经济、新业态的从业人员）和农林牧渔农业劳动者。到 2035 年，以上两项制度参保人数预计达到当年全部就业人数的 60%以上，获得工伤保险待遇保障的工伤人员和亲属人数预计达到 400 万人。工伤保险制度在国家工业化、现代化进程中的“安全网”“保护伞”作用更加彰显。

2. 工伤预防、工伤康复和工伤补偿“三位一体”的制度体系全面建成

工伤预防方面：形成了较为完善的工伤预防政策标准体系，形成了规范、协调的工伤预防工作机制，形成了较为成熟的工伤预防社会服务机构市场化平台，形成了一支专业素质较高的专业人才队伍。工伤预防费使用项目有所增加，工伤预防费提取比例有所提高，预防优先理念得到普及，工伤预防文化初步形成，用人单位和职工工伤预防意识及防护知识普遍增强，工伤事故发生率有较大幅度下降。

工伤康复方面：以医疗康复为基础，以职业康复为特色，以促进工伤职工回归社会、从事适宜劳动的工伤康复服务体系已经形成；工伤康复配套的政策如管理政策、工伤康复资金保障与支付政策、工伤职工重返工作岗位或再就业支持政策比较完备；工伤康复早期介入标准、工伤康复辅助器具配置标准、工伤职业康复标准、职业病康复标准等工伤康复标准体系已经形成；符合我国国情的职业康复服务模式建立，有康复需求和可能的工伤人员人人享有工伤康复的目标基本实现。

工伤补偿方面：工伤保险待遇项目设置更加科学合理，工伤保险待遇调整机制规范落实，工伤保险基金保障能力强大，工伤保险待遇标准完备，工伤保险待遇保障服务便捷高效。

3. 工伤保险实现人性化、信息化“智慧”管理

工伤认定、劳动能力鉴定、待遇支付实现网上申请、网上查询进度、网上打印办事结果，一网受理，只跑一次，更加方便快捷；工伤认定的适用范围进一步扩大，工伤认定程序更加便捷；工伤保险行政复议和行政诉讼数量稳步下降；工伤保险经办依托信息化、数字化管理，对工伤职工参保、就医、待遇核付等事项实现智能化登记、结算和管理。

4. 全民意外伤害社会保险制度开始建立

经过若干年的试点，全民意外伤害保险制度设计方案已经成熟，开始在全国逐步推广。作为我国社会保障制度的一个组成部分，全民意外伤害社会保险保障受害者及其家庭生活，减少社会付出的巨大成本，化解重大社会风险，促进社会和谐稳定，成为覆盖全民、建设“健康中国”不可或缺的社会保险险种。

第三部分

业务发展报告

工伤预防发展报告

工伤预防是工伤保险制度的重要内容，是运用工伤预防方法或技术手段降低事故发生率，保障职工健康安全，促进企业稳定发展，减少经济损失，促进社会和谐发展的有效手段。工伤预防是工伤预防、工伤康复、工伤补偿“三位一体”现代工伤保险制度的支柱之一，是积极的、优先的工伤保险政策，是工伤保险实施社会保障的重要功能。2009 年以来，全国工伤预防开展了三次试点工作。2017 年，人力资源社会保障部等四部委印发《工伤预防费使用管理暂行办法》，对工伤预防费的使用和管理方式作出了规定，工伤预防工作在全国范围进入了全面推进的时期。

一、工伤预防工作的发展历程

（一）工伤预防的探索起步阶段（1995 年之前）

从中华人民共和国成立到 1989 年，工伤预防这一概念尚未被提出，具体的预防工作涵盖在劳动保护、职业安全卫生工作中。20 世纪 80 年代中后期，部分地区开始探索建立社会统筹形式的工伤保险制度，尝试建立社会化服务，与之密切相关的工伤预防理念得到初步确立，工伤保险所包含的工伤预防工作开始有了基本雏形。1995 年，广东省广州市开始实施工伤保险浮动费率和奖励制度，强化和鼓励企业开展职业安全卫生工作，增强工伤预防意识。同年，江苏省南通市也将工伤预防纳入工伤保险体系，工伤保险经办机构可以从当年的工伤保险基金中提取安全奖励费，用于奖励安全生产管理的优秀企业和个人。但当时的工伤保险、劳动保护均在劳动行政部门的工作范围内，实际工作更多的是把工伤预防归纳到了劳动保护、职业安全卫生工作中，主要是督促企业自身做好劳动保护、事故和职业病预防，防止工伤事故的发生和减少职业危害，以达到保护职工的目的，政府的预防职能是监督和提供技术支持、资金支持。

（二）工伤预防的初期发展阶段（1996—2009 年）

这一时期是我国由计划经济体制向市场经济体制过渡转变的阶段，也是工伤保险制度的初创阶段。在此期间，由于政府机构的改革调整，工伤预防工作机制的发展经历了曲折的过程。20 世纪 80 年代后期，部分地区探索建立工伤保险制度，积累了一定的经验，为工伤预防工作的进一步发展奠定了一定的基础。1996 年，劳动部颁布了《企业职工工伤保险试行办法》，建立了全国统一的工伤保险制度，明确了工伤预防的内涵，规定了工伤预防的工作内容，确定了“工伤保险与事故预防、职业病防治相结合”的方针，明确规定统筹项目支付的待遇、事故预防费、职业康复费用、安全奖励金、宣传和科研费、工伤保险经办机构管理费以及劳动鉴定委员会办公经费可从工伤保险基金中支出；提出了工伤保险费的征收实行差别费率和浮动费率机制，表明了我国工伤保险体系的建设采用了风险管理的理念。《企业职工工伤保险试行办法》同时规定了社会保险经办机构在工伤预防方面的责任和义务，工伤预防的具体工作与劳动行政部门开展的劳动保护、职业安全卫生工作相结合，贯彻了“工伤保险与事故预防、职业病防治相结合”的方针。1998 年政府机构改革，劳动保护、职业安全卫生工作脱离了劳动行政部门，在新的行政体制下，工伤预防失去了在一个部门内直接得到工作支撑的便利条件，劳动行政部门开始探索利用工伤保险基金的支持独立开展工伤预防工作，工伤保险向工伤预防、工伤康复、工伤补偿“三位一体”制度体系转变。

2004 年，国务院颁布了《工伤保险条例》，明确作出了“促进工伤预防”的规定，对于工伤预防工作的开展提供了有力的法规和政策支撑，工伤保险工作进入了法制阶段，推动了工伤预防工作的发展势头。在《工伤保险条例》颁布后，劳动保障部即着手修订完善工伤预防工作的发展路径，将工伤预防列为积极的工伤保险政策组织推进。

（三）工伤预防的全国试点阶段（2009—2017 年）

为贯彻落实《工伤保险条例》，并对工伤预防工作进行探索，人力资源社会保障部分别于 2009 年、2013 年、2015 年三次推动全国各地开展工伤预防试点工作，发布了《关于开展工伤预防试点有关问题的通知》（人社厅发〔2009〕108 号）、《人力资源社会保障部关于进一步做好工伤预防试点工作的通知》（人社部发〔2013〕32 号）、

《人力资源社会保障部办公厅关于确认工伤预防试点城市的通知》（人社厅发〔2013〕111号）等多个文件。2009年，人力资源社会保障部选择广东省、河南省、海南省部分城市率先试点，并于2010年6月在广东省珠海市召开了工伤预防试点工作座谈会，总结试点经验，明确下一步试点任务。这一阶段，人力资源社会保障部先后在全国200多个城市开展试点工作，要求各地充分认识工伤预防工作的重要性和必要性，明确工伤预防试点工作的目标和主要任务，探索建立工伤预防制度体系、工伤预防费的合理提取比例、工伤预防费的管理监督机制以及部门间协调工作机制，并规范工伤预防费的使用范围和项目、工伤预防费管理使用程序等。经商财政部同意，开展试点工作的地区，允许从工伤保险基金中提取不超过2%的费用，专项用于工伤保险的宣传和培训工作，并通过政府采购招标的方式进行。

经过试点工作的摸索与尝试，国务院对2004年实施的《工伤保险条例》进行了修订，于2011年1月1日开始实施修订后的《工伤保险条例》，其中第一章第四条规定“用人单位和职工应当遵守有关安全生产和职业病防治的法律法规，执行安全卫生规程和标准，预防工伤事故发生，避免和减少职业病危害”，而且在第二章第十二条中新增了工伤预防的宣传、培训等费用的支出规定。工伤预防在法律层面得到重视，并开启了工伤预防工作的财务支持渠道，人力资源社会保障部门由此开始筹划全面建立工伤预防、工伤康复、工伤补偿“三位一体”的工伤保险体系构架。为了进一步推动工伤预防工作，经国务院同意，人力资源社会保障部、财政部于2015年联合制定出台了《关于调整工伤保险费率政策的通知》（人社部发〔2015〕71号），完善了工伤保险的行业划分、行业费率以及企业浮动费率的确定、调整等政策规范，形成了较为完整的工伤风险管理体系。

（四）工伤预防的普遍推广阶段（2017年至今）

修订后的《工伤保险条例》规定了可提取使用工伤保险基金用于工伤预防的宣传、培训，但是对于提取比例未进行明确规定，而相关财务管理细则的制定由于相关部门的协调问题也较为迟缓，大部分地区在工伤预防费用的使用上仍然存在着顾虑。2017年8月17日，人力资源社会保障部会同财政部、卫生计生委、国家安全生产监督管理总局制定出台了《工伤预防费使用管理暂行办法》，对工伤预防费的提取比例、使用范围、项目管理等内容做了比较明确的规定，工伤预防工作初步具备了普遍开展的条件。2017 年《工伤预防费使用管理暂行办法》发布后，各地纷纷出台本地区贯彻执行落实方案，普遍开展了工伤预防的宣传和培训工作。

2020 年 12 月，为贯彻党的十九届五中全会精神，切实做好“十四五”时期工伤预防工作，人力资源社会保障部会同工业和信息化部、财政部、住房城乡建设部、交通运输部、国家卫生健康委员会、应急部和中华全国总工会印发了《工伤预防五年行动计划（2021—2025 年）》，提出了今后五年工伤预防的总体要求、工作目标、主要任务和保障措施。三项工作目标是：工伤事故发生率明显下降，重点行业五年降低 20% 左右；工作场所劳动条件不断改善，切实降低尘肺病等职业病的发生率；工伤预防意识和能力明显提升，实现从“要我预防”到“我要预防”“我会预防”的转变。主要任务有九项：一是牢固树立预防优先的工作理念；二是建立完善工伤预防联防联控机制；三是瞄住盯紧工伤预防重点行业；四是全面加强工伤预防宣传；五是深入推进工伤预防培训；六是科学进行工伤保险费率浮动；七是大力开展互联网+工伤预防；八是积极推进工伤预防专业化、职业化建设；九是切实加强对工伤预防工作的考核监督。《工伤预防五年行动计划（2021—2025 年）》提出四项保障措施，要求：一是加强组织领导，发挥好部门联动工作机制作用，研究解决工作推进中的问题；二是勇于创新发展，各地要坚持问题导向、目标导向、效果导向，完善工伤预防工作体系、政策体系、标准体系，推动解决工伤预防重点难点问题；三是强化经费保障，各地要按要求编制工伤预防项目预算，保证工伤预防工作经费，为开展工伤预防工作提供有力的支撑。同时，加强基金管理，确保工伤预防费依法合规支出或使用，严格落实项目验收评估制度；四是建立长效机制，推动工伤预防工作日常化、规范化、机制化，常抓不懈，推动工伤预防工作不断取得新的成效。

二、工伤预防的发展现状

（一）工伤预防现有法律、法规和政策体系

自 20 世纪 90 年代开展工伤保险改革试点起，工伤预防工作逐步成为工伤保险的

重要组成部分。从《劳动法》确立了建设工伤保险制度的目标后，国家相继出台了法规、规章和规范性文件，将工伤预防列为工伤保险的法定职责，并对工伤预防费的使用项目和管理办法作出了规范。这些关于工伤预防的规定，成为目前开展工伤预防的法律法规政策依据，见表 3-1-1。

表 3-1-1　　工伤预防的法律法规政策体系

名称	颁布时间	颁布单位
劳动法	1994 年 7 月 5 日通过 2009 年 8 月 27 日第一次修正 2018 年 12 月 29 日第二次修正	全国人大常委会
企业职工工伤保险试行办法	1996 年 10 月 1 日试行 2001 年 1 月 1 日废止	劳动部
职业病防治法	2001 年 10 月 27 日通过 2011 年 12 月 31 日第一次修正 2016 年 7 月 2 日第二次修正 2017 年 11 月 4 日第三次修正 2018 年 12 月 29 日第四次修正	全国人大常委会
安全生产法	2002 年 6 月 29 日通过 2009 年 8 月 27 日第一次修正 2014 年 8 月 31 日第二次修正	全国人大常委会
关于工伤保险费率问题的通知	2003 年 10 月 29 日发布 2016 年 4 月 13 日废止	劳动保障部
工伤保险条例	2003 年 4 月 27 日公布 2010 年 12 月 20 日修订	国务院
社会保险法	2010 年 10 月 28 日通过 2018 年 12 月 29 日修正	全国人大常委会
关于调整工伤保险费率政策的通知	2015 年 10 月 1 日实施	人力资源社会保障部
工伤预防费使用管理暂行办法	2017 年 9 月 1 日施行	人力资源社会保障部、财政部、卫生计生委、国家安全生产监督管理总局
人力资源社会保障部职能配置、内设机构和人员编制规定	2018 年 12 月 31 日施行	中央机构编制委员会

为了适应社会主义市场经济发展的需要，1994 年颁布的《劳动法》确定了将工伤保险作为五项社会保险制度之一，并在全国开展了工伤保险改革试点工作。

1996年劳动部印发的《企业职工工伤保险试行办法》规定，工伤保险经办机构应当开展工伤预防的宣传、教育和咨询项目，并配合劳动行政部门采取宣传、教育、检查和奖惩等措施，推动工伤和职业病预防的科学研究工作，以达到减少伤亡事故和职业病发生的目的。同时，要求企业也应当落实做好工伤预防的工作。

2003年劳动保障部印发的《关于工伤保险费率问题的通知》中根据不同行业的工伤风险程度，将行业划分为三个类别，实行行业差别费率，并且分别确定了三个不同的工伤保险行业基准费率，其中对第二、三类别的行业实行工伤保险费率浮动机制。

2004年实施的国务院《工伤保险条例》，在第一条立法宗旨中明确了“促进工伤预防和职业康复，分散用人单位的工伤风险”的制度创设目的，奠定了工伤预防、工伤康复、工伤补偿作为工伤保险制度框架的基础。

2010年修订的国务院《工伤保险条例》，增加规定了工伤保险基金可用于工伤预防的宣传、培训等工作。工伤预防费用的提取比例、使用和管理的具体办法，由国务院社会保险行政部门会同国务院财政、卫生行政、安全生产监督管理（以下简称安全监管）等部门规定。

2015年人力资源社会保障部、财政部印发的《关于调整工伤保险费率政策的通知》中根据不同行业的工伤风险程度，将行业工伤风险类别划分为八个类别，实行行业差别费率，并且将一类行业分为三个档次，二类至八类行业分为五个档次，实行工伤保险费率浮动机制。

2017年人力资源社会保障部等四部委印发的《工伤预防费使用管理暂行办法》，规定了工伤预防费可用于工伤事故和职业病预防宣传、工伤事故和职业病预防培训项目的支出，并规定了工伤预防费的提取比例不得超过统筹地区上年度工伤保险基金征缴收入的3%，同时规定了统筹地区人力资源社会保障部门应会同财政、卫生计生、安全监管部门以及本辖区内负有安全监管职责的部门统筹确定工伤预访的重点领域，进而与统筹地区行业协会和大中型企业等社会组织一同确定工伤预防工作的计划及预算。此外，《工伤预防费使用管理暂行办法》还规定了工伤预防具体项目的实施规则。

（二）开展工伤预防工作的情况

2019年是人力资源社会保障部等四部委发布《工伤预防费使用管理暂行办法》的第三年，全国工伤预防费支出2.4亿元，占当年工伤保险基金支出的0.3%。全国除5个地区未显示支出外，27个省（自治区、直辖市）均有工伤预防费支出。

1. 各地出台工伤预防费使用管理办法的情况

以2017年人力资源社会保障部等四部委印发《工伤预防费使用管理暂行办法》为标志，工伤预防从试点阶段进入了全国普遍推开的阶段，各地纷纷制定出台地方关于工伤预防费使用管理的办法，为开展工伤预防工作奠定基础。据初步统计，到2020年3月，全国已有广东省、江西省、湖北省、广西壮族自治区、天津市等23个省（自治区、直辖市）出台了自己的工伤预防费管理办法，另有9个省转发了人力资源社会保障部等四部委的暂行办法。

各地出台的工伤预防费使用管理办法，其主要内容：一是规定了工伤预防费的使用比例和使用范围。在保证工伤保险待遇支付能力和储备金留存的情况下，工伤预防费的使用比例原则上不超过本地区上年度工伤保险基金征缴收入的3%，主要用于工伤事故、职业病的宣传和培训。二是规定了工伤预防工作的管理体制和管理方式。人力资源社会保障、财政、卫生健康、应急管理（有的地区还吸收了总工会、公安交通管理）等部门成立工伤预防工作领导小组，按照“政府主导、项目管理、专业运作”和“谁立项谁负责”的原则，省、市、县（区）分级管理。三是明确了工伤预防项目的申请、采购、实施管理、验收、评估流程和规范等要求。每年上半年省、市工伤预防工作领导小组运用信息分析技术，对上年度本地区工伤保险的支出款、支缴率、事故发生率、安全生产事故和职业病发生等情况进行分析研究，确定下一年的工伤预防工作重点领域，并向社会公布。各地全面推行工伤预防工作，工伤预防费支出总额会逐步增加。

2. 2015年以来各地使用工伤预防费情况分析

工伤预防费在一定时期内支出的情况，反映出工伤预防工作开展的总体情况。从工伤预防费分省使用的统计数据，可以看到各地工伤预防工作开展的现状。

（1）2015—2019年5年间，全国工伤预防费年均支出占上年度工伤保险基金收入的比例徘徊在 0.26%与 0.43%之间（见表 3-1-2）。2015 年工伤预防费支出占比 0.43%，是 5 年中最高的一年；2019 年为 0.26%，是五年中最低的一年；2018 年为 0.32%，反映出《工伤预防费使用管理暂行办法》在 2017 年出台后，由于项目实施管理方式的改变和多数地区尚未出台贯彻实施的细则，全国工伤预防费支出比上年减少。

表 3-1-2　2015—2019 年全国工伤预防费支出占上年工伤保险基金收入情况

年份	全国工伤保险基金收入/亿元	全国工伤预防费支出/亿元	占上年度工伤保险基金收入比例/%
2014	695	3	—
2015	754	2.8	0.43
2016	737	2.3	0.31
2017	854	2.9	0.39
2018	913	2.7	0.32
2019	819	2.4	0.26

资料来源：根据工伤保险历年统计数据整理。

（2）2015—2019 年，各地工伤预防费支出差距较大，工作进展不平衡，最高支出和最低支出悬殊，五年合计支出工伤预防费最多的省份是广东省，共支出 2.9 亿元；支出最少的省份五年均为零。广东省、湖南省、河南省、湖北省、山东省、山西省、江苏省等近五年工伤预防工作的推广普及程度高，反映了对工伤预防工作的重视，也积累了值得总结的经验。2015—2019 年各地工伤预防费支出情况排序见表 3-1-3。

表 3-1-3　2015—2019 年各地工伤预防费支出情况排序　单位：万元

省份	2015 年		2016 年		2017 年		2018 年		2019 年	
	金额	顺位	金额	顺位	金额	顺位	金额	顺位	金额	顺位
广东省	7 493	1	5 798	2	6 519	1	5 355	1	4 085	2
湖南省	5 673	2	6 471	1	6 286	2	4 104	2	4 833	1
河南省	3 006	3	1 777	3	1 695	4	3 075	4	631	10
陕西省	1 393	4	346	14	1 060	8	685	9	412	12
海南省	1 290	5	1 709	4	496	13	72	22	24	26
云南省	1 258	6	149	19	726	10	322	15	8	27
湖北省	1 253	7	597	8	3 050	3	2 333	5	601	11
山西省	1 200	8	1 236	5	1 078	7	527	11	384	13
上海市	1 179	9	175	18	177	21	762	8	750	9
天津市	958	10	352	12	402	15	7	27	69	23

续表

省份	2015 年		2016 年		2017 年		2018 年		2019 年	
	金额	顺位	金额	顺位	金额	顺位	金额	顺位	金额	顺位
江苏省	657	11	812	7	1 657	5	3 078	3	3 313	3
福建省	497	12	410	9	336	18	351	13	885	7
江西省	451	13	346	13	384	16	340	14	357	14
辽宁省	313	14	104	22	258	19	205	16	287	15
新疆维吾尔自治区	296	15	297	15	430	14	531	10	789	8
内蒙古自治区	261	16	269	16	641	11	187	17	164	18
河北省	239	17	355	11	1 059	9	390	12	1 042	6
贵州省	168	18	232	17	185	20	172	18	233	17
吉林省	153	19	357	10	369	17	126	21	50	25
宁夏回族自治区	106	20	35	25	72	25	5	28	0	31
山东省	79	21	849	6	1 452	6	2 258	6	2 743	4
西藏自治区	75	22	73	23	109	24	57	23	54	24
安徽省	60	23	-342	32	172	23	140	20	88	22
黑龙江省	58	24	68	24	51	26	11	26	150	19
广西壮族自治区	35	25	125	20	174	22	1	29	239	16
重庆市	24	26	0	29	0	31	0	31	0	29
浙江省	23	27	30	26	31	27	23	24	112	20
四川省	22	28	124	21	612	12	1 343	7	1 842	5
青海省	21	29	13	27	15	28	0	32	0	30
新疆生产建设兵团	12	30	0	31	1	29	17	25	0	32
北京市	0	31	0	28	0	30	0	30	0	28
甘肃省	0	32	0	30	0	32	144	19	108	21

资料来源：工伤保险历年统计数据。

由表 3-1-3 可知，2018 年以后工伤预防费支出减少，主要原因是《工伤预防费使用管理暂行办法》出台后，工伤预防项目实施主体、费用支出管理方式较以往有一些改变。一是《工伤预防费使用管理暂行办法》规定工伤预防费提取比例不得超过统筹地区上年度工伤保险基金征缴收入的 3%，湖南省等地按要求降低了提取标准，使得工伤预防费总额减少；二是《工伤预防费使用管理暂行办法》对工伤预防项目进行了规范，收紧了工伤预防费使用范围，只能用于宣传和培训，广东省等地取消了预防性职业健康体检补助、职业病危害风险评估等支出项目，使得支出减少；三是多地反映工伤预防项目从预算、立项、招投标到实施，受程序约束，跨年度、耗时长的问题较为普遍，项目开展时效差，实际开展的项目较预计有所减少，使得实际支出减少；四是机构改革人员变动，尤其是工伤保险经办机构归属的变动，使得经办力量减员的省份，部分工伤预防项目中断，工伤预防费支出同比减少。综上，《工伤预防费使用管理暂行办法》出台后，原来作为试点、开展较好的部分地区按规定做了减法，支出减少；更多的地区因《工伤预防费使用管理暂行办法》在财务规范上还未细化，不敢放开工作，工伤预防工作未达全面推开的预期。

（3）工伤预防费支出中宣传费占比 50%以上，培训费有所上升。在 2019 年工伤预防费支出构成中，宣传费占 62. 1%，培训费占 33. 1%，其他占 4. 8%，见表 3-1-4。从 2016—2019 年的数据来看，宣传费支出占比超过一半，其他支出占比明显减少，各地按照 2017 年出台的《工伤预防费使用管理暂行办法》规定取消了原来自定的一些支出项目，规范了工伤预防项目开展和费用支出。

表 3-1-4　　2016—2019 年工伤预防费各支出项占比

年度	合计支出/万元	宣传费占比/%	培训费占比/%	其他费用占比/%
2016	22 767	51. 4	11. 9	36. 7
2017	29 497	54. 1	16. 4	29. 5
2018	26 621	51. 2	40. 1	8. 7
2019	24 253	62. 1	33. 1	4. 8

资料来源：根据工伤保险历年统计数据整理。

3. 部分试点省市工伤预防工作经验

工伤预防试点工作开展以来，一些地区锐意创新，主动作为，探索建立预防优先的现代工伤保险制度体系，以政府主导、专业机构承担、企业配合的工伤预防服务机制，有力促进用人单位落实工伤预防措施，不断增强职工工伤预防意识，从源头上减少工伤事故和职业病的发生，构建和谐健康的劳动关系。广东省广州、佛山、中山、东莞、惠州等市，湖南省长沙、永州市，江西省南昌市，四川省成都市，山东省聊城市，江苏省南通市等省市在工伤预防工作推进中，取得了较好成效，并形成了本地特色的工作模式。

典型经验一：广东省工伤预防工作经验

（1）高度重视，认真践行工伤预防优先理念。广东省高度重视工伤预防工作，积极主动制定了一系列法规、政策、标准，搭建了完整的工伤预防制度体系和工作体系，构建了政府、企业、职工共建共治共享的工伤预防工作新格局。近五年来，广东省参保单位工伤发生率从0.47%降至0.35%，下降幅度达25.5%；全省工伤保险平均费率从0.63%降至0.32%，下降幅度达49.2%，平均费率处于全国最低水平。

（2）建章立制，着力完善工伤预防制度体系。为使工伤预防有章可循、有法可依，从1998年开始，广东省就对工伤预防作出了制度安排，用地方性法规形式奠定了工伤预防的法律地位和制度基础，推动工伤预防制度化、规范化、常态化。

一是立法保障工伤预防开展。《广东省工伤保险条例》把“促进工伤预防”作为立法的宗旨之一，提出了“工伤保险工作应当坚持预防、救治、补偿和康复相结合的原则”，明确工伤保险基金可用于工伤预防支出，规定了工伤预防费提取比例并提出工伤预防费作为专项经费管理使用，奠定了工伤预防法制基础。

二是规范工伤预防费管理使用。广东省制定了《广东省工伤保险专项经费管理办法》，明确了工伤预防费支出范围、使用主体、预算管理、用款程序和监督管理等内容，厘清边界、细化程序、明确责任、强化监管，定期披露工伤预防费的使用情况，确保工伤预防费规范使用。

三是推行工伤预防项目实施模式。广东省出台了《广东省工伤预防项目实施办法》，对工伤预防项目重点领域确定与发布、申报、项目遴选及确定、组织实施、绩效目标、评估验收、结算等具体过程作出规定，明确实施项目的关键是做好全流程管控。为确保落到实处，重点“抓两头，管中间”。“一头”是确定预防重点领域及项目，根据近三年基金收支及工伤事故危害情况，经工伤预防联席会议研究，确定下一年度工伤预防重点领域。根据项目申报情况，由工伤预防专家组成专家评委会采用公开评审和集中答辩等方式进行评审，提出评审意见。工伤预防联席会议再根据专家评委会的评审意见，集体研究确定纳入下一年度的工伤预防项目；“一尾”是对项目进行验收评估，建立预防项目评估指标体系和定量定性指标相结合的绩效考核标准，由人力资源社会保障部门牵头组织第三方中介机构或聘请相关专家对项目进行评估验收，提升预防费使用效能。强化事中、事后监督，明确项目服务机构要定期将项目进展和成效等情况报社会保险经办机构，建立档案管理制度，实现可查询、可追溯的全过程痕迹管理，开展定期或不定期的专项监督检查。

四是制定行业工伤预防标准。在实践基础上，部分试点城市与大学等科研机构合作，对影响职工安全与健康的危险因素进行研究，出台了工伤预防行业指导规范及标准，制定了制造、建筑等19个行业工伤危险因素风险识别及预防措施实施办法，编印后免费发放给企业，起到了很好的指导示范作用。

（3）加大投入，持续健全工伤预防三项长效机制。一是建立技术保障机制。组建省、市两级工伤预防专家库，专家由各相关部门推荐择优组成，负责在工伤预防项目遴选评审中提出评估意见及在项目评估验收中提供技术支撑。组建工伤预防专业机构及团队，以广东省工伤康复中心为依托成立工伤预防专业团队，深入企业开展现场互动式的培训和环境检测，指导企业改进生产环境。同时，发挥广东省工伤康复中心的示范引领作用，积极培育从事相关宣传、培训的社会、经济组织参与到工伤预防工作中来。

二是建立经费保障机制。广东省工伤预防费纳入人大预算管理，发生支出时据实列支。近五年，广东省从工伤保险基金中依法提取费用开展工伤预防宣传、培训等工作，年均支出8 000万元，占工伤保险基金征缴收入的2%。

三是建立部门协作机制。广东省各级人力资源社会保障部门注重与安全监管、卫生、财政、住建等部门协作，发挥人力资源社会保障部门经费保障优势和安全监管、卫生、住建等部门行政主管优势，在宣传培训、信息共享、监督检查等方面密切合作，自上而下建立工伤预防联席会议工作制度，由人力资源社会保障、卫生、安全监管等部门作为成员单位，会议由人力资源社会保障部门牵头定期召开，研究工伤预防项目重点领域的确定、项目遴选及确定、预算管理、监督检查等。建立了安全生产与职业卫生监督检查联合行动制度，人力资源社会保障、安全监管、卫生等部门每年定期开展联合执法行动。

（4）突出重点，抓好工伤预防宣传和培训：

1）抓好宣传，增强工伤预防理念。着力构建全方位、立体化的宣传格局，在全社会经常性地开展工伤预防宣传，普及工伤预防知识，推动职工从“要我预防”向“我要预防”“我会预防”到“传递预防知识”、形成“预防文化”。

一是以“点”为支撑，开展针对性宣传。以企业职工为重点，通过发放宣传资料、开展咨询服务、关注相关微信公众号、参与知识竞答等，在工伤保险各环节对职工开展职业风险防范宣传教育。

二是以“线”为主轴，突出重点行业宣传。重点抓好制造、建筑、陶瓷、五金、黏胶等行业工伤预防宣传教育，制作高危行业工伤预防宣传资料，每年深入企业发放宣传海报、手册、折页约100万份。

三是以“面”为基础，打造宣传品牌。打造工伤预防宣传大讲堂、百厂行、巡回义演、知识竞答、技能大比拼、工伤预防直通车6个品牌活动，持续扩大宣传覆盖面。其中，工伤预防宣传大讲堂，进基层宣讲工伤预防和急救知识，共举办66期，覆盖1 000多家单位8.2万人次。知识竞答，采用线上、线下的形式进行，通过抢红包形式，发动了200万人参加；通过线下工伤预防知识抢答赛，让企业职工将知识点记牢、记住。

四是以“活”为特点，创新宣传载体。既发挥报刊、电台、电视等传统媒体的权威优势，又利用互联网、微信、微博等新媒体的覆盖优势，构建工伤预防立体化宣传格局。比如，在主流媒体定期解读法规政策，发布典型案例，宣传安全知识；开通“工伤预防”网和微信公众号，推送法规政策、工作动态、事故案例分析、安全防护知识等内容；建立工伤事故警示教育基地，通过图片展示、事故案例影片展播、3D（三维）工伤情景模拟、360°工伤危险因素识别，180°幻影成像典型案例分析、个人防护用品试用、零距离听工伤职工现场分享等方式，让参观者获得直观、生动、深刻教育。

2）抓好培训，增强工伤预防技能。以精准性和实效性为目标导向，贴近企业和职工需求，推动工伤预防培训模式从“传统的被动灌输”向“双向互动与持续改善”转变。

一是利用大数据找准培训重点。开发全省集中的业务一体化办理的工伤保险信息系统，从工伤认定、劳动能力鉴定环节抓取数据，从外协信息平台读取安全监管、卫生部门的相关数据，建立工伤预防数据库，利用大数据找准培训重点群体，精准开展工伤预防。根据建筑业工伤事故多发的情况，2016年以来广东省各级人力资源社会保障、住建部门联合举办两期建筑业工伤保险与安全生产“千企万人”集中培训，共培训 1 万家建筑企业、3.8 万名管理人员，实现了建筑企业培训全覆盖。

二是制定针对性的培训内容。组织广东省工伤康复中心编制了工伤预防培训基础教材和大纲，并结合企业现场巡查评估情况，有针对性地拟订培训内容，做到“一企一课”，保证了培训效果。

三是推行有实效的互动培训方法。从 2009 年起，广东省推行全员参与和双向互动式培训，在制造、建筑、陶瓷、五金、黏胶等行业试点，累计培训企业 2 000 多家，参训职工约 20 多万人。调动参训职工积极性，帮助企业培养培训导师，成立工伤预防委员会，促进企业持续开展工伤预防。2016 年，指导 175 家企业落实整改建议措施 1 700 多条，2.12 万名参训职工中有 90%显著提升了工伤预防知识水平，参训单位工伤发生率从 0.86%下降至 0.41%，取得了良好的社会和经济效益。

四是开发在线学习培训系统。与专业机构合作开发了“工伤保险在线学习培训系统”，利用网络、微信等新媒体进行培训，将工伤预防知识点加上动态效果，配合工伤预防小超人的形象，以生动活泼的形式授课，还设计答题环节，考察培训效果。通过 24 小时持续、灵活、多样的在线学习，有效提升了职工工伤预防意识和技能，深受广大职工的欢迎。

（5）奖惩结合，发挥浮动费率杠杆作用。广东省在实施工伤保险八类行业基准费率的基础上，建立了费率浮动管理机制。把工伤保险基金使用情况、工伤发生率、职业病危害程度作为核心考核指标，把安全生产标准化建设、安全生产与职业病黑名单等作为重要奖惩因素，每 1~3 年对参保单位的工伤风险状况进行全面评估，确定其费率是否浮动及浮动的档次，对工伤发生率高、基金使用多的用人单位上调费率，对工伤发生率低、基金使用少的用人单位下调费率，上下浮动幅度最高达 50%，发挥了浮动费率杠杆的激励和约束机制，促进企业主动做好工伤预防，减少工伤事故与职业病的发生。

典型经验二：四川省成都市工伤预防工作经验

（1）强化规则意识，建立健全工伤预防相关政策体系。四川省成都市是人力资源社会保障部 2013 年年底确定的全国 50 个工伤预防试点城市之一。2014 年，成都市人力资源社会保障局联合市安全监管局、市卫生局、市财政局出台了《成都市工伤预防试点管理暂行办法》，市医保局出台《成都市工伤预防试点业务经办管理规程》，初步构建起成都市工伤预防政策体系，为试点工作有序开展提供了制度支撑；从 2015 年起，按照“积极稳妥、分步实施、逐步推广”的原则，在武侯区、温江区、邛崃市、金堂县四个区（市）县启动开展了工伤预防试点工作；2016 年，在总结试点经验的基础上，完善工伤预防政策，形成了新的《成都市工伤预防试点管理办法》和《成都市工伤预防试点业务经办管理规程》；从 2017 年起，进一步扩大试点范围，将金牛区、青白江区、新都区、郫都区、新津县五个区县纳入工伤预防试点，全市工伤预防试点地区扩展到 9 个；2018 年实现 22 个区（市）县全面开展工伤预防工作。近三年共安排使用工伤预防费 2 098.27 万元。

（2）强化责任意识，建立健全工伤预防工作机制。成都市建立了市、县两级人力资源社会保障、财政、卫生、安全监管等部门组成的工伤预防试点工作联席会议制度，部分区县建立了政府牵头的联席会议制度，如新都区、郫都区，明确了各部门的职能职责，为开展试点工作提供了组织保障。联席会议主要通报试点工作开展情况及工伤预防费使用情况，分析安全生产、职业病防治和试点工作形势，审定试点项目年度实施计划，协调解决工作中的矛盾和问题，共同推进试点工作的开展。自试点工作开展以来，成都市坚持做到周密计划，确保试点项目全面实施。每年坚持召开全市工伤预防工作联席会议，并审议出台工伤预防年度项目实施计划，各区（市）县按照成都市人力资源社会保障局下达的实施计划，对宣传、培训项目做出详细安排，制作符合实际需求的项目招标文件，并采取公开招投标或者竞争性谈判方式，通过政府采购程序来确保和推进工伤预防项目的全面实施。

（3）强化过程监督，切实做到全要素全方位责任落实。一是各试点区（市）县严格按照成都市人力资源社会保障局下达的年度项目实施计划，通过对用人单位工伤事故和职业病发生率、工亡和高等级伤残、工伤保险费支缴率等数据比对，依据客观数据制定年度项目实施方案，确定本地区工伤预防工作的重点行业、重点单位、重点岗位、重点人员，使工伤预防目标明确，有的放矢。金堂县针对成阿工业园区入驻企业多、生产职工多、安全管理任务重的特点，将其纳入工伤预防试点的重点区域，经过实施宣传、培训项目，2017 年成阿工业园区工伤事故发生率同比下降 28%，工伤保险参保率提升 3%，预防效果初步显现。二是严格按规定标准和实际需求科学编制工伤预防实施项目招标文件，参照政府采购程序确定由第三方社会经济组织实施工伤预防宣传和培训项目，充分体现了“公开、公平、优质、高效”的原则。三是着力构建事前预防、事中监管和事后考评机制，项目监督小组成员坚持全方位、全过程对项目实施进行跟踪、检查和监督，项目验收小组严格对照项目合同和项目完成情况进行检查验收，确保项目实施程序规范、基金安全和质量保证，有效防止做而不实的情况发生。

（4）强化需求导向意识，工伤预防试点工作成效明显。一是针对工伤预防试点项目资金量小、收益率低、政府采购容易流标的现状，试点区（市）县认真查找原因教训，科学编制招标文件，积极主动协调政府采购部门，顺利通过公开招投标或者竞争性谈判方式完成了政府采购阶段性任务，为全市扩大工伤预防试点范围提供了宝贵经验。二是满足社会需求，宣传、培训打组合拳，工伤保险知晓率明显提升。近三年全市开展集中宣传 330 余场次，制作展板 550 余块（条），发放宣传资料近 120 万份，建立工伤预防警示教育基地 2 个、工伤预防宣传阵地 6 个。2018 年，全市开展工伤预防大讲堂 23 次，涉及重点企业 185 家。三是从安全生产主体责任入手，按照不同单位不同岗位的特点进行工伤危害隐患排查，针对隐患开展工伤预防知识和技能培训，项目适用性强。第三方培训机构从“人员—机器—设备—环境—管理”五个方面为企业提供最急需、最实用和最有效的工伤预防技能培训，深受用人单位和职工好评。

三、工伤预防工作面临的挑战和问题

（一）对工伤预防思想认识不到位

从《工伤保险条例》立法规定来看，工伤预防是工伤保险的制度功能，是各级社会保险行政部门和经办机构的法定职责，是工伤保险管理者的本职工作。工伤保险本质上是对工伤职工的社会保障制度，减少工伤事故进而使受伤职工减少是这个制度建立的价值所在。另外，从基金使用效益的角度出发，开展工伤预防工作可大大减少用于工伤补偿的支出，从而提高基金运行的效率。但是，部分工作人员在思想认识上存在误区，对工伤预防工作职责理解不清晰，导致有些统筹地区社会保险部门推进工伤预防工作不主动、不积极；企业经营者出于短期利益的考量，忽视安全生产，不愿意将资金投入工伤事故预防，有些甚至不愿意参加工伤保险，对工伤预防工作的重要性认识严重不足。由于安全意识、自我保护意识普遍较弱，安全防范技能不强，职工的安全素质相对较低。职工对事故后果的严重性认识不足，在工作中主观上处于松懈状态，往往很容易导致工伤事故的发生；职工发生工伤后，多数只注重工伤赔付，鲜少认识到工伤预防在防止事故伤害中的作用和价值，这也不利于职工督促企业加强安全生产以及工伤预防培训、教育工作。

（二）法规支持体系不完善

我国目前已经制定了《社会保险法》《工伤保险条例》等涉及工伤保险的相关法律法规文件，对工伤预防工作作出了一些原则性的规定，但对工伤预防的支撑力度仍然不足。《社会保险法》中未提及有关工伤预防的内容，《工伤保险条例》只有 3 处提及工伤预防：第一条立法宗旨中，“预防工伤事故发生，避免和减少职业病危害”；第十二条，“工伤保险基金用于工伤预防的宣传、培训等费用”“工伤预防费用的提取比例……”。法规政策中关于工伤预防的内容都过于原则，工伤预防工作缺乏明确、可操作的规范和细则。

（三）管理规则和标准不完善

目前尚未有明确的工伤预防项目实施程序规定文件，缺乏项目筛选评审、运行监督、评估验收的有效模式和方法，项目推进难度较大，而政府采购项目周期过长的现状也进一步拖慢了工伤预防项目的进展。2017 年 8 月印发的《工伤预防费使用管理暂行办法》明确了工伤预防费的提取比例，但是在支出用途方面仍然比较粗略，对于具体的宣传、培训项目仍未细化，配套的财务规则、使用细则等均不完善，导致基层人力资源社会保障部门在对项目资金的使用过程中存在很多困惑，担心出现财务管理问题而不敢轻易使用工伤预防资金。同时，在工伤预防方面，如项目准入标准、用人单位风险评估标准、项目效果评估标准等相应的技术标准、管理标准和工作规范均未明确完善，基层人力资源社会保障部门在开展工作时缺乏标准依照，也造成工伤预防工作发展缓慢。

（四）工伤预防专业队伍缺乏，第三方服务市场机制尚未形成

工伤预防的技术服务工作有其自身的特点，应建立起专业化的技术服务队伍。目前，各地开展工伤预防培训项目时，常常遇到没有专业机构来参与竞标的情况，且参与培训的机构很多明显不具备工伤预防培训的资质。专注于保护职工的工伤预防专业技术研究机构、第三方专业技术服务机构还没有得到培育并形成规模，工伤预防技术服务工作只存在于个别科研服务机构中，总体规模有限、力量薄弱、覆盖面小且发挥作用有限。这种情况极大地限制了工伤预防工作的推进，也影响宣传、培训工作的质量。

（五）工伤预防缺乏大数据的分析和运用

工伤保险具有大量可供分析的数据资料，如企业规模、事故发生率、工伤认定情况、伤残情况及事故发生时间、地点、场所、原因、伤害情况等，这些是开展工伤预防工作的重要参考资料，能够反映出各行业工伤事故的发生率以及工伤事故多发的重点行业甚至重点岗位，揭示企业安全生产水平状况，是工伤风险管理的重要依据，而且对分析工伤事故的形成过程及其对人的伤害具有重大的潜在价值。深入分析这些参考资料可为社会保险行政部门和经办机构提供工伤预防重点领域、重点工伤岗位、重点防范对象的参考，这对工伤预防工作有着相当大的指导意义。依据这些大数据资料，即可确定每年的工伤预防工作的重点领域。

我国现在实行的费率浮动机制正是基于企业主体责任的大原则确立的，整体设计思路是符合市场经济体制下的经济运行模式的。而判断工伤风险的高低、预测风险发展趋势，需要建立起一套以现场评估结合后台大数据分析为评估手段的运行体系。但由于我国工伤预防工作中的工伤大数据没有得到有效利用，尚未充分发挥大数据分析在工伤预防工作中的引导性作用。

四、今后一个时期工伤预防的主要任务和政策建议

今后五年是“十四五”规划实施期，是工伤保险事业发展的重要机遇期，工伤预

防工作加快发展应重点完成好以下任务：

（一）构建全新的工伤预防工作机制

构建全新的工伤预防工作机制，需要根据《工伤保险条例》和人力资源社会保障部等四部委联合出台的《工伤预防费使用管理暂行办法》，建立责权明确的工伤预防组织机构，确立以人力资源社会保障部门为主导的联席会议工作机制，社会保险行政部门和经办机构负责工伤预防工作的统筹、协调、实施工作。从法规、标准、管理三方面完善工伤预防基础工作，为工伤预防工作的实施提供指导。同时需从具体实施方向（市场化服务）制定完善的工伤预防宣传、培训办法，建立第三方服务机构、项目管理机制，制定项目筛选、审定、实施以及效果评估规则，根据规则购买服务，从而全面推动工伤预防工作的开展。

全新的工伤预防工作机制构成的要素（如图 3-1-1 所示）：一是做好工伤预防的顶层设计工作，在省级建立以人力资源社会保障部门为主、多部门（人力资源社会保障、应急、卫生健康、财政部门等）参与的联席会议工作模式，形成协调运行机制，制定统一的议事规则。联席会议由人力资源社会保障部门负责，协调各部门统筹确定工伤预防的重点领域以及方向。二是建立完善的工伤预防工作体系。国家和省级人力资源社会保障部门要抓紧完善工伤预防的法规政策以及相关的工作细则。三是完善工伤预防工作的宣传、培训制度，制定工伤预防相关的技术标准体系，为基层具体工作的实施提供指导。四是建立绩效评估机制，评定各行业企业工伤预防现状以及培训效果。五是建立完善的第三方管理机制，监督管理第三方技术服务机构，并培育形成一大批工伤预防的专业型人才，为企业预防工伤事故提供技术支撑。六是建立省、市工伤预防专家库，吸收各行各业知名专家，参与项目筛选、审定和验收、评估工作。七是积极推动建设工伤预防大数据分析系统，预测各行业工伤事故风险的发展变化趋势，确定工伤预防的重点领域，合理调配资源，降低整体工伤事故的发生率，保障职工的生命财产安全。

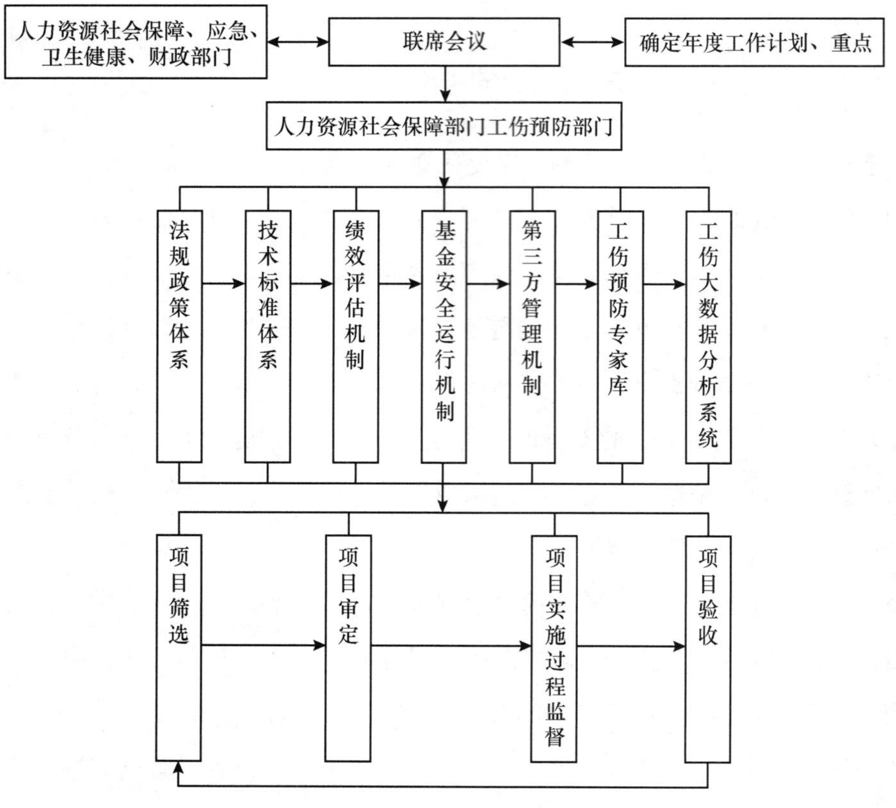

图 3-1-1　工伤预防运行机制模式

（二）完善工伤预防政策法规和标准体系

1. 细化《工伤预防费使用管理暂行办法》有关规定

《工伤预防费使用管理暂行办法》将工伤预防费的使用简要概括为工伤事故和职业病预防宣传、工伤事故和职业病预防培训两大类，但对具体要求没有进行细化。宣传和培训的方式、方法有很多，但究竟哪些方式、方法能够合法地用于工伤预防的宣传、培训，在《工伤预防费使用管理暂行办法》中并没有进行详细规范。比如，宣传的方法有书籍宣传、广告宣传、网络宣传及开展讲座、主题活动、VR（虚拟现实）体验等，培训的方式有参与式培训、互动式培训等。这些都应该明确化、规范化，才能有效地推动工伤预防工作的开展。

2. 出台项目市场化管理办法

工伤预防技术服务要走市场化路线，引入第三方机构，就势必要对第三方机构进行管理，建立和完善工伤预防市场化服务体系。这就需要人力资源社会保障部门出台项目市场化管理办法，确保工伤预防项目的筛选、评定、招投标等环节都能有法可依，照规矩办事，保障工伤预防项目的稳步开展。从目前政府进行的“放管服”改革来看，对第三方服务机构的管理不能再沿用行政资格准入的方法管理，但可以在适当的时候建立工伤预防协会，通过协会规则、信誉度评价等方式管理。

3. 完善基金的监管政策

工伤预防费的管理和监督是工伤预防机制顺利运行的重要保障，是工伤预防工作良好发展的重要基石。工伤预防费用属于社会保险基金中的一部分，其所有权归参保人所有，由经办机构行使管理权，财政部门行使监督权。完善基金的监管政策，尤其是工伤预防费的监管政策，明确各方的职能，是保证工伤预防机制顺利运行的重中之重。

4. 修改完善《工伤保险条例》和相关政策，增加工伤预防工作管理的相关规定

工伤预防机制的顺利运行，需要强有力的法规、政策来支撑。进一步完善《工伤保险条例》，将工伤预防工作管理的相关规定纳入《工伤保险条例》条款中，提高工伤预防的法律效力，推动工伤预防市场化服务发展，为工伤预防机制的平稳运行铺平道路。适时出台《工伤预防管理办法》规章，远期目标是将《工伤保险条例》上升到法律层面。

5. 制定工伤预防的标准规则

制定工伤预防相关的技术标准是开展工伤预防工作的基础，具体工伤预防项目的实施需要一套完善的技术标准体系来支撑，应当组织制定工伤预防费用管理标准、工伤预防培训项目筛选办法、工伤预防培训项目评审办法、工伤预防培训项目实施办法、用人单位职工岗位风险评估导则、用人单位管理人员工伤预防培训大纲及考核标准、用人单位职工工伤预防培训大纲及考核标准、用人单位工伤预防培训效果评估导则等急需的标准、规则，进一步完善、细化工伤预防的指导标准，为推进工伤预防工作全面开展奠定良好的基础。

（三）建立工伤预防三项长效机制

1. 建立工伤预防项目绩效评估机制

项目绩效评估是项目验收的重要环节，是对项目的完成情况进行综合考核的过程。社会保险行政部门和经办机构需要对工伤预防项目进行绩效评估，督促参保单位和第三方服务机构切实、有效地完成项目。建立工伤预防项目绩效评估机制，可由主管部门建立专家团开展评估，也可通过第三方机构进行评估，对培训的过程反应、学习效果、行为影响效果、绩效影响效果以及对企业产生的效益等方面进行全面的定性、定量评价，督促企业认真完成工伤预防项目，尽可能地将工伤预防的效果最大化，保障职工切实受益。

2. 建立第三方服务机构管理机制

工伤预防工作发展的最终导向是形成市场化服务。引入第三方市场化服务，就势必要对第三方服务机构进行管理，建立起第三方服务机构管理机制，进而形成主管部门、参保单位、第三方服务机构协同推进的工伤预防工作模式。应出台有关指导意见，制定对第三方服务机构服务资质、服务过程进行监督以及工伤预防项目验收等规则，通过推动标准、规则的制定，促进市场化专业技术服务的形成，保障第三方市场化服务的良好运转。

3. 建立基金安全运行机制

基金安全是工伤预防工作的基本要求，但不花钱或少花钱，虽然表面上保障了基金的安全，但这不符合工伤保险社会价值的本质属性，也是与国家的要求、社会保险行政部门和经办机构的职责相背离的。应当牢固树立在确保基金安全的前提下积极主动干事的思想，在制度设计、体系建立、各环节管理等全过程中始终贯穿基金安全的思维，在规则设计、项目运行、绩效考察等环节都要做到真实、有效，要使资金流向、项目执行可见、可查，建立健全档案管理形式，充分利用各种监管手段，建立有效的管理机制，确保工伤预防费真正用到实处。

（四）建立工伤预防大数据分析系统

运用工伤大数据分析系统的直接目的就是找出工伤预防工作的重点领域，进而采取相应的措施手段加以控制和预防，将更多的资源投入重点行业的工伤预防中，进行资源的合理调配，提高资源的有效利用率，还可以通过加强宣传、教育力度来提高职工的安全防范意识以及安全应急技能，督促企业加大投入来改善工作环境条件，减小或消除工伤风险隐患，保障职工的人身安全健康。统计工伤数据资料，建立工伤事故的大数据平台，并及时丰富更新数据库，可实现动态监测，有效地反映行业或企业工伤预防实际发展状况，为下一步实现定量化确定各行业企业工伤风险指数做好铺垫。

（五）确立科学有效的工伤预防宣传、培训模式

人力资源社会保障部门开展工伤预防的宣传、培训有别于应急、卫生健康部门，紧紧围绕参保职工的人身伤害和防护是人力资源社会保障部门开展工伤预防宣传、培训的核心，也是与其他部门开展的工作有所区别并能够得到社会认同的关键。近些年在江西省、广东省等省市的试点探索中，精准预防、参与互动式培训的方式在各地很受欢迎，并且确有实效，即通过工伤风险评估找出重点风险岗位—针对重点岗位进行精准培训准备—采用现场参与互动式的方法开展工伤预防培训—对宣传、教育培训全过程进行效果评估。

1. 规范工伤预防的宣传方式、方法

工伤预防宣传工作是事关职工生命财产安全的大事，要突出重点行业、重点领域的工伤事故预防宣传，充分利用各种宣传渠道，如广告（视频、短信、传单等）、海报、新闻报道、宣讲、发放知识手册等方式，加大宣传力度，教育和引导各类企业和广大职工增强做好工伤预防工作的主动性和自觉性。

2. 确立工伤预防的培训模式

在传统的工伤预防培训模式当中，培训教师或专家大多进行灌输式的培训，与受培训人员之间缺少互动，且方法比较单一，企业和职工的参与积极性也不高，培训的效果达不到预期的目标。通过对广东等地区以及国外工伤预防项目培训方式、效果的总结分析，下列工伤预防培训模式有推广意义。

（1）现场互动式与持续改善式工伤预防培训模式。现场互动式培训是通过在培训过程中营造专家与学员双边互动的教学环境，在教学双方平等交流探讨的过程中，达到不同观点碰撞交融，进而激发教学双方的主动性和探索性，提高教学效果的一种教

学方式。这种方法主体明确、条理清楚、探讨深入，能够充分调动学员的积极性、创造性。

开展工伤预防现场互动式培训，需要专家在教学过程中能够采取一些新颖的、有趣的教学方式，如情景模拟、案例分析、故事说理、小游戏、小组讨论、有奖竞猜、角色扮演等。研究表明，这些教学方法更能有效地活跃课堂气氛，调动学员的参与积极性，增强其对知识的理解与掌握。开展互动式教学的基本前提和条件是营造民主的课堂气氛，建立和谐、平等的师生关系，使每一位学员都可以参与到课堂中来。在现场培训之前，要求专家对企业安全生产情况有一个详细的了解，而且可以通过课前对学员的问卷调查掌握学员对工伤预防知识的了解情况，从整体角度把握企业工伤预防现状。根据掌握的企业工伤预防现状，制定配套的培训课件，采用新颖的、科学的现场互动式培训方式，使学员主动参与到课堂中来，更有效地消化吸收培训的内容，提高学员的安全防范意识，增强事故应急处理技能，减少工伤事故发生，有效地保障学员的生命财产安全。

在积极推动工伤预防宣传、培训模式开展的同时，应当紧密跟踪人工智能、虚拟现实等新技术，适时地引入并建立高效的互联网技术方法，做到宣传、培训项目模式的与时俱进，有效地发挥工伤预防的巨大作用。

（2）推进参与式工伤预防培训。参与式工伤预防培训要求承担培训任务的第三方服务机构在培训开始之前，深入企业进行现场工伤危险因素评估，不需要特意安排，同时也不影响企业正常生产，主要通过观察掌握企业平时真实的安全生产情况，为企业找出存在或潜在的工伤危险因素，针对每一危险因素制定配套的分析讲解课件。为企业提供培训的关键步骤，不仅能够让职工切实了解所讲授的课程内容（与职工的工作环境息息相关），而且能够吸引职工的注意力，加强培训的主动参与度，提高培训的效果水平。第三方服务机构与企业通过双向互动干预，将工伤风险评估、不同人群培训、持续跟踪改善和工伤预防等有效结合在一起，强调培训内容的针对性与实用性，现场进行危险隐患的分析，提出相应的改善意见，并向职工以及企业安全人员讲解，从而加深受培训人员的印象。

五、工伤预防工作的发展展望

工伤预防是工伤保险三大功能支柱之一，是发展工伤保险的优先任务。在“十四五”规划期间和今后一个时期，工伤预防工作将会在以下四个方面取得重大进展。

（一）形成较为成熟的工伤预防文化，落实预防优先理念

通过宣传教育工作，在用人单位、职工群众中普及重视安全、提高自我保护能力、自觉强化工伤事故防范技能的工伤预防文化。工伤预防文化首先覆盖高风险企业和职工群众，在企业内建立和完善工伤预防的制度和规则，健全工伤预防的工作机制。工伤预防文化在全社会深入人心，加强安全生产和提高工伤预防意识变为用人单位和职工群众的自觉行动。

（二）形成较为完善的工伤预防工作机制

经过不断改进完善，新的工伤预防工作机制形成，各地普遍建立以各级人力资源社会保障部门为主，应急、卫生健康、财政等部门参与的联席会议工作模式，制定了统一的议事规则，普遍建立了省市工伤预防专家库，吸收各行业知名专家参与项目筛选审定和验收效果评估工作。制定并实施了工伤预防的项目筛选、项目审定、项目实施监督、项目验收评估的程序规则，建立了为工伤预防工作服务的大数据系统，实现了动态监测，工伤预防机制稳步运行。

（三）形成较为完善的工伤预防法规政策标准体系

积极推动《工伤保险条例》的修订，补充工伤预防的相应条款，出台工伤预防管理规定、工伤预防费支出范围规定、工伤预防项目筛选评定办法、用人单位职工风险评估导则、用人单位工伤预防培训效果评估导则等一批政策和技术标准，工伤预防工作的法规政策标准体系初步建立。

（四）形成较为成熟的工伤预防社会化服务机构市场化平台，形成专业素质高的专业人才队伍

工伤预防的社会化服务机构市场化平台已经成型，开展工伤预防的专业化技术服务队伍已经发展起来，各地区已经拥有了有资质、有能力参与工伤预防宣传培训工工作的若干支第三方专业服务队伍，为工伤预防工作的开展，降低工伤发生率提供了良好的技术服务。

工伤认定发展报告

工伤认定是社会保险行政部门依据法律法规和政策规定，对职工遭受的事故伤害或者患职业病的性质进行确认，作出认定（视同）为工伤或者不认定（视同）为工伤结论的行政确认行为。工伤认定是工伤保险的重要内容，也是职工依法享受工伤保险待遇的必经环节。社会保险行政部门依法作出的工伤认定结论不仅与劳动关系双方的切身利益密切相关，而且对工伤保险基金的安全与完整也会产生直接的影响。因此，在工伤保险制度体系中，工伤认定具有十分重要的地位和作用。

现行的工伤认定办法是随着工伤保险制度的建立而逐步形成和发展起来的，我国的工伤保险制度虽然经历了不同的发展阶段，且在不同发展时期工伤认定的范围和要求也有所不同，但全国各级社会保险行政部门通过全面贯彻实施工伤保险法律法规，认真履行法定职责，依法合规进行确认，取得了明显的成效。据统计，2008—2019年，全国各级社会保险行政部门累计作出工伤认定结论 1 300 多万件，有力地保障了企业和职工的合法权益，维护了社会稳定，推动了工伤保险健康稳定发展。

一、工伤认定的形成和发展

回顾工伤认定发展的历程，工伤认定大致经历了以下三个阶段：

（一）《劳动保险条例》至“文化大革命”结束期间的工伤确认

1951 年，政务院制定颁布了《劳动保险条例》，在对工伤待遇等相关内容作出制度安排的同时，明确各工会基层委员会为执行劳动保险业务的基层单位，执行一切有关劳动保险的实际业务；各省、市工会组织、各产业工会全国委员会或地区委员会对所属各工会基层委员会的劳动保险业务负指导督促之责，接受职工有关劳动保险事件的申诉；中华全国总工会为全国劳动保险事业的最高领导机关，督导所属各地方工会组织、产业工会组织有关劳动保险事业的执行；各级人民政府劳动行政机关检查劳动保险业务的执行，并处理有关劳动保险事件的申诉；中央人民政府劳动部为全国劳动保险业务的最高监督机关，负责贯彻《劳动保险条例》的实施，检查全国劳动保险业务的执行。《劳动保险条例》的颁布实施，为早期的工伤事故性质由工会基层委员会负责确认，发生争议由劳动行政部门处理模式的形成奠定了基础。

1953年，随着我国第一个五年计划的实施和工业生产的发展，劳动部制定颁布了《劳动保险条例实施细则修正草案》。基于当时的历史条件和经济发展水平，该草案对因工负伤的认定范围作了相对较窄的规定，即工人职员在下列情况下负伤、残废或死亡时，应享受因工负伤、残废或死亡的待遇：

（1）由于执行日常工作以及执行企业行政方面或资方临时指定或同意的工作。

（2）在紧急情况下未经企业行政方面或资方指定而从事与企业有利的工作。

（3）由于从事发明或技术改进的工作。

在《劳动保险条例实施细则修正草案》中，工伤确认机构和救济处理程序得到进一步细化，即关于因工或非因工负伤的确定，由工会小组据实报告工会基层委员会劳动保险委员会审查确定后，报请工会基层委员会通知企业行政方面或资方及工人职员本人或其供养直系亲属。如有不同意见时，应报请当地人民政府劳动行政机关迅速处理，但在未处理以前，应按工会基层委员会的通知办理。

1956年，国务院颁布了《工人职员伤亡事故报告规程》，规定了工人职员在生产区域中所发生的和生产有关的伤亡事故（包括急性中毒事故）的调查、登记、统计和报告制度。事故处理和工伤确认的关联度进一步增强。

1957年，卫生部在颁布的《职业病范围和职业病患者处理办法的规定》中规定，职业病的确定由本单位医疗机构或指定医疗机构负责医疗的医师负责，患职业病的工人、职员在治疗或休养期间以及医疗终结确定为残废或治疗无效而死亡时，均按《劳动保险条例》有关规定按因工待遇处理。从此开始，职工在工作中因接触有毒有害物质导致患职业病的被纳入了工伤认定的范围。

1964年，随着我国经济形势好转和《劳动保险条例》实施日趋成熟，全国总工会制定了《关于劳动保险问题解答》，对因工与非因工的界限如何区分问题进行了进一步的细化和拓展，明确工人职员在下列情况下发生了问题，有可靠证明，可以享受因工待遇：

（1）从事本岗位工作或执行企业行政临时指定或同意的工作而造成的负伤、残废或者死亡。

（2）在紧急情况下（如抢险救灾救人等），从事对企业或者社会有益的工作而造成的疾病、负伤、残废或者死亡。

（3）从事与企业工作上有关的研究、发明、创造或者技术改进的工作而造成的负伤、残废或者死亡。

（4）在企业的工作区域内工作时，遭受非本人所能抗拒的意外灾害而造成的负伤、残废或者死亡。

（5）在生产或者工作中因为所从事的工作性质而造成的职业性疾病（符合中华人民共和国卫生部公布的职业病名单的规定者）以及由此而造成残废或者死亡。

（6）集体乘坐本单位的车去开会、听报告或参加行政指派的各种劳动（包括支援农业），所乘坐的车，出了非本人所应负责的意外事故，造成职工负伤、残废或者死亡。

（7）企业以临时工棚作职工集体宿舍，质量很坏，没有及时修理，工棚倒塌，职工负伤致残或被压死者。

工人职员在下列情况下发生问题，有可靠证明，可以比照因工待遇处理：

（1）因工出差或者因为调动工作赴任往返途中遭受非本人所应负责的意外事故而造成的负伤、残废或者死亡，以及在因工外出期间，由于执行紧急任务而死亡者。

（2）因在工作中受伤而当时并未感觉，事后伤害处发作疼痛，不能工作者。

（3）工人职员因为工作而负伤，医疗终结以后，不论调到任何企业旧伤复发或者旧伤复发致成残废或者死亡。

（4）因紧急任务加班加点至深夜，不能回家休息，临时在工作地点睡眠，遭到意外事故而负伤或者死亡，而非本人应负主要责任的。

（5）革命军人在作战中负伤或由于在战争的艰苦环境中造成的严重疾病（有可靠的组织证明）转入企业工作后，因旧伤复发造成残废或者死亡。

（6）在各种政治运动和日常工作中，坚持原则，向敌对分子或各种错误现象进行斗争的职工，被坏人谋害负伤、致残或者死亡。

（7）因严重的医疗责任事故而使病伤恶化或者致成残废、死亡，并经医务劳动鉴定委员会鉴定属实者。

（8）在本单位集体食堂就餐，因食物中毒造成疾病或者死亡而非本人所应负的责任者。

（9）职工参加本企业所组织的（不包括车间一级）各级体育活动比赛、劳卫制测验或者正式代表本企业参加上一级机关举办的各种体育运动比赛时负伤、残废或者死亡者。

（10）企业领导指派或组织职工参观各种展览会、政治性活动，造成负伤、死亡而非本人应负主要责任者。

1966—1976 年“文化大革命”期间，《劳动保险条例》的实施受到了冲击，企业职工工伤确认工作难以正常进行，工伤职工的权益受到影响。

（二）改革开放初期至《企业职工工伤保险试行办法》实施期间的工伤认定

1978 年党的十一届三中全会召开以后，我国开始进入改革开放、探索创新的新阶段。随着经济体制改革的深入和生产建设的发展变化，工伤认定管理体制也逐步发生了改变。1991 年，国务院颁布实施了《企业职工伤亡事故报告和处理规定》。同年，劳动部制定了关于印发《〈企业职工伤亡事故报告和处理规定〉有关问题的解释》的通知，对企业伤亡事故处理作了进一步明确，原由工会基层委员会确认工伤的做法被逐步调整过渡为通过劳动行政部门处理伤亡事故来确定。

随着全国各省市建立工伤保险制度试点工作的开展以及《中华人民共和国行政诉讼法》（以下简称《行政诉讼法》）和《行政复议条例》的实施，依法开展工伤认定的重要性凸显，对工伤认定工作的要求也越来越高。为了有利于各省市工伤认定工作的开展，1996 年，劳动部制定颁布了《企业职工工伤保险试行办法》，调整充实了工伤认定范围，提出了工伤认定的概念，明确了工伤认定的主体，规范了申请及认定流程。

在工伤认定范围方面，《企业职工工伤保险试行办法》规定，职工由于下列情形之一负伤、致残、死亡的，应当认定为工伤：

（1）从事本单位日常生产、工作或者本单位负责人临时指定的工作的；在紧急情况下，虽未经本单位负责人指定但从事直接关系本单位重大利益的工作的。

（2）经本单位负责人安排或者同意，从事与本单位有关的科学试验、发明创造和技术改进工作的。

（3）在生产工作环境中接触职业性有害因素造成职业病的。

（4）在生产工作的时间和区域内，由于不安全因素造成意外伤害的，或者由于工作紧张突发疾病造成死亡或经第一次抢救治疗后全部丧失劳动能力的。

（5）因履行职责遭受人身伤害的。

（6）从事抢险、救灾、救人等维护国家、社会和公众利益的活动的。

（7）因公、因战致残的军人复员转业到企业工作后旧伤复发的。

（8）因公外出期间，由于工作原因，遭受交通事故或其他意外事故造成伤害或者失踪的，或因突发疾病造成死亡或者经第一次抢救治疗后全部丧失劳动能力的。

（9）在上下班的规定时间和必经路线上，发生无本人责任或者非本人主要责任的道路交通机动车事故的。

（10）法律、法规规定的其他情形。

职工由于下列情形之一造成负伤、致残、死亡的，不应认定为工伤：

（1）犯罪或违法。

（2）自杀或自残。

（3）斗殴。

（4）酗酒。

（5）蓄意违章。

（6）法律、法规规定的其他情形。

在工伤认定申请及认定程序方面，《企业职工工伤保险试行办法》规定，企业应当自工伤事故发生之日或者职业病确诊之日起，15 日内向当地劳动行政部门提出工伤报告。工伤职工或其亲属应当自工伤事故发生之日或者职业病确诊之日起，15 日内向当地劳动行政部门提出工伤保险待遇申请。遇有特殊情况，申请期限可以延长至 30 日。工伤职工本人或者其亲属没有可能提出申请的，可以由本企业工会组织代表工伤职工提出待遇申请。劳动行政部门接到企业的工伤报告或职工的工伤保险待遇申请后，应当组织工伤保险经办机构进行调查取证，在 7 日内作出是否认定为工伤的决定。特殊情况可以延长，但不得超过 30 日。工伤认定的决定应当以书面方式通知申请人和企业。

在工伤认定的救济渠道方面，《企业职工工伤保险试行办法》规定，工伤职工及其亲属，在申报工伤和处理工伤保险待遇时与用人单位发生争议的，按照劳动争议处理的有关规定办理。工伤职工及其亲属或者企业，对劳动行政部门作出的工伤认定和工伤保险经办机构的待遇支付决定不服的，按照行政复议和行政诉讼的有关法律、法规办理。

《企业职工工伤保险试行办法》的施行，为改革开放探索创新阶段建立我国社会统筹的工伤保险制度打下了坚实基础。

（三）《工伤保险条例》和《社会保险法》实施后的工伤认定

2003 年 4 月，国务院制定颁布了《工伤保险条例》。《工伤保险条例》针对我国工伤保险实施现状及社会经济的发展进程，对工伤认定作了专章规范。

在工伤认定范围方面，《工伤保险条例》规定，职工有下列情形之一的，应当认定为工伤：

（1）在工作时间和工作场所内，因工作原因受到事故伤害的。

（2）工作时间前后在工作场所内，从事与工作有关的预备性或收尾性工作受到事故伤害的。

（3）在工作时间和工作场所内，因履行工作职责受到暴力等意外伤害的。

（4）患职业病的。

（5）因工外出期间，由于工作原因受到伤害或者发生事故下落不明的。

（6）在上下班途中，受到机动车事故伤害的。

（7）法律、行政法规规定应当认定为工伤的其他情形。

职工有下列情形之一的，视同工伤：

（1）在工作时间和工作岗位，突发疾病死亡或者在 48 小时之内经抢救无效死亡的。

（2）在抢险救灾等维护国家利益、公共利益活动中受到伤害的。

（3）职工原在军队服役，因战、因公负伤致残，已取得革命伤残军人证，到用人单位后旧伤复发的。

职工有下列情形之一的，不得认定为工伤或者视同工伤：

（1）因犯罪或者违反治安管理伤亡的。

（2）醉酒导致伤亡的。

（3）自残或者自杀的。

在工伤认定申请时限方面，《工伤保险条例》规定，职工发生事故伤害或者按照职业病防治法规定被诊断、鉴定为职业病，所在单位应当自事故伤害发生之日或者被诊断、鉴定为职业病之日起 30 日内，向统筹地区劳动保障行政部门提出工伤认定申请。用人单位未按规定提出工伤认定申请的，工伤职工或者其直系亲属、工会组织在事故伤害发生之日或者被诊断、鉴定为职业病之日起 1 年内，可以直接向用人单位所在地统筹地区劳动保障行政部门提出工伤认定申请。

在工伤认定时限方面，《工伤保险条例》规定，劳动保障行政部门应当自受理工伤认定申请之日起 60 日内做出工伤认定的决定，并书面通知申请工伤认定的职工或者其直系亲属和该职工所在单位。

《工伤保险条例》的颁布实施，标志着工伤保险进入了依法实施的新阶段，为各省市劳动保障行政部门依法开展工伤认定工作提供了强有力的法律依据。为了更好地全面贯彻实施《工伤保险条例》，统一规范指导各省市劳动保障行政部门开展工伤认定工作，2003 年 9 月，劳动保障部制定下发了《工伤认定办法》，对工伤认定申请时限、申请受理、调查核实、结论送达等事项作出了明确规定，有力地推动了工伤认定工作法制化、规范化的进程。

2010 年 10 月，全国人大常委会审议通过的《社会保险法》对工伤保险作了专章规定，对工伤认定实践中存在的“环节较多、时限较长、维权较难”的问题，提出了要求，并结合我国相关法律、法规在实施中出现的变化，对《工伤保险条例》有关工伤认定排除条款的规定进行了调整。

为了贯彻实施《社会保险法》的规定，2010 年 12 月国务院对《工伤保险条例》进行了修改，对实施中矛盾较大、反映较多的“上下班途中”的工伤认定条款作了重大调整，并明确“社会保险行政部门对受理的事实清楚、权利义务明确的工伤认定申请，应当在 15 日内作出工伤认定的决定”。修订后的《工伤保险条例》不仅进一步扩大了工伤保险的受益范围，而且对社会保险行政部门依法开展工伤认定提出了新的要求。

根据修订后的《工伤保险条例》，人力资源社会保障部于 2010 年 12 月也配套修订了《工伤认定办法》，确保了新修改的《工伤保险条例》精神得到及时贯彻落实。

二、工伤认定实施现状及取得的成效

（一）工伤认定实施情况

1. 认定工伤人数趋于平稳，工伤事故发生率不断下降

在现有经济环境和劳动保护条件下，工伤作为一种职业风险仍难以避免。我国是人口大国，参加工伤保险的人数为世界之最，但在经济高速发展和城镇化加快推进的过程中，因多种因素导致事故伤害的人数也一直居高不下。《工伤保险条例》实施以来，随着安全生产监管力度不断加大、工伤预防措施不断强化，以及产业结构不断调整、企业安全生产环境和设施不断改善，全国认定的因工负伤人数逐步趋于平稳，工伤事故发生率有所下降，如图 3-2-1、图 3-2-2 所示。

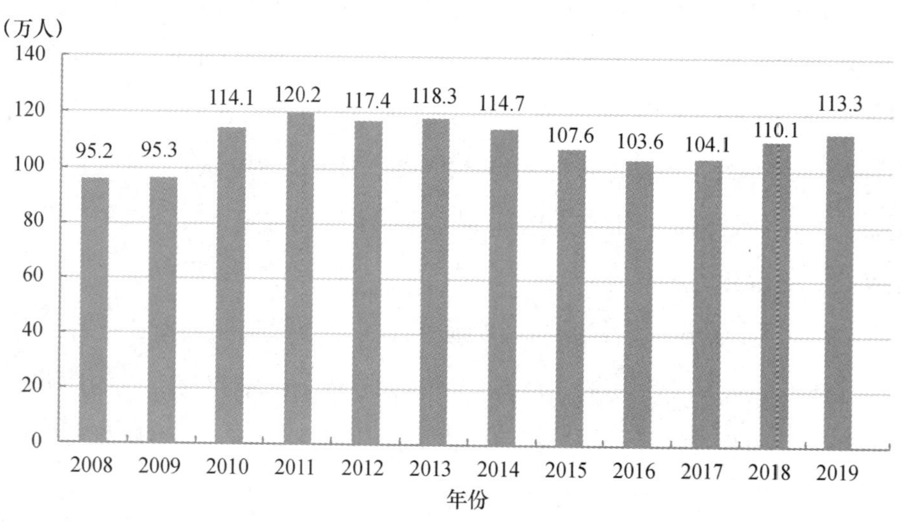

图 3-2-1　2008—2019 年认定（视同）工伤人数

资料来源：根据《中国劳动统计年鉴》有关数据整理。

图 3-2-1 显示，《社会保险法》实施后，工伤保险受益面逐步扩大。

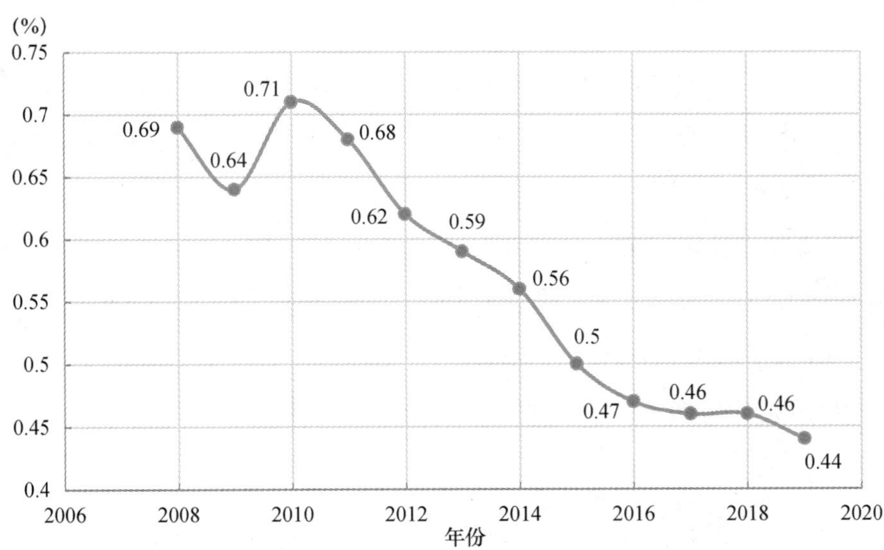

图 3-2-2　2008—2018 年工伤事故发生率（工伤人数占参保人数比例）

资料来源：根据《中国劳动统计年鉴》数据整理。

图 3-2-2 显示，随着参保人数不断增加和多项措施不断加强，工伤事故发生率呈稳步下降趋势。

2. 工伤认定情形分布及变化情况

（1）2009 年工伤认定情形分布情况。2009 年全国认定（视同）工伤 953 061 人，其中认定工伤 947 900 人，视同工伤 5 161 人。在全部认定（视同）工伤人数中，死亡人数 16 760 人。

1）2009 年认定工伤 7 种情形分布情况如图 3-2-3 所示。

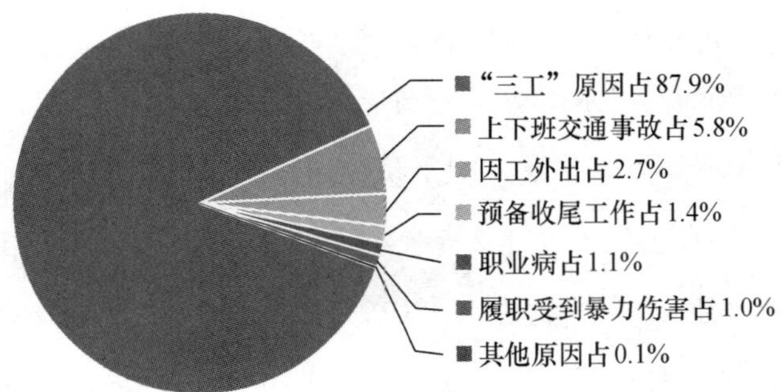

图 3-2-3　2009 年认定工伤 7 种情形分布情况

2）2009 年视同工伤的 3 种情形分布情况。一是符合“在工作时间和工作岗位突发疾病死亡或者在 48 小时之内经抢救无效死亡的”有 4 499 人，占视同工伤总数的 87.2%；二是符合“在抢险救灾等维护国家利益、公共利益活动中受到伤害的”有 378 人，占视同工伤总数的 7.3%；三是符合“已取得革命伤残军人证，到用人单位旧伤复发的”有 284 人，占视同工伤总数的 5.5%。

（2）2019 年工伤认定情形分布情况。2019 年全国认定（视同）工伤 1 132 693 人，其中认定工伤 1 121 756 人，视同工伤 10 937 人。在全部认定（视同）工伤人数中，死亡人数 25 092 人。

1）2019 年认定工伤 7 种情形分布情况如图 3-2-4 所示。

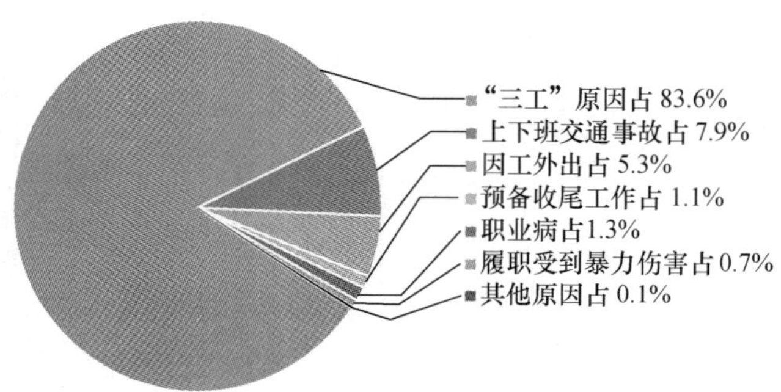

图 3-2-4　2019 年认定工伤 7 种情形分布情况

2）2019 年视同工伤的 3 种情形分布情况。一是符合“在工作时间和工作岗位突发疾病死亡或者在 48 小时之内经抢救无效死亡的”有 10 552 人，占视同工伤总数的 96.5%；二是符合“在抢险救灾等维护国家利益、公共利益活动中受到伤害的”有 210 人，占视同工伤总数的 1.9%；三是符合“已取得革命伤残军人证，到用人单位旧伤复发的”有 175 人，占视同工伤总数的 1.6%。

（3）2019 年与 2009 年工伤认定情形分布变化情况。同 2009 年相比，“‘三工’原因”认定工伤数占比下降了 4.3%，“上下班交通事故”认定工伤数占比上升了 2.1%，“因工外出”认定工伤数占比上升了 2.6%，“预备收尾工作”认定工伤数占比下降了 0.3%；“职业病”认定工伤数占比上升了 0.2%；“履职受到暴力伤害”认定工伤数占比下降了 0.3%。以上各种认定情形占比反映了工伤认定人数在不同认定情形中的变化趋势。

同2009年相比，在视同工伤的3种情形中，“突发疾病死亡”视同工伤数占比上升了9.3%，上升趋势十分明显，占据了绝对主体地位；“因国家利益、公共利益受到伤害”视同工伤数占比下降了5.4%，“复员军人旧伤复发”视同工伤数占比下降了3.9%，后两项占比则明显下降。

2019年全国因工死亡人数为25 092人，“突发疾病死亡”“‘三工’原因”“上下班交通事故”3种情形共占因工死亡人数的90%以上。其中“突发疾病死亡”的占41.99%，“‘三工’原因”的占32.31%，“上下班交通事故”的占17.68%。

3. 工伤认定地区分布及变化情况

2009年和2019年工伤认定主要地区分布情况分别见表3-2-1、表3-2-2。

表3-2-1　　2009年工伤认定主要地区分布情况

排序	省份	工伤人数/人	占全国工伤人数比例/%
1	浙江	175 121	18.4
2	广东	173 199	18.2
3	江苏	75 722	7.9
4	山东	53 708	5.6
5	上海	49 834	5.2
6	重庆	47 836	5.0
7	四川	43 370	4.6
8	河北	41 922	4.4
9	辽宁	27 346	2.9
10	湖南	23 928	2.5
合计		711 986	74.7

资料来源：根据工伤保险历年统计数据整理。

表3-2-2　　2019年工伤认定主要地区分布情况

排序	省份	工伤人数/人	占全国工伤总人数比例/%
1	浙江	164 577	14.53
2	广东	141 772	12.52
3	江苏	124 049	10.95
4	山东	67 988	6.00
5	河北	51 515	4.55
6	湖南	49 418	4.36
7	四川	45 292	4.00

续表

排序	省份	工伤人数/人	占全国工伤总人数比例/%
8	上海	43 964	3. 88
9	安徽	38 628	3. 41
10	重庆	37 921	3. 35
总计		765 124	67. 55

资料来源：根据工伤保险历年统计数据整理。

从表 3-2-1、表 3-2-2 可以看出，一是我国工伤认定人数排名前十位的省市占全国工伤认定总人数的 70%左右，是我国工伤保险工作的重点地区；二是前十位省市基本上是经济发达地区和职工人数较多地区，工伤认定数量与地区的经济结构、产业分布和工业化城镇化程度密切相关；三是认真分析研究各地区工伤认定人数的变化趋势，有利于科学施策，有针对性地开展工伤预防工作，完善工伤保险制度，更好地保障工伤职工权益。

4. 工伤认定行政复议和行政诉讼的数量渐趋平稳

为了保障工伤认定申请人的合法权益，《工伤保险条例》规定，对工伤认定申请不予受理或者对工伤认定结论不服的，申请人可以依法申请行政复议，也可以依法向人民法院提起行政诉讼。工伤认定的行政行为会对行政相对人的切身利益产生直接的影响，因此设置行政复议和行政诉讼的救济渠道，既是法律赋予公民、法人或组织的权利，也是对行政机关依法行政的约束与监督。为了做好工伤认定工作，全国各级社会保险行政部门本着既要保护职工的合法权益，也要维护用人单位合法权益的原则和以事实为依据、以法律为准绳的理念，按照工伤认定必须做到程序合法、事实清楚、证据确凿、适用法律准确的要求，在人手少、任务重、时间紧、要求高的情况下，克服案难办、风险多、压力大的困难，规范工作流程，建立疑难案例集体讨论制度，涉及重大法律问题时采取多方会商研讨等方式，较好地履行了法定职责，在依法开展工伤认定的同时，依法接受行政监督和司法监督，取得了良好的社会效益。据资料统计，2008 年以来，申请人依法向行政复议机关提起行政复议的数量约占工伤认定总人数的 0. 6%，同期向人民法院提起行政诉讼的数量约占工伤认定总人数的 0. 86%。工伤认定行政复议和行政诉讼的数量渐趋平稳，剔除因限期履行职责、跨年度未审结以及申请人撤回申请等因素，行政复议维持率和行政诉讼胜诉率均保持在较好水平。2019 年，全国工伤认定行政复议维持结论比例为92.5%，较上年上升5.67%；行政诉讼胜诉率为91.29%，较上年上升4%。

（二）工伤认定工作取得的成效

1. 工伤认定的法律法规体系基本形成

工伤认定是依法实施的行政行为，社会保险行政部门进行工伤认定时，涉及的环节比较多、内容比较复杂、要求也比较高。为确保工伤认定依法合规，我国从建立工伤保险制度至今，先后制定了包括《劳动保险条例》《社会保险法》《工伤保险条例》等在内的一系列法律法规和政策办法，对工伤认定的具体实施作出了明确的法律规范，工伤认定的法律法规政策体系基本形成。

在法律层面，《社会保险法》规定“职工因工作原因受到事故伤害或者患职业病，且经工伤认定的，享受工伤保险待遇”，明确职工因“故意犯罪”“醉酒或吸毒”“自残或者自杀”以及“法律、行政法规规定的其他情形”导致本人在工作中伤亡的，不认定为工伤，并要求工伤认定应当简捷、方便。

在法规层面，《工伤保险条例》对工伤认定机构、工伤认定范围、工伤认定申请、工伤认定受理、工伤认定调查、工伤认定时限以及认定结论送达等作出了明确规定。

在其他相关法规或部颁规章层面，最高人民法院和人力资源社会保障部分别制定下发了《关于审理工伤保险行政案件若干问题的规定》《工伤认定办法》《实施〈中华人民共和国社会保险法〉若干规定》等部颁规章和司法解释，对工伤认定实践中反映出的法律法规尚不明确、容易引发争议矛盾的问题作了相应规范。

在上述法律、法规和部颁规章及司法解释的基础上，最高人民法院、国务院法制办和人力资源社会保障部还根据不同时期工伤认定和行政复议及司法审判的需要，分别制定了相应的规范性文件和请示答复函。

层次多样、内容齐全的工伤认定法律法规和政策体系为各省市社会保险行政部门依法开展工伤认定提供了有力的法律支撑和政策指导，推动了工伤认定工作的有序开展。

2. 工伤认定机构的依法行政能力明显提高

工伤认定机构是经法律授权依法行使工伤认定职权的机构。按照《工伤保险条例》的规定，职工发生事故伤害或者患职业病，用人单位或职工应向单位所在地统筹地区社会保险行政部门提出工伤认定申请。从我国工伤保险制度发展历程看，除了早期的工伤确认由基层工会组织负责外，主要是由各级劳动和社会保险行政部门承担工伤认定的法定职责。《工伤保险条例》颁布实施后，为了确保工伤认定工作有序开展，全国县以上社会保险行政部门普遍设立了工伤保险处（科），负责本地区的工伤认定工作。各省市社会保险行政部门在此基础上也采用各种方式对地方各级社会保险行政部门工作人员开展相关培训，此举大大提高了各级社会保险行政部门工作人员的素质和依法行政能力，确保了每年超百万计工伤认定工作任务的完成，工伤职工的合法权益得到了有效保障。

3. 工伤认定的理念、原则基本确立

工伤认定是根据职工受伤的事实、原因、经过，对照现行法律、法规和政策规定，进行分析研判或调查核实后，按照法定程序作出工伤认定结论的过程。由于工伤认定的范围比较原则，而事故伤害的情形多种多样，在认定工伤时两者有时难以一一对应。为统一全国各级社会保险行政部门对《工伤保险条例》精神的理解和认识，准确把握对不同情形进行认定的政策标准，人力资源社会保障部会同最高人民法院、国务院法制办等相关部门就此问题进行了多次会商研讨，达成共识。社会保险行政部门作出工伤认定结论，应当遵循一个基本理念和把握六项原则。

一个基本理念：工伤认定应当坚持“以事实为依据、以法律为准绳”。六项原则：①依法认定原则，即工伤的范围、认定工伤的程序和工伤认定的主体应符合法规规定。“法规”是指《工伤保险条例》，任何与《工伤保险条例》具体规定不一致，或者与《工伤保险条例》的基本精神不一致的都不能作为工伤认定的依据。②合情合理原则，即在法律没有规定或规定过于原则的情况下，按照社会普遍接受的情理作为判断是否属于工伤的标准。③保护工伤职工原则，即在进行工伤认定时，在处理法律规定的边缘性案件时，依法可上可下、可认可不认的，要认定为工伤。④有效证据证明原则，即作出工伤认定结论所基于的事实要有有效证据证明，作出结论所依据的事实必须是法律事实。在事实不清的情况下得出任何结论都是错误的。⑤统筹兼顾原则，即应全面地、整体地看待《工伤保险条例》的规定，不能只看一条一款的规定而忽略其他。例如，不能认为只要没有《工伤保险条例》第十六条规定的情形，就应认定为工伤。

⑥“工作原因”推定原则，即在适用《工伤保险条例》第十四条时，应遵循“工作原因”推定原则。“工作原因”推定原则是指有职工受到伤害的事实，职工所受伤害确实是在工作时间、工作场所内，在排除所受伤害是非因工作原因的情况下，推定职工所受伤害是因工作原因造成的。

工伤认定的基本理念和原则的确立对指导、帮助各级社会保险行政部门依法开展工伤认定工作起到了积极的作用。

4. 工伤认定范围与时俱进、受益面增加

工伤认定范围泛指职工所遭受的事故伤害或者患职业病的性质符合法律、法规的规定，可以被认定为工伤的范围。工伤认定范围的宽窄，既与工伤保险制度的成熟与完善程度有关，也与国家经济发展水平和社会文明进步程度有关。

我国的工伤认定范围是随着工伤保险制度的发展而不断变化和调整的。在《劳动保险条例》实施的初始阶段，我国的工业生产基础比较薄弱，生产力发展水平较低，因此法律规定的工伤认定范围相对较窄。随着国家经济形势好转和生产力发展水平的提高，我国在 1957 年将职业病纳入工伤认定范围后，又于 1964 年起将职工由于“抢险救灾救人”“在单位工作时遭受非本人所能抗拒的意外灾害”“因工外出所乘单位车辆发生意外事故”“企业职工集体宿舍发生倒塌”以及“因工出差遭受非本人所应负责任的意外事故”“革命军人转入企业工作原旧伤复发”“在本单位集体食堂就餐食物中毒”“参加本企业组织的体育比赛”等情形下的负伤、致残、死亡纳入了工伤认定的范围。进入改革开放新时代，我国经济迅速发展，生产力水平大幅提高。在此背景下，工伤认定范围也与时俱进得到进一步的拓展，主要是在原工伤认定范围基本不变的基础上，《社会保险法》和新修订的《工伤保险条例》将“在上下班途中，受到非本人主要责任的交通事故或者城市轨道交通、客运轮渡、火车事故伤害的”的情形纳入了工伤认定范围，并将“在工作时间和工作岗位，突发疾病死亡或者在 48 小时之内经抢救无效死亡的”情形纳入了视同工伤范围；在排除工伤方面，根据我国国情和相关法律法规调整变化的实际，将“因犯罪或者违反治安管理伤亡的”情形调整为“故意犯罪的”情形。

工伤认定范围的拓展延伸，不仅大大增加了工伤保险的受益面，而且使以人为本的治国理念在工伤保险领域得到了充分体现。

5. 工伤认定流程不断简化，申请认定日趋便捷

工伤认定申请流程是指从申请人提出工伤认定申请到工伤认定机构将工伤认定决定书送达申请人的全过程。

在按《劳动保险条例》规定实施工伤保险的阶段，我国相关的法律政策未对工伤认定（确认）的流程作出明确的规定，在当时实行计划经济体制和以公有制经济为主体的背景下，工伤认定的矛盾并不突出。但随着经济体制改革，计划经济体制逐步向社会主义市场经济体制过渡以及多种所有制经济共同发展格局的形成，特别是农村大量富余劳动力开始进城务工以后，因工遭受事故伤害和患职业病的案例逐步增多，企业发生工伤不报、瞒报，工伤认定申请难、时限长、维权成本高的矛盾逐步显现。为了规范工伤认定流程，保障工伤职工权益，1996 年劳动部在制定下发的《企业职工工伤保险试行办法》对工伤认定申请流程和时限等作出了规定。但由于《企业职工工伤保险试行办法》立法层次不够高，相关规定不够具体，时限规定在实践中难以操作，对用人单位的约束力不够强，工伤认定手续繁杂、时间冗长的问题依然客观存在。

针对这一问题，国务院在 2004 年颁布实施的《工伤保险条例》中，对工伤认定流程方面涉及的工伤职工权益保障问题做了相应规定和调整。例如，要求“劳动保障行政部门应当自受理工伤认定申请之日起 60 日内作出工伤认定的决定，并书面通知申请工伤认定的职工或者其直系亲属和该职工所在单位”。与此同时，为了约束用人单位在处理工伤方面的违规行为，《工伤保险条例》规定，用人单位未在规定时限内提出工伤认定申请，“在此期间发生符合本条例规定的工伤待遇等有关费用由该用人单位承担”。

2010 年，《工伤保险条例》根据《社会保险法》的规定对工伤认定流程又做了新的修改和调整，要求社会保险行政部门对受理的事实清楚、权利义务明确的工伤认定申请，应当在 15 日内作出工伤认定的决定，并取消了行政复议前置的规定。

工伤认定流程的不断简化和完善，大大方便了工伤职工的维权申请，全国各省市有条件的地区社会保险行政部门通过设立社保大厅受理服务窗口、网上申办、开辟工伤认定绿色通道等方式受理工伤认定申请，受到社会各方的肯定。

6. 工伤认定稳妥应对重大疫情，切实保障抗疫人员工伤权益

进入 21 世纪后，世界各国遭遇了两次冠状病毒的侵袭。一次是 2003 年年初“非典”（SARS）传染病在我国迅速蔓延，另一次是2020年年初新型冠状病毒肺炎疫情迅速蔓延。在两次抗击病毒传染病疫情的工作中，大量抗疫一线医护人员和相关工作人员被病毒感染，其中一部分人染病去世。对于在防疫一线工作的医护人员因工染病是否认定工伤，《工伤保险条例》和相关认定标准没有专门规定。为了保障一线抗疫医护人员的权益，2003年劳动保障部和卫生部等部委联合发文，明确规定把预防、救治非典型肺炎而感染的医护和相关人员列入视同工伤范围，这是我国工伤保险第一次将因工感染乙类传染病（实行甲类管理）列入工伤认定范围，体现了工伤保险为保障职业伤害劳动者的与时俱进、不断扩大适用范围的制度创设目的。这次扩大工伤认定范围，为数百名在抗击非典型肺炎中染病或牺牲的一线医护人员，妥善解决了医疗、康复费用和工亡抚恤等费用。

2020年1月23日是新型冠状病毒肺炎开始肆虐的日子，也是武汉市开始封城的日子。同一天，人力资源社会保障部、财政部、国家卫生健康委联合发出通知并明确规定，在新型冠状病毒肺炎预防和救治工作中，医护及相关工作人员因履行工作职责感染新型冠状病毒肺炎，或因感染新型冠状病毒肺炎死亡的，应认定为工伤，依法享受工伤保险待遇。这次对工伤认定范围的扩大，为在特殊时期的抗疫人员提供了职业伤害的“保护网”。新型冠状病毒由于传染力极强，也被纳入了乙类传染病，实行甲类管理。人力资源社会保障部等部委的文件，规定了认定工伤的岗位范围和人员范围，明确了工伤保险待遇支付的渠道，切实保障了抗疫期间一线医护等人员的工伤保险权益。

三、工伤认定面临的挑战和问题

（一）法律、法规和相关的规定缺乏统一性的问题

根据《社会保险法》和《工伤保险条例》的规定，工伤保险的适用范围是与用人单位建立劳动关系的职工。《工伤保险条例》第一条、第二条明确规定：“为了保障因工作遭受事故伤害或者患职业病的职工获得医疗救治和经济补偿，促进工伤预防和职业康复，分散用人单位的工伤风险，制定本条例。”“中华人民共和国境内的企业、事

业单位、社会团体、民办非企业单位、基金会、律师事务所、会计师事务所等组织的职工和个体工商户的雇主，均有依照本条例的规定享受工伤保险待遇的权利。”除此之外，《工伤保险条例》还明确要求，提出工伤认定申请应当提交“与用人单位存在劳动关系（包括事实劳动关系）的证明材料”。现行《工伤保险条例》对工伤认定适用范围的规定是十分明确的，作为依法行使工伤认定权的社会保险行政部门，必须严格按照《工伤保险条例》的规定执行。但是在工伤认定实践中，还存在确认劳动关系的法律依据不一致，相关规定和司法解释或答复函不统一，社会保险行政部门在受理工伤认定申请时难以准确把握的问题。例如，超过法定退休年龄的人员和挂靠用人单位的人员以及非法承包、转包工程招用的人员在工作中发生事故伤害申请工伤认定时，是否具有职工身份？是否符合受理条件？

对超过法定退休年龄的人员是否具备建立劳动关系主体资格的问题，目前法律、法规和最高人民法院的司法解释不尽相同。

《劳动法》规定：“建立劳动关系应当订立劳动合同”“禁止用人单位招用未满 16 周岁的未成年人”。《劳动法》对可以建立劳动关系的年龄上限未作出禁止性规定。

《劳动合同法》规定：“劳动者开始依法享受基本养老保险待遇的”，以及有“法律、行政法规规定的其他情形”的，劳动合同终止。

《社会保险法》规定：“参加基本养老保险的个人，达到法定退休年龄时累计缴费满十五年的，按月领取基本养老金。”

对超过法定退休年龄的人员或被用人单位回聘招用的人员是否可以建立劳动关系的问题，最高人民法院在《关于审理劳动争议案件适用法律问题的解释（一）》（法释〔2020〕26 号）中明确：“用人单位与其招用的已经依法享受养老保险待遇或领取退休金的人员发生用工争议而提起诉讼的，人民法院应当按劳务关系处理。”国务院颁布的《中华人民共和国劳动合同法实施条例》（以下简称《劳动合同法实施条例》则规定：“劳动者到达法定退休年龄的，劳动合同终止。”前者强调了到龄享受养老待遇的人员与用人单位形成劳务关系，后者则明确“到达法定退休年龄”的人员，不论是否依法享受养老待遇，不再具备建立劳动关系的资格条件。

除了上述法律、法规和司法解释外，最高人民法院行政庭在 2010 年和 2012 年分别给山东省高级人民法院和江苏省高级人民法院的答复函中又明确，用人单位聘用的超过法定退休年龄的务工农民，在工作时间内，因工作原因伤亡的，应当适用《工伤保险条例》的有关规定进行工伤认定。

因为相关法律、法规、司法解释和答复函的规定精神不完全一致，且劳动争议仲裁部门和民事审判机关对超过法定退休年龄人员的劳动关系确认和处理一般均以是否已经到达法定退休年龄作为判断依据，所以社会保险行政部门在面对超过法定退休年龄人员申请工伤认定时，往往很难抉择是否应当受理。

对挂靠用人单位或非法转包、承包工程招用的人员是否具备劳动关系和申请工伤认定是否应当受理的问题，社会保险行政部门面临同样的困境，因为《工伤保险条例》明确申请工伤认定应当提交与用人单位存在劳动关系（包括事实劳动关系）的证明材料，而上述对象若通过申请劳动争议仲裁或民事审判途径确认劳动关系，其与挂靠单位或非法承包、转包单位存在劳动关系的诉求并非一定成立。在此情形下，工伤认定受理范围是按《工伤保险条例》还是按答复函的意见办理，需相关法律、法规作出进一步的规定。

（二）行政机关与司法部门在处理工伤认定案件上存在一定的差异性问题

从 2016—2018 年的统计数据来看，全国各级社会保险行政部门共受理工伤认定申请 322.6 万人次，作出工伤认定（视同）结论 317.8 万件。申请人因不服工伤认定结论提起行政复议的共 15 676 件，占同期作出工伤认定结论总数的 0.49%；经上级行政机关复议被撤销认定结论的有 1 431 件，占同期申请复议总数的 9.1%；申请人因不服工伤认定结论提起行政诉讼的共 37 948 件，占同期作出工伤认定结论总数的 1.2%；经法院审理被撤销认定结论的有 3 459 件，占同期申请诉讼总数的 9.1%，见表 3-2-3。

表 3-2-3　2016—2018 年工伤认定行政复议、行政诉讼情况

年份	工伤认定数量/人次	申请行政复议数量/件	行政复议撤销认定结论数量/件	申请行政诉讼数量/件	行政诉讼撤销认定结论数量/件
2016	103.6 万	5 409	468	12 304	1 089
2017	104.1 万	4 793	484	11 888	1 183
2018	109 万	5 474	479	13 756	1 187
合计	316.7 万	15 676	1 431	37 948	3 459

资料来源：工伤保险历年统计数据。

据分析，经行政复议和行政诉讼被撤销的工伤认定案件中，确有相当部分是不同层级的社会保险行政部门在适用法律、履行法定程序和对案件依法调查取证等方面存在不足或瑕疵所致，但也有相当数量的工伤认定案件存在不同部门因角度和理解把握不同出现差异的问题。行政复议和行政诉讼改变结论主要集中在“三工原因”“上下班交通事故”“突发疾病”认定案件上。

由于理解把握不同，容易在行政确认和司法审判过程中对同一问题出现差异。

例如，《工伤保险条例》规定：“因工外出期间，由于工作原因受到伤害或者发生事故下落不明的”，应当认定为工伤。在工伤认定实践中，对因工外出的“工作原因”的理解存在限缩性把握和宽泛性延伸同时并存的情况。

以用人单位组织职工外出旅游为例。一种观点认为单位组织职工外出旅游是一种企业福利或企业文化，与履行工作职责和工作内容无关，在此期间职工受到意外伤害的，不能作为工作原因认定为工伤；另一种观点认为，职工受用人单位安排外出旅游，虽与本职工作无直接关联，但应当看成是工作内容的延伸，因为安排旅游的主体是用人单位，安排旅游的目的是增进职工身心健康，增加企业凝聚力。在此期间职工受到意外伤害的，应当作为工作原因认定为工伤。

例如，《工伤保险条例》规定：职工“在上下班途中，受到非本人主要责任的交通事故或者城市轨道交通、客运轮渡、火车事故伤害的”，应当认定为工伤。为了有利于社会保险行政部门正确理解把握此项规定精神，人力资源社会保障部于 2011 年经征得国务院法制办和最高人民法院同意，并商公安部、交通运输部、铁道部，发文明确了“该条规定的‘上下班途中’是指合理的上下班时间和合理的上下班路途”。2014 年最高人民法院在《关于审理工伤保险行政案件若干问题的规定》中进一步明确，对社会保险行政部门认定下列情形为“上下班途中”的，人民法院应予支持：①在合理时间内往返于工作地与住所地、经常居住地、单位宿舍的合理路线的上下班途中；②在合理时间内往返于工作地与配偶、父母、子女居住地的合理路线的上下班途中；③从事属于日常工作生活所需要的活动，且在合理时间和合理路线的上下班途中；④在合理时间内其他合理路线的上下班途中。上述规定虽然强调了合理时间和合理路线的要求，但无法也很难作出具体量化的规定，因此在面对具体案例时，就容易出现不同地区不同部门不同把握的问题。

例如，《工伤保险条例》规定："在工作时间和工作岗位，突发疾病死亡或者在48小时之内经抢救无效死亡的"，视同工伤。由于此类案件发生的情形各不相同，在工伤认定实践中也容易形成完全不同的意见。一种意见认为，按《工伤保险条例》的规定，此类情形在工伤认定时应严格把握突发疾病的时间、地点及抢救无效死亡的时限，不宜再作宽泛性的延伸；另一种意见认为，突发疾病的情形也可以合理延伸，若职工在家里从事单位指派工作时突发疾病且在48小时内经抢救无效死亡的，也应当视同工伤。对此类情形进行工伤认定时，还存在以"脑死亡"还是"心肺死亡"为判定标准的不同把握。

（三）新经济、新业态下工伤认定的相关依据、标准缺失的问题

现行的工伤保险制度是根据传统的经济发展方式和劳动用工形态的需要配套设立的，工伤认定的受理范围仅限于与用人单位建立劳动关系（包括事实劳动关系）的职工。这种传统的工伤保险制度模式在原有的经济体制背景下是行之有效的。

但是随着我国全面改革的不断深入和产业结构的不断调整，传统的经济增长方式发生重大改变，特别是实施了供给侧结构性改革以后，产业结构调整对劳动就业的影响逐步显现，劳动就业的形态逐步地发生了变化。随着科技进步，"互联网+"模式不断涌现，原有的经济结构和就业形态出现了多样化、个性化的趋势。目前与新技术、新经济、新业态有密切联系的就业岗位从业人员主要是快递员、外卖送餐人员、网约车司机、农业合作社人员、网店业主以及自媒体演播人员等。除此之外，在一些传统的劳务型行业中，也存在大量的以自我雇佣为主、以提供劳务服务为主的家政人员、保姆、医院护工、集贸市场摊贩等自由职业人员。他们具有分布面广、就业人数多、职业风险大、工作时间灵活、报酬收入稳定的特点。在越来越多的劳动者不断加入"互联网+"模式下的新业态就业的形势下，传统的工伤保险制度设计尚未进行调整和改变，加上新业态就业人员客观存在的劳动关系复杂、工作时间和工作岗位难以确定以及法律制度相对滞后等因素，致使大量灵活就业职业人群无法纳入工伤保险制度的保障范围。

四、对完善工伤认定制度的建议和趋势展望

（一）进一步完善工伤认定的建议

1. 修改完善《工伤保险条例》关于工伤认定的规定

（1）修订《工伤保险条例》的适用范围。法律法规的适用范围不断扩大，是法律制度不断完善的标志，也是社会保险制度不断发展的必然要求。对工伤保险而言，调整扩大制度覆盖范围和适用人群，对保障广大职工以及灵活就业人员、新业态从业人员的合法权益，进一步分散职业风险乃至社会风险具有积极意义。适用范围的适当调整和扩大，可以为工伤认定受理范围的拓展提供法律支撑，有利于各级社会保险行政部门依法行政。

在具体步骤和方法上建议根据实际，先易后难，并通过增加“特别规定”条款的方式来处理特殊人群的工伤认定和待遇享受问题。

（2）修订《工伤保险条例》的认定范围。目前的工伤认定范围包括 7 种认定工伤情形、3 种视同工伤情形和 3 种应当排除认定（视同）为工伤的情形。在现行的工伤认定范围中，既存在规定条款比较原则，事故伤害情形比较复杂，难以一一对应的问题；也存在有些规定具有良好的愿望和动机，但难以操作实施的问题，需要做进一步的调整和细化。例如，上下班途中遭受非本人主要责任交通事故的条款，在实施中会遇到诸多不同的情形，如何处理符合立法本意？需要《工伤保险条例》或授权相关部门进一步细化，否则极易出现同一类型工伤认定案例在不同地区、不同部门作出完全不同的结论或判例。在工作时间、工作岗位突发疾病死亡或经医院抢救在 48 小时内死亡的条款，在实践中极易引发伦理道德之争，且对死亡时间的判定标准存在较大分歧，《工伤保险条例》应当对此条款的执行作相应的调整和完善。

鉴于近些年国家规定的甲乙类传染病出现频率很高，“非典”和新冠病毒肺炎等传染病大量感染职业人群的情况，建议适当扩大工伤认定的范围，将因工作原因感染重大传染病的职工纳入工伤认定范围。具体可以从国情和职业伤害的实际出发，将因工作感染甲类和按甲类管理的乙类传染病纳入工伤认定范围，以应对日益常态化的重

大传染病疫情抗疫工作，切实保障因工感染这两类特定传染病的各类劳动者享受工伤保险待遇。

（3）《工伤保险条例》实施至今，人力资源社会保障部、原国务院法制办、最高人民法院分别就贯彻实施《工伤保险条例》中的工伤认定问题制定过相应的政策规定或作出过相应的司法解释或行政答复，这些部门的规定或答复是否符合《工伤保险条例》精神，需要在修订《工伤保险条例》时一并明确。

2. 要逐步形成有利于工伤认定相关法律法规得到全面准确实施的长效机制

（1）要进一步统一和提高不同部门对相关法律法规的正确认识和理解把握能力。工伤认定的法定程序中包括行政确认、行政复议和行政诉讼，在承担不同职权的部门分别依法行使行政确认权、行政复议权和司法审判权的过程中，时常会出现因观点立场不同、理解把握不同而对同一工伤认定案件处理分歧明显的情况。为防止在工伤认定的任一环节因认识上的偏差而导致违背工伤保险立法本意情形的发生，各级社会保险行政部门，包括行政复议和司法审判机关相关工作人员应加强对《劳动法》《社会保险法》《劳动合同法》《中华人民共和国行政复议法》《行政诉讼法》以及《工伤保险条例》和《劳动合同法实施条例》等法律法规的学习，在准确理解把握法律精神的基础上，正确地行使法律赋予的行政权、复议权和司法权，有效地防止和避免不同部门因站在不同角度看问题而在处理同一类型工伤认定情形时出现偏差。

（2）要进一步统一工伤认定应当遵循的理念、原则、标准和方法。经过多年的实践总结，目前工伤认定工作已经初步形成了应当遵循的“一个基本理念和六项原则”，这些理念和原则对社会保险行政部门依法开展工伤认定具有很强的指导作用。要使社会保险行政部门真正把握其内涵并在实际工作中运用，还需要在原有的基础上，进行细化和提升。对每一项原则的理解和把握除了应按法律精神具体阐述外，还可以结合工伤认定中的实际情况，配以若干案例，以增强工作人员的理解度和把握力。

除此之外，在工伤认定机构中还亟须建立统一规范的工作标准和工作制度，明确规定对不同类型的工伤认定申请如何受理、如何调查、如何判断，以及疑难案例如何把握、如何审理。对工伤认定不同环节的文书制作和送达，也应有具体的规范与要求，以确保工伤认定不仅实体性合法合规，而且程序上也合法合规。

3. 建立不同层面的工伤认定协调处理机制

《工伤保险条例》颁布实施以来，我国工伤保险制度建设取得了令人瞩目的成就，在工伤认定方面也已初步形成了一支法律意识强、专业素质高的专业人员队伍，为确保《工伤保险条例》全面实施提供了保障。但随着用人单位和工伤职工法律意识的增强，为维护自身权益而寻求法律保护的趋动性也随之增强，由此决定了工伤认定进入复议诉讼程序的数量短期内难以大幅度下降；另外在现行《工伤保险条例》规定的工伤认定范围尚未作出调整完善的情况下，因法律缺失、滞后以及事故情形的复杂性、多样性而形成的疑难案件也将客观存在，因此有必要建立不同层面的工伤认定协调处理机制，对工伤认定疑难问题进行妥善的处理。

（1）建立国家层面的工伤认定协调处理机制。由人力资源社会保障部、司法部及最高人民法院的相关机构共同参与，主要任务是针对《工伤保险条例》和相关法律法规在贯彻实施中反映出的重大问题以及各省市在工伤认定中遇到的共性问题进行会商研究，及时制定统一的与法律精神相一致的政策意见，指导全国各级社会保险行政部门及相关机构依法做好工伤认定工作，防止和避免同一性质的工伤案例在不同省市、不同地区作出不同的认定或审判结论，切实维护工伤职工和用人单位的合法权益。

（2）建立省级层面的工伤认定协调处理机制。由各省、自治区、直辖市人力资源社会保障厅（局）和同级政府司法厅（局）及高级人民法院的相关机构共同参与，主要任务是对本地区在贯彻实施《工伤保险条例》，受理或认定工伤案例时存在的突出矛盾或疑难问题进行会商研究，有必要时及时将本地区难以处理的法律问题或影响较大的问题向上级主管部门报告，以确保本地区工伤认定工作依法开展，维护地区稳定。

（3）建立统筹地区层面的工伤认定协调处理机制。由统筹地区社会保险行政部门和同级政府司法部门及人民法院的相关机构共同参与，重点任务是确保本地区工伤认定工作依法有效开展，对工伤认定中遇到的新情况、新问题及时研究，重大疑难问题和法律法规尚未明确的问题以及涉及民生影响较大的问题应及时向上级主管部门报告，确保做到办事有章法、处理有依据。

（二）工伤认定发展趋势展望

依法治国是建设法制社会的必然要求，也是工伤保险制度全面顺利实施的重要保证。在我国经济保持快速稳定增长的同时，法律法规体系建设将进一步加强，工伤认定事业也将随着工伤保险制度的不断完善而得到更好的发展。

1. 工伤认定的法律依据更加充分，工伤认定的法制意识普遍增强

根据经济社会发展的实际和进一步完善社会保障体系的需要，我国工伤保险制度的相关法律法规将实时进行修订完善，以确保工伤保险能适应新时代的发展要求，在保障职工合法权益、分散用人单位风险、维护社会稳定、促进社会进步方面发挥更大的作用。

随着工伤保险法制建设的不断推进，全国各级社会保险行政部门从事工伤认定工作的人员法制意识和服务理念将会进一步增强，开展工伤认定的法律依据将更加充分。为工伤职工和用人单位提供及时的法律保障和高效服务，促进劳动关系和谐稳定发展，将逐步成为工伤认定工作的主旋律，社会保险行政部门在工伤认定方面的公信力也将得到进一步的认可。

2. 工伤保险的适用范围进一步扩大，工伤认定范围更趋合理

纵观工伤保险的发展历史，建立工伤保险制度的目的就是为遭受职业伤害的职工提供医疗救助和物质帮助。因此，将所有职业人群纳入工伤保险覆盖范围，是工伤保险不断走向成熟的标志。随着我国经济增长方式多样化和“互联网+”新业态的大众化，已实施多年的《工伤保险条例》所规定的适用范围将通过适当的调整而进一步扩大，将所有职业人群纳入工伤保险覆盖范围的目标和要求将更加清晰，与此同时，在工伤认定中长期存在的认定范围“不够明确、不尽合理、不易操作”的共性问题和矛盾也将随着《工伤保险条例》的修订而逐步得到化解。

3. 工伤认定的标准、流程更加统一规范，工伤认定申请更加简洁高效

统一的认定标准、规范的工作流程是确保工伤认定实体和程序合法的前提和保障。经过多年的工伤认定实践，全国各级社会保险行政部门已经根据各自实际和经验建立或形成了一套工伤认定的把握标准和工作流程。但由于各地情况不同、做法不一，容易发生标准把握存在差异的情况，因此，建立统一的工伤认定标准和工作流程势在必行。随着对工伤认定工作的要求不断提高，全国统一规范的工伤认定受理流程、工伤认定把握标准、工伤认定调查规范、工伤认定档案管理以及重大疑难认定案件处理程序等工作制度和工作规范将逐步形成。在社会道德诚信体系建设不断加强，全社会遵法、守法意识不断提高的同时，工伤认定申请受理和作出工伤认定结论的流程将更加简洁高效，职工的合法权益将得到更有效的保障。

4. 行政复议和行政诉讼的数量稳步下降，劳动关系更加和谐稳定

目前，工伤认定行政复议和行政诉讼的数量居高不下的原因之一，是部分用人单位未依法参加工伤保险。随着社会保险“全民参保”计划的实施，用人单位未依法参加工伤保险的现象将得到有效遏制，因未参保而引发行政复议和行政诉讼的数量也会随之下降。与此同时，随着生产力发展水平不断提高，科技进步快速发展，工伤保险宣传不断深入，用人单位和职工安全意识不断增强，工伤认定的数量也会逐步减少。这些工作措施的落实和事故防范机制的形成，将有力推动劳动关系和谐稳定发展。

劳动能力鉴定发展报告

劳动能力鉴定是根据国家标准《劳动能力鉴定　职工工伤与职业病致残等级》(GB/T 16180—2014)，由劳动能力鉴定委员会对工伤职工的劳动功能障碍程度和生活自理障碍程度进行诊断和确认的一种综合评定制度。劳动能力鉴定是伤残的工伤职工享受不同等级工伤保险待遇的前提，是工伤保险管理工作的重要内容。随着工伤保险的不断发展，劳动能力鉴定制度也在不断完善，在依法保障工伤职工享受工伤保险待遇方面发挥了十分重要的作用。

一、劳动能力鉴定制度的建立与发展

我国的劳动能力鉴定制度初见于1951年《劳动保险条例》中，雏形见于1978年《国务院关于工人退休、退职的暂行办法》，建立于1994年《劳动法》、1996年《企业职工工伤保险试行办法》颁布后，健全于2004年《工伤保险条例》施行后。

(一)劳动能力鉴定标准出台的背景

1978年《国务院关于工人退休、退职的暂行办法》（国发〔1978〕104号）作出了职工患病或非因工伤残致全残提前退休、退职（以下简称“病退”）的规定。由于当时国家没有统一的“病退”鉴定标准，各省、市在贯彻执行《国务院关于工人退休、退职的暂行办法》的过程中，自行制定了相应的“病退”鉴定标准，在本地区范围内适用。

1994年7月《劳动法》颁布后，劳动部于1994年12月颁发了《企业职工患病或非因工负伤医疗期规定》，要求对伤病职工实行医疗期管理，当职工非因工伤病致残和经医生或医疗机构认定患有难以治疗的疾病，在医疗期内医疗终结或医疗期满时，由当地劳动能力鉴定委员会参照工伤与职业病致残程度鉴定标准进行劳动能力鉴定。被鉴定为一至四级的，应当退出劳动岗位，终止劳动关系，办理退休、退职手续，享受退休、退职待遇；被鉴定为五至十级的，医疗期内不得解除劳动合同。

1996 年 3 月，国家标准化管理委员会制定发布了国家标准《职工工伤与职业病致残程度鉴定》（GB/T 16180—1996，以下简称 1996 年版《工伤评残标准》），此标准是工伤、职业病患者于国家社会保险法律法规所规定的工伤医疗期（或称工伤停工留薪期、工伤医疗终结期）满后进行医学技术和劳动能力鉴定的准则和依据。但由于 1996 年版《工伤评残标准》中没有内科等疾病鉴定标准条目，全国又缺乏统一的“病退”鉴定标准，“病退”审批条件较难把握。针对这一问题，劳动保障部组织有关的劳动能力鉴定和医学专家研究拟定“病退”鉴定标准，并选定以广州市起草的标准作为蓝本，经医学专家组评定通过，由劳动保障部颁发了《职工非因工伤残或疾病丧失劳动能力程度鉴定标准》，填补了我国在这方面的一项空白，规范了“病退”和医疗期审批等劳动能力鉴定和行政行为，避免了各地因标准不统一引起的矛盾。至此，国家出台了工伤评残标准和职工非因工伤残和疾病评残标准，为劳动能力鉴定的科学公正和依法行政迈出了扎实的一步。

（二）劳动能力鉴定制度的建立和完善

1996 年，劳动部根据《劳动法》的有关规定印发了《企业职工工伤保险试行办法》，基本确立了工伤保险劳动能力鉴定制度的框架，并在全国试点和逐步推开。《企业职工工伤保险试行办法》实施前，有些省、市已建立了劳动能力鉴定制度，之后按《企业职工工伤保险试行办法》确立的工伤保险（含劳动能力鉴定）制度有关规定不断完善，为进一步完善工伤保险制度奠定了广泛的实施基础。

2003 年 4 月 27 日，国务院公布《工伤保险条例》，并于 2004 年 1 月 1 日起施行。2010 年 12 月 20 日国务院对《工伤保险条例》进行修订，于 2011 年 1 月 1 日起施行。《工伤保险条例》设立了劳动能力鉴定专章，对劳动能力鉴定的等级、评残、标准、鉴定程序、劳动能力鉴定委员会的组成等作出了明确规定，为建立我国劳动能力鉴定制度提供了法制保障。

2010 年 10 月，第十一届全国人民代表大会常务委员会审议通过了《社会保险法》，在法律层面确立了劳动能力鉴定制度。2014 年 4 月，经过多年实践，人力资源社会保障部与卫生和计划生育委员会制定了《工伤职工劳动能力鉴定管理办法》。《工伤职工劳动能力鉴定管理办法》具体规定了劳动能力鉴定委员会的设置和职责、鉴定程序、专家选聘、监督管理和法律责任。《工伤保险条例》和《工伤职工劳动能力鉴定管理办法》对劳动能力鉴定制度的规定主要如下：

（1）劳动能力鉴定机构的设定。省、自治区、直辖市劳动能力鉴定委员会和设区的市级劳动能力鉴定委员会分别由省、自治区、直辖市和设区的市级社会保险行政部门、卫生行政部门、工会组织、经办机构代表以及用人单位代表组成。劳动能力鉴定委员会建立医疗卫生专家库。列入专家库的医疗卫生专业技术人员应当具备下列条件：①具有医疗卫生高级专业技术职务任职资格；②掌握劳动能力鉴定的相关知识；③具有良好的职业品德。

（2）劳动能力鉴定工作的原则是客观、公正。因此，劳动能力鉴定委员会组成人员、劳动能力鉴定工作人员以及参加鉴定的专家与当事人有利害关系的，应当回避。参加劳动能力鉴定的专家应当按照规定的时间、地点进行现场鉴定，严格执行劳动能力鉴定政策和标准，客观、公正地提出鉴定意见。医疗机构及其医务人员应当如实出具与劳动能力鉴定有关的各项诊断证明和病历材料。任何组织或者个人有权对劳动能力鉴定中的违法行为进行举报、投诉。

（3）劳动功能障碍程度是确定工伤职工伤残待遇和工伤职工安置方式的主要依据。劳动功能障碍程度评定后功能障碍发生变化，经重新评定的等级也发生变化的，应当相应调整伤残待遇。

（4）劳动能力鉴定的程序和救济。劳动能力鉴定的制度设立保证了劳动能力鉴定结论的客观性和独立性，但劳动能力鉴定结论毕竟是由专家和鉴定机构作出的，存在一定的人为因素，对同一被鉴定人的功能障碍程度，不同的专家可能有不同的判定角度和认识，或者由于检查技术手段不同也会产生差异。所以，《工伤职工劳动能力鉴定管理办法》依据《工伤保险条例》规定了再次鉴定的救济途径。

（5）劳动能力鉴定的监督管理和法律职责。具体规定有专家库、选聘专家的管理，劳动能力鉴定委员会组成人员、工作人员的回避，有关人员违法违规的责任追究。

2020 年 12 月，人力资源社会保障部会同国家卫生健康委员会、国家医疗保障局，发出了《关于进一步规范劳动能力鉴定工作的通知》。《通知》提出，为贯彻《社会保险法》《工伤保险条例》等法律法规，进一步规范劳动能力鉴定行为，加强劳动能力鉴定管理，提升劳动能力鉴定质量和水平，强化劳动能力鉴定风险防控，要进一步规范十个方面工作的要求：一是充分认识劳动能力鉴定工作的重要性。二是统一因病或非因工致残劳动能力鉴定标准。各地人社部门在办理未达到退休年龄因病或非因工致残完全丧失劳动能力退休时，应当以劳动能力鉴定委员会出具的因病或非因工致残劳动能力鉴定结论为依据。三是规范劳动能力鉴定程序。四是严格依规作出劳动能力鉴定结论。五是强化劳动能力鉴定风险防控。六是加强劳动能力鉴定廉政建设。七是加强劳动能力鉴定专家队伍建设。八是加强劳动能力鉴定档案管理。九是加强劳动能力鉴定信息化建设。十是加强劳动能力鉴定统计工作。这个重要通知，对“十四五”时期进一步加强和规范劳动能力鉴定工作，推动劳动能力鉴定事业发展，有着十分重要的意义。

二、劳动能力鉴定的实施现状

（一）各地建立健全了劳动能力鉴定机构

2004 年《工伤保险条例》施行后，全国各地认真贯彻落实《工伤保险条例》的规定，陆续成立了劳动能力鉴定机构并组成了医疗卫生专家库。2014 年人力资源社会保障部联合卫生和计划生育委员会印发的《工伤职工劳动能力鉴定管理办法》，进一步细化了劳动能力鉴定机构的有关规定，明确了劳动能力鉴定委员会的职责。到 2019 年，各省、自治区、直辖市以及设区的市均已成立了劳动能力鉴定委员会。劳动能力鉴定委员会的工作机构一般单独设立或由本级工伤保险行政部门（社会保险经办机构）负责组织实施。劳动能力鉴定机构和专家队伍已经形成，为工伤职工享受工伤保险待遇提供了良好的保障。

（二）劳动能力鉴定人数和评残人数步入稳定状态

2006—2019 年，工伤职工申请劳动能力鉴定人数呈逐年增多的趋势，2006 年约为

42.3 万人，2019 年约为 72.3 万人，2014 年以后，申请人数稳定在 60 万人以上，如图 3-3-1 所示。

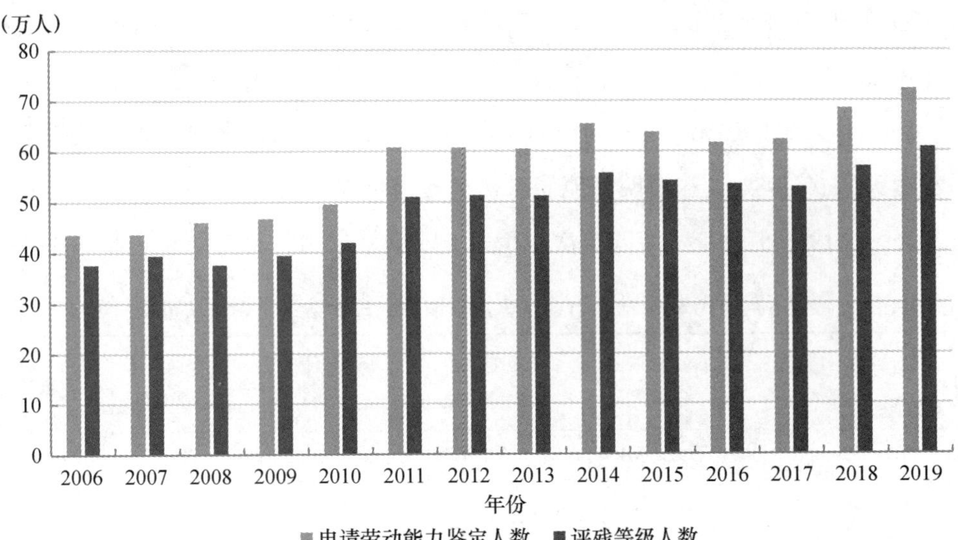

图 3-3-1　2006—2019 年申请劳动能力鉴定、评残人数

资料来源：《中国劳动统计年鉴》历年统计数据。

同一时期，评残人数也呈现出逐年增多后趋于稳定的情况，2006 年评残人数约为 34.7 万人，2019 年约为 60.7 万人，如图 3-3-1 所示。

2006 年工伤保险参保人数为 10 268 万人，2019 年达到 25 478 万人，增长了 2.5 倍。2019 年申请劳动能力鉴定人数是 2006 年人数的 1.7 倍，2019 年评残人数是 2006 年人数的 1.7 倍，均低于参保人数的增长率。主要原因是总体安全生产形势不断好转，企业对安全生产重视程度增加，预防工作有所加强，工伤事故率有所下降。此外，参保人群在前一时期主要集中在高风险企业和工业加工企业，后一阶段则有大量的第三产业和事业单位职工加入，这些用人单位工伤风险程度较低。

（三）工伤职工对劳动能力鉴定结论认可度高

（1）2006—2019 年，劳动能力鉴定的再次申请率较低，2006 年为 3.2%，2019 年为 2.2%，并有逐年降低的趋势。工伤职工及其近亲属、用人单位对初次鉴定结论是比较认同的，一般将初次鉴定结论作为享受有关工伤保险待遇的依据，不再申请再次鉴定。

（2）2006—2019 年，再次鉴定申请人数略有增加、总体稳定，再次申请改变结论的比例也呈逐年下降的趋势。2006 年改变结论比例为 30%，2011 年最高为 33%，2019 年最低为 20%。初次鉴定准确性不断提高，2011 年以后改变结论比例总体是逐年下降的。

（3）总体来看，2006—2019 年，工伤职工对劳动能力鉴定的认可度保持在较高的水平，达到 96%~98%。这说明，他们对初次鉴定的结论是认同的，而且认可度比较高。2006—2019 年劳动能力鉴定再次申请率、改变结论比例及认可率见表 3-3-1。

表 3-3-1　2006—2019 年劳动能力鉴定再次申请率、改变结论比例及认可率

年份	初次申请鉴定人数/人	再次申请鉴定人数/人	改变结论人数/人	再次申请率/%	改变结论比例/%	认可率/%
2006	399 836	12 661	3 761	3. 2	30	97
2007	405 278	13 584	3 932	3. 4	29	97
2008	435 554	14 078	4 516	3. 2	32	97
2009	435 781	17 576	5 195	4. 0	30	96
2010	473 374	14 110	4 448	3. 0	32	97
2011	586 854	14 622	4 793	2. 5	33	98
2012	582 510	16 530	5 143	2. 8	31	97
2013	577 586	15 926	4 908	2. 8	31	97
2014	625 921	16 040	4 725	2. 5	29	98
2015	609 931	16 680	4 541	2. 7	27	97
2016	594 232	14 266	3 366	2. 4	24	98
2017	602 536	12 499	2 663	2. 1	21	98
2018	665 312	13 682	2 873	2. 1	21	98
2019	701 938	15 421	3 022	2. 2	20	97

注：$再次申请率=\frac{再次申请鉴定人数}{初次申请鉴定人数}\times 100\%$

$改变结论比例=\frac{改变结论人数}{再次申请鉴定人数}\times 100\%$

$认可率=\frac{初次申请鉴定人数-再次申请鉴定人数}{初次申请鉴定人数}\times 100\%$

资料来源：根据工伤保险历年统计数据整理。

（4）申请劳动能力复查鉴定人数历年有所波动，从表 3-3-2 和图 3-3-2 可以看出，2006 年最高，约为 1.1 万人，2011 年最低，约为 0.5 万人。劳动能力复查鉴定改变结论比例，2012 年最高，为 44.2%，2009 年最低，为 20.5%，但多数在 30%，说明劳动能力鉴定工作还是稳定、有成效的。同时也表明，自劳动能力鉴定结论作出之日起 1 年后，部分工伤职工的伤残情况确实发生了变化，因此，允许他们申请劳动能力复查鉴定的规定是符合客观实际需要的，复查鉴定很有必要。

表 3-3-2　2006—2017 年申请劳动能力复查鉴定人数、复查改变结论比例

年份	申请鉴定人数/人	申请劳动能力复查鉴定人数/人	复查改变结论人数/人	复查改变结论比例/%
2006	423 243	10 746	3 557	33.1
2007	426 179	7 317	2 620	35.8
2008	459 804	10 172	2 368	23.3
2009	467 138	13 781	2 823	20.5
2010	494 918	7 434	2 186	29.4
2011	606 923	5 447	2 165	39.7
2012	605 618	6 578	2 907	44.2
2013	604 189	10 677	2 482	23.2
2014	654 528	11 767	2 793	23.7
2015	637 031	10 420	2 504	24.0
2016	616 205	7 707	2 495	32.4
2017	621 945	6 910	2 567	37.1
2018	685 791			

注：复查改变结论比例 $=\dfrac{\text{复查改变结论人数}}{\text{申请劳动能力复查鉴定人数}}\times 100\%$

资料来源：根据工伤保险历年统计数据整理。

（四）各伤残等级人数构成有所变化，重度伤残比例逐年下降

2006 年，一级至四级、五级至六级和七级至十级的伤残人数占比分别是 8.2%、11.0%、80.8%，2019 年上述三个比例分别为 1.9%、2.1%、96.0%。在各伤残等级人数构成比中，一级至四级、五级至六级的伤残等级人数构成比逐年下降，即完全丧

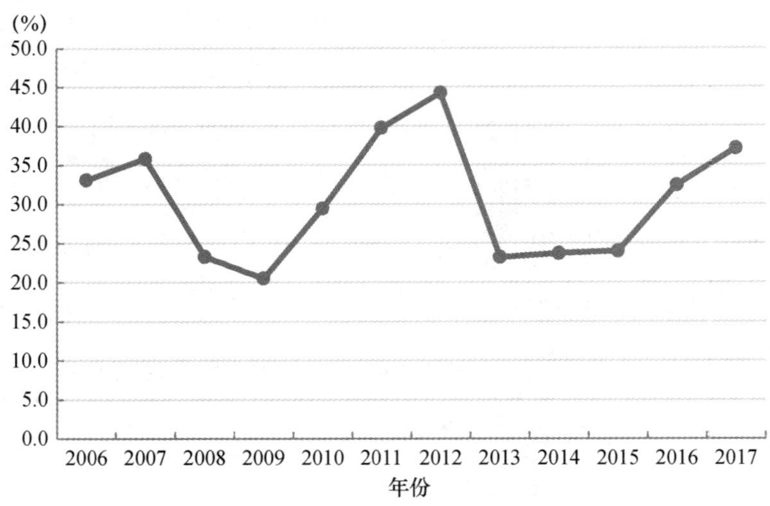

图 3-3-2　2006—2017 年劳动能力复查鉴定改变结论比例变化情况

资料来源：根据工伤保险历年统计数据整理。

失和大部分丧失劳动能力的工伤职工比例逐年下降，见表 3-3-3。而部分丧失劳动能力的七级至十级伤残的工伤职工比例逐年上升，占评残等级总人数的绝大多数，其构成比上升了 16%。这是一个良性变化趋势，七级至十级工伤职工均具有一定的劳动能力，在工伤医疗期满和劳动、聘用合同期满终止时可重新返岗或另谋就业。

表 3-3-3　　2006—2019 年各类伤残等级人数构成比

年份	评残等级人数	一级至四级		五级至六级		七级至十级		存在生活自理障碍	
		人数	构成比/%	人数	构成比/%	人数	构成比/%	人数	构成比/%
2006	347 293	28 455	8. 2	38 209	11. 0	280 629	80. 8	7 455	26. 2
2007	357 993	26 176	7. 3	32 900	9. 2	298 917	83. 5	7 363	28. 1
2008	375 936	22 861	6. 1	29 320	7. 8	323 755	86. 1	8 187	35. 8
2009	394 167	22 472	5. 7	27 770	7. 0	343 925	87. 3	8 477	37. 7
2010	418 857	25 012	6. 0	28 777	6. 9	365 068	87. 2	8 788	35. 1
2011	510 394	26 314	5. 2	32 069	6. 3	452 011	88. 6	11 232	42. 7
2012	513 395	25 085	4. 9	27 559	5. 4	460 751	89. 7	8 971	35. 8
2013	511 635	21 134	4. 1	25 811	5. 0	464 690	90. 8	9 505	45. 0
2014	557 554	21 301	3. 8	24 713	4. 4	511 540	91. 7	8 931	41. 9
2015	541 722	19 238	3. 6	19 174	3. 5	503 310	92. 9	7 617	39. 6

续表

年份	评残等级人数	一级至四级		五级至六级		七级至十级		存在生活自理障碍	
		人数	构成比/%	人数	构成比/%	人数	构成比/%	人数	构成比/%
2016	535 415	17 022	3. 2	17 533	3. 3	500 860	93. 5	5 876	34. 5
2017	529 197	13 921	2. 6	14 363	2. 7	500 913	94. 7	5 582	40. 1
2018	569 785	13 452	2. 4	15 998	2. 8	540 335	94. 8		
2019	607 072	11 790	1. 9	12 419	2. 1	582 863	96. 0		

注：伤残等级人数构成比 $=\dfrac{\text{各类伤残等级人数}}{\text{评残等级人数}}\times 100\%$

生活自理障碍人数构成比 $=\dfrac{\text{存在生活自理障碍人数}}{\text{一级至四级伤残等级人数}}\times 100\%$

资料来源：根据工伤保险历年统计数据整理。

2006—2017 年，存在生活自理障碍的人数在 0. 5 万人与 1. 1 万人之间波动，其在一级至四级工伤职工中的构成比为 26%～45%。经鉴定确认为生活完全不能自理、生活大部分不能自理或者生活部分不能自理的生活自理障碍人员，是工伤伤残人员中的重点保障群体。针对这部分存在生活自理障碍的工伤人员采取更有针对性的待遇政策，是工伤保险需要深入研究的课题。

三、劳动能力鉴定的主要成效

（一）建立了较为健全的劳动能力鉴定法律法规体系

《工伤保险条例》实施后，劳动能力鉴定的法律法规和部颁规章纷纷出台，为劳动能力鉴定工作提供了法律保障。到 2019 年，劳动能力鉴定制度在《社会保险法》《工伤保险条例》中得到明确规范。《工伤职工劳动能力鉴定管理办法》实施后，加强了劳动能力鉴定管理，规范了劳动能力鉴定程序，根据《社会保险法》《工伤保险条例》的规定，完善了劳动能力鉴定的实施办法，使劳动能力鉴定工作形成了有法律、有法规、有规章的完整体系，为劳动能力鉴定制度奠定了法制基础。

（二）建立完善了劳动能力鉴定标准体系

开展劳动能力鉴定工作，必须要以国家标准作为依据。《工伤保险条例》实施以来，1996 年版《工伤评残标准》在 2006 年、2014 年分别进行修订，使标准更加完善，较好地解决了实际操作中反映较普遍、突出的一些问题，针对性和可操作性更强，对落实公平合理的鉴定原则有重要意义，推动劳动能力鉴定工作朝着科学化、规范化的方向迈出了坚实的一步。

为更好地实施劳动能力鉴定标准，加强对科学、准确实施标准的引领，原劳动保障部和现在的人力资源社会保障部分别编写了劳动能力鉴定标准应用指南。2007 年 1 月，劳动保障部编写出版了《劳动能力鉴定标准应用指南》，内容包括劳动能力鉴定概述、分科判定基准与应用和案例分析等，对帮助各企事业单位、国家机关、民间非营利组织、个体工商户、广大职工以及参与劳动能力鉴定的专家准确理解和把握新的劳动能力鉴定标准及其基本原则和主要内容，起到了重要的指导作用。2015 年 1 月，人力资源社会保障部编写出版了《职工工伤劳动能力鉴定标准应用指南》，内容包括基础篇、应用篇和附录等三部分。此书基于标准、源于实践，通过劳动能力鉴定实践中大量具体翔实的案例，采用图文并茂的形式，对如何理解、掌握、运用标准作出客观公正的鉴定结论进行了具体、形象、生动的阐述，为更好地指导各地理解、掌握和实施新标准提供了条件。

（三）依法保障了伤残和职业病职工的合法权益

《工伤保险条例》实施以来，劳动能力鉴定作为工伤职工享受工伤保险待遇的重要环节，为工伤保险制度保障功能的充分发挥起到了积极的作用。2006—2019 年，约 770 万人享受了劳动能力鉴定服务。其中，约 677 万人评定了伤残等级，并依据评定的伤残等级享受到了相应的工伤保险补偿待遇。劳动能力鉴定工作切实保障了因工伤致残和职业病职工的工伤保险权益，为国家工业化和城镇化进程、促进社会和谐发展发挥了巨大的作用。

四、劳动能力鉴定制度面临的挑战与对策建议

（一）面临的挑战与问题

1. 劳动能力鉴定工作需要适应人力资源社会保障工作的新要求

步入新时代，人力资源社会保障工作对劳动能力鉴定的要求越来越高。健全和完善的劳动能力鉴定制度和管理机制是劳动能力鉴定健康顺利开展、真正体现公平公正的重要保证。因此，要不断加强制定相关的政策法规、工作制度和业务流程，完善管理机制，使其具有更强的科学性和可操作性；要针对目前劳动能力鉴定存在的地区差异化、发展不平衡等问题，重点做好和完善法制建设，相关制度流程要公开透明，选择医疗卫生专家库专家的办法要更加科学、体现公正，要进一步明确鉴定回避制度及监管机制。

2. 劳动能力鉴定需要与时俱进，不断完善鉴定标准

随着我国社会经济的发展和医学技术的进步，在实践中过程中，劳动能力鉴定标准中部分条款的应用会出现一些新情况和新问题，引发新的矛盾。因此，要适时对标准进行修订和完善，及时解决工作中出现的新情况和新矛盾。

3. 劳动能力鉴定工作的便民服务要进一步改善

《工伤保险条例》没有直接规定非设区的市可以成立劳动能力鉴定委员会，导致边缘地区的劳动能力鉴定工作较难开展，很难保证工伤职工及时得到职业康复、劳动能力鉴定并享受相关待遇。一些工伤职工和用人单位参加劳动能力鉴定的路途较远，有的现场鉴定地点少、布局不合理，增加了被鉴定人的麻烦，不能较好地满足群众的需求。为了真正为工伤职工提供方便快捷的劳动能力鉴定服务，重点要在一次性书面告知申请人需要补正的全部材料、特殊情况的处理、鉴定结论送达方式和时限等方面进一步优化。对一些行动不便的工伤职工，劳动能力鉴定委员会可组织医疗机构上门检查诊断、鉴定专家上门进行鉴定。

4. 劳动能力鉴定设计环节较多，给劳动能力鉴定工作的监管带来挑战

劳动能力鉴定工作涉及工伤职工切身利益，其流程涉及的部门和人数较多，容易

出现工作漏洞，导致发生骗取鉴定结论、领取工伤保险待遇的现象。参与工伤救治、伤病检查和诊断等活动的医疗机构及其医务人员，也会受到人情、经济利益等诸多方面的干扰，甚至会发生提供与病情不符的虚假诊断证明，篡改、伪造、隐匿、销毁病历材料等违法违规行为。现场鉴定也可能给作假者提供可乘之机。如果抽取专家库专家的办法不科学、不随机，可能会使相关人员内外串通、弄虚作假、逃避监管。

（二）对策与建议

1. 进一步加强和完善劳动能力鉴定的法制化建设

劳动能力鉴定事关工伤职工的切身利益，是工伤保险制度体系的重要环节，而公平公正是劳动能力鉴定的生命线。因此，切实转变政府职能，深化行政体制改革，创新行政管理方式，增强政府公信力和执行力，将建设法治政府和服务型政府工作贯彻落实到工伤保险、劳动能力鉴定工作的法制化建设中。要不断完善政策制度体系，尤其是在要求公开相关制度（包括劳动能力鉴定相关政策、工作制度、业务流程等）、明确专家库鉴定专家抽取选择办法、严格回避制度等方面要花大力气做实做好，把劳动能力鉴定工作质量提升到一个新水平。

2. 适时修订劳动能力鉴定标准，不断完善劳动能力鉴定标准体系

1996年版《工伤评残标准》虽然已经过2006年、2014年两次修订，科学性和可操作性都有很大进步，但随着形势的发展和劳动能力鉴定工作的不断深化，必然还会出现一些新问题和新矛盾。2002年制定的《职工非因工伤残或因疾病丧失劳动能力程度鉴定标准》，残疾等级条目较少，已无法满足非因工伤病鉴定实际需要。因此，适时对这些标准进行修订完善是很有必要的。尤其要注意解决好标准条款不够全面，部分科目分类对应的分级不够平衡，部分定级依据的测量方式和定量方法带有一定程度的主观性等问题。一要解决标准条款“宽严失当”问题；二要解决好可操作的问题；三要解决好因医学技术进步引发的伤残级别调整问题；四要保证“病退”标准条款尽可能详尽。

3. 推进工伤保险“放管服”改革，为工伤职工提供方便快捷的优质服务

要将以人民为中心的理念贯穿于劳动能力鉴定工作流程的各个环节，真正按服务型政府的要求做好相关工作，提供优质服务。重点是要疏通堵点，推进工伤保险“放管服”改革，下放省级人力资源社会保障部门劳动能力初次鉴定事项，全面推进劳动能力鉴定受理事项进驻大厅，切实取消重复提交的证明和材料。

4. 加强监管，堵塞漏洞

不断完善劳动能力鉴定工作的政策体系，细化工作流程，将监管工作贯穿始终。一是严格申请鉴定主体。尤其是强调用人单位必须是与工伤职工签订劳动、聘用合同或存在事实劳动关系的单位。对于申请“病退”鉴定的职工（人员），更要严格申请主体，原则上只限于伤病职工本人或其近亲属。二是严格医疗卫生专家库鉴定专家的随机抽取选择办法。三是严格劳动能力鉴定回避制度。四是加强对劳动能力鉴定机构及其工作人员、鉴定专家的监督管理，做到互相制约、接受监督。五是加强对社会保险经办机构及其工作人员的监督管理。六是及时严格按有关规定建立监管机制，避免和制止骗取鉴定结论、领取养老和工伤保险待遇等社保欺诈行为的发生，对违法违规行为予以追究法律责任。

工伤康复发展报告

工伤康复是利用现代康复的手段和技术，为工伤伤残职工提供医疗康复、职业康复等服务，最大限度地恢复和提高伤残职工的身体功能和生活自理能力，尽可能恢复或提高其职业劳动能力，从而促进伤残职工全面回归社会和重返工作岗位。工伤康复的特点：一是工伤康复是将康复医学应用在一个特定的人群，即工伤职工，从而体现出工伤保险对工伤职工利益的有效保护。二是工伤康复的最终目标是使工伤职工全面回归社会和重新从事劳动，因此，除采用医疗康复手段和技术外，更大量地采用职业康复技术和方法。三是工伤康复体现工伤保险职能，是工伤保险的组成部分，是工伤职工依法应享有的待遇，因此具有较强的社会性和强制性。

中华人民共和国成立以来，特别是《工伤保险条例》颁布以来，我国工伤康复事业从无到有，在探索中逐步完善，享受人群越来越多，较好地保障了工伤职工的合法权益，走出了一条具有中国特色的工伤康复发展道路。

一、我国工伤康复制度的建立和发展

我国工伤康复制度是伴随着工伤保险制度的完善和康复技术的进步逐步建立起来的。中华人民共和国成立 70 年来，我国工伤保险制度从无到有，保障范围从国有企业到所有用人单位，保障内容从单纯经济补偿逐步发展到工伤预防、工伤康复、工伤补偿“三位一体”的工伤保险制度体系，保障水平逐步提高。我国工伤康复事业较好地协调了实践探索与制度规范的关系，走出了一条不断探索、逐步完善的发展道路。我国的工伤康复事业发展可概括为以下三个阶段。

（一）起源于 1951 年的《劳动保险条例》

1951 年 1 月 2 日政务院颁布了《劳动保险条例》，规定职工在因工受到伤害后，可以享受一定的工伤待遇，包括医疗待遇、伤残待遇和工亡待遇等，并确立了收入保障与就业保障相结合的原则。同时，《劳动保险条例》规定中华全国总工会或地方工会可兴办工伤职工的疗养所、残废院等，工伤职工安装假肢、假眼、镶牙等所需费用由企业负担。该条例首次明确了将康复疗养的费用和安装康复辅助器具的费用纳入工伤保障范围，为保护职工的健康、减轻其生活中的困难起到了积极作用，使职工的劳动权益有了国家法规的基础保障。

然而，此项制度在“文化大革命”期间受到一定影响。1969 年 2 月，财政部印发了《关于国营企业财务工作中几项制度的改革意见（草案）》，要求“国营企业一律停止提取劳动保险金，企业的退休职工、长期病号工资和其他劳保开支在营业外列支”。虽然《劳动保险条例》的有关规定仍然是企业处理工伤问题的法律依据，但由于劳动保险基金被取消，工伤费用在企业之间的调剂也不复存在，使得我国的工伤保障机制丧失了其应有的社会性和互济性功能。工伤人员的医疗待遇、经济补偿待遇和工资待遇全部由企业负担。企业的工伤风险难以分散，抵御风险的能力降低，工伤康复工作也受到削弱。

1978 年改革开放以后，随着经济建设的加快，原有政策法规不能满足新形势的需求，主要在实施范围、管理模式、政策标准及工作程序等方面，难以适应社会发展的新要求，工伤保险的制度建立与完善势在必行。

1987 年我国加入了国际劳工组织《第 159 号残疾人职业康复和就业公约》。1994 年 7 月 5 日中华人民共和国第八届全国人民代表大会常务委员会第八次会议通过《劳动法》，提升了调整劳动关系以及与劳动关系密切联系的社会关系的法律法规的立法层次，加强了对企业和职工权利义务管理，完善了职工权利的立法保障，规定用人单位和职工必须依法参加社会保险，缴纳社会保险费，为工伤康复的政策制定与工作开展打下了基础。

（二）探索形成于 1996 年《企业职工工伤保险试行办法》

1996 年 8 月，在总结各地试点经验的基础上，劳动部发布了《企业职工工伤保险试行办法》。该办法在我国首次把工伤预防、工伤康复和工伤补偿作为工伤保险的三项任务，规定“职工发生工伤或者患职业病后，应当得到及时救治。各地应当根据本地区社会经济条件，逐步发展职业康复事业，帮助因工致残职工从事适合其身体状况的劳动”“有条件的地区应当通过工伤保险基金提留、民间赞助等方式筹集资金，逐步兴办工伤职业康复事业，帮助工伤残疾人员恢复或者补偿功能。发展职业康复事业应当充分利用现有条件，可以与有关医院、疗养院联合举办，也可以建立工伤康复中心”。该办法同时还规定了对具有一定劳动能力并需要通过专门培训恢复或者提高劳动能力的工伤残疾人员，劳动行政部门及企业应当积极组织专门培训，所需费用可以在工伤保险基金的职业康复费用中支付。同年 3 月，国家技术监督局颁布了《职工工伤与职业病致残程度鉴定》，标志着对多年沿用的旧的工伤保险制度开始了一次全面的改革，为工伤保险事业的发展注入了新的活力，也为工伤康复工作发展重新奠定了制度基础。在此时期，广东省广州市、江西省南昌市分别建立了本地的工伤康复中心。广州市积极创造条件，开展了工伤康复工作的探索，为全国推进工伤康复试点工作提供了有益的经验和借鉴。但由于此时期我国的康复医学技术水平较低，对康复理念的整体认识还不够全面，工伤康复工作除在少数地区探索外，全国范围没能迈出实质性步伐。

（三）发展于 2004 年《工伤保险条例》的颁布实施

2004 年 1 月 1 日起施行的《工伤保险条例》进一步明确了建立工伤预防、经济补偿和职业康复相结合的工伤保险制度体系的总要求。与《工伤保险条例》相配套的一系列规章等相继颁布出台，标志着我国工伤保险制度建设进入了一个新的发展阶段，工伤康复工作也取得了较明显的进展。

1. 加强交流调研，做好顶层设计

2005 年 4 月 5—6 日，劳动保障部和国际劳工组织共同在广东省广州市举办了工伤康复国际研讨会，这是我国工伤康复发展史上首次工伤康复国际研讨会。原劳动保障部副部长王东进、工伤保险司司长陈刚、原广东省劳动保障厅厅长方潮贵等领导出席会议。国际劳工组织北京局局长托马斯女士，国际社会保障协会工伤与职业病技术委员会主席、德国工伤保险同业总会主席伯劳尔先生，德国、意大利、马来西亚等国以及我国有关部门和有关方面的专家、学者等 70 余人参加研讨会。王东进指出，工伤康复在工伤保险体系中具有重要的地位和作用，具有良好的社会效益和经济效益，体现了先进的人本主义思想。大力开展工伤康复事业，构建预防、康复、补偿一体化的工伤保险体系，是现代工伤保险的重要目标，是社会文明和进步的体现。中国工伤康复事业从制度、管理、技术、人才培养等方面都还处在探索阶段，当前迫切需要进一步加强对工伤康复制度模式、基本政策和相关标准的研究，迫切需要进一步加强对工伤康复技术和专门人才的开发与培养，要通过积极开展工伤康复试点工作，在借鉴国际工伤康复经验的基础上，逐步探索建立适合中国国情的工伤康复制度。参加会议的专家、学者和代表分别就中国工伤康复制度的现实选择，国际劳工组织对伤残职工和职业康复的观点，德国医疗、职业和社会康复一条龙服务模式，新世纪的康复医学和工伤康复，国际和我国工伤康复的发展模式和趋势等专题进行了宣讲和研讨。与会代表参观考察了广州工伤康复中心，对其卓有成效的工作给予了高度的评价。同时，原劳动保障部确定了广州工伤康复中心作为全国首个工伤康复综合试点单位。

2006 年年底，国务院批转了《劳动和社会保障事业发展“十一五”规划纲要》，明确了“进一步完善工伤保险政策和标准体系”“积极探索工伤补偿与工伤预防、工伤康复相结合的有效途径”“逐步建立适合我国国情的工伤康复制度”的总体部署。为贯彻落实好《工伤保险条例》和《劳动和社会保障事业发展“十一五”规划纲要》要求，2007 年 4 月，劳动保障部办公厅印发了《关于加强工伤康复试点工作的指导意见》(劳社厅发〔2007〕7 号)，提出了“十一五”期间工伤康复试点工作的主要任务是探索工伤康复政策体系，探索工伤康复管理服务模式、技术规范和相关标准，探索多层次培养工伤康复专门人才的方式；制定和完善政策标准，建立规范的服务工作机制；初步形成以医疗康复为基础，以职业康复为核心，以促进工伤职工回归社会、劳动为目的，具有中国特色的工伤康复制度框架。此文件的印发标志着工伤康复试点工作在全国启动，并快速推进了试点工作的顺利开展。

2013 年 10 月，在总结前期试点工作经验的基础上，人力资源社会保障部再次印发了《关于进一步做好工伤康复试点工作的指导意见》（人社部发〔2013〕83 号)，进一步确定了做好工伤康复试点工作的基本思路和主要目标。基本思路是按照建立工伤预防、工伤康复、工伤补偿“三位一体”工伤保险制度体系的总要求，以保障工伤职工权益为根本出发点，以健全制度、完善标准、形成机制、规范管理为重点，大胆探索，稳步推进，长短结合，成熟先行，促进工伤康复工作健康发展。主要目标是建立规范的“购买服务，协议管理”的工伤康复管理制度，形成“康复早期介入”和“先康复、后评残”的工作机制，充实和完善工伤康复相关技术规范和标准，构建国家级、区域级工伤康复示范机构与地区级工伤康复服务机构相结合的工伤康复服务体系，2020 年形成以医疗康复为基础，以职业康复为特色，以促进工伤职工回归社会、从事适宜劳动为目的的工伤康复服务模式，初步实现有康复需求和可能的工伤伤残人员人人享有工伤康复服务。

2. 依靠专家智库，制定标准规范

为落实《关于加强工伤康复试点工作的指导意见》精神，加强对工伤康复试点工作的科学指导，2007 年 10 月 20 日，劳动保障部工伤保险司在广东省广州市召开“全国工伤康复专家咨询委员会”成立暨工伤康复标准研讨会。工伤康复专家咨询委员会的职责是根据工作需要，为开展工伤康复工作提供技术支持和决策咨询，参与工伤康复有关标准的审定、工伤康复服务工作机制的规范和工伤康复有关项目的研究与论证等。工伤康复专家咨询委员会通过不定期召开专题会议或其他方式，就工伤康复有关问题征询专家意见。必要时设立专项课题，组织专家实施并提交报告，开展工伤康复学术交流等。咨询专家可就工伤康复实践中发现的问题随时提出意见和建议。全国工伤康复专家咨询委员会的成立为工伤康复工作的规范化、标准化开展提供了保证。事实证明，工伤康复咨询专家在之后的政策完善特别是康复标准的制定中发挥了重要作用。

2008 年 3 月，在总结部分地区经验的基础上，经全国工伤康复专家咨询委员会论证通过，劳动保障部制定并颁布《工伤康复诊疗规范（试行)》和《工伤康复服务项目（试行)》。《工伤康复诊疗规范（试行)》中选择了颅脑损伤、脑卒中、持续性植物状态、脊柱脊髓损伤、周围神经损伤、骨折、截肢、手外伤、关节及软组织损伤、烧伤 10 个工伤常见病种，从康复住院标准、康复住院时限、临床检查规范、临床治疗规范、医疗康复规范、职业社会康复规范、康复出院标准 7 个方面进行了规范。《工伤康复服务项目（试行)》共收录 224 项，分为医疗康复服务和职业社会康复服务两大类。医疗康复服务包括康复评定、康复治疗、康复护理 3 类，共 188 项；职业社会康复服务包括评估、治疗训练 2 类，共 36 项。《工伤康复服务项目（试行)》基本涵盖了开展工伤康复服务所必需的各种功能评价、治疗训练和咨询、培训项目。

《工伤康复诊疗规范（试行）》和《工伤康复服务项目（试行）》是工伤职工依法享受工伤康复待遇的依据，是工伤康复协议试点机构开展工伤康复服务项目的指南和规程，也是劳动保障行政部门和经办机构进行工伤康复服务项目监督管理的重要依据。

2008 年 3 月 31 日，全国工伤康复试点工作会议在广东省广州市召开。会议的主要任务是贯彻 2008 年全国工伤保险工作座谈会精神，按照《工伤保险条例》和《关于加强工伤康复试点工作的指导意见》的要求，进一步统一思想，交流经验，学习研讨《工伤康复诊疗规范（试行）》和《工伤康复服务项目（试行）》两个标准，部署下一步工伤康复试点工作。此次会议的召开，标志着我国工伤康复试点工作进入了实质性启动阶段。

2013 年 4 月，人力资源社会保障部在 2008 年制定的《工伤康复诊疗规范（试行）》和《工伤康复服务项目（试行）》的基础上，结合国家发改委、卫生部、国家中医药管理局颁布的《全国医疗服务价格项目规范（2012 年版）》，组织专家对两个康复试行标准进行了修订，并更名为《工伤康复服务项目（试行）》和《工伤康复服务规范（试行）》。

2014 年 12 月，为加强和规范职业康复，人力资源社会保障部在借鉴部分国家和地区经验以及总结广东省、上海市等地工作探索的基础上，研究制定了《工伤保险职业康复操作规范（试行）》（人社部发〔2014〕88 号）。《工伤保险职业康复操作规范（试行）》包括职业康复的常用术语、开展职业康复的服务机构基本要求、服务程序指引、服务项目操作规范和文档管理。其中，服务项目操作规范围绕列入《工伤康复服务项目（试行）》中 46 项职业社会康复服务项目，具体描述和说明了各项目的内涵和目的、设备和用具、操作方法等内容。《工伤保险职业康复操作规范（试行）》的制定在我国属于首创，为工伤保险管理机构和工伤康复协议机构开展职业康复管理和服务工作提供了重要依据。

3. 通过购买服务，实施协议管理

工伤康复协议机构是开展工伤康复工作的载体。我国工伤康复工作确立了利用现有资源，通过购买服务，实施协议管理的方针。2007 年，劳动保障部在《关于加强工伤康复试点工作的指导意见》中明确了工伤康复协议机构的基本条件，要求各地在确定康复试点机构时参照执行。2008 年 6 月，人力资源社会保障部印发了《关于开展工伤康复试点机构评估工作的通知》，进一步完善了《工伤康复试点机构准入条件》，制定了评估标准，重点对试点机构的康复科室设置情况、人员配备情况、设备与器材情况、康复诊疗项目和业务管理情况等内容进行评估。这次评估采取各省、自治区、直辖市社会保障行政部门组织地方自评与人力资源社会保障部组织抽查评估相结合的方式。同年 9 月，人力资源社会保障部组织了对 10 个省市工伤康复试点机构的抽查评估工作。按照严格标准、实事求是、稳步推进、宁缺毋滥的原则，在全国确定了第一批共 23 家工伤康复试点机构并予以公布。

2009 年 4 月，按照人力资源社会保障部与广东省人民政府签署的《共同推进珠江三角洲地区改革发展规划纲要实施加快推进广东省人力资源社会保障事业科学发展备忘录》的要求，人力资源社会保障部办公厅印发了《关于授予广东省工伤康复中心“全国工伤康复综合基地”牌匾的函》，明确“以广东省工伤康复中心为依托，部省共建国家工伤康复基地，并授予‘全国工伤康复综合基地’的牌匾”。按照“面向全国、辐射周边、国内领先、国际一流”的要求，建设成为集国家医疗康复和职业康复基地、康复人才培养基地、康复科研基地和工伤康复国际交流合作基地于一体，具有国际先进水平的大型综合性国家级工伤康复示范中心，积极探索工伤康复制度模式、技术规范和相关标准，探索工伤康复专门人才培养方向，加强科学研究和国际交流，为建立具有中国特色的工伤康复制度做出贡献。

2010 年 8 月，人力资源社会保障部又组织开展了第二批工伤康复试点机构评估工作，并于 11 月确定并公布第二批 12 家评估合格的工伤康复试点机构。通过对工伤康复试点机构的评估，各地工伤康复试点机构在制度的健全完善、技术的规范提高、人才的培养引进、设备购置更新以及环境改造等方面有了较大的提升，取得了明显的成效。

2012 年 6 月 14 日，国务院批转了《社会保障“十二五”规划纲要》（国发〔2012〕17 号），提出了“充分利用现有医疗和康复资源，以国家级和区域性工伤康复平台为示范引导，以地区级康复平台为基础，以购买服务为主要方式，以促进工伤职工职业康复为主要目标，研究逐步构建功能完备、分布合理的工伤康复新格局。国家级工伤康复示范平台要依托现有资源，按照面向全国、辐射周边的要求，建设成为集医疗康复、职业康复、人才培训、康复科研及假肢矫形器装配于一体的具有国际先进水平的大型综合性国家级工伤康复示范平台。区域性工伤康复示范平台依托所在省份现有资源进行建设，主要建设成立足所在省份，辐射区域内其他省份，并通过区域性工伤康复平台的示范作用，带动区域内其他省区市地区级康复平台发展的以职业康复为核心的综合性工伤康复示范平台。地区级康复平台立足本地，利用现有资源开展系统规范的工伤康复工作。不同层次的工伤康复平台协同推进，共同促进全国以职业康复为核心的工伤康复体系建设”的要求。

2015 年 7 月，人力资源社会保障部启动了区域性工伤康复示范平台的评估遴选工作。按照康复机构自愿申报、地方人力资源社会保障部门初评推荐，人力资源社会保障部组织专家评估的方式，本着严格标准、审慎稳妥、分步实施、宁缺毋滥的原则，遴选确定了第一批 4 家区域性工伤康复示范平台，分别是首都医科大学附属北京康复医院、上海市养志康复医院（上海市阳光康复中心）、广东省工伤康复医院（广东省工伤康复中心）、重庆西南医院。示范平台的主要功能定位：一是示范指导，即按照工伤保险管理部门要求，为区域内工伤职工特别是疑难重症职工提供全面的康复服务，示范、指导和带动区域内工伤康复协议机构规范康复服务，提升区域内工伤康复服务水平。二是技术探索，即研究开发工伤康复特别是职业康复和本区域重点工伤病种的康复技术、标准。配合工伤保险管理部门，探索工伤康复服务机制和工作模式。三是业务支持，即协助工伤保险管理部门开展工伤康复质量控制和费用控制工作，为工伤保险管理部门加强管理提供业务支持和技术咨询，推进工伤康复规范化发展。近年来，各示范平台在各级工伤保险管理部门的指导下，较好地发挥了作用，为工伤康复工作的规范化开展提供了保障。

二、工伤康复工作取得的主要成效

（一）完善政策法规，探索工伤康复工作机制

按照原劳动保障部和人力资源社会保障部两次印发的关于加强工伤康复试点工作的指导意见要求，工伤康复试点工作开展以来，大部分省、自治区和直辖市陆续出台了一系列工伤康复管理规范性文件，对工伤康复试点工作的运行管理、工伤职工接受康复的程序、工伤康复协议机构的监督管理、康复费用的结算等作出了规定。各地在

工作中边探索、边试点、边总结、边完善，逐步建立了工伤康复机构准入考核制度、协议服务管理制度、工伤康复早期介入制度、康复效果评估制度、康复费用结算管理制度等，有力保证了工伤康复试点工作的规范化开展。

在建立“先康复、后评残”的工作机制上，各地也进行了积极的探索。例如，在康复对象的选择上，许多地区采取了在工伤认定环节筛选具有康复价值的工伤职工进行康复，使工伤职工在医疗救治的过程中进行工伤康复的较早期介入。有些地区则采取“双通道”管理办法，一方面，工伤认定机构在职工申请工伤认定时，筛选出具有康复价值的工伤职工；另一方面，在劳动能力鉴定过程中，对专家检查认定具有康复价值的工伤职工暂缓定级，提出康复建议。“双通道”管理办法是利用工伤保险工作程序介入工伤康复工作的有效尝试，既保证不遗漏具有康复价值的工伤职工，又实现了工伤康复较早期介入，为实现先治疗康复、后鉴定补偿打下了很好的基础。

（二）制定技术标准，规范工伤康复服务行为

按照《工伤康复服务项目（试行）》《工伤康复服务规范（试行）》和《工伤保险职业康复操作规范（试行）》以及《工伤保险辅助器具配置目录》等标准的要求，各地结合本地实际，对国家标准进行了细化和完善，将工伤保险有关规定融入管理规范中。许多地区针对部分康复项目没有收费标准的问题，积极与物价管理部门协商，在认真核算成本的基础上，制定出康复项目的支付或结算标准。有些地区还实行了康复服务项目备案制，以服务项目确定支出范围。例如，山东省青岛市把康复服务项目分为不同类别，规定了各类项目的软、硬件准入标准。康复机构可根据自身所具备的条件，向青岛市工伤保险经办机构申请所能承担的服务项目，经备案同意后，纳入工伤保险基金支出范围。这种实事求是、量力而行的做法，既细化了管理内容，规范了康复机构的康复行为，又有效地保证了工伤康复费用的合理支出。

（三）利用现有资源，搭建工伤康复服务平台

选择符合条件的康复试点机构，是开展工伤康复试点工作的基础。在工作中，各地根据人力资源社会保障部提出的试点机构准入条件，本着严格标准、实事求是、稳步推进、宁缺毋滥的原则，采取了利用现有医疗和康复资源确定工伤康复试点机构的

办法。截至 2018 年，全国已确定全国工伤康复综合基地 1 个，区域性工伤康复示范平台 4 个，各地共确定工伤康复协议机构 323 家，见表 3-4-1。在这些工伤康复机构中，除广东省、河南省各有 1 家隶属于当地人力资源社会保障部门，哈尔滨市有 1 家与卫生部门合作管理外，其余均为在现有社会资源基础上，通过协议管理的方式为工伤职工提供康复服务。各地政府和有关领导对工伤康复平台建设非常重视。广东省、新疆维吾尔自治区有关省区级领导和多地人力资源社会保障部门主要负责人出席工伤康复试点机构挂牌仪式，四川省成都市、江苏省苏州市等还将工伤康复工作分别列为当地政府十大民生工程“惠民工程”“健民工程”之一，江苏省将工伤康复工作列为政府 23 个示范项目之一。

表 3-4-1　　2018 年各地工伤康复协议机构情况

序号	省份	康复机构数量	序号	省份	康复机构数量	序号	省份	康复机构数量
1	北京	6	11	浙江	22	21	海南	2
2	天津	14	12	安徽	18	22	重庆	14
3	河北	11	13	福建	14	23	四川	3
4	山西	8	14	江西	5	24	贵州	1
5	内蒙古	2	15	山东	11	25	云南	10
6	辽宁	29	16	河南	30	26	陕西	5
7	吉林	1	17	湖北	23	27	甘肃	1
8	黑龙江	1	18	湖南	1	28	青海	4
9	上海	7	19	广东	30	29	宁夏	11
10	江苏	33	20	广西	2	30	新疆	4

（四）采取多项措施，加强工伤康复工作管理

一是各地均成立了工伤康复专家咨询委员会，负责对工伤康复制度标准建设和康复效果评估评价体系建设进行业务指导，对工伤职工的康复价值进行评定，同时协助工伤康复管理部门对工伤康复试点机构的工作定期进行检查指导。二是工伤保险管理部门实行对康复效果进行跟踪考核。许多地区建立了工伤康复效果的初次、中期、末期评价制度，结合不同伤残特点分别制定了康复项目的入院评估、出院评价表。工伤康复试点机构在收治康复对象时必须进行入院康复评估，在进行康复治疗过程中进行康复效果进程评估，对效果良好的康复治疗继续推进，对效果不良的治疗及时加以改

进；对康复期限将满、拟出院的康复对象，由工伤康复试点机构进行康复效果自评后，提交工伤康复专家咨询委员会或劳动能力鉴定委员会进行最终的康复效果评价。三是规范康复费用支付管理。目前，多数地区规定，工伤职工在工伤康复试点机构进行康复的费用，先由工伤康复试点机构垫付，然后由工伤保险经办机构定期予以拨付。例如，北京市、陕西省等许多省市每月按工伤康复试点机构申报结算工伤康复费用总额的 90%拨付给工伤康复试点机构，剩余的 10%作为年度考核工伤康复试点机构的工伤康复服务保证金，年度考核合格的，予以支付。苏州市规定：工伤康复试点机构收治不具备条件的职工而产生的康复费用由工伤康复试点机构自行负担；对康复治疗后经康复效果评价量表评估未达到预期效果的，扣减费用；对于需延长康复期达到预期效果的，要打折付费。同时规定工伤职工康复期满出院前，由劳动能力鉴定委员会组织 3 名以上医疗专家对其进行康复效果评价与劳动能力鉴定；康复评价结论数据通过社会保险信息系统传送至社会保险经办机构，社会保险经办机构对康复有效人员的费用按月实时结付；对康复无效的费用由工伤康复试点机构负担。由于管理逐步规范，在保证康复效果的前提下，工伤康复次均费用逐年降低，如图 3-4-1 所示。

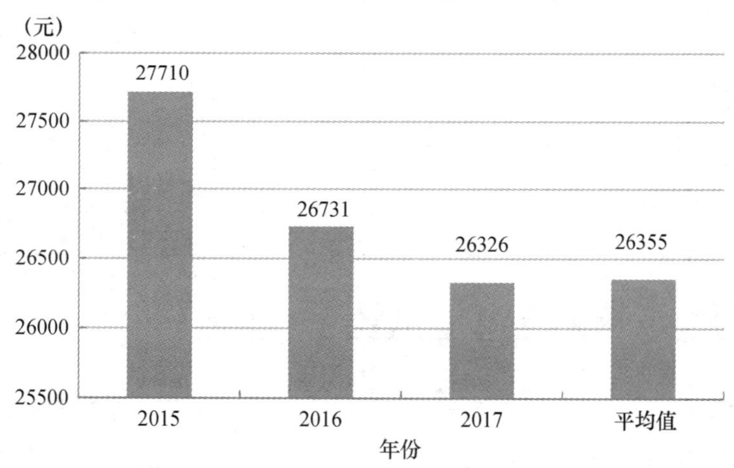

图 3-4-1　2015—2017 年工伤康复次均住院费用

资料来源：工伤保险历年统计数据。

（五）不断总结完善，探索职业康复有效途径

工伤康复试点工作开展以来，各地开展了一些职业康复方面的尝试。广东省、上

海市等省市利用自身的技术优势进行了较深入的探索。例如，广东省工伤康复中心经过多年的努力，使职业康复由建院初期作业治疗的一部分，发展成为一个独立的专业部门，并制定了工伤职业康复规范。目前，广东省工伤康复中心主要实行以工作强化训练、技能再培训、社会心理辅导及工作安置协调为特色的职业康复服务模式，初步形成了较为完整的职业康复服务体系，为探索适合我国国情的工伤职业康复模式积累了一定的经验。通过对工伤职工进行就业调查，经职业康复出院后 3~6 个月的成功就业率为 72.5%~76.3%。

各地因地制宜，积极探索，使工伤康复工作逐步向着“社会保险行政部门主导政策，社会保险经办机构协议管理，社会康复（医疗）机构提供服务，用人单位积极配合”的康复服务模式迈进。大部分工伤康复机构不仅在环境改造、仪器设备等硬件方面进行了较大的投入，同时在人才培养、技术提高、管理规范等软件方面也有了很大的起色，为当地开展康复工作发挥了积极的带动和示范作用。广东省工伤康复中心作为全国工伤康复综合基地，在积极开展工伤康复管理规范和工伤康复技术标准探索的同时，先后派出技术人员，到湖南、四川、江苏、上海、湖北、吉林等地工伤康复机构帮助指导工作，还先后接收各地工伤康复机构前来进修的康复技术人员。通过努力，各地工伤康复机构的康复设施、技术水平和管理能力均有较大提高。

工伤康复工作的开展，也使众多需要康复的工伤职工享受到了有效的康复服务。据统计，2019 年全国享受工伤康复待遇共计 3.7 万人次，有 11 个省份的工伤康复人次在 1 000 人以上，其中广东省、山东省均超过 6 000 人次；职业康复达到 6 188 人次；全国工伤康复支出 6.5 亿元。

三、工伤康复发展面临的主要问题和建议

（一）对工伤康复工作的重视程度还有待提高

经过近几年的努力，我国工伤康复工作取得了一定的成绩，但有些地区对工伤康复的认识和重视程度不够，观念落后，康复工作开展不力，康复人数也在减少。据统计，2019 年全国享受工伤康复待遇同比减少 3 948 人次。由于没有建立工作机制，渠

道不畅，工伤康复试点机构和救治医院没有形成有效对接，工伤职工在医院治疗后，没有引导职工及时进行康复的渠道，导致错过了早期康复的最佳时期，康复效果也受到很大影响。因此，工伤保险管理部门要进一步提高对开展工伤康复工作的认识，明确做好工伤康复工作、推进工伤康复事业发展，是构建工伤预防、工伤康复、工伤补偿“三位一体”工伤保险制度体系和完善社会保障体系的必然要求，也是广大工伤职工的强烈期盼，更是工伤保险领域落实习近平总书记把人民群众最关心、最直接、最现实的利益问题解决好的具体实践。

（二）工伤康复政策标准有待进一步完善

目前，各地工伤康复试点机构开展的康复项目主要以医疗康复为主，职业康复和社会康复发展明显迟缓。尽管国家已经制定了《工伤康复服务规范（试行）》《工伤康复服务项目（试行）》和《工伤保险职业康复操作规范（试行）》等，但还有一些标准缺如，已经颁布的标准在执行中还有待完善。这些都是制约工伤康复工作顺利开展的问题。因此，要围绕建立以医疗康复为基础、职业康复为特色的要求，在国家层面进一步调查研究，组织专家探索制定工伤康复急需的相关标准。同时地方也需结合本地实际，组织专家对国家颁布的工伤康复服务规范、服务项目等进一步细化，不断完善。同时充分利用卫生健康部门已有的诊疗规范和操作指南，规范并完善医疗康复工作。

（三）工伤康复管理有待于进一步规范

工伤康复环节多，情形复杂，康复时间较长，又涉及多部门的协调配合，对管理服务的要求很高。尽管各地在工伤康复管理上进行了积极的探索，也取得了一定的经验和成绩，但由于我国工伤康复工作起步时间不长，政策和管理制度还有待进一步健全，特别是工伤保险就医政策（如工伤保险基金全额支付费用、住院人员给予伙食补助等）的特殊性，给管理工作带来了很大的难度。因此，需要在下一步工作中引起重视，通过完善制度和管理措施逐步予以规范。特别是工伤康复是专业性、技术性都很强的工作，必须配备具有专业技术知识的管理人员，同时要求管理人员不仅有较高的责任心，还要有足够的耐心，不仅要对工伤职工做好宣传解释，还要与医疗康复机构、用人单位等做好协调沟通。

（四）工伤康复示范机构的作用需要进一步发挥

目前，我国大部分地区确定了工伤康复协议机构，但从工作开展情况来看，还存在准入条件掌握不严、康复技术和内部管理良莠不齐的情况。建议各地在确定工伤康复协议机构时既要考虑方便工伤职工，但也不能遍地开花。要建立工伤康复协议机构的定期评估机制，不断提高其技术水平、服务水平和管理水平。要进一步完善发挥国家级、区域性工伤康复示范平台的示范指导、技术探索和业务支持作用，逐步形成不同层次的工伤康复协议机构相互衔接、优势互补的工伤康复服务体系。

四、工伤康复事业的发展趋势

近几年，随着社会、经济、医学与科技的发展，新的康复理论、康复技术不断涌现，康复医学也得到了长足的发展，人们对康复的需求也越来越高。工伤康复的目标是形成以医疗康复为基础，以职业康复为特色，以促进工伤职工回归社会、从事适宜劳动为目的的服务模式，实现有康复需求和可能的工伤伤残职工人人享有工伤康复服务。为了实现这一目标，工伤康复要积极适应工伤保险和康复医学发展的新形势。一是康复服务要更加人性化。要倡导使工伤职工有尊严地生活，从提高工伤职工康复效果出发，改善生存质量，促进回归社会和工作岗位，实施个性化全程康复追踪服务和管理。同时进一步实施康复早期介入，提倡“先康复、后评残”理念。因此，对于工伤职工的医疗康复阶段，要强调与临床治疗的密切衔接，减少人为审批和不必要的管理环节。而对于职业康复，则要从工伤职工实际出发制定个性化方案，因地制宜。探索与各类就业服务机构合作，有效帮助工伤职工康复后重返就业岗位。二是康复预防优先化。我国政府提出的“健康中国”发展战略，重视预防优先，从亚健康状态入手。因此，康复预防将占主导地位，人们不只是进行被动的康复评估与康复医疗，而是将相当的康复医疗资源用于康复预防。未来康复预防体系，将运用医学最新成就，研究人体形态结构与功能调控之间的关系，开发人体功能辅助装置和系统服务装置，从而调动人体的主动康复行为，最大限度地减少职业伤害对人体的不利影响，避免各种职业病的发生。三是康复医疗信息化。随着互联网技术的发展，工伤康复职工从临床到康复的转诊将会全面实现信息化，各个医疗康复机构之间及其与职业培训机构和工伤保险管理机构之间实现信息共享，工伤康复职工可以在不同级别康复医院之间流畅转诊。康复网络建设项目是以现代康复技术为核心，以三级医疗康复机构、二级医疗康复机构、社区服务机构为实体整合的康复医疗资源，目标是通过建立区域内各级医疗康复机构康复数字化诊疗系统，制定统一的康复诊疗数据平台，实现康复信息数字化、共享化，创建区域内患者享受便捷、高质量的远程康复诊疗、转诊、教育等服务的生态圈。四是应用技术的高科技化。在未来康复医学中，人类寿命的延长和生命质量的提高有赖于医学科学和技术整体水平的提高，所以人类对高新技术应用则有更多期盼。人类希望应用最前沿技术对工伤伤残职工提供更多实用的康复手段和解决办法。例如，采用生物反馈技术、生物能量信息技术等，对因职业伤害导致身心功能障碍的工伤职工，充分发挥其自身潜能，促使其适应、恢复以及提高生存质量等。五是康复服务的社区化。要积极探索开展社区康复，因为要想实现有康复需求和可能的工伤伤残职工人人享有工伤康复服务的目标，不是几家大的医院和康复机构就能完成的，必须依靠社区康复医疗机构，通过社区、家庭的密切配合，促进工伤职工重返职业岗位和回归社会。

工伤保险待遇发展报告

工伤保险待遇是在职工受到事故伤害或患职业病后，获得医疗救治和经济补偿的保障，是工伤保险制度创设的主要目的，也是工伤保险制度核心的主体功能。我国在20世纪50年代初颁布的《劳动保险条例》首次规定了给予工伤职工的工伤保险待遇补偿项目和标准。随着经济社会的发展，我国通过制定相关的法规政策，不断修改和完善工伤保险待遇体系。特别是改革开放以来，工伤保险待遇范围不断扩大，工伤保险待遇水平不断提高，初步建立起了工伤保险待遇水平与社会经济发展水平相联系的调整机制，保障了数百万工伤职工及其供养亲属的医疗救治和基本生活，充分发挥了社会保险的保障功能，分散了用人单位的工伤风险，促进了社会和谐稳定。

一、工伤保险待遇的形成与发展

（一）《劳动保险条例》实施至“文化大革命”结束时期的工伤保险待遇情况

中华人民共和国成立伊始，党和政府就十分关心工伤职工和工亡职工遗属的医疗、康复和生活保障问题。1951年2月26日发布的《劳动保险条例》对支付企业职工工伤的医疗、康复费用，保障工伤职工及工亡职工遗属的生活待遇作出明确的规定。这也是我国历史上第一次制定的工伤保险待遇保障制度。

《劳动保险条例》第三章第十二条是因工负伤、残废待遇的规定，第十四条的甲、丙两款是因工死亡待遇的规定。从条款内容上讲，《劳动保险条例》主要对职工因工负伤后的医疗待遇、医疗期间和致残后的生活待遇、致残后的康复和配置辅助器具待遇、因工死亡的丧葬费和遗属抚恤费待遇四项待遇政策作出了规定。

为了全面贯彻落实《劳动保险条例》，1953年1月26日，劳动部又公布了《劳动保险条例实施细则》。《劳动保险条例实施细则》有关工伤保险待遇的规定有 14 条，其中第四章第十一条是有关职工在什么情况下负伤、残废、死亡可以享受工伤保险待遇和工伤确定程序的规定。第十二条是对“残废审查委员会”成员组成的规定，并对其职权作出明确。《劳动保险条例实施细则》对①因工残废部分丧失劳动能力尚能工作的残废补助金标准；②因工负伤必须安装的假腿、假手、镶牙、补眼所需费用的开支；③职工因工死亡或因工残废完全丧失劳动力的情况下，帮助其子女就业和升学问题；④全家有两人或两人以上在实行劳动保险的企业内工作，其共同供养的直系亲属死亡时，丧葬费只能由一人领取，不得重复领取的问题；⑤临时工、季节工及试用人员因工负伤医疗待遇和医疗期间的生活费待遇享受问题；⑥因工负伤医疗终结，确定为残废后完全丧失劳动力而退职的待遇问题；⑦职工因工死亡的丧葬费、供养直系亲属抚恤费的分配问题；⑧因工负伤停止工作医疗期间的工龄计算问题；⑨职工因工死亡后，其遗腹子列为供养直系亲属的问题作出了非常全面、细化的规定。

1.《劳动保险条例》及其实施细则中工伤保险待遇的特点

《劳动保险条例》及其实施细则作为与当时我国计划经济体制相适应的综合性待遇保障行政法规，其工伤保险待遇政策有三个非常显著的特点：一是待遇项目是以保护职工的基本医疗和生活需要为目的制定的；二是待遇保障水平是根据当时我国的经济发展条件和人民生活基本需要确定的，是符合实际情况和比较公平、合理的；三是在公有制经济占绝对优势和低工资高就业的背景条件下实行的工亡职工子女补员招工政策，体现了当时时代背景下的福利制度特点。

2.《劳动保险条例》及其实施细则中工伤保险待遇的具体项目

（1）工伤医疗待遇。治疗工伤（含职业病）所需的挂号费、诊疗费、药费、住院费和就医路费均由企业负担；住院伙食费由本人与单位按 1∶2 分摊；经批准转院或去外地治疗，工伤医疗和就医路费由单位支付。

（2）医疗期间生活待遇。职工因工伤停工治疗期间，原工资照发到医疗终结。职工被诊断为二、三期矽肺，脱产休养一年内工资照发，第二年改为标准工资的 90%；职工被诊断为一期矽肺的，可自愿去疗养，发 60% 的标准工资。患职业病边工作边治疗的，原工资照发；未确诊为职业病，但医疗部门要求继续检查或住院观察的，原工资照发。

（3）伤残待遇。职工因工伤致残，按照伤残等级享受伤残待遇。完全丧失劳动能力的办理退休，标准为其标准工资的80%或90%，饮食起居需人扶助的，发一定的护理费；对部分丧失劳动能力的，由原单位安排相应的工作，原标准工资不降低；因调动工种或岗位而降低工资的，发给因工残废补助费。

（4）职工康复待遇。因工伤致残，需安装假肢、假腿、镶牙和配置代步轮椅等康复器具的费用，由职工所在单位承担；因工伤丧失部分劳动能力的职工，应由单位安排相应工作；对于合同制职工及私营企业职工，患有职业病或经劳动鉴定为工伤者，企业不得解除劳动合同。

（5）因工死亡待遇。丧葬费：企业发给本企业三个月的平均工资；国家机关、事业单位由地方规定标准发给。供养直系亲属抚恤费，企业一般按月发给所供养直系亲属抚恤费，标准为：供养1人的，发给死亡职工生前标准工资的25%；供养2人的，为40%；供养3人的，为50%。抚恤费发到失去供养条件为止，如未成年人一般到18岁，如仍有困难者，可给予适当的补助。对国家机关、事业单位的工作人员，一般是发给供养直系亲属相当于因工死亡者生前20个月工资的一次性抚恤费，并给予生活困难补助费。学徒工没有供养直系亲属的，可发给一次性抚恤费。

《劳动保险条例》及其实施细则实施时期，原劳动部等相关部委还采用一事一文、以部门发文答复请示的形式，陆续对工伤保险待遇作出一系列的政策规定。这些规定，形成了以《劳动保险条例》及其实施细则为核心，以部门配套文件为补充的体系完整的工伤保险待遇制度。

（二）改革开放后探索试点至《企业职工工伤保险试行办法》时期的工伤保险待遇情况

改革开放以后，我国由计划经济体制向市场经济体制转变，《劳动保险条例》建立的由各单位自行实施工伤保险待遇政策、自行管理负担费用的制度弊端明显，无法适应经济快速发展的需要。20世纪80年代末90年代初，劳动部在劳动、工资和社会保险三大制度改革和总体思路研究过程中，逐步明确了工伤保险制度改革的指导思想，确立了“工伤保险与工伤预防、工伤康复”三者有机结合的基本原则和发展目标。1990年1月广东省东莞市率先开展企业职工工伤保险制度改革，同年4月、7月和11

月，深圳市和福建省的将乐县、霞浦县也分别出台办法，开展工伤保险试点。之后的几年，开展工伤保险试点的城市在全国各省迅速推开，其中广东省、福建省和广西壮族自治区分别是由省级政府发文实施的，海南省是通过人大立法颁布条例实施工伤保险制度。至 1995 年 12 月底，全国已有 1 103 个市县的 2 617 万人参加工伤保险，7.5 万名工伤职工享受工伤保险待遇。

劳动部于 1996 年 8 月采取部颁规章的形式，下发《企业职工工伤保险试行办法》，其中第四章为工伤保险待遇。《企业职工工伤保险试行办法》规定，自 1996 年 10 月 1 日起，中华人民共和国境内的企业及其职工必须遵照该办法规定实施工伤保险制度。《企业职工工伤保险试行办法》的待遇规定既保证了《劳动保险条例》基本政策的连续性，又根据经济体制改革和发展需要，增加了一次性补偿金，并对一些项目进行了调整。《企业职工工伤保险试行办法》规定的待遇项目如下：职工工伤的医疗待遇、职工工伤医疗期限及津贴待遇、护理费待遇、配置伤残辅助器具待遇、一级至十级伤残待遇、工亡待遇、抚恤金待遇调整和一次性待遇，交通事故、职工因工外出失踪、出国出境人员工伤保险待遇，享受抚恤金人员境外定居相关待遇，享受工伤保险待遇人员劳动教养和服刑期间待遇等 14 项内容，见表 3-5-1。

表 3-5-1　　《企业职工工伤保险试行办法》工伤保险待遇一览表

<table>
<tr><th colspan="3">待遇项目</th><th>伤残抚恤金</th><th>一次性伤残补助金</th><th>异地安家补助费</th></tr>
<tr><td rowspan="11">伤残待遇</td><td rowspan="4">完全致残</td><td>一级</td><td>本人工资的 90%</td><td>24 个月的本人工资</td><td rowspan="4">按省、自治区、直辖市上年度职工平均工资 6 个月的标准计发</td></tr>
<tr><td>二级</td><td>本人工资的 85%</td><td>22 个月的本人工资</td></tr>
<tr><td>三级</td><td>本人工资的 80%</td><td>20 个月的本人工资</td></tr>
<tr><td>四级</td><td>本人工资的 75%</td><td>18 个月的本人工资</td></tr>
<tr><td rowspan="2">大部分致残</td><td>五级</td><td></td><td>16 个月的本人工资</td><td rowspan="6"></td></tr>
<tr><td>六级</td><td></td><td>14 个月的本人工资</td></tr>
<tr><td rowspan="4">部分致残</td><td>七级</td><td></td><td>12 个月的本人工资</td></tr>
<tr><td>八级</td><td></td><td>10 个月的本人工资</td></tr>
<tr><td>九级</td><td></td><td>8 个月的本人工资</td></tr>
<tr><td>十级</td><td></td><td>6 个月的本人工资</td></tr>
<tr><td colspan="2">护理费</td><td colspan="3">工伤职工经评残并确认需要护理的，按月发给护理费。工伤护理费按上年度当地职工月平均工资的 50%（完全护理依赖）、40%（大部分护理依赖）、30%（部分护理依赖）计发</td></tr>
</table>

续表

<table>
<tr><th colspan="2">待遇项目</th><th>伤残抚恤金</th><th>一次性伤残补助金</th><th>异地安家补助费</th></tr>
<tr><td rowspan="3">死亡待遇</td><td>丧葬补助金</td><td colspan="3">按省、自治区、直辖市上年度职工平均工资 6 个月的标准计发</td></tr>
<tr><td>一次性工亡补助金</td><td colspan="3">按省、自治区、直辖市上年度职工平均工资 48~60 个月的金额发给（一级至四级伤残职工享受伤残抚恤金期间死亡的，按 50%计发）</td></tr>
<tr><td>供养亲属抚恤金</td><td colspan="3">以本省上年度职工月平均工资为基数计发，配偶为 40%，其他供养亲属为 30%，孤寡老人或孤儿的每人每月在上述标准的基础上提高 10%</td></tr>
<tr><td rowspan="3">医疗待遇</td><td>工伤津贴</td><td colspan="3">本人受伤前 12 个月内平均月工资收入</td></tr>
<tr><td>住院伙食补助</td><td colspan="3">按当地因公出差伙食补助标准的 2/3 计发</td></tr>
<tr><td>医疗费用</td><td colspan="3">挂号费、住院费、医疗费、药费、就医路费全额报销；康复器具，按普及型标准给付；医疗期一般为 1~24 个月</td></tr>
</table>

自此，我国企业职工的工伤保险制度建设迈上一个新的台阶，工伤保险待遇也进入制度性的全面落实时期。《企业职工工伤保险试行办法》的颁布和实施，标志着我国探索建立符合社会保险通行原则的工伤保险待遇保障制度进入新阶段。全国各省以市县为统筹单位的工伤保险制度改革发展迅速，到 2003 年年底，全国除个别省市外，已全部开展工伤保险市县统筹，4 575 万人参加工伤保险，30 多万名工伤职工享受工伤保险待遇。

《企业职工工伤保险试行办法》的实施，一是改变了《劳动保险条例》“全民企业执行、集体企业参照执行”的旧格局，将工伤保险待遇享受的人群范围扩大到所有的企业职工，并将工伤保险待遇由企业保险过渡到社会保险，工伤保险待遇所需费用由企业支付改由工伤保险基金支付；二是规范了工伤保险待遇的标准，增加了一次性补偿金和工伤康复的待遇项目，并建立全国统一的伤残标准体系制度，伤残等级能够及时评定，大幅度提高了工伤职工的保障水平；三是改变了工伤保险待遇争议一个时期以来的无序状况，许多工伤纠纷都能按照法定程序妥善解决。

（三）《工伤保险条例》实施后的工伤待遇情况

2003 年 4 月 27 日，国务院公布了《工伤保险条例》，标志着我国工伤保险事业已经进入了法制化的发展轨道。《工伤保险条例》总体上看保留了《企业职工工伤保险试行办法》规定的待遇体系架构及保障水平，体现了所需费用由统筹基金负担为主、用人单位负担为辅，或用人单位适当负担的原则精神。

《工伤保险条例》规定的待遇项目主要如下：

（1）工伤医疗期间待遇，包括停工留薪期待遇、工伤医疗待遇、住院伙食补助金、异地就医的交通和食宿费等。

（2）因工伤残待遇，包括一次性伤残补助金、伤残津贴、生活护理费、配置辅助器具待遇、一次性工伤医疗补助金和一次性伤残就业补助金待遇等。

（3）因工死亡待遇，包括丧葬补助金、供养亲属抚恤金、一次性工亡补助金 3 项，见表 3-5-2。

表 3-5-2　《工伤保险条例》工伤保险待遇一览表

<table>
<tr><th colspan="2">待遇项目</th><th>按月支付伤残津贴</th><th>一次性伤残补助金</th><th>备注待遇</th></tr>
<tr><td rowspan="10">因工伤残待遇</td><td>一级</td><td>本人工资的 90%</td><td>24 个月的本人工资</td><td rowspan="4">①伤残津贴实际金额低于当地最低工资标准的，由工伤保险基金补足差额
②工伤职工达到退休年龄并办理退休手续后，停发伤残津贴，享受基本养老保险待遇。基本养老保险待遇低于伤残津贴的，由工伤保险基金补足差额。职工因工致残被鉴定为一级至四级伤残的，由用人单位和职工个人以伤残津贴为基数，缴纳基本医疗保险费</td></tr>
<tr><td>二级</td><td>本人工资的 85%</td><td>22 个月的本人工资</td></tr>
<tr><td>三级</td><td>本人工资的 80%</td><td>20 个月的本人工资</td></tr>
<tr><td>四级</td><td>本人工资的 75%</td><td>18 个月的本人工资</td></tr>
<tr><td>五级</td><td>本人工资的 70%</td><td>16 个月的本人工资</td><td rowspan="2">①保留与用人单位的劳动关系，由用人单位安排适当工作。难以安排工作的，由用人单位按月发给伤残津贴，并由用人单位按照规定为其缴纳应缴纳的各项社会保险费。经工伤职工本人提出，该职工可以与用人单位解除或者终止劳动关系，由用人单位支付一次性工伤医疗补助金和伤残就业补助金。具体标准由省、自治区、直辖市人民政府规定
②伤残津贴实际金额低于当地最低工资标准的，由工伤保险基金补足差额</td></tr>
<tr><td>六级</td><td>本人工资的 60%</td><td>14 个月的本人工资</td></tr>
<tr><td>七级</td><td></td><td>12 个月的本人工资</td><td rowspan="4">劳动合同期满终止，或者职工本人提出解除劳动合同的，由用人单位支付一次性工伤医疗补助金和伤残就业补助金。具体标准由省、自治区、直辖市人民政府规定</td></tr>
<tr><td>八级</td><td></td><td>10 个月的本人工资</td></tr>
<tr><td>九级</td><td></td><td>8 个月的本人工资</td></tr>
<tr><td>十级</td><td></td><td>6 个月的本人工资</td></tr>
<tr><td colspan="2">生活护理费</td><td colspan="3">生活护理费按照生活完全不能自理、生活大部分不能自理或者生活部分不能自理 3 个不同等级支付，其标准分别为统筹地区上年度职工月平均工资的 50%、40%或者 30%</td></tr>
</table>

续表

<table>
<tr><th colspan="2">待遇项目</th><th>按月支付伤残津贴</th><th>一次性伤残补助金</th><th>备注待遇</th></tr>
<tr><td rowspan="3">因工死亡待遇</td><td>丧葬补助金</td><td colspan="3">丧葬补助金为6个月的统筹地区上年度职工月平均工资</td></tr>
<tr><td>一次性工亡补助金</td><td colspan="3">一次性工亡补助金标准为48~60个月的统筹地区上年度职工月平均工资。具体标准由统筹地区的人民政府根据当地经济、社会发展状况规定，报省、自治区、直辖市人民政府备案</td></tr>
<tr><td>供养亲属抚恤金</td><td colspan="3">供养亲属抚恤金按照职工本人工资的一定比例发给由因工死亡职工生前提供主要生活来源、无劳动能力的亲属。标准为：配偶每月40%，其他亲属每人每月30%，孤寡老人或者孤儿每人每月在上述标准的基础上增加10%。核定的各供养亲属的抚恤金之和不应高于因工死亡职工生前的工资。供养亲属的具体范围由国务院劳动保障行政部门规定</td></tr>
<tr><td rowspan="3">工伤医疗待遇</td><td>急救待遇</td><td colspan="3">职工治疗工伤应当在签订服务协议的医疗机构就医，情况紧急时可以先到就近的医疗机构急救</td></tr>
<tr><td>医疗待遇</td><td colspan="3">治疗工伤所需费用符合工伤保险诊疗项目目录、工伤保险药品目录、工伤保险住院服务标准的，从工伤保险基金支付。工伤保险诊疗项目目录、工伤保险药品目录、工伤保险住院服务标准，由国务院劳动保障行政部门会同国务院卫生行政部门、药品监督管理部门等部门规定</td></tr>
<tr><td>住院伙食补助及交通、食宿费用</td><td colspan="3">职工住院治疗工伤的，由所在单位按照本单位因公出差伙食补助标准的70%发给住院伙食补助费；经医疗机构出具证明，报经办机构同意，工伤职工到统筹地区以外就医的，所需交通、食宿费用由所在单位按照本单位职工因公出差标准报销</td></tr>
<tr><td colspan="2">停工留薪期待遇</td><td colspan="3">职工因工作遭受事故伤害或者患职业病需要暂停工作接受工伤医疗的，在停工留薪期内，原工资福利待遇不变，由所在单位按月支付
停工留薪期一般不超过12个月。伤情严重或者情况特殊，经设区的市级劳动能力鉴定委员会确认，可以适当延长，但延长不得超过12个月。工伤职工评定伤残等级后，停发原待遇，按照有关规定享受伤残待遇。工伤职工在停工留薪期满后仍需治疗的，继续享受工伤医疗待遇
生活不能自理的工伤职工在停工留薪期需要护理的，由所在单位负责</td></tr>
<tr><td colspan="2">配置辅助器具费用</td><td colspan="3">工伤职工因日常生活或者就业需要，经劳动能力鉴定委员会确认，可以安装假肢、矫形器、假眼、假牙和配置轮椅等辅助器具，所需费用按照国家规定的标准从工伤保险基金支付</td></tr>
<tr><td colspan="2">旧伤复发待遇</td><td colspan="3">工伤职工工伤复发，确认需要治疗的，享受《工伤保险条例》第二十九条、第三十条和第三十一条规定的工伤待遇</td></tr>
<tr><td colspan="2">定期待遇调整</td><td colspan="3">伤残津贴、供养亲属抚恤金、生活护理费由统筹地区劳动保障行政部门根据职工平均工资和生活费用变化等情况适时调整。调整办法由省、自治区、直辖市人民政府规定</td></tr>
<tr><td colspan="2">失踪待遇</td><td colspan="3">职工因工外出期间发生事故或者在抢险救灾中下落不明的，从事故发生当月起3个月内照发工资，从第4个月起停发工资，由工伤保险基金向其供养亲属按月支付供养亲属抚恤金。生活有困难的，可以预支一次性工亡补助金的50%。职工被人民法院宣告死亡的，按照《工伤保险条例》第三十七条职工因工死亡的规定处理</td></tr>
</table>

续表

待遇项目	按月支付伤残津贴	一次性伤残补助金	备注待遇
停止支付待遇条件	工伤职工有下列情形之一的，停止享受工伤保险待遇：①丧失享受待遇条件的；②拒不接受劳动能力鉴定的；③拒绝治疗的；④被判刑正在收监执行的		
单位分立合并转让	用人单位分立、合并、转让的，承继单位应当承担原用人单位的工伤保险责任；原用人单位已经参加工伤保险的，承继单位应当到当地经办机构办理工伤保险变更登记 用人单位实行承包经营的，工伤保险责任由职工劳动关系所在单位承担 职工被借调期间受到工伤事故伤害的，由原用人单位承担工伤保险责任，但原用人单位与借调单位可以约定补偿办法 企业破产的，在破产清算时优先拨付依法应由单位支付的工伤保险待遇费用		
职工外派工作	职工被派遣出境工作，依据前往国家或者地区的法律应当参加当地工伤保险的，参加当地工伤保险，其国内工伤保险关系中止；不能参加当地工伤保险的，其国内工伤保险关系不中止		
再次工伤待遇	职工再次发生工伤，根据规定应当享受伤残津贴的，按照新认定的伤残等级享受伤残津贴待遇		

（四）《工伤保险条例》修订后待遇规定的变化

2010 年 10 月 28 日，全国人大常委会审议通过了《社会保险法》，其中第四章第 38 条至 43 条，对工伤保险待遇的项目、支出渠道、先行支付工伤保险待遇、第三人造成的工伤医疗费用及停止享受工伤保险待遇的情形作出了明确的规定，为工伤保险制度奠定了法律基础。

2010 年 12 月 20 日，为了适应社会经济发展的需要，进一步完善工伤保险制度，国务院公布了《关于修改〈工伤保险条例〉的决定》，该决定共 24 条，其中涉及工伤保险待遇的内容如下：

一是大幅度提高了工伤保险待遇。一次性工亡补助金标准从原来的 48~60 个月的统筹地区上年度职工月平均工资，提高到按上年度全国城镇居民人均可支配收入的 20 倍发放；同时，对伤残职工的一次性伤残补助金作了调整，将一级至四级、五级至六级和七级至十级伤残职工的一次性伤残补助金标准分别上调、增加了 3 个月、2 个月和 1 个月的本人工资。

二是增加了工伤保险基金支出项目。将原由用人单位支付的工伤职工“住院伙食补助费”“统筹地区以外就医的交通、食宿费”以及“终止或解除劳动关系时的一次性医疗补助金”，改由工伤保险基金统一支付。遵从《社会保险法》的规定，删去了原条例中“被判刑正在收监执行的停止支付待遇”的规定。

三是加大了强制力度。新修订的《工伤保险条例》增加了行政复议和行政诉讼期间不停止支付工伤职工治疗工伤的医疗费用的规定，使工伤职工能够得到及时救治，也可以从制度上遏制部分用人单位恶意诉讼；增加了对不参加工伤保险和拒不协助工伤认定调查核实的用人单位的行政处罚规定，提高了工伤保险的强制性，见表 3-5-3。

表 3-5-3 《社会保险法》及《工伤保险条例》规定的工伤保险基金支付待遇项目及标准表

<table>
<tr><th>待遇类别</th><th>项目</th><th colspan="5">计发标准</th></tr>
<tr><td rowspan="5">医疗和康复待遇</td><td>医疗费用</td><td colspan="5" rowspan="2">按规定标准支付</td></tr>
<tr><td>康复费用</td></tr>
<tr><td>住院伙食补助费</td><td colspan="5" rowspan="3">由企业支付改为由基金支付</td></tr>
<tr><td>统筹地区外就医的交通、食宿费</td></tr>
<tr><td>一次性医疗补助金</td></tr>
<tr><td rowspan="13">伤残待遇</td><td rowspan="5">一次性伤残补助金</td><td rowspan="5">本人工资</td><td>一级</td><td>27 个月</td><td>六级</td><td>16 个月</td></tr>
<tr><td>二级</td><td>25 个月</td><td>七级</td><td>15 个月</td></tr>
<tr><td>三级</td><td>23 个月</td><td>八级</td><td>11 个月</td></tr>
<tr><td>四级</td><td>21 个月</td><td>九级</td><td>9 个月</td></tr>
<tr><td>五级</td><td>18 个月</td><td>十级</td><td>7 个月</td></tr>
<tr><td rowspan="4">伤残津贴</td><td rowspan="4">本人工资</td><td colspan="2">一级</td><td colspan="2">90%</td></tr>
<tr><td colspan="2">二级</td><td colspan="2">85%</td></tr>
<tr><td colspan="2">三级</td><td colspan="2">80%</td></tr>
<tr><td colspan="2">四级</td><td colspan="2">75%</td></tr>
<tr><td rowspan="3">生活护理费</td><td rowspan="3">统筹地区上年度职工月平均工资</td><td colspan="2">生活完全不能自理</td><td colspan="2">50%</td></tr>
<tr><td colspan="2">生活大部分不能自理</td><td colspan="2">40%</td></tr>
<tr><td colspan="2">生活部分不能自理</td><td colspan="2">30%</td></tr>
<tr><td>辅助器具配置费</td><td colspan="5">按规定项目、标准支付</td></tr>
<tr><td rowspan="4">工亡待遇</td><td>一次性工亡补助金</td><td>上年度全国城镇居民人均可支配收入</td><td colspan="4">20 倍</td></tr>
<tr><td>丧葬补助金</td><td>统筹地区上年度职工月平均工资</td><td colspan="4">6 个月</td></tr>
<tr><td rowspan="2">供养亲属抚恤金</td><td rowspan="2">本人工资</td><td>配偶</td><td>40%</td><td colspan="2" rowspan="2">孤寡老人或孤儿每人每月在上述标准基础上加 10%</td></tr>
<tr><td>其他亲属</td><td>30%</td></tr>
</table>

2010 年《社会保险法》出台和《工伤保险条例》修订后，人力资源社会保障部密集出台了配套规章和政策，一是公布了《实施〈中华人民共和国社会保险法〉若干规定》，明确规定职工（包括非全日制从业人员）在两个或者两个以上用人单位同时就业的，各用人单位应当分别为职工缴纳工伤保险费。职工发生工伤，由职工受到伤害时工作的单位依法承担工伤保险责任。同时还规定，《社会保险法》第三十九条第一项治疗工伤期间的工资福利，按照《工伤保险条例》第三十三条有关职工在停工留薪期内应当享受的工资福利和护理等待遇的规定执行。二是公布了《社会保险基金先行支付暂行办法》，明确规定工伤保险待遇先行支付的办法和有关程序。三是公布了《关于执行〈工伤保险条例〉若干问题的意见》，其中第十条、十一条、十三条和十四条是有关工伤保险待遇的内容。四是修改发布了《非法用工单位伤亡人员一次性赔偿办法》，提高了赔偿标准。五是与财政部等四部委发文，明确规定将国有集体企业有伤残等级的“老工伤”人员和工亡职工供养亲属全部纳入工伤保险统筹管理。

二、工伤保险待遇的实施情况

（一）2019 年享受工伤保险待遇人数情况

2019 年年底，全国享受工伤保险待遇的人数达到 194.4 万人，其中享受伤残待遇的有 161.7 万人（含职业病 10 万人），享受工亡待遇的有 32.7 万人（因工死亡 2.4 万人，供养亲属 30.3 万人）。浙江、广东、江苏、湖南、辽宁、山东、河北 7 省享受工伤保险待遇的人数均超过 10 万人，见表 3-5-4。

（二）2014—2019 年工伤保险待遇水平提高情况

2014 年至 2019 年，享受工伤保险待遇人数保持稳定。六年间，享受待遇人数累计达到 1 182 万人（含上年结转人员），工伤保险各项待遇水平稳步增长。

1. 一次性伤残补助金

2014 年，全国人均一次性伤残补助金为 2.53 万元，与上年同比增加 2 509 元，增长 11%。2019 年全国人均一次性伤残补助金 3.67 万元，与上年同比增加 3 367 元，增

表 3-5-4　　2019 年各地享受工伤保险待遇人数情况　　（万人）

顺位	省份	享受人数/万人	同比增长率/%	顺位	省份	享受人数/万人	同比增长率/%
1	浙江	22.2	0.6	17	河南	4.6	-1.0
2	广东	15.6	1.0	18	北京	4.4	0.04
3	江苏	15.1	0.3	19	江西	4.2	-1.1
4	湖南	13.4	0.2	20	天津	4.0	0.3
5	辽宁	13.1	-0.5	21	吉林	3.9	0.1
6	山东	11.9	0.5	22	陕西	3.0	-0.1
7	河北	10.0	-0.3	23	贵州	2.6	0.2
8	四川	8.6	0.4	24	内蒙古	2.4	0.0
9	山西	7.4	0.7	25	新疆	2.1	0.1
10	安徽	6.9	0.66	26	广西	1.8	0.1
11	上海	6.4	-0.1	27	甘肃	1.5	-0.6
12	重庆	6.2	-0.2	28	宁夏	0.6	0.0
13	黑龙江	5.9	-0.9	29	青海	0.5	0.0
14	湖北	5.2	-0.1	30	新疆生产建设兵团	0.5	0.0
15	云南	4.9	0.5	31	海南	0.4	0.0
16	福建	4.8	0.1	32	西藏	0.1	0.0

资料来源：工伤保险统计数据。

长 10.1%。2019 年人均一次性伤残补助金比 2014 年增长了 45%。2014 年至 2019 年人均一次性伤残补助金逐年稳定增长，如图 3-5-1 所示。

2. 伤残津贴

2014 年，全国月人均伤残津贴为 2 345 元，比上年增加了 326 元，增长 16.2%。2019 年，全国月人均伤残津贴 3 373 元，与上年同比增加 370 元，增长 12.3%。2019 年全国月人均伤残津贴比 2014 年增长了 44%，2014 年至 2019 年间逐年增长，中间 4 年增幅有所减缓，如图 3-5-2 所示。

3. 生活护理费

2014 年，全国月人均生活护理费 1 304 元，与上年同比增加 113 元，增长 9.5%。2019 年，全国月人均生活护理费 2 026 元，与上年同比增加 222 元，增长 12.3%。2019 年月人均生活护理费比 2014 年增长了 55%。期间各年度呈逐年增长趋势，如图 3-5-3 所示。

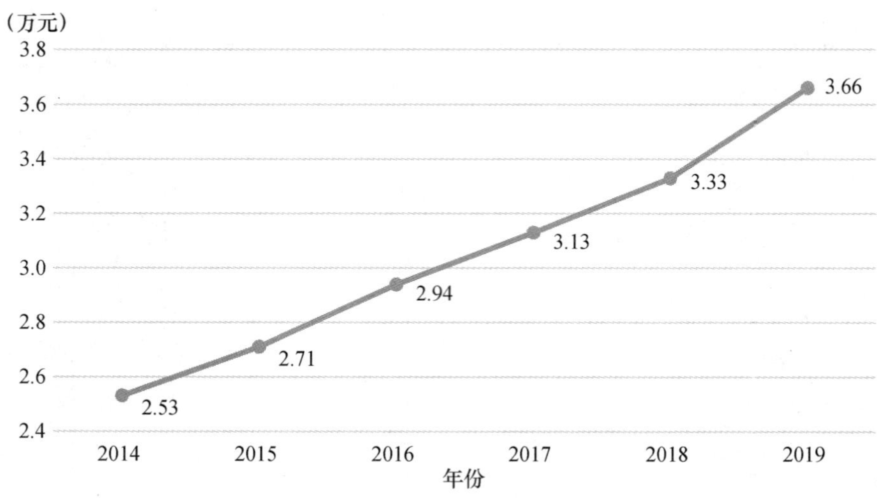

图 3-5-1 2014—2019 年全国人均一次性伤残补助金增长情况

资料来源：根据工伤保险历年统计数据整理。

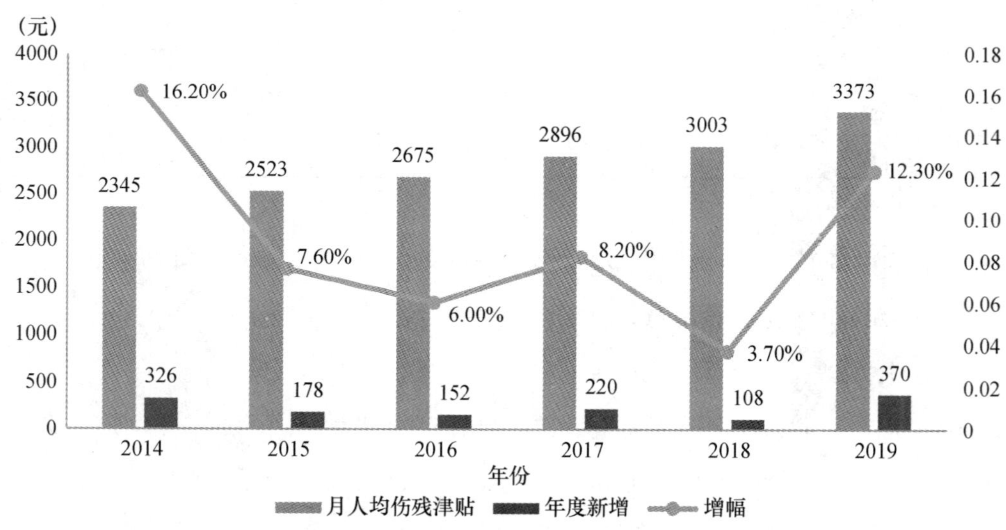

图 3-5-2 2014—2019 年月人均伤残津贴增长情况

资料来源：根据工伤保险历年统计数据整理。

4. 一次性工亡补助金

2014 年，一次性工亡补助金核定标准为 53.61 万元，领取一次性工亡补助金人均 48.21 万元（含 2013 年发生工亡、2014 年领取待遇的）。2019 年，一次性工亡补助金核定标准为 78.5 万元，全国领取一次性工亡补助金人数 22 908 人，人均 74.04 万元

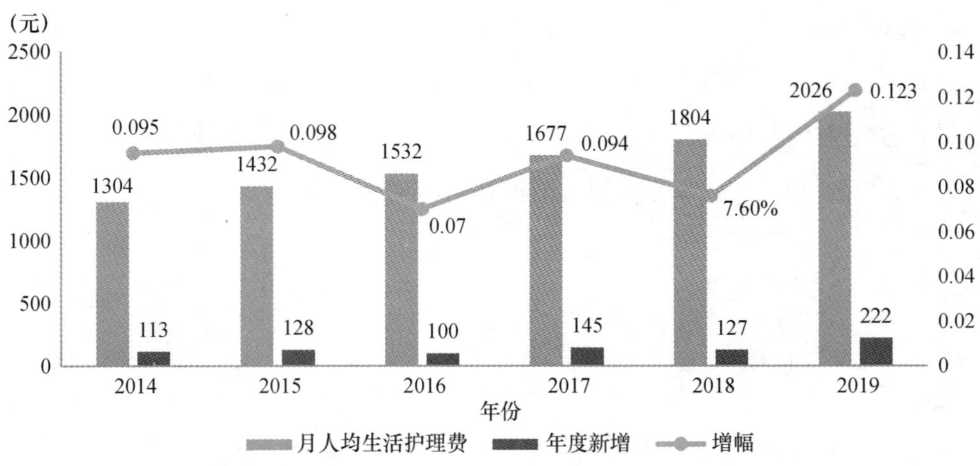

图 3-5-3　2014—2019 年月人均生活护理费待遇增长情况

资料来源：根据工伤保险历年统计数据整理。

(部分工亡人员 2018 年工亡，2019 年完成工亡认定，执行的是 2018 年的一次性工亡补助金标准)，与上年同比增加 5.3 万元，增长 7.6%。

依据《工伤保险条例》规定，一次性工亡补助金标准按上一年度全国城镇居民可支配收入的 20 倍核定，一次性工亡补助金随着年度城镇居民可支配收入的增加逐年持续增长，如图 3-5-4 所示。

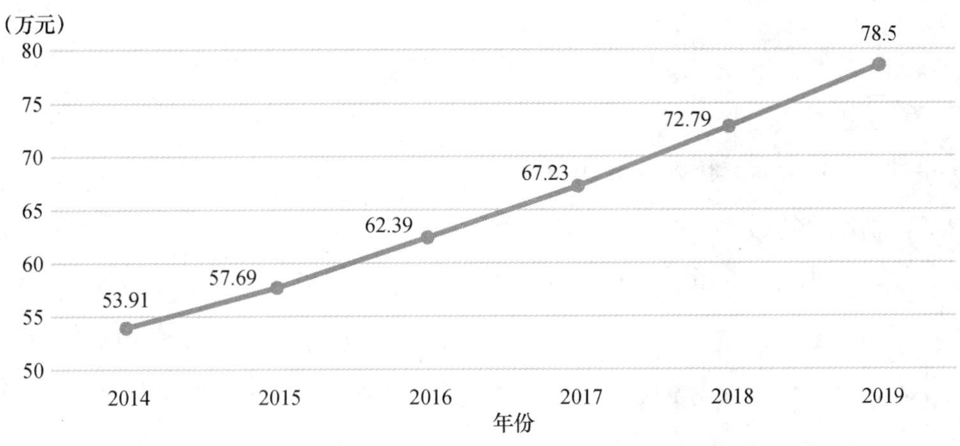

图 3-5-4　2014—2019 年一次性工亡补助金核定标准

资料来源：根据工伤保险历年统计数据整理。

5. 丧葬补助金

2014 年，全国人均丧葬补助金为 21 592 元，比上年增加 2 273 元，增长 11.8%。2019 年，全国人均丧葬补助金 33 432 元，同比增加 3 022 元，增长 9.9%。2019 年人均丧葬补助金比 2014 年增长了 55%，其间逐年增加，如图 3-5-5 所示。

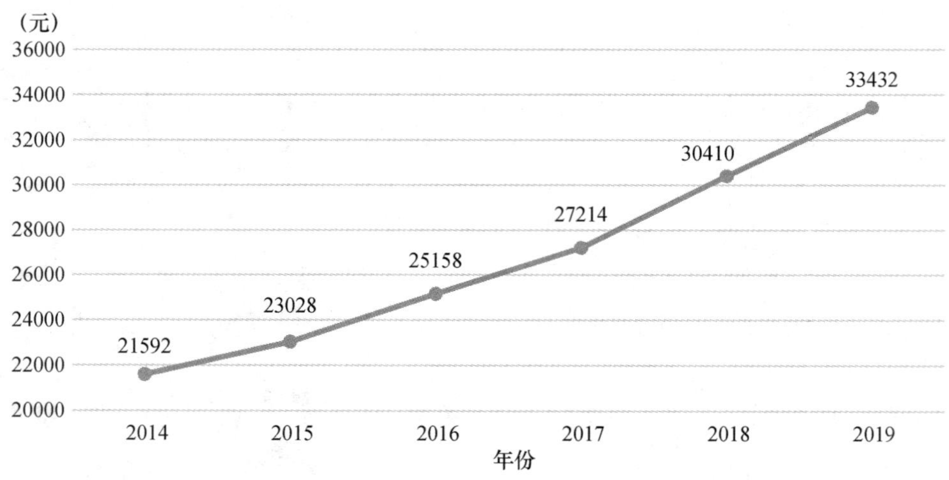

图 3-5-5　2014—2019 年人均丧葬补助金增长情况

资料来源：根据工伤保险历年统计数据整理。

6. 供养亲属抚恤金

2014 年，全国月人均供养亲属抚恤金为 1 058 元，比上年增加 29 元，增长 2.8%。2019 年，全国月人均供养亲属抚恤金 1 402 元，与上年同比增加 115 元，增长 9%。2019 年月人均供养亲属抚恤金比 2014 年增长了 33%，如图 3-5-6 所示。

7. 工伤医疗待遇水平

2014 年，全国门（急）诊和住院待遇共计 605 万人次，与上年相比增加 93 万人次，增长 18.2%；门（急）诊和住院费用支出共计 164 亿元，与上年相比增加 24 亿元，增长 17.5%。2019 年全国门（急）诊和住院待遇共计 661 万人次，与上年同比减少 32 万人次，减少 2.2%；门（急）诊和住院费用支出共计 193 亿元，同比增加 8 亿元，增长 4.4%，如图 3-5-7 所示。

（1）门（急）诊费用支出情况。2019 年全国门（急）诊费用支出合计 29.2 亿元，占全部医疗费用（门急诊+住院）支出的 15.1%。门（急）诊就诊共计 544 万人

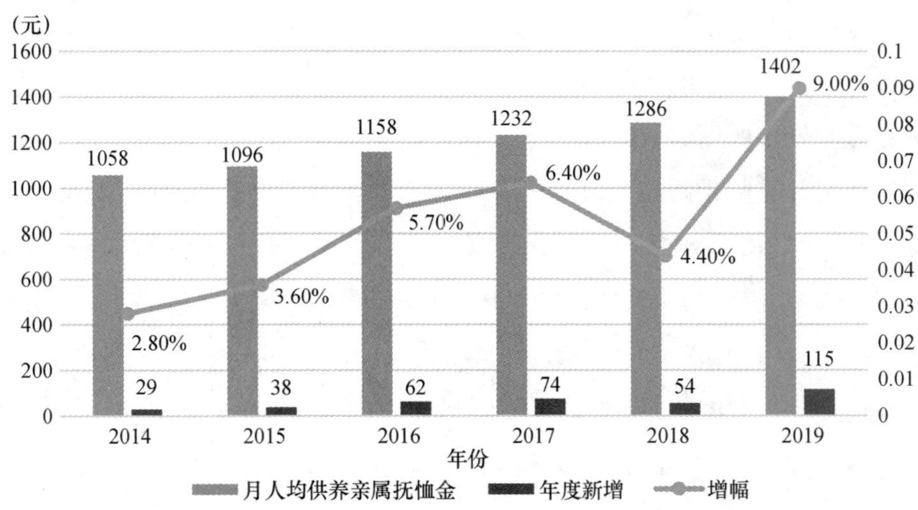

图 3-5-6　2014—2019 年月人均供养亲属抚恤金增长情况

资料来源：根据工伤保险历年统计数据整理。

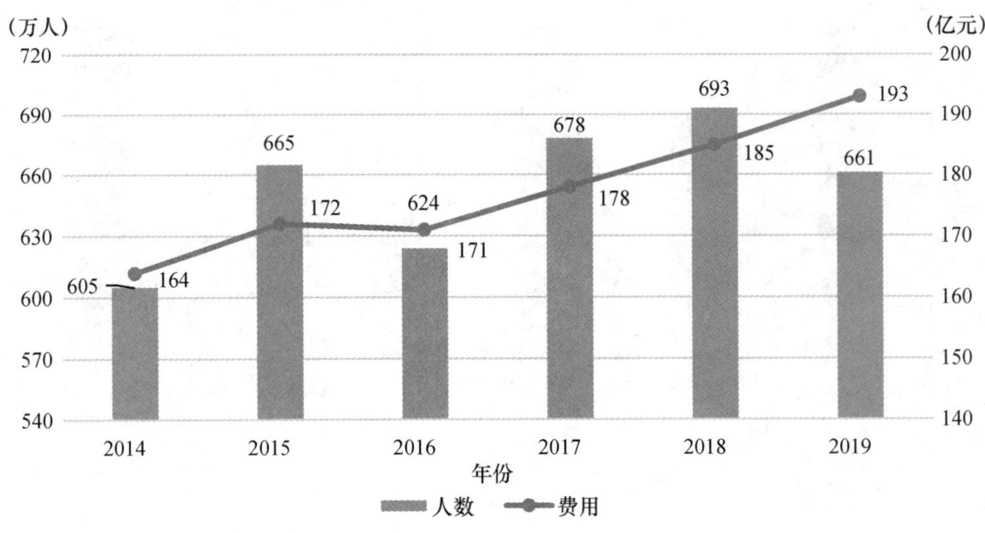

图 3-5-7　2014—2019 年全国工伤门（急）诊和住院人数及费用支出情况

资料来源：根据工伤保险历年统计数据整理。

次，同比减少 32 万人次。全国门（急）诊次均费用 537 元，同比增加 24 元。

其中患职业病在门（急）诊就医 86 万人次，占全国门（急）诊就医的 17.4%，同比减少 15.8 万人次。门（急）诊费用支出合计 4.1 亿元，较上年减少了 0.1 亿元，次均费用 471 元。

2014 年至 2019 年，全国门（急）诊次均费用：2014 年为 444 元，2015 年为 439 元，2016 年为 502 元，2017 年为 495 元，2018 年为 513 元，2019 年为 537 元。6 年中，次均费用支出水平保持在 440 元至 540 元之间。

（2）住院费用支出情况。2019 年，全国住院医疗费用支出合计 164 亿元，占医疗费用总支出的 84.9%。其中，住院药品费支出占住院费用总支出的 32.8%，检查治疗费支出占 47.7%，床位费及其他费用占 19.6%。工伤职工出院共计 116 万人次，同比减少了 1 811 人次，下降 0.2%。次均住院费 1.41 万元，同比增加了 750 元；日均住院费 674 元，同比增加 80 元；次均住院天数 21 天，比上年减少 2 天。

2014 年至 2019 年住院医疗费用结构情况如图 3-5-8 所示，住院待遇情况见表 3-5-5。

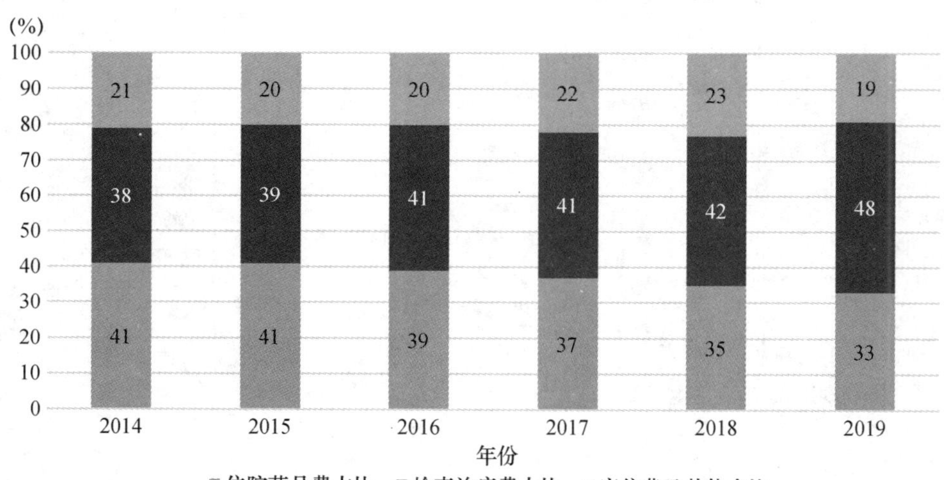

图 3-5-8　2014 年至 2019 年住院医疗费用结构情况

资料来源：根据工伤保险历年统计数据整理。

表 3-5-5　　2014—2019 年全国住院费用支出情况

	2014 年	2015 年	2016 年	2017 年	2018 年	2019 年
次均住院费（元）	12 075	12 563	11 738	12 689	13 339	14 089
日均住院费（元）	529	525	566	595	594	674
次均住院天数（天）	23	24	21	21	22	21

资料来源：根据工伤保险历年统计数据整理。

2019 年患职业病住院医疗费用合计 12.7 亿元，占住院医疗费用总支出的 7.7%。其中住院药品费支出占住院支出的 38.9%，检查治疗费支出占 38.9%，其他费用占 22.2%。职业病次均住院费 8 082 元，同比减少 623 元；日均住院费 286 元，同比减少 2 元；人均住院天数 28 天，同比减少 2 天，见表 3-5-6。

表 3-5-6　　2014—2019 年职业病住院费用支出情况

项目 \ 年度	2014 年	2016 年	2017 年	2018 年	2019 年
次均住院费（元）	7 941	8 565	8 496	8 705	8 082
日均住院费（元）	249	313	294	288	286
平均住院天数（天）	32	27	29	30	28

资料来源：根据工伤保险历年统计数据整理，2015 年数据不全未列入。

（3）一次性医疗补助金。2014 年，领取一次性医疗补助金共 21.8 万人，共计领取 58.6 亿元，人均 2.7 万元。2019 年，领取一次性工伤医疗补助金 27 万人，共计 84.7 亿元，人均 3.1 万元，与上年同比增加 1 878 元。2019 年一次性工伤医疗补助金人均水平比 2014 年增长了 15%，如图 3-5-9 所示。

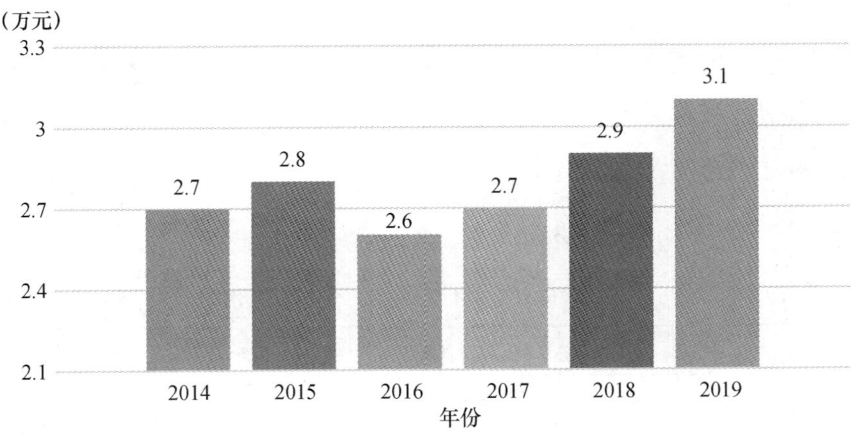

图 3-5-9　2014—2019 年全国人均一次性工伤医疗补助金情况

资料来源：根据工伤保险历年统计数据整理。

（4）工伤康复待遇水平。2014 年全国工伤康复 4.8 万人次，次均康复费用 13 352 元，比上年增长 16%。

2019 年全国享受工伤康复待遇共计 3.7 万人次，同比减少 3 948 人次。广东和山东超过 6 000 人次。其中职业康复达到 6 188 人次，山东和广东超过 1 000 人次。

2019 年全国次均康复费用达到 2 万元，同比增加 769 元。其中北京、天津、上海、浙江、安徽、广东、重庆和陕西 8 个省份次均康复费用超过 3 万元，辽宁、吉林、河南、广西、海南、甘肃和兵团次均康复费用在 1 万元以下。

2014—2019 年工伤康复人数和次均费用情况，如图 3-5-10 所示。

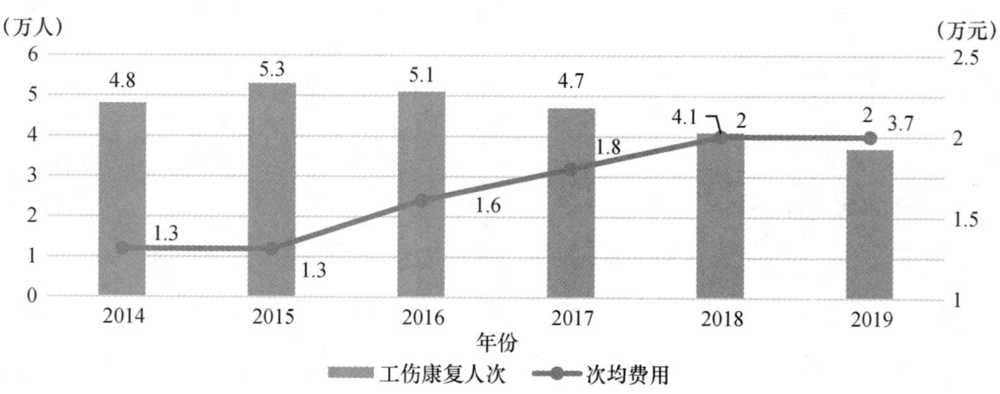

图 3-5-10　2014—2019 年工伤康复人数和次均费用情况

资料来源：根据工伤保险历年统计数据整理。

（5）辅助器具安装配置费。2014 年全国辅助器具次均安装配置费 8 113 元。2019 年全国辅助器具安装配置次均 7 102 元，同比增加 417 元。2014—2019 年全国辅助器具次均安装配置费情况，见表 3-5-7。

表 3-5-7　2014—2019 年次均辅助器具安装配置费、人均住院伙食补助及交通、食宿费情况

	2014 年	2015 年	2016 年	2017 年	2018 年	2019 年
次均辅助器具配置费（元）	8 113	7 621	7 154	6 157	6 684	7 102
人均住院伙食补助（元/天）	20. 8	23. 7	24. 4	26. 7	24. 6	24
人均交通费（元）	324	191	359	493	330	166
人均食宿费（元）	363	411	537	1 101	648	1 106

资料来源：根据工伤保险历年统计数据整理。

（6）伙食补助和统筹区外交通食宿费情况。2014 年，106 万人领取住院伙食补助费 5. 4 亿元，人均每天补助 20. 8 元，比上年增长 3%；1. 27 万人领取交通费 410 万元，

人均 324 元；2. 5 万人领取食宿费 911 万元，人均 363 元。

2019 年 83 万人领取伙食补助，共计 5. 7 亿元，平均每天补助 24 元。2019 年 3. 5 万人领取交通费，共计 578 万元，人均 166 元；0. 9 万人领取食宿费，共计 1 001 万元，人均 1 106 元。

2014—2019 年全国人均住院伙食补助及交通、食宿费情况见表 3-5-7。

三、实施工伤保险待遇政策的主要成效和存在问题

（一）主要成效

《工伤保险条例》实施后，工伤保险待遇政策得到了全面实施和不断完善，在保障工伤职工权益、促进社会和谐发展等方面取得了重大成效。

1. 建立了比较完善的工伤保险待遇保障体系，实现了工伤保险制度的主体功能

工伤保险待遇在《工伤保险条例》及《社会保险法》工伤保险专章中均有专门的规定，实现了工伤保险待遇法定的原则。主管部门不断出台政策规定，形成了工伤保险待遇保障的法规政策体系。劳动能力鉴定、工伤保险药品目录、协议医疗机构治疗和康复、配置辅助器具、发放现金待遇等环节齐备完善，构成了工伤保险待遇保障服务系统。建立了工伤保险待遇调整和确定机制，根据统筹地区职工平均工资和生活费用变化等情况，原则上每两年至少调整一次工伤保险待遇，增强了工伤职工的获得感和幸福感。

2. 工伤保险待遇保障水平稳步提高，在保障工伤职工医疗救治和经济补偿方面发挥了重大作用

2004 年以后，已参保享受工伤保险待遇的人数每年以较快的增长速度增长，实际人数由 52 万人增加到了 2019 年的 194. 4 万人，增长了 3. 7 倍。工伤保险待遇调整机制得到了很好的贯彻落实，根据我国的经济发展水平和物价水平，全国各地陆续提高了工伤保险待遇标准。在充分保障工伤职工基本生活和医疗待遇的同时，一次性伤残补助金和一次性工亡补助金标准大幅度提高。其中，一次性工亡补助金标准是原标准的 2. 5 倍。一次性伤残补助金是 1996 年颁布的《企业职工工伤保险试行办法》中增加

的一项补偿性待遇，因工负伤致残或者被诊断为职业病的工伤职工都能享受该项待遇。稳步提高的工伤保险待遇使得数以万计的工伤职工和供养亲属获得了医疗救治、生活保障和经济补偿，促进了社会和谐发展。

3. 职工工伤保险待遇受法律保障已成社会共识

《工伤保险条例》及其配套文件所建立起来的工伤保险待遇制度体系逐步深入人心，无论政府部门的工作人员、用人单位、职工群众，普遍都有自我保护意识和发生工伤事故后可以依法享受工伤保险待遇的认知。特别是在工伤保险立法过程中，工伤保险待遇保障兜底实行强制手段，即在《工伤保险条例》第六十二条中明确作出“依照本条例规定应当参加工伤保险而未参加工伤保险的用人单位职工发生工伤的，由该用人单位按照本条例规定的工伤保险待遇项目和标准支付费用”的规定，确定了工伤职工享受工伤保险待遇的法律依据，为工伤职工的工伤保险待遇保障撑起强有力的法律保护伞。因此，无论用人单位是否参加了工伤保险，工伤职工享受工伤保险待遇有了实实在在的法律依据。这也是《工伤保险条例》有关工伤保险待遇政策最为成功的亮点之一。《社会保险法》规定了先行支付制度，对企业未参保也不支付工伤待遇的工伤职工，由工伤保险先行支付待遇，形成了工伤职工权益的最后一道保护网，体现了工伤保险制度的社会保障属性。

（二）存在问题

《工伤保险条例》实施以后，随着社会经济的不断发展变化，工伤保险待遇政策也面临着一些亟待研究和解决的问题。

一是部分工伤保险待遇项目需要完善。例如，在实践中，一次性工伤医疗补助金政策很难保障五级至十级工伤职工解除劳动关系后旧伤复发的医疗权益。尤其是尘肺病职工，其病情会逐渐加重，更加需要工伤医疗的长期保障。一次性工伤医疗补助金也无法满足解除劳动关系后伤残职工更换辅助器具的需要。此外，一次性工伤医疗补助金大量支出在低伤残等级的职工身上，而这些职工基本上不存在旧伤复发的问题，导致基金使用效率不高，挤占了其他需要支出的资源。从国际上看，一般都不设立此类一次性医疗补助，而是对工伤职工治疗伤病的费用进行长期保障。

工伤保险待遇中，伤残津贴、供养亲属抚恤金、生活护理费三项定期待遇的调整办法是授权省级人民政府制定的，但省级人民政府只出台调整办法，具体实际上是授权统筹地区实施的。实践中，同一省内不同统筹地区的待遇水平可能差距很大，造成了保障水平的不公平。还有一些由缴费基数、平均工资计算得出的工伤保险待遇，也因社会发展不平衡而在实施中出现不公平问题。

二是有些工伤保险待遇配套政策长期缺位，造成基层人力资源社会保障部门在实施待遇政策过程中遇到困难。例如，工伤保险住院服务标准，辅助器具配置费用国家标准，停工留薪期的具体期限，职工被鉴定为一级至四级伤残的以伤残津贴为基数如何缴纳基本医疗保险费，以及养老保险费缴纳问题等，由于规定标准或配套政策没有出台，影响了工伤职工的待遇保障。此外，工伤保险待遇实施过程中出现的问题很多，情况复杂，但缺乏及时的解释性政策，导致基层人力资源社会保障部门处于无策可依的状态。

三是有关第三人侵权双重赔偿问题。因受到第三人侵权导致工伤的职工，可否同时获得工伤保险待遇和侵权人的赔偿？在工伤保险待遇支付实践中，不同的部门有不同的理念和把握。人力资源社会保障部门秉承的不重复享受的补充模式，往往在诉讼中败诉。从国际社会法通行的理念来看，一般处理这类问题的办法是采用工伤保险替代模式、选择模式或补充模式。解决这个问题，需要立法、司法和行政部门在社会法的基础上统一认识，对第三人侵权导致的工伤待遇双重赔偿问题作出法律上的修改完善。

四是工伤保险待遇支出结构不平衡，工伤职工康复待遇保障不足。《工伤保险条例》实施以后，工伤康复工作成为工伤预防、工伤康复、工伤补偿“三位一体”制度体系的支柱之一。通过试点工作，主管部门出台了一些指导意见和规范标准，工伤康复工作在各地普遍开展。但是由于相关政策和技术标准尚不完善，工伤康复特别是职业康复进展缓慢。2019 年，全国享受工伤康复待遇共计 3.7 万人次，比上年减少，其中职业康复 6 188 人次；工伤康复支出 6.5 亿元，仅占工伤保险基金总支出的 0.81%。“三位一体”的工伤保险制度体系，在工伤康复这一支柱方面显得严重失衡。而国际上工伤康复待遇支出一般占总支出的 20%左右，德国达到 30%。从这一方面看，我国工伤康复还需要加快发展。

四、完善工伤保险待遇保障体系的建议和展望

《工伤保险条例》构建的工伤保险待遇保障体系，在保障工伤职工待遇、促进社会和谐稳定方面发挥了无可替代的作用。但是随着经济社会的不断发展，我国已经全面建成小康社会，原有的一些工伤保险待遇项目和标准或多或少地出现了与之不相适应的情况，有必要本着与时俱进的精神做出适应新时代特点的调整与完善，使工伤保险待遇保障体系更加有效率、更加公平、更可持续发展，让工伤职工共享社会进步的成果。

（一）建议

1. 调整完善工伤保险待遇政策，使工伤待遇更好地体现公平性、保障性、科学性

现行的工伤保险待遇分医疗待遇、伤残待遇、工亡待遇三大类，共 13 项。与实行工伤保险的其他国家相比，我国的工伤保险待遇项目更加全面。与社会保险的其他险种如基本养老保险、基本医疗保险相比，工伤保险待遇政策更加复杂。面对待遇政策实施中产生的一些问题，需要研究论证做出必要的调整和完善。一类是项目设置问题，如一次性工伤医疗补助金。由于一次性工伤医疗补助金无法解决工伤职工的长期医疗保障问题，可考虑将一次性解决的思路改为长期、足额保障，以更有利于工伤职工。另一类是由缴费基数和与待遇计发相关联的平均工资、本人工资等带来的差异性和不公平性问题，需要研究论证其科学性和合理性。当然，随着省级统筹的实现，这类问题有可能因省级待遇政策的统一规范而缓解或消失。从这个意义上说，推动工伤保险实现省级统筹，特别是推进统收统支的省级统筹，才能更好地统一收缴、支付和确定各项工伤保险待遇标准，实现一省范围内的工伤保险待遇更加公平、可持续。

2. 推动修改工伤保险法律法规，为工伤保险待遇保障体系提供完善的法律依据

一是建议推动修改《社会保险法》《工伤保险条例》，对长期存在争议的工伤保险待遇和侵权赔偿双重享受问题作出明确合理的法律界定。职工因第三人侵权造成工伤的，在工伤保险待遇上采用补充模式，侵权人应负赔偿责任，其责任追偿由社会保险经办机构代位求偿。

二是建议推动修改《社会保险法》《工伤保险条例》，对解除、终止劳动关系的工伤职工是否还存在工伤保险关系作出明确规定，使终止劳动关系的工伤职工、在伤残等级提高后也可以落实工伤保险待遇，以保障此类工伤职工的合法权益。

3. 积极研究探索工伤保险的补充保险机制，完善工伤保险多层次待遇体系

近些年，各地在推进《工伤保险条例》实施过程中，遇到了部分工伤保险待遇保障水平不足、待遇结构不完善等问题。面对这些挑战，一些地方的人力资源社会保障部门为维护工伤职工权益做了一些探索尝试。例如，江苏省南通市、福建省厦门市、江西省九江市、湖南省长沙市、湖北省荆州市、辽宁省大连市等通过建立补充保险的方式，在一次性伤残补助金、工亡补助金、护理费、医疗费等项目上增加了一定的保障额度。这些尝试，一方面弥补了工伤保险待遇保障不足的缺陷，另一方面也是对建立多层次工伤保险体系的探索。

党的十九大提出了全面建成覆盖全民、城乡统筹、权责清晰、保障适度、可持续的多层次社会保障体系的目标。对于工伤保险制度，是否也应有多层次的改革目标？多层次体系的具体内容是什么？要不要在工伤保险基本制度上建立补充保险？需要经过认真研究论证后回答。从各地部分城市的探索来看，工伤保险在实践中有建立补充机制的需求。不可否认，工伤保险待遇是建立多层次制度体系的核心问题，多层次保障体系实质上就是多层次待遇保障体系。在“十四五”期间，工伤保险要抓住国家发展战略机遇期，在制度体系建设上做出科学规划，加快推动工伤保险制度的改革。

4. 探索建立灵活就业人员工伤保险待遇政策体系，解决新经济、新业态从业人员工伤保险待遇问题

当前，由于没有劳动关系，广大灵活就业人员无法参加工伤保险，发生工伤后尚无制度性的保障办法。解决这个问题，一是修改、完善工伤保险相关法律法规，将灵活就业人员直接纳入现行制度，这是最为理想的办法，但会遇到很多法律问题；二是采取分步走的方案，为灵活就业人员先行建立一个职业伤害社会保险，灵活就业人员通过个人缴费（政府适当补助）的方式参加进来，待条件成熟后，统一并入工伤保险制度。采用职业伤害社会保险的方式，需要针对灵活就业人员的职业劳动、工作伤害特点，研究制定专门的工伤保险待遇保障政策，科学设计工伤保险待遇项目、待遇标准、待遇调整确定机制等。工伤保险待遇项目应首先设计灵活就业人员工伤最急需、最重要的项目，解决灵活就业人员的主要保障需求。随着制度的发展和资金筹集规模的扩大，不断增加项目种类，提高待遇水平。

（二）展望

随着工伤保险制度的不断完善，在“十四五”时期和更长一个时期，工伤保险待遇保障体系将更加完善，工伤保险待遇水平不断提高，工伤职工对工伤保险待遇的满意度不断增强；适应新时代发展要求的多层次工伤保险制度体系不断推进，多层次工伤保险待遇保障体系日渐成熟，法定工伤保险待遇保障的职业人群从有劳动关系的职工扩展到没有劳动关系的灵活就业人员，工伤保险的保障功能得到更大程度的发挥，更多的工伤职工享受到工伤保险待遇保障网的覆盖，对经济发展、社会和谐起到积极的促进作用。

工伤保险基金发展报告

工伤保险基金是国家为实施工伤保险制度，通过法定程序建立起来用于特定目的的专项资金。工伤保险基金的支出用途，包括了职工因工作伤残、患职业病或死亡从社会获得的医疗救治、康复或经济补偿项目，还包括工伤事故、职业病预防和工伤职业康复等项目。稳定充足的工伤保险基金是工伤保险制度顺利实施的保证。《工伤保险条例》实施后，随着工伤保险参保人数的不断增加，工伤保险基金收支规模不断扩大，工伤保险基金的保障能力稳步增强。2019 年全国工伤保险基金收入 819. 4 亿元，是 2004 年的 14 倍；基金支出 816. 9 亿元，是 2004 年的 24. 8 倍，基金管理运行平稳，切实保障了工伤职工的工伤保险权益，为实施工伤预防、工伤康复、工伤补偿“三位一体”的工伤保险制度奠定了坚实的基础。

一、工伤保险基金制度的建立与发展

1989 年，我国开始正式启动适应市场经济的工伤保险制度试点。在总结试点经验的基础上，劳动部于 1996 年颁布了《企业职工工伤保险试行办法》。该办法明确规定必须建立工伤保险基金制度，坚持“以支定收、收支平衡”的原则，由企业按照职工工资总额的一定比例缴纳工伤保险费，职工个人不缴纳工伤保险费。工伤保险基金的建立真正起到了互助共济的作用，标志着初步建立起与社会主义市场经济体制和以公有制为主体、多种经济成分共同发展的经济结构相适应的工伤保险制度。这是一个历史性的变革与跨越，在我国工伤保险发展史上具有划时代和里程碑式的重大意义。

2003 年国务院颁布《工伤保险条例》，对工伤保险制度的相关要素作了明确规定，我国工伤保险进入依法实施的新阶段。从 2004 年《工伤保险条例》条例开始实施至今，农民工、“老工伤”人员、建筑业和服务业从业人员逐步被纳入工伤保险覆盖范围，参保人数不断增加，工伤保险基金的收入规模稳步增长。

2015 年，人力资源社会保障部和财政部联合下发《关于调整工伤保险费率的通知》，对根据 2003 年《工伤保险条例》制定的工伤保险费率首次进行调整。2017 年，人力资源社会保障部、财政部印发《关于工伤保险基金省级统筹的指导意见》（人社部发〔2017〕60 号），要求在 2020 年底全面实现省级统筹，标志着工伤保险基金省级统筹在我国全面推开。

2004 年实施的《工伤保险条例》规定构建工伤预防、工伤康复、工伤补偿“三位一体”的工伤保险制度。近年来，工伤保险基金为三者的发展提供了有利的支撑。2004 年实施的《工伤保险条例》规定将医疗救治、康复和辅助器具装配纳入工伤保险基金支付范围。2010 年颁布的《社会保险法》规定，因工伤发生的医疗费用和康复费用由工伤保险基金支付，还规定了工伤保险基金先行支付的条件和范围，使工伤职工的待遇有了更加切实有效的保障。2010 年新修订的《工伤保险条例》将原来由用人单位支付的一次性工伤医疗补助金、住院伙食补助、统筹地区以外就医的交通、食宿费 4 项待遇项目改由工伤保险基金支付，较大幅度提高了一次性工亡补助金和一次性伤残补助金标准。此外，修订后的《工伤保险条例》进一步明确了“工伤职工到签订服务协议的医疗机构进行工伤康复的费用，符合规定的，从工伤保险基金中支付”，这是我国第一次在法律法规中采用工伤康复这一完整概念，且将其列为工伤保险待遇之一予以保障。2016 年 7 月，人力资源社会保障部印发《关于工伤保险待遇调整和确定机制的指导意见》（人社部发〔2017〕58 号），作为调整和确定工伤保险待遇水平的政策依据。2017 年，人力资源社会保障部等四部门颁布《工伤预防费使用管理暂行办法》，明确了工伤预防费从工伤保险基金列支的标准，并明确工伤预防费主要用于工伤事故和职业病预防宣传、工伤事故和职业病预防培训，为工伤预防的深入开展提供了基本保障。

总体而言，近年来我国工伤保险基金制度在逐步向法制化、规范化和精细化发展。

二、工伤保险基金管理发展现状

（一）工伤保险费率机制的发展变化

我国工伤保险实行行业差别费率和企业浮动费率相结合的费率机制，主要目的是利用费率杠杆促进企业重视工伤预防和安全生产。2003 年颁布的《工伤保险条例》确定了工伤保险费率机制，2015 年对其进行了首次重大调整。

1. 2003 年工伤保险费率机制的确定

2003 年，为了贯彻实施《工伤保险条例》，合理确定工伤保险费率，促进工伤预防，实现工伤保险费用互助共济，劳动部、财政部、卫生部、国家安全监管局联合发布《关于工伤保险费率问题的通知》（劳社部发〔2003〕29 号），规定根据不同行业的工伤风险程度，参照《国民经济行业分类》（GB/T 4754—2002）将行业划分为三个类别：一是风险较小行业，包括银行证券、保险服务、餐饮仓储、邮政电信、广播影视、新闻出版、文化艺术、教育科研等行业；二是中等风险行业，包括房地产业、体育娱乐、水利管理、轻工制造、建筑安装等；三是风险较大行业，包括石油加工、化工制造、煤炭开采等。按照《关于工伤保险费率问题的通知》规定，这三类行业的基准费率分别控制在用人单位职工工资总额的 0. 5%、1. 0%和 2. 0%左右。用人单位属一类行业的，按行业基准费率缴费，不实行费率浮动。用人单位属于二、三类行业的，用人单位初次缴费费率按照行业基准费率确定，以后由统筹地区社会保险经办机构根据用人单位工伤保险费使用、工伤发生率、职业病危害程度等情况，每 1~3 年浮动 1 次。具体办法是在行业基准费率的基础上，可上下各浮动两档：上浮第一档到本行业基准费率的 120%，上浮第二档到本行业基准费率的 150%；下浮第一档到本行业基准费率的 80%，下浮第二档到本行业基准费率的 50%。

2003 年依据当时国民经济行业数量和分类，将各行业工伤风险划分为三类，划分比较粗且不够科学，难以全面如实地反映我国行业中的真实风险差别。

2. 2015 年工伤保险费率的调整

2004 年《工伤保险条例》实施后，我国工伤保险基金的结存规模不断扩大。截至

2014 年年底，工伤保险基金累计结存（含储备金）规模已达 1 129 亿元，平均可支付月数已超过 24 个月。相关部门就调整工伤保险费率政策进行了广泛调研、测算和论证，为从制度层面调整完善工伤保险费率政策奠定了较好的基础。同时，由于我国经济下行压力加大，需要进一步减轻企业负担以激发企业活力，党的十八届三中全会明确提出要适时适当降低社会保险费率。在此背景下，2015 年 7 月，人力资源社会保障部和财政部联合下发了《关于调整工伤保险费率政策的通知》（人社部发〔2015〕71 号），按照“总体降低、细化分类、健全机制”的原则，从行业工伤风险类别划分、行业差别费率及其档次确定、单位费率的确定与浮动、费率报备制度四个方面明确了费率调整有关规定。

2015 年《关于调整工伤保险费率政策的通知》的出台意义深远：一是遵循社会保险制度运行规律，在我国开始了工伤保险费率动态调整工作，有利于建立费率调整机制，适应经济社会发展变化，推动制度持续运行。二是落实了党的十八届三中全会提出的“适时适当降低社会保险费率”和 2015 年《政府工作报告》中降低工伤保险费率的要求，使工伤保险费率政策更加科学、合理。三是适应我国经济社会发展新常态的新要求，减轻企业负担。费率调整后，参保单位实际平均费率从 0.9%左右降至 0.7%左右。初步测算，全国一年可减轻企业负担 150 亿元。同时，将结余基金控制在合理的幅度之内，可提高基金的使用效率。四是有利于提高社会保险行政部门政策调整和管理能力及根据经济社会环境和制度运行状况评估费率的技术水平和管理能力。

2015 年的改革，除调整费率本身外，还对有关因素进行了系统性的考虑：一是细化了行业风险分类。2003 年以来，我国工伤数据积累等基础工作和管理能力不断加强，2015 年在科学测算、整体降低费率的基础上，将行业风险增加到八个档次，基准费率分别为 0.2%、0.4%、0.7%、0.9%、1.1%、1.3%、1.6%、1.9%左右，使得行业风险档次更能反映其真实风险。二是保证了待遇水平正常增长。费率调整后，虽然政策平均费率由 1%左右降至 0.7%左右，但测算中综合考虑了基金合理结余、保障水平调整等因素，工伤职工待遇水平不会降低，还会随着职工平均工资和生活费用变化等情况逐步调整提高。三是在调整费率的同时，确保工伤保险基金财务安全，加强基金管理。通过合理调控工伤保险基金的结存规模，全面建立并规范工伤保险基金储备金制度。规范和提高工伤保险基金统筹层次等，进一步加强基金管理，提高基金使用效率，避免出现基金结存过多或基金不足支付的情况，确保工伤保险基金平稳有效运行。四是考虑各统筹地区实际情况，给予适当弹性。由于各地经济发展水平、产业结构、基金运行状况差异较大，2015 年工伤保险费率政策调整给予了地方一定的自主权：各统筹地区根据当地情况，制定具体的实施办法，如确定本地区工伤保险行业基准费率具体标准和费率浮动的具体办法；规定储备金的规模按当地基金支出规模的一定比例确定，具体比例由省、自治区、直辖市人民政府确定；对于不同统筹层次基金结存规模作了不同规定等。五是加强费率调整报备和管理。由于费率调整是一项政策性和技术性都较强的工作，加之大多数地区过去没有调整经验，因而 2015 年调整工作中要求建立费率调整和实施情况定期报备制度，加强部门间协同配合，以确保政策落到实处。

3. 工伤保险费率调整情况

2008 年年底，为应对国际金融危机对我国企业的影响，人力资源社会保障部、财政部、国家税务总局联合下发了《关于采取积极措施减轻企业负担稳定就业局势有关问题的通知》（人社部发〔2008〕117 号），提出了“五减四缓三补贴两协商”的政策措施。各地积极贯彻落实，适时调整工伤保险费率，基金结余较多的地区采取一次性措施降低缴费费率，为企业减负约计 20 亿元，并适当提高了工伤职工的待遇标准，符合规定的企业可以缓缴工伤保险费，以及降低工伤保险费率。根据该政策，2009 年工伤保险在缓缴工伤保险费和降低工伤保险费率方面均有所进展。

在缓缴工伤保险费方面，2009 年有 14 个省份上报了缓缴工伤保险费数据（河北、上海、江苏、安徽、河南、湖北、广东、广西、海南、四川、云南、西藏、陕西、甘肃），累计有 5 235 户用人单位缓缴工伤保险费，缓缴金额 10 351 万元，涉及参保职工 220 万人。

在降低工伤保险费率方面，2009 年全国有 17 个省份报送了减收情况。截至 2009 年年底，工伤保险减收涉及用人单位 152 万户，涉及人数 4 973 万人，基金当期减收 189 815 万元，2008 年以来累计减收 200 934 万元。降低工伤保险费率累计减收金额最多的省份是广东省（84 295 万元），占全国当期减收金额的 44%。2009 年全国当期减收金额占征缴收入的 8%。8 个省份减收金额影响本省征缴收入 10 个百分点以上。

2009 年 12 月，人力资源社会保障部、财政部和国家税务总局联合下发《关于进一步做好减轻企业负担稳定就业局势有关工作的通知》（人社部发〔2009〕175 号），明确将原定于 2009 年年底到期的有关减少企业负担稳定就业局势的政策，执行期限延长到 2010 年年底。2010 年工伤保险费率的降低使全国基金当期减收 21.97 亿元，2008 年以来累计减收 42.06 亿元，同时困难企业缓缴工伤保险费金额达到 3 321 万元，累计缓缴 1.37 亿元。2010 年，北京、天津、黑龙江、江苏、安徽、福建、山东、河南、湖南、广东、海南、四川 12 个省份 368 个统筹地区报送了减收情况，131 万户用人单位的 3 986 万人减收工伤保险费 21.97 亿元，其中用人单位户数、涉及人数及金额分别同比减少 21 万户、减少 987 万人、增加 2.99 亿元。2010 年全国工伤保险平均费率见表 3-6-1。

表 3-6-1　　2010 年全国工伤保险平均费率　　单位：%

顺位	省份	平均费率	比上年增加值	顺位	省份	平均费率	比上年增加值
1	贵州	1.80	0.06	17	山东	0.88	-0.01
2	山西	1.45	0.11	18	湖北	0.88	0.00
3	内蒙古	1.41	0.43	19	安徽	0.86	-0.01
4	黑龙江	1.34	0.11	20	甘肃	0.85	0.01
5	重庆	1.34	0.13	21	广西	0.82	0.07
6	吉林	1.19	-0.14	22	兵团	0.78	0.07
7	辽宁	1.13	0.00	23	新疆	0.76	-0.01
8	湖南	1.04	0.03	24	天津	0.74	0.08
9	河北	1.03	-0.02	25	江苏	0.69	-0.01
10	宁夏	1.02	-0.01	26	福建	0.68	0.00
11	云南	0.99	0.07	27	浙江	0.63	0.00
12	河南	0.99	-0.06	28	西藏	0.60	-0.04
13	陕西	0.98	-0.04	29	广东	0.56	-0.05
14	江西	0.95	0.02	30	上海	0.50	0
15	四川	0.94	0.01	31	海南	0.49	-0.06
16	青海	0.94	0.00	32	北京	0.49	-0.02

资料来源：2010 年人力资源社会保障部统计数据。

2011 年全国工伤保险平均费率上调至 0.92%，为继 2009 年和 2010 年两年“五缓四减三补贴两协商”政策低费率运行之后的首次大幅度上调，达到 2004 年《工伤保险条例》实施以来最高费率。原因在于：一是“老工伤”人员纳入工伤保险制度时部分省份采取了上浮企业缴费费率的做法；二是待遇标准的提高使基金出现收不抵支，部分统筹地区调高行业基准费率。2010 年和 2011 年各类单位平均费率见表 3-6-2。

表 3-6-2　　2010 年和 2011 年各类单位平均费率　　单位：%

	2010 年	2011 年
企业	0. 84	0. 96
一类风险企业	0. 57	0. 65
二类风险企业	0. 82	0. 97
三类风险企业	1. 91	2. 15
事业单位	0. 48	0. 51
有雇工的个体工商户	0. 77	1. 05
其他单位	0. 57	0. 7

资料来源：根据工伤保险历年统计数据整理。

在我国经济下行压力加大，需要进一步减轻企业负担以激发企业活力的背景下，2013 年党的十八届三中全会明确提出要适时适当降低社会保险费率。2015 年国务院《政府工作报告》作出降低工伤保险费率的重要部署，大大加快了工伤保险费率政策调整完善的进程。2015 年 7 月，按照党的十八届三中全会提出的“适时适当降低社会保险费率”精神，人力资源社会保障部会同财政部联合印发《关于调整工伤保险费率政策的通知》（人社部发〔2015〕71 号），规定将工伤保险平均费率从 0. 9%左右降至 0. 7%左右。2018 年，为了进一步降低企业用工成本，增强企业发展活力，人力资源社会保障部、财政部再次发文，联合出台《关于继续阶段性降低社会保险费率的通知》（人社发〔2018〕25 号），规定自 2018 年 5 月 1 日起至 2019 年 4 月 30 日，在保持八类费率总体稳定的基础上，工伤保险基金累计结余可支付月数在 18（含）~23 个月的统筹地区，可以现行费率为基础下调 20%；累计结余可支付月数在 24 个月（含）以上的统筹地区，可以现行费率为基础下调 50%。2019 年，国务院办公厅印发《降低社会保险费率综合方案》，要求继续深入推进落实阶段性降低工伤保险费率政策。自 2019 年 5 月 1 日起，延长阶段性降低工伤保险费率的期限至 2020 年 4 月 30 日。在降低用人单位负担的同时，确保工伤职工的工伤保险待遇标准不降低和待遇按时足额支付。

2018 年以来阶段性降费政策落实效果显著。2019 年全国平均费率在 2018 年 0. 6%

的基础上，进一步降到0.5%。29个省份和新疆生产建设兵团平均费率均有不同程度下浮，见表3-6-3。各类单位各类风险行业平均费率较上年均有下降，见表3-6-4、表3-6-5。

表3-6-3　　2019年各省工伤保险平均费率　　单位：%

顺位	省份	平均费率	同比增长率	顺位	省份	平均费率	同比增长率
1	湖南	1.17	-0.16	17	内蒙古	0.51	-0.04
2	山西	1.16	-0.04	18	四川	0.51	-0.10
3	河北	1.09	0.01	19	山东	0.48	-0.10
4	辽宁	0.87	-0.07	20	天津	0.48	0.001
5	黑龙江	0.76	-0.07	21	浙江	0.45	-0.12
6	贵州	0.68	-0.14	22	江西	0.45	-0.15
7	重庆	0.67	-0.02	23	湖北	0.43	-0.17
8	青海	0.63	-0.1	24	福建	0.41	-0.05
9	甘肃	0.60	-0.13	25	北京	0.41	-0.002
10	宁夏	0.58	-0.08	26	云南	0.38	-0.17
11	新疆生产建设兵团	0.58	-0.12	27	安徽	0.36	-0.25
12	河南	0.57	-0.07	28	广西	0.31	-0.24
13	江苏	0.54	-0.18	29	上海	0.29	-0.01
14	吉林	0.54	-0.09	30	海南	0.21	-0.07
15	新疆	0.53	-0.12	31	广东	0.20	-0.15
16	陕西	0.52	-0.08	32	西藏	0.17	-0.11

资料来源：根据工伤保险历年统计数据整理。

表3-6-4　　各类单位平均费率　　单位：%

单位类型	2019年平均费率	2018年平均费率
企业	0.55	0.66
事业单位	0.34	0.38
机关	0.29	0.33
有雇工的个体工商户	0.47	0.52
其他单位	0.47	0.44

资料来源：根据工伤保险历年统计数据整理。

表 3-6-5　各类风险行业平均费率　单位：%

行业风险类型	2019 年平均费率	2018 年平均费率
一类风险行业	0. 26	0. 33
二类风险行业	0. 32	0. 40
三类风险行业	0. 52	0. 65
四类风险行业	0. 66	0. 8
五类风险行业	0. 81	0. 96
六类风险行业	1. 02	1. 10
七类风险行业	1. 16	1. 21
八类风险行业	2. 24	2. 41

资料来源：根据工伤保险历年统计数据整理。

从 2004 年《工伤保险条例》正式实施到 2019 年年底，全国工伤保险平均费率最高为 0. 92%（2005 年和 2011 年），最低为 0. 5%（2019 年），具体如图 3-6-1 所示。2008—2018 年各类单位平均费率如图 3-6-2 所示。

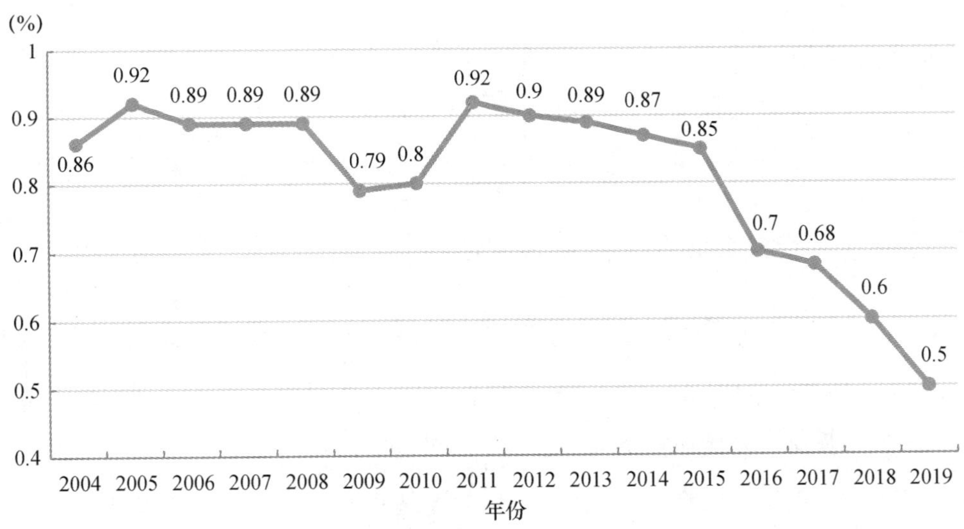

图 3-6-1　2004—2019 年全国工伤保险平均费率

资料来源：根据工伤保险历年统计数据整理。

2020 年，国务院决定将降低工伤保险费率政策继续延续一年，实施期限延长至 2021 年 4 月 30 日。

为应对新冠疫情带来的影响，缓解企业困难，有序推动企业复工复产，支持稳定

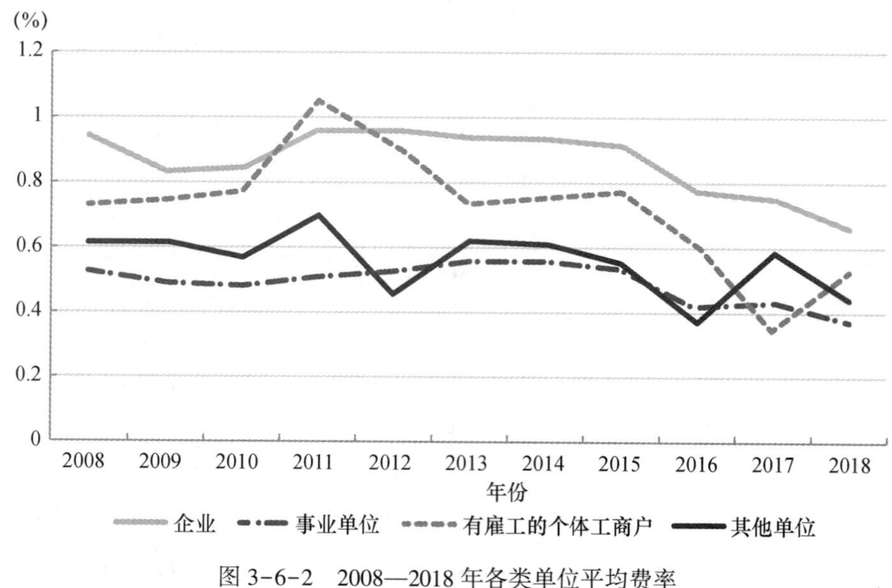

图 3-6-2　2008—2018 年各类单位平均费率

资料来源：根据工伤保险历年统计数据整理。

和扩大就业，2020 年 2 月，人力资源社会保障部、财政部、国家税务总局印发了《关于阶段性减免企业社会保险费的通知》（人社部发〔2020〕11 号），对阶段性减免企业社会保险（养老保险、失业保险、工伤保险）单位缴费部分的政策提出了要求。

（二）工伤保险基金统筹层次发展情况

2010 年 3 月，人力资源社会保障部发布《关于推进工伤保险市级统筹有关问题的通知》（人社部发〔2010〕20 号），要求在 2010 年全国范围内基本实现工伤保险市级统筹。该通知强调，要进一步明确工伤保险市级统筹工作的重点，建立工伤保险市级统筹，核心是实现工伤保险基金统筹，关键是基金在全市范围统筹调剂使用。在实践中，全国工伤保险市级统筹逐步形成了三种不同的形式。

一是“统收统支”管理。市级统筹后，工伤保险基金在全市范围内按统一费率及标准征收，且全部上划到市，统一纳入财政专户管理；基金支出由市根据区县申请统一拨付。这种体系下，工伤保险基金的管理主体由区县上移到市。二是“调剂金”管理。市级统筹后，区县征收的工伤保险基金不用全部上划，大部分留存当地，由市授权区县管理，少部分上缴市级，建立工伤保险风险调剂金。在此体系下，工伤保险基金的管理主体仍在区县。三是“混合式”管理。有一些地区在推进工伤保险市级统筹时并不完全遵循以上两种形式。例如，一些地区的工伤保险基金由区县统收统支，统筹基金定额调剂；还有一些地区的工伤保险基金虽然留存当地，但将留存基金的管理权上移到市级，区县动用留存基金需向市级申请。相比较，前一种由于基金的管理权分散在市、县两级，更接近“调剂金”管理；后一种县级征收的基金虽留存当地，但县级无权动用，即基金的管理权在市一级，更接近“统收统支”的管理形式。

2010 年 10 月 28 日通过的《社会保险法》第六十四条规定，基本养老保险基金实行全国统筹，其他社会保险基金逐步实行省级统筹。2011 年新修订的《工伤保险条例》第十一条明确要求工伤保险基金逐步实行省级统筹，但之后几年工伤保险基金仍处于市级统筹层面。市级统筹在运行过程中又出现一系列问题，如经济水平相对落后的地区基金规模较小，高风险行业企业分布密集的地区基金缺口较大，抵御不确定风险的能力较差，一旦出现伤亡事故，基金收不抵支，难以立即保障工伤职工的工伤保险待遇。甚至一些地区害怕将高风险的小微企业纳入工伤保险保障范畴，背离了工伤保险制度的初衷。实行省级统筹，可有效扩大基金规模，缩小地区间基金缺口差异，提升工伤保险基金分散事故风险的能力，是保障更广泛职业人群、保障工伤职工待遇水平的有力后盾。此外，在市级统筹层次下，不同地区间基金结余水平相差较大。基金结余较少的地区由于基金规模和基金缺口的压力，对规范和调整工伤保险待遇畏缩不前，倾向于“多收少支”，以累积较多的基金储备来应对未来可能遇到、不可预知的事故风险。实行省级统筹，各地区不再建立储备金，有利于平衡地区间基金结余水平，提高基金使用效率。2017 年，人力资源社会保障部、财政部印发《关于工伤保险基金省级统筹的指导意见》（人社部发〔2017〕60 号），要求 2020 年实现省级统筹。在《关于工伤保险基金省级统筹的指导意见》印发前，全国仅有 4 个直辖市和 7 个省份实行了工伤保险省级统筹，大部分地区基本上实现了市级统筹。截至 2020 年年底，全国已基本实现了省级统筹。

在各地实践中，工伤保险基金省级统筹形成两种模式：一种是“六统一”模式，即实行统一工伤基金收支、统一参保范围和参保对象、统一工伤保险费率政策和缴费标准、统一工伤认定和劳动能力鉴定办法、统一工伤保险待遇支付标准、统一经办流程和信息系统。另一种则是“五统一+调剂金”模式，即在上述“六统一”模式中，基金不采取统收统支的方式，而是采取建立省级调剂金模式，其他方面实行“五统一”。据不完全统计，全国有 4 个直辖市及河北、山西、广东、贵州、青海、西藏和新疆兵团等已经或将采取“六统一”的省级统筹模式，其他省份则实行了“五统一+调剂金”的模式。

从上述实行“六统一”模式的地区来看，4 个直辖市是《工伤保险条例》实施后即实行了基金统收统支的地区，与直辖市的社会保险垂直管理体制相一致、相适应；贵州、西藏、青海等地则是因经济相对落后，参保人数较少，省区基金实力较弱，省区内各地工伤基金分布不平衡，故采取基金统收统支的模式来提高基金的共济和保障能力是最优的选择；广东则是全国工伤保险参保人数最多，基金实力最雄厚的省份，在 2019 年实施了“六统一”的省级统筹模式，主要是为了解决省内工伤保险发展不平衡、不协调等问题。广东省省级统筹改革后，实现了职业人群工伤保险的全覆盖，提高了基金共济和保障能力，增强了工伤保险制度的公平性和可持续性，提高了工伤保险管理服务的效能，释放了提高待遇和降低费率的双重改革效果。其中，伤残待遇托底线平均提高约 20%，长期待遇平均提高约 15%，平均费率降至了 0. 17%。降费期间为企业减少缴费额约 50 亿元。从工伤保险制度“大数法则”的基本原理，以及提高基金使用效率，提高基金抗风险能力，保持工伤保险的公平性、可持续性，推动工伤保险高质量发展来看，广东省成功地实施“六统一”的工伤保险省级统筹模式，代表了今后一个时期省级统筹发展方向，将会有更多的省份，尤其是中西部地区省份会从“五统一+调剂金”模式升级为“六统一”省级统筹模式。建立“六统一”的省级统筹作为全面完善工伤保险制度的重大举措，将为新时代工伤保险的高质量发展提供更加坚实的基础。

（三）工伤保险基金收支规模和保障能力

1. 工伤保险基金收支规模不断扩大

从 2004 年《工伤保险条例》实施开始，工伤保险基金收入逐年增长，基金收入规模不断扩大。2004 年工伤保险基金收入为 58 亿元，到 2019 年基金收入已增至 819. 4 亿元，是 2004 年的 14. 1 倍。2004 年工伤保险基金支出为 33 亿元，2019 年基金支出 816. 9 亿元，是 2004 年的 24. 8 倍，如图 3-6-3 所示。

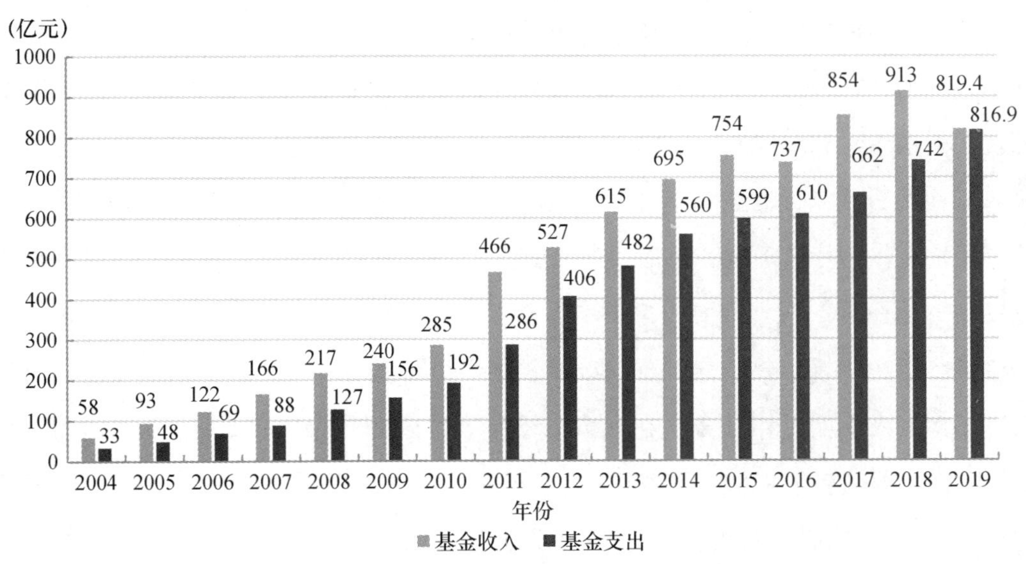

图 3-6-3　2004—2019 年工伤保险基金收支情况

资料来源：根据工伤保险历年统计数据整理。

2. 工伤保险基金保障能力大幅提升

在工伤保险基金收支不断增长的基础上，工伤保险基金保障能力大幅提升，主要表现在以下三个方面：

一是工伤保险待遇项目增加。2011 年修订后的《工伤保险条例》将过去由用人单位支付的工伤职工住院伙食补助费、统筹地区以外就医的交通食宿费及终止或解除劳动关系时的一次性医疗补助金，改由工伤保险基金统一支付。工伤保险待遇支出项目由 9 项增加到 13 项，原有待遇项目范围扩大。

二是工伤保险待遇水平大幅提高。修订前的《工伤保险条例》规定，职工因工死亡，一次性工亡补助金标准为 48～60 个月的统筹地区上年度职工月平均工资。修订后的《工伤保险条例》则将因工伤死亡职工的一次性工亡补助金标准从原来的 48～60 个月的统筹地区上年度职工月平均工资，提高至按上年度全国城镇居民人均可支配收入的 20 倍发放，比原标准增加了 2 倍多。修订后的《工伤保险条例》同时对伤残职工的一次性伤残补助金进行了调整，将一级至四级、五级至六级和七级至十级伤残职工的一次性伤残补助金标准分别上调，增加了 3 个月、2 个月和 1 个月的本人工资，从而大幅度提高了工伤职工及其供养亲属的待遇保障水平。

三是逐步建立了工伤保险待遇调整和确定机制。《工伤保险条例》规定了一次性伤残补助金、一次性工亡补助金、丧葬补助金的计发办法。工伤医疗、辅助器具配置、工伤康复和统筹地区以外就医期间交通食宿费 4 项待遇，根据《工伤保险条例》和相关目录、标准据实支付。党的十八届三中全会提出建立健全合理兼顾各类人员的社会保障待遇确定和正常调整机制，2016 年发布的《人力资源和社会保障事业发展“十三五”规划纲要》进一步明确要建立并完善科学、规范的工伤保险待遇调整机制。2017 年，中央全面深化改革领导小组将进一步规范工伤保险待遇调整和确定工作纳入年度工作任务。在此背景下，人力资源社会保障部于 2017 年出台了《关于工伤保险待遇调整和确定机制的指导意见》（人社部发〔2017〕58 号），对伤残津贴、供养亲属抚恤金、生活护理费及职工住院治疗工伤的伙食补助费进行了重点规范和调整。

总体而言，在工伤保险待遇相关政策指导下，近年来工伤保险基金保障能力大幅提升。在伤残待遇方面，近年来全国人均一次性伤残补助金、月人均伤残津贴和月人均护理费待遇和一次性工伤医疗补助金均在不断增长。2019 年全国人均一次性伤残补助金为 3. 67 万元，全国月人均伤残津贴为 3 373 元，全国月人均生活护理费为 2 026 元，人均一次性工伤医疗补助金为 3. 1 万元。

在工亡待遇方面，近年来一次性工亡补助金、丧葬补助金和供养亲属抚恤金均持续增长。2019 年一次性工亡补助金核定标准为 78. 5 万元；全国人均丧葬补助金为 3. 34 万元；全国人均供养亲属抚恤金为 1 402 元，同比增加 115 元，增长 8. 9%。

（四）工伤保险基金支出管理情况

1. 工伤保险基金支出项目构成

从 2011 年《工伤保险条例》修订后，工伤保险基金支出统计项目分为工伤预防费、劳动能力鉴定费用、工伤保险待遇、其他和转移支付五大类。其中，“其他”主要是部分省份在交通事故补差时，无法与医疗、伤残等待遇对应的支出。工伤保险待遇支出始终是工伤保险基金支出的主要项目，其在工伤保险基金总支出中的占比最低为 2011 年的 96. 89%，最高为 2018 年的 98. 99%，见表 3-6-6。

表 3-6-6　　2011—2019 年工伤保险基金支出项目构成　　单位:%

	工伤预防费	劳动能力鉴定费用	其他	工伤保险待遇	转移支出
2011 年	0.67	0.87	1.57	96.89	
2012 年	0.94	0.60	0.94	97.48	0.37
2013 年	0.50	0.50	0.30	98.60	0.10
2014 年	0.60	0.40	0.50	98.00	0.50
2015 年	0.50	0.30	0.30	98.70	
2016 年	0.37	0.26	0.41	98.96	
2017 年	0.44	0.22	0.51	98.83	
2018 年	0.36	0.16	0.49	98.99	
2019 年	0.30%	0.17	1.21	98.33	

数据来源：根据工伤保险历年统计数据整理。

2. 工伤保险待遇支出

从工伤保险待遇的支出项目来看，2011—2019 年医疗待遇在工伤保险待遇中的比例总体呈下降趋势，从 2011 年的 42.2%降至 2019 年的 27.82%；康复待遇总体保持在 1.0%左右；伤残待遇在工伤保险待遇中的比例不断上升，从 2011 年的 28.2%上升至 2019 年的 43.81%；工亡待遇在工伤保险待遇中的比例保持平稳状态，最低为 2015 年的 27.2%，最高为 2018 年的 28.8%，如图 3-6-4 所示。

3. 工伤预防费用

2004 年实施的《工伤保险条例》在第一条中提及“促进工伤预防”工作，但其仅明确了工伤预防方面的基本原则，缺乏细化的具体措施，导致工伤预防工作处于“静默”状态，各地对如何进行事故预防、预防费用如何使用、如何保证资金的安全有效使用都缺乏实践经验。基于这一现状，2009 年，人力资源社会保障部颁布《关于开展工伤预防试点有关问题的通知》（人社厅发〔2009〕108 号），确定广东省、河南省、海南省的 12 市作为工伤预防试点城市。广东、河南、海南 3 省出台了地方法规，明确可以从工伤保险基金提取一部分资金直接用于工伤预防，包括工伤预防宣传、培训、职业危害监测评估、职业健康体检、安全生产奖励、工伤预防的科学研究。

结合我国工伤预防的实践探索及其资金状况，2011 年 1 月 1 日修订后的《工伤保险条例》实施，明确规定工伤保险基金可用于工伤预防费用支出，并首次提出了工伤

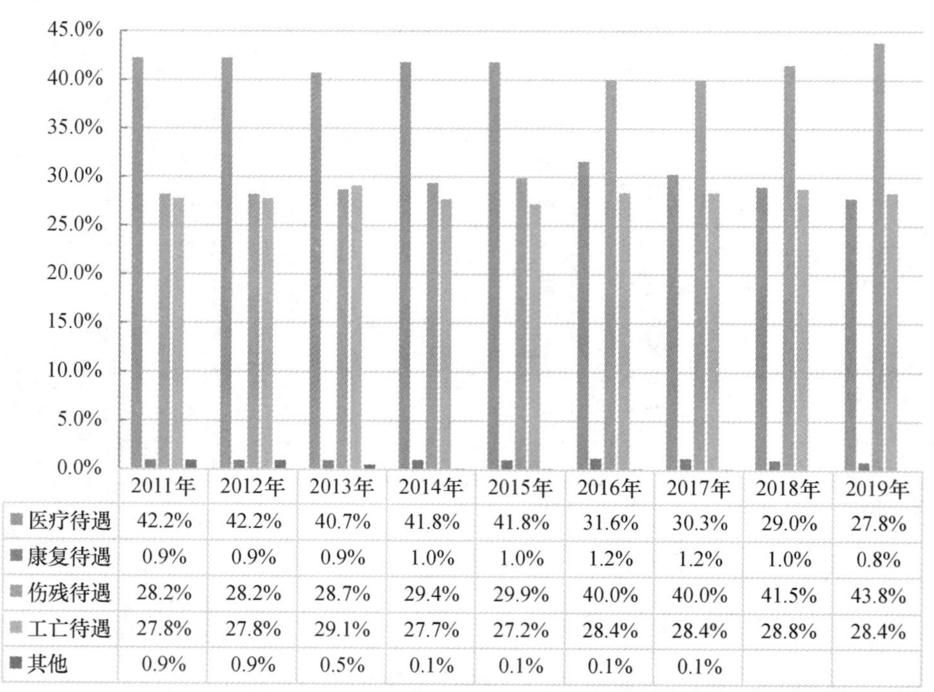

	2011年	2012年	2013年	2014年	2015年	2016年	2017年	2018年	2019年
医疗待遇	42.2%	42.2%	40.7%	41.8%	41.8%	31.6%	30.3%	29.0%	27.8%
康复待遇	0.9%	0.9%	0.9%	1.0%	1.0%	1.2%	1.2%	1.0%	0.8%
伤残待遇	28.2%	28.2%	28.7%	29.4%	29.9%	40.0%	40.0%	41.5%	43.8%
工亡待遇	27.8%	27.8%	29.1%	27.7%	27.2%	28.4%	28.4%	28.8%	28.4%
其他	0.9%	0.9%	0.5%	0.1%	0.1%	0.1%	0.1%		

图 3-6-4　2011—2019 年各类待遇在工伤保险待遇中的比例

数据来源：根据工伤保险历年统计数据整理。

预防的发展方向与重点任务。《工伤保险条例》第十二条规定，工伤保险基金用于支付“工伤预防的宣传、培训等费用”，这也为全国工伤预防工作的开展提供了上位法。2009 年后人力资源社会保障部在河南、海南、广东三省的 12 个地市开展的工伤预防试点工作取得了初步成效，但仍未形成全面系统的可借鉴的经验。

2013 年，人力资源社会保障部颁发了《关于进一步做好工伤预防试点工作的通知》（人社部发〔2013〕32 号），对工伤预防工作做了详细的规定，即规定将统筹地区上年度工伤保险基金征缴收入的 2%左右用于工伤预防；预防费用主要用于开展工伤预防的宣传、培训以及法律、法规规定的其他工伤预防项目；社会保险行政部门应按照政府采购法规定的程序，从具备相应资质的社会、经济组织中选择具体服务的组织；社会保险经办机构受社会保险行政部门委托与选定的组织签订合同，明确双方的权利和义务。

2017 年，人力资源社会保障部会同财政部、卫生计生委、安全监管总局制定了

《工伤预防费使用管理暂行办法》，规定工伤预防费用于工伤事故和职业病预防宣传和培训。在保证工伤保险待遇支付能力和储备金留存的前提下，工伤预防费的使用原则上不得超过统筹地区上年度工伤保险基金征缴收入的3%。因工伤预防工作需要，经省级人力资源社会保障部门和财政部门同意，可以适当提高工伤预防费的使用比例。工伤预防费的使用实行预算管理，统筹地区社会保险经办机构按照上年度预算执行情况，根据工伤预防工作需要，将工伤预防费列入下一年度工伤保险基金支出预算。

2011 年到 2019 年，工伤预防费占工伤保险基金总支出的比例最高为 2012 年的 0.94%，最低为 2019 年的 0.3%，如图 3-6-5 所示。2019 年除 5 个省市外，27 个省份均有工伤预防费支出，总计 2.4 亿元，同比减少 0.24 亿元。

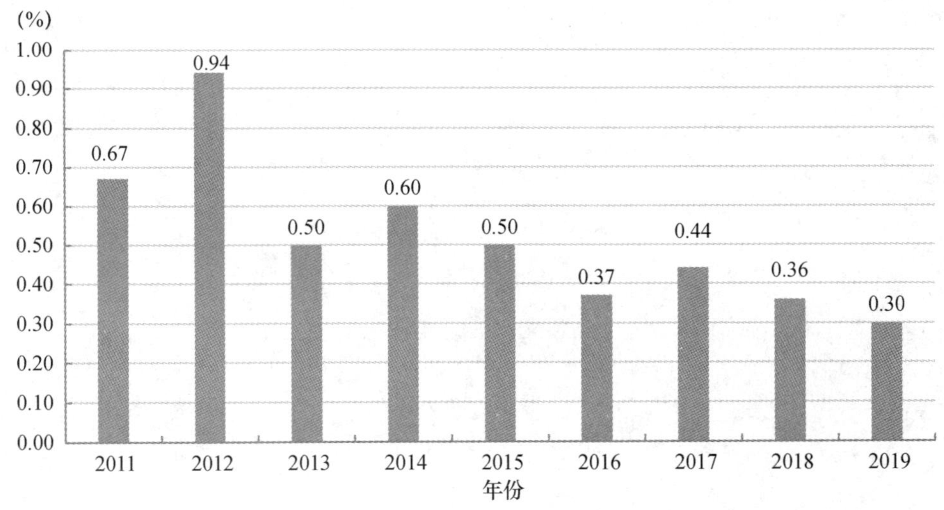

图 3-6-5　2011—2019 年工伤预防费占工伤保险基金总支出的比例

资料来源：根据工伤保险历年统计数据整理。

在 2019 年工伤预防费支出项中，宣传费占 62.1%，培训费占 33.1%，其他占 4.8%。从近三年的数据来看，宣传费支出占比超过一半，2019 年培训费支出同比增加较多，其他支出占比明显减少，说明各地按照《工伤预防费使用管理暂行办法》规定逐步规范预防项目开展和预防费用支出。

（五）工伤保险基金结余（含储备金）变化情况

从 2004 年《工伤保险条例》开始实施至 2019 年，工伤保险基金累计结存持续增长且处于偏高状态，地区之间差异较大。

1. 工伤保险基金累计结余（含储备金）

从 2004 年《工伤保险条例》正式实施以来，工伤保险基金累计结存（含储备金）从 2004 年的 118. 6 亿元增长至 2019 年的 1 783 亿元，为 2004 年的 15 倍，如图 3-6-6 所示。

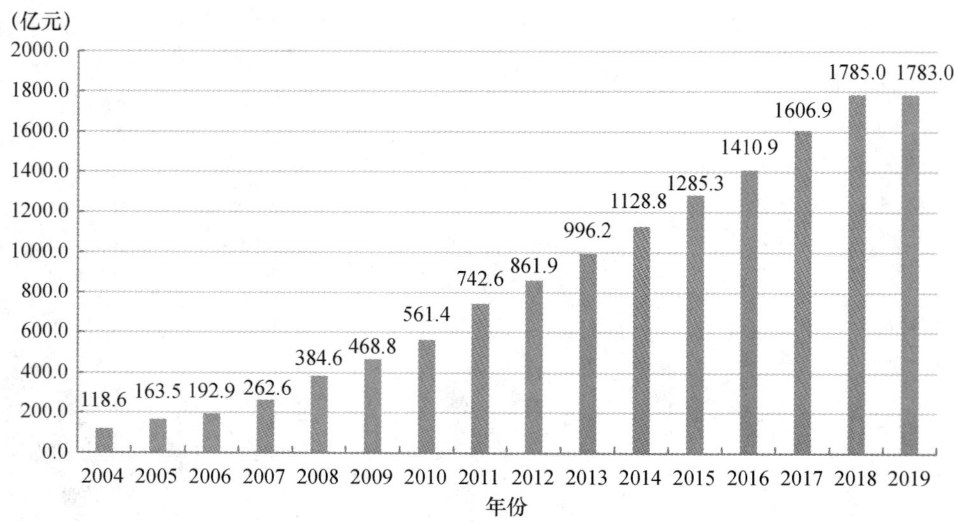

图 3-6-6　2004—2019 年工伤保险基金累计结存（含储备金）

资料来源：根据工伤保险历年统计数据整理。

2. 工伤保险基金累计结存可支付月数

按照当年工伤保险基金的支出水平计算，到 2019 年，全国工伤保险基金累计结存可支付 26. 2 个月。2004—2019 年工伤保险基金累计结存可支付月数如图 3-6-7 所示。

2019 年各地工伤保险基金累计结存（含储备金）可支付月数见表 3-6-7。通过阶段性降低工伤保险费率等手段压减过多累计结存成效显现，但地区差异仍然存在。

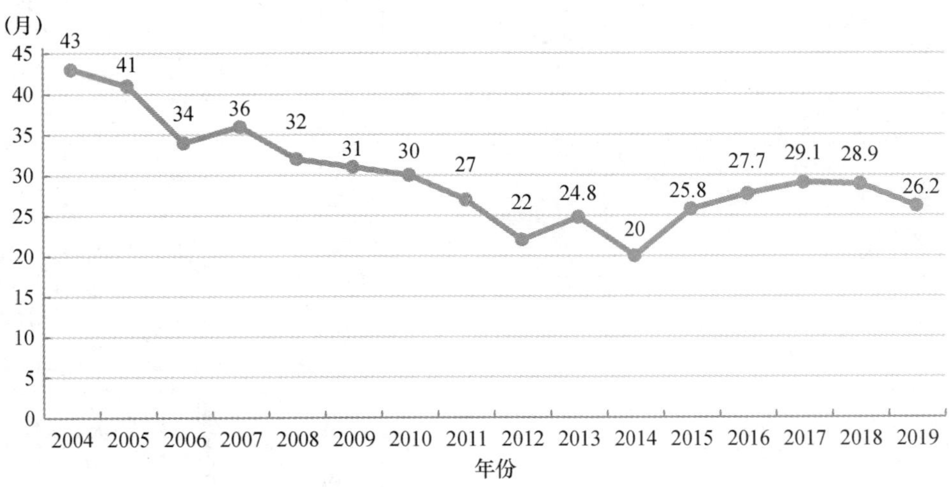

图 3-6-7　2004—2019 年工伤保险基金累计结存可支付月数

资料来源：根据工伤保险历年统计数据整理。

表 3-6-7　2019 年各地工伤保险基金累计结存（含储备金）可支付月份数　单位：月

序号	省份	可支付月份	序号	省份	可支付月份
1	海南	97. 5	17	山东	26. 7
2	广西	72. 4	18	江苏	26
3	西藏	65. 8	19	安徽	24. 7
4	广东	50. 2	20	甘肃	23. 8
5	青海	49. 4	21	新疆	20. 2
6	内蒙古	46. 5	22	上海	20. 0
7	江西	40. 7	23	云南	19. 4
8	福建	36. 1	24	浙江	19. 2
9	吉林	33. 1	25	辽宁	18. 5
10	湖北	32. 7	26	北京	17. 8
11	河南	32. 2	27	天津	17. 2
12	新疆生产建设兵团	29. 5	28	山西	16. 6
13	四川	29. 5	29	黑龙江	14. 3
14	陕西	29. 4	30	贵州	14. 1
15	宁夏	28. 4	31	河北	12. 8
16	湖南	28. 4	32	重庆	7. 4

资料来源：2018 年人力资源社会保障部统计数据。

3. 储备金情况

2005 年工伤保险储备金为 5.5 亿元，2019 年工伤保险储备金为 262 亿元，是 2005 年的 47.6 倍，如图 3-6-8 所示。

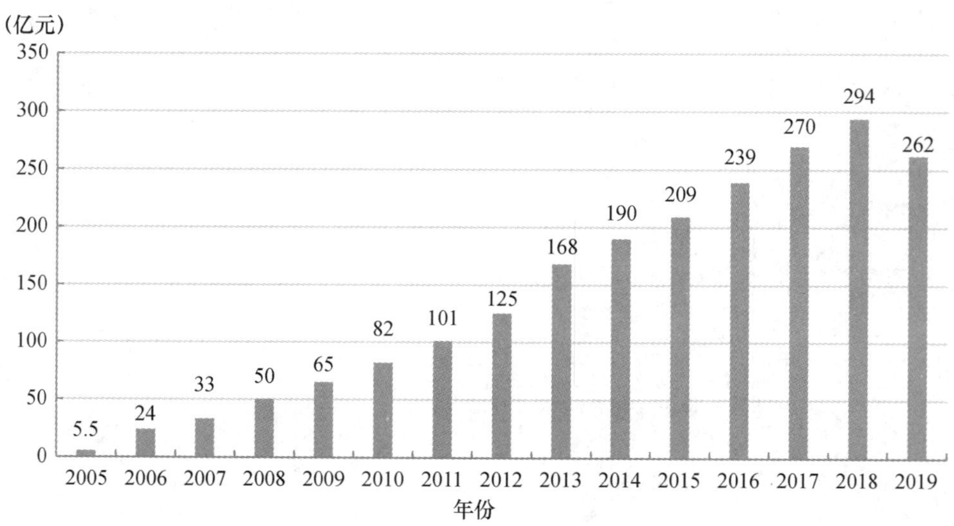

图 3-6-8　2005—2019 年工伤保险储备金情况

资料来源：根据工伤保险历年统计数据整理。

（六）工伤保险基金预算管理情况

工伤保险是我国社会保险的险种之一，工伤保险基金被纳入我国社会保险基金预算管理制度体系。2010 年初国务院下发《关于试行社会保险基金预算的意见》（国发〔2010〕2 号），决定从 2010 年起在全国建立社会保险基金预算制度。在试编阶段，本着先易后难的原则，将制度较为成熟的企业职工基本养老、失业、城镇职工基本医疗、工伤、生育五项社会保险基金纳入预算编制范围。同时，该意见提出全国社会保险基金预算草案“待时机成熟时，由国务院适时向全国人大报告”。2012 年 3 月，第十一届全国人民代表大会第五次会议通过的《第十一届全国人民代表大会财政经济委员会关于 2011 年中央和地方预算执行情况与 2012 年中央和地方预算草案的审查结果报告》提出“2013 年向全国人大正式提交全国社会保险基金预算”。2013 年两会期间，全国社会保险基金预算草案首次提交全国人大审议，标志着我国社会保险基金管理工作进入了一个新阶段。《中华人民共和国预算法》（以下简称《预算法》）第五条规定，预算包括一般公共预算、政府性基金预算、国有资本经营预算、社会保险基金预算。《预算法》的实施为社会保险基金预算奠定了法制基础，为该基金预算的执行和审查监督提供了遵循。《预算法》对社会保险基金预算的定义是清晰的，即“社会保险基金预算是对社会保险缴款、一般公共预算安排和其他方式筹集的资金，专项用于社会保险的收支预算”。《预算法》同时还强调了社会保险基金预算的编制原则：“按照统筹层次和社会保险项目分别编制”，并“做到收支平衡”；社会保险基金预算既要“保持完整、独立”，又要与一般公共预算“相衔接”。

三、工伤保险基金监督

（一）工伤保险基金监督体系

1. 工伤保险基金部门监督

工伤保险基金是我国社会保险基金监管体系的监管内容，近五年人力资源社会保障部门对工伤保险基金监督取得了较大进展。

2015 年，人力资源社会保障部、公安部下发《关于加强社会保险欺诈案件查处和移送工作的通知》（人社部发〔2015〕14 号），进一步规范和加强社会保险欺诈案件查处和移送工作，完善执行程序，健全行政执法和刑事司法有效衔接机制。

2016 年，人力资源社会保障部成立社会保险基金监管局，进一步加强对社会保险基金的监督、管理、投资、运营等。同年，人力资源社会保障部办公厅下发《关于印发社会保险欺诈案件管理办法的通知》（人社厅发〔2016〕61 号）。

2017 年，人力资源社会保障部办公厅下发《关于贯彻落实贪污社会保险基金属于刑法贪污罪中较重情节规定的通知》（人社厅发〔2017〕107 号），进一步明确“加强宣传教育，提高防范贪污社会保险基金的意识”“完善内控管理，堵塞贪污社会保险基金的风险漏洞”“严格基金监督，着力查处贪污社会保险基金的违法行为”。

总体来看，我国包括工伤保险基金在内的社会保险基金监管体系无论从制度建设方面，还是从实践方面都取得了突破性的进展，为保障我国包括工伤保险基金在内的社会保险基金的安全稳定运行提供了保障。

2. 工伤保险基金财政监督

根据财政部网站公开的机构职能，社会保障司是财政部内负责社会保险基金管理监督的机构。社会保障司的主要职责是负责社会保险基金预决算和投资运营有关工作；会同所联系部门（单位）研究提出经费开支标准、定额、年度预算和专项资金支出预算建议；负责所联系部门（单位）的预算编制、执行、决算、公开等工作；对专项资金追踪问效。检查项目实施中资金的管理使用和配套到位情况，进行项目的绩效考评；会同所联系部门（单位）制订相关财务及专项资金管理办法等。因此，财政部对工伤保险基金监督最重要的方式是对工伤保险基金的预算和决算。

此外，财政部对工伤保险基金监督的另外一个重要制度是对社会保险基金财务制度的规范。2017 年，财政部印发了《社会保险基金会计制度》（财会〔2017〕28 号），自 2018 年 1 月 1 日起实施，全面规范社会保险基金的会计核算。社会保险基金会计制度是社会保险管理制度体系的重要基础性制度，是准确、完整记录“民生账本”的基本规则和依据，社会保险基金相关会计制度在确保社会保险基金安全运行和规范有效使用、加强基金监督和管理等方面发挥了积极作用。《社会保险基金会计制度》适用于社会保险经办机构负责经办的社会保险基金，包括工伤保险基金。

3. 工伤保险基金审计监督

社会保险基金审计是国家审计机关、社会保险经办机构审计部门以及受委托的社会审计组织，通过审计方法，对社会保险基金收入、支出及基金管理的真实性、合法性和效益性进行的监督、评价和鉴证。社会保险基金审计既有内部审计又有外部审计。本书的社会保险基金审计，专指国家审计机关组织实施的对政府部门管理的和社会团体受政府部门委托管理的社会保险基金财务收支的真实、合法、效益进行的审计监督。

工伤保险基金审计主要围绕工伤保险基金开展，在调查了解工伤保险政策制定执行、基金规模结构等情况的基础上，揭示政策执行和基金筹集、管理、使用中存在的突出问题，并从体制机制制度层面提出有针对性的建议。审计内容包括但不限于组织机构、基金财务、业务运行、信息系统、内部控制、工伤认定和劳动能力鉴定、工伤预防和工伤康复，以及重大违法违规违纪问题等。

工伤保险基金的审计对象包括抽审地区人民政府及所属人力资源社会保障、财政、税务等部门，工伤保险经办、工伤认定、劳动能力鉴定等机构，必要时延伸至工伤医疗机构（含康复机构）和辅助器具配置机构等相关单位和个人。

就工伤保险基金审计来说，既要对工伤保险基金的核定收缴、支付、上解、拨付、调剂、使用等情况进行审查，又要对工伤保险基金的运营、保值增值和内部控制进行审查，还要对工伤预防、工伤认定、工伤康复和劳动能力鉴定等工伤保险基金有关的所有经济活动进行全面审查；不仅进行财务收支审查，还要进行财经法纪审查；不仅对每个经济活动环节的工作质量进行评价，还要对重大政策执行情况进行审查。最后还要找出问题存在的原因，并提出有针对性的改进措施和建议等。

4. 工伤保险基金社会监督

当前，社会对工伤保险基金的监督方式主要包括两个方面：一是社会保险监督委员会的监督，二是人力资源社会保障部门关于社会保险基金的社会监督试点。

（1）社会保险监督委员会的监督。当前立法上对工伤保险基金的社会监督具有明确规定的是《社会保险法》第八十条的相关规定。根据《社会保险法》第八十条规定，统筹地区人民政府成立由用人单位代表、参保人员代表以及工会代表、专家等组成的社会保险监督委员会，掌握、分析社会保险基金的收支、管理和投资运营情况，对社会保险工作提出咨询意见和建议，实施社会监督。

（2）人力资源社会保障部门设立的社会保险基金监督试点。2012 年，人力资源社会保障部下发《关于开展社会保险基金社会监督试点的意见》（人社部发〔2012〕98 号），强调在依法强化社会保险基金行政监督的同时，要进一步加强社会的直接监督，并决定开展社会保险基金社会监督试点。2013 年，人力资源社会保障部办公厅下发《关于确定社会保险基金社会监督试点地区的通知》（人社厅发〔2013〕20 号）。2014 年，人力资源社会保障部办公厅下发《关于确定第二批社会保险基金社会监督试点地区的通知》（人社厅发〔2014〕67 号）。

（二）人力资源社会保障部门对工伤保险基金的监督实践

2014 年 5 月，人力资源社会保障部开始开展社会保险基金管理情况的专项检查，持续了半年之久，主要对 2013 年度社会保险基金的征缴、支付、财务、审批评审和经办服务管理情况以及相关管理制度执行情况进行检查，明确必要时可延伸到其他年度。

2018 年 4 月，人力资源社会保障部开展的工伤保险内部控制专项检查，一直持续到年底，不仅重点检查工伤保险经办机构、工伤认定机构和劳动能力鉴定机构，并延伸检查工伤医疗机构等，还按照“双随机、一公开”的原则，由社会保险基金监督部门与工伤保险行政部门、经办机构、信息化综合管理机构等联合组织开展检查。

（三）审计部门对工伤保险基金的监督实践

截至 2020 年，除了地方审计机关不定期开展的工伤保险基金审计以外，审计署于 2012 年和 2016 年对工伤保险基金开展过 2 次大规模的审计。

第一次在 2012 年 3—5 月，审计署组织全国审计机关 4 万多名审计人员对 31 个省、5 个计划单列市本级及所属市、县三级政府和新疆生产建设兵团管理的 18 项社会保障资金进行“大社保”审计。此次审计的重点是基本养老保险基金、基本医疗保险基金和最低生活保障资金，因此工伤保险基金审计发现的主要问题无论是数量还是金额都不大。

第二次在 2016 年 2—3 月，审计署组织了 18 个特派办对北京、山西等 17 个省、直辖市 2013—2015 年工伤保险政策执行情况和工伤保险基金的筹集、管理、使用情况进行了审计。由于是专项审计，此次审计覆盖了工伤保险基金管理的全过程，审计发现的主要问题既有制度层面的，也有政策层面的，还有经办管理层面的。

两次审计发现的主要问题：《工伤保险条例》规定的工伤预防费的管理办法尚未出台；骗取、挪用工伤保险基金的数额较大，欠缴、少缴工伤保险费的金额较大。审计过后，对查出的问题进行了严肃处理。审计工作促进了工伤保险制度的进一步完善。2017 年，人力资源社会保障部等四部委出台了《工伤预防费使用管理暂行办法》，加强了工伤保险基金管理。

四、工伤保险基金管理面临的挑战和政策建议

（一）面临的挑战与解决建议

1. 先行支付的困境和解决建议

当前，工伤保险基金先行支付后追偿难主要是因为基金追偿机制不完善。《社会保

险法》和《社会保险基金先行支付暂行办法》虽然对社会保险经办机构的追偿规定了责令支付、签订协议、要求偿还等方式，但这些方式缺乏执行效力和追偿手段，强制力显然不够。相关法律法规在追偿程序方面没有作出详细的合理设置。工伤保险基金先行支付后，按照法律规定，社会保险经办机构可以向原用人单位法人或股东就工伤保险基金先行支付的赔偿金进行代位追偿，但是社会保险经办机构在追偿过程中实际面临的困难较大，受理的工伤保险基金先行支付案件多为老大难案件。通常情况下，在社会保险经办机构向用人单位追偿前，有些工伤职工就已经通过申请仲裁、法院诉讼等途径向其追讨过，并由人民法院通过资产冻结、拍卖等形式追讨。职工追讨无果就会申请工伤保险基金先行支付，所以社会保险经办机构再次通过法律途径向用人单位进行追偿，无论是力度还是成效都比较低，达不到预期效果。

要解决先行支付追偿难问题，需要从以下方面入手：

（1）依法行政。工伤保险基金先行支付是《社会保险法》和《社会保险基金先行支付暂行办法》的明确要求，要做好先行支付工作，需要以法律法规作为基础，防止被告不作为而影响全局；要以严格程序为经办方向，从严把关。应积极推动完善法律规定，修改完善《社会保险法》关于先行支付的有关规定。在更高层级管理机构未明确出台具体实施意见与办法的前提下，地方实施机构可暂以人民法院判决、裁定为基础，制定当地工伤保险基金先行支付的经办实施流程，解决已经发生的问题和规避出现的风险，建立健全后续追偿的机制，做到追偿有为，既能让先行支付这项救助工伤职工于危难的制度得到有效落实，又能确保工伤保险基金按规运行。

（2）协同配合，建立多部门联动机制。建立工伤保险基金先行支付后续追偿相关联动机制。社会保险经办机构进行先行支付后，应积极进行追偿，保障工伤保险基金安全运行。一是人力资源社会保障部门内部相关职能部门要齐抓共管、上下联动、条块结合，加强劳动监察、仲裁、工伤保险行政和经办的协调，综合处置，前期介入，避免和减少先行支付的发生。二是工伤保险基金进行先行支付后，在追偿阶段，社会保险经办机构应与工商行政管理部门、公安、法院建立对接联动机制，防止用人单位在追偿期间恶意注销工商登记；对第三人或用人单位逾期不偿还工伤保险待遇的，移交公安部门处理，社会保险经办机构向人民法院提起追偿诉讼。法院、工商、税务、金融等相关部门通力配合，堵塞漏洞，实现被执行人信息共享，将追偿执行真正落到实处。三是建立社会保险诚信系统并与公共征信系统对接，将有能力支付而不支付的单位和个人列入征信体系，形成社会掣肘机制，遏制恶意逃避赔偿行为。对拒不支付工伤保险待遇的单位，将失信信息报给征信办等部门，督促用人单位偿还工伤保险基金代偿金额。

2. 工伤保险基金结存偏多的对策

目前，我国工伤保险基金结存偏多，最重要的原因在于工伤保险制度还尚未真正建立工伤预防、工伤康复、工伤补偿“三位一体”的工伤保险制度体系。因此，当前最重要的工作即是借工伤保险基金结余偏多之机，加快工伤预防和工伤康复体系的发展。工伤保险制度定位决定了要以待遇补偿为主，其实工伤康复本身属于待遇补偿的内容，差别费率与费率浮动机制客观上起到了促进工伤预防的作用。加强以待遇补偿为主体、以工伤康复和工伤预防为两翼的“三位一体”的工伤保险制度体系建设，要完善待遇结构与标准，建立科学的工伤康复、工伤预防运行机制。一是继续完善工伤保险待遇保障政策。根据《社会保险法》和《工伤保险条例》的要求，进一步完善工伤保险待遇保障政策，制定配套的规范和标准。二是实行医疗救治和医疗康复一体化管理。建立工伤“大医疗”概念，把工伤医疗救治和医疗康复视为一个整体，实现先治疗康复、后鉴定补偿，最大限度地维护工伤职工的生活和劳动能力。三是坚持以医疗康复为基础，强化职业康复，以提高和恢复工伤职工身体功能为目标，让工伤职工尽可能回归原工作岗位或原工作单位。探索以回归劳动岗位为主要渠道的多种再就业途径，增加工伤职工再就业机会。建立激励机制，通过多种方式激励用人单位接收工伤职工就业。四是重视工伤职工的心理康复。对工伤职工进行心理干预，尽量减少工伤事故对工伤职工心理的影响，帮助工伤职工度过心理创伤期。五是依法界定、明确人力资源社会保障与应急管理部门和用人单位对事故预防的职责关系，建立协调合作机制。六是充分发挥工伤事故与保险费率挂钩机制的作用，用经济杠杆强化用人单位的工伤预防责任意识。在工伤保险制度框架内，做好职业安全知识、劳动保护知识的宣传、培训。重点加强对高风险行业和事故高发区域的监控，对在一定时期内事故高发的单位进行警示并相应调整费率。

同时，指导各地按照要求继续做好阶段性降低工伤保险费率工作，为企业减负，通过降低费率、提高统筹层次等措施，合理压减累计结存规模，增强基金的共济能力。

3. 工伤保险基金支出管理的问题和解决建议

目前，我国工伤保险基金支出仍存在较多薄弱环节，工伤保险基金支出中仍存在较多欺诈行为，主要如下：

一是少报、瞒报、漏报缴费基数。一些用人单位编造各种理由少报、瞒报、漏报缴费基数，少缴工伤保险费。一方面，少报缴费基数导致参保人员待遇降低，侵害了参保人员的利益，由此引起的劳动争议案件增多；另一方面，少报缴费基数，少缴工伤保险费，也导致了工伤保险基金的流失。

二是非参保人员冒名顶替参保人员。一些用人单位没有全员参保，一旦有未参保人员发生工伤，未参保人员就冒充已参保人员到医疗机构进行救治，并以参保人员的名义申报工伤，骗取工伤保险待遇。

三是用人单位在工伤事故时间上造假。有的职工发生工伤事故时未参保，发生工伤后，用人单位立即为其参保，并在申报工伤时造假，将工伤事故时间移至参保人参保后，骗取工伤保险待遇。

四是医疗机构弄虚作假，医疗费用虚高。医疗机构单方面或者与用人单位、参保职工“合谋”违法违规骗取工伤保险基金的现象不时发生。采取的方式主要如下：将无须住院的患者收治入院治疗或延长住院时间；重复检查，超剂量、超范围地使用药品；不合理收费，包括套项目收费、超标准收费、搭便车收费及分解收费等，造成医疗费虚高。

要解决工伤保险基金欺诈问题，可以从以下方面入手：

一是积极与税务部门沟通协调，强化对用人单位的监督稽核。在目前基本养老保险、工伤保险两个业务系统不兼容的情况下，社会保险经办机构要加强对用人单位参保人数和缴费基数的数据信息对比，积极与税务部门沟通配合，同步做好基本养老保险、工伤保险的参保缴费工作。与此同时，严格执行《社会保险法》《社会保险费征缴暂行条例》等法律法规，加强对用人单位参保人数和缴纳工伤保险费的稽核力度，防止少报、漏报参保人数和缴费基数，确保应保尽保、应收尽收。

二是加强工伤保险经办队伍建设，强化对医疗机构的管理和监督。一方面，在社会保险经办机构新增人员时，要有意识地配备医疗专业人员，并加强对现有工伤保险经办人员的业务培训，提高其专业素质。另一方面，加强对医疗机构的管理和监督。

建立健全工伤定点医疗机构管理和考核处罚制度，加强对工伤定点医疗机构的检查监督。

三是加强惩治力度，提高“骗保入刑”的震慑力。《全国人民代表大会常务委员会关于〈中华人民共和国刑法〉第二百六十六条的解释》明确了以欺诈、伪造证明材料或者其他手段骗取养老、医疗、工伤、失业、生育等社会保险金或者其他社会保障待遇的，属于刑法第二百六十六条规定的诈骗公私财物的行为。因此，要加大对以欺诈、伪造证据材料等手段骗取工伤保险待遇、贪污挪用工伤保险基金等违法违规行为的查处力度，并注意收集整理相关案例，以案说法，增大宣传效果。

四是健全监督体系，筑牢工伤保险基金防线。一方面，建立人力资源社会保障、审计、财政、税务等政府有关部门监督检查机制，共同实施对工伤保险基金征缴、支出、管理和运营各个环节的全过程监督，相互配合、相互监督，形成强有力的、统一的监督体系，确保基金安全完整。另一方面，探索建立社会监督机制，通过聘请社会监督员、建立健全投诉和举报奖励机制，广泛地发动群体，充分发挥全社会的监督作用，使涉及工伤保险基金的违法犯罪行为受到全面监督。要形成一个衔接得当、运转流畅、效率较高的监督体系。

（二）今后一个时期（未来五年）基金管理的主要任务

党的十九大对工伤保险工作提出了明确要求，是新时代推进工伤保险事业发展的根本遵循。工伤保险基金管理必须对标中央决策部署，坚持以人民为中心的发展思想，坚持问题导向和目标导向，着力抓重点、破难点、补短板、防风险、强根基，努力推动工伤保险基金管理实现高质量的发展。

今后一个时期（未来五年）工伤保险基金管理的高质量发展目标需要从以下方面着重考虑：

一是加快推进基金管理的制度完善。“完善工伤保险制度”是实现工伤保险基金管理高质量发展的根本保证。要提高政治站位，按照稳中求进的总要求，凝心聚力，创新发展，加快完善具有中国特色的“三位一体”的工伤保险制度体系。要落实《关于工伤保险基金省级统筹的指导意见》，2020 年全面实现工伤保险省级统筹。在省级统筹模式选择上，指导各地特别是中西部地区采用“六统一”模式，实现工伤保险基金统收统支，从根本上解决省内不同地市之间基金保障能力差异大、抗风险能力不平衡等问题，建立起更加公平、规范和科学的工伤保险省级统筹体系。

二是抓好参保扩面工作。当前最重要的是巩固建筑业农民工参保成果，大力推进铁路、公路、水运水利、能源、机场等工程项目参加工伤保险工作，落实“先参保、再开工”要求，确保工程建设项目工伤保险参保率达到90%以上。同时，以快递业为切入点，创新政策，探索新经济新业态从业人员参加工伤保险的办法。

三是大力推动信息化。当前最重要的是瞄准信息化建设这个最大短板，近期内大力推进工伤保险信息化建设，加快建成省级集中的信息平台，推进网上参保、网上经办、网上结算和网上支付等待遇，为决策科学化、管理规范化、服务人本化提供有力支撑和保障。

四是防范化解基金安全的重大风险。防范化解基金安全的重大风险是实现高质量发展必须跨越的重要关口。工伤保险链条长、环节多，基金安全存在风险点。必须强化风险意识，采取有力措施，防范化解重大风险。

工伤保险经办管理服务发展报告

我国工伤保险制度从建立到改革发展走过了 60 多年的历程，对维护和促进我国经济社会发展做出了突出的贡献。工伤保险经办机构是连接工伤保险政策和用人单位、职工的桥梁和窗口，是政策的宣传者和执行者。工伤保险经办机构通过提供线下线上的经办服务，保障政策落实到位，保障工伤职工的医疗救治和基本生活，分散用人单位的工伤风险；通过开展工伤预防，降低事故伤害和职业病发生率；通过开展工伤康复，促进工伤职工最大限度地恢复生理功能，全面回归家庭、社会和重返工作岗位。经办机构同时也是群众诉求的反映者和维护者。《工伤保险条例》实施以来，依托五级（部、省、市、县、乡）工伤保险经办机构、专业化经办队伍、集中高效的信息系统及数字化技术手段，工伤保险经办管理服务实现规范化、高效化、便民化发展，从统一经办管理服务规程到减证便民，持续优化群众办事体验，经办管理服务紧抓政策要求，紧跟时代发展，紧扣人民需求，实现了从无到有、从分散不一到规范统一、从证明繁多程序到“一门、一窗、一网、一次”式服务的变革，切实提升了群众的获得感和幸福感。

一、工伤保险经办管理服务的发展现状

（一）经办管理的内容不断扩展

2003 年 4 月 27 日，《工伤保险条例》颁布，标志着我国工伤保险制度走上法制化轨道，工伤保险发展进入一个崭新阶段。《工伤保险条例》实施后，各地人力资源社会保障部门的首要任务是理顺工伤保险管理体制，健全工伤保险行政管理、业务经办和劳动能力鉴定工作机构，充实相关业务人员，力争做到职能、机构、人员、工作“四到位”。

《工伤保险条例》实施的前些年，各地充分利用其他险种的现有条件开展工作。例如，在工伤医疗方面，充分利用医疗保险的经办机构开展工作；在工伤保险长期待遇支付方面，尽可能利用现有的社会化发放渠道开展工作。《工伤保险条例》实施后，工伤保险基金实行收支两条线管理，基金纳入财政专户，工伤保险经办职能内涵与外延都发生很大变化。

十几年来，工伤保险取得了历史性成就，工伤保险经办管理服务也得到长足发展。随着工伤保险事业的快速发展，工伤保险覆盖范围不断扩大，基金收入迅速增长，工伤保险待遇水平逐步提高，经办管理职能不断延伸，管理服务日益规范，机构人员素质不断提高，工伤保险经办机构通过改进管理手段、充实管理内容、完善管理方式，深入开展规范化、信息化、专业化建设，逐步提高经办管理服务能力。从最初的手工记账逐步发展到广泛应用计算机开展业务，并借助“金保工程”普遍建立起工伤保险信息网络系统，“网上社保”“电子社保”等新的经办模式不断涌现。部分地方工伤保险联网监测体系、运行分析指标体系相继建立，上传数据总量增加，数据质量明显提高。从最初简单的基金征收、待遇支付到如今覆盖全流程的参保登记、费率确定、协议管理、待遇审核及支付、工伤预防、工伤康复、权益记录、统计分析、档案管理等所有环节，十几年来，各级工伤保险经办机构作为集工伤保险制度与政策的执行者、工伤保险事务的承担者、工伤保险基金的管理者、工伤保险服务的提供者、参保人员的代表者几项基本职能于一身的政府执行机构，团结协作、顽强拼搏，努力为参保人员“记录一生，管理一生，保障一生，服务一生”，对保障工伤职工基本生活，维护社会公平正义，保持社会和谐稳定，促进经济健康发展发挥了重要作用，赢得了广大参保单位和工伤职工的好评。

（二）经办管理服务规范化的实践和探索

工伤保险和各项社会保险一样，成败的关键在于是否有科学、严格、有效的管理。工伤保险个案多、程序多、社会化程度要求高的特点，对夯实工伤保险管理服务基础提出了更高的要求。工伤保险从制度实施之初就确立了要在规范、科学的基础上，开展工伤保险经办管理工作，确保工伤保险制度稳健运行和可持续发展。

《工伤保险条例》实施前，由于工伤保险统筹层次低，相关政策、标准不统一等原因，在全国范围内还难以制定和实施统一的业务经办流程和管理服务标准，难以适应为群众提供方便快捷公共服务的要求。制定经办规程是实现工伤保险经办管理服务规范、有序和高效，确保按政策规定、标准和要求落实的有效措施。如果没有具体的规则和操作程序，在经办管理和服务中必然会出现执行标准、操作环节、服务时限等方面不统一的问题，加之内控监督机制不健全，必然会造成各地工伤保险经办工作的随意性，直接影响工伤保险经办的工作效率。

2004 年为全面贯彻落实《工伤保险条例》，推进工伤保险经办管理科学化、规范化和制度化，劳动保障部社保中心在总结借鉴医疗保险和养老保险管理工作经验的基础上研究制定了《工伤保险经办业务管理规程（试行）》（劳社厅发〔2004〕6 号），重点对参保登记、保费征缴、工伤医疗、协议管理和费用结算等重点经办环节进行了规范，对有关账表卡册进行了统一、规范，同时要求各地把规范业务流程与明确岗位职责规范结合起来，做到分工明确、职责清晰。2010 年为全面贯彻落实《社会保险法》、新修订的《工伤保险条例》以及相关的法规和配套政策，进一步规范、统一工伤保险经办管理工作，人力资源社会保障部社保中心对《工伤保险经办业务管理规程（试行）》进行了重新修订，形成了《工伤保险经办规程》（人社部发〔2012〕11 号）。《工伤保险经办规程》增加了基金预算及决算、工伤预防、统计及精算、信息服务、稽核监督、权益记录、档案管理等方面的内容。

随着工伤保险覆盖面的扩大，工伤保险经办管理的内容越来越多，为了规范工伤保险经办相关工作，人力资源社会保障部社保中心相继出台了一些规程和规范。2011 年为推动各地落实工伤保险费率浮动工作，人力资源社会保障部社保中心研究出台了《关于印发工伤保险费率浮动规程（试行）的通知》（人社险中心函〔2011〕101 号），在核定基准费率的基础上，根据用人单位一定期限内工伤保险支缴率、工伤发生率、一级至四级伤残人数或因工死亡人数等费率浮动考核指标来进行费率浮动工作。2015 年，建筑业按项目参保——“同舟计划”工作启动。按项目参保突破了传统的参保和缴费模式，为顺利推进建筑业参保工作，人力资源社会保障部社保中心及时研究出台了《关于印发建筑业按项目参加工伤保险经办规程（试行）的通知》（人社险中心函〔2015〕38 号）。这些规范性文件的出台，确保了工伤保险各项工作的业务流程管理真正纳入标准化、制度化和规范化轨道，保证了工伤保险业务运行的科学、严谨、缜密。

（三）工伤保险协议管理工作的建立和发展

职工因工作遭受事故伤害或患职业病时，由工伤保险协议机构为其提供医疗服务、康复服务和配置辅助器具服务保障，是工伤保险制度的一项重要内容。做好工伤保险医疗服务协议管理工作，有利于保障工伤职工依法享有医疗服务的权益，有利于加强工伤保险基金管理，有利于规范医疗行为、促进我国卫生事业发展。

在工伤保险基金支出中，工伤医疗费用所占比例最大、而医疗费用的支付又是管理的难点，涉及关系复杂，是支出风险最大、问题和矛盾最突出的待遇项目。《工伤保险条例》实施十几年来，各地不断推进工伤保险协议管理方面工作。

《社会保险法》《工伤保险条例》实施以来，各地普遍建立了工伤保险医疗（康复）协议管理制度，一些地方在工伤保险医疗费审核监管方面进行了有益的探索，对规范医疗（康复）机构医疗服务行为，合理使用工伤保险基金起到了积极作用。

一是普遍签订了工伤保险医疗（康复）机构协议。各地经办机构均与符合当地工伤医疗（康复）机构资质的医疗机构签订协议，严格规定双方权利与义务，细化协议管理项目，量化管理指标，规范协议医疗机构的诊疗行为，协议医疗机构均将协议内容纳入内部目标任务考核，加强管理，确保协议的履行。医疗服务协议的签订规范了协议医疗机构的诊疗行为，保障了工伤职工医疗救治的权益。实行市级或省级统筹的地区，协议统一签订。例如，湖南省 14 个地州市实施工伤保险市级统筹后，协议签订实行分级推荐、统一签订。

二是加强协议机构的考核监督。部分地区建立了对协议机构的考核机制，主要从工伤保险基础管理、医疗服务管理、用药、诊疗项目及医疗服务设施管理、价格与收费管理以及执行药品价格和工伤保险药品目录、诊疗目录的情况等对协议机构进行考核。重点查处挂床住院、“大处方”及日常审核工作中发现的不合理支出问题等。有些地方实行日常检查与年终考核相结合，形成分值，按照考核结果按比例返还考核预留金，并决定是否签署下一年度的服务协议。

建立监督制度。四川省广元市建立“五位一体”的监督制度控制费用。一是社会监督。建立了举报奖励制度，对违规行为的举报一经查实，向举报者支付不低于 5 000 元的举报奖金。二是同行监督。三是媒体监督。四是专职队伍监督。面向社会招聘了一支由 6 人组成的具有较高专业水平和临床经验的工伤医疗专职监管队伍，重点监督协议医疗机构履行《工伤医疗协议》的情况。五是再监督。稽核审计机构对专职监管人员的监督情况进行再监督，形成监督与被监督者之间相互制约的机制，确保《工伤医疗协议》不折不扣地履行。贵州等地建立工伤事故备案制度，根据伤亡事故备案信息，工伤保险经办机构可及时对在非协议机构进行就近抢救的病人进行跟踪管理服务，实施事前监管。

三是探索建立工伤保险协议医师监管制度。宁夏回族自治区探索将医保监控理念引入工伤协议医疗机构管理工作，完善协议医疗机构准入退出机制、医保医师日常管理和监督考核制度，规范了协议医疗机构和医保医师的医疗服务行为，明确了协议医疗机构和医保医师违规行为的处罚措施。山西省长治市等地建立定点医疗机构工伤医疗费用专家审核制度，落实违规费用拒付机制，进一步规范医疗服务行为。

四是采取了不同的工伤医疗费结算方式。各地采取的结算方式主要有以下三种：

方式一：大部分地区采取的是医疗费按项目后付制，即由用人单位（个人）先行垫付医疗费用，待医疗终结后，用人单位（个人）再去经办机构报销医疗费用。这种方式主要针对新工伤人员，原因是工伤认定具有滞后性，就医时无法判断是否为工伤，因此采取后付费结算方式。

方式二：实行记账制度与协议医疗机构结算。参保职工只需要到工伤保险经办机构开具记账通知单，直接到协议医疗机构就医，然后经办机构再按月根据协议医疗机构提供的申报费用进行结算。此种方式主要针对“老工伤”人员或职业病人的后续治疗，如上海、浙江、广西等。

方式三：经办机构与协议医疗机构直接结算。条件成熟的地方采取了经办机构与协议医疗机构联网直接结算的方式，工伤职工只需出示社会保障卡和“工伤证”就医，就医结束后，协议医疗机构向其收取应由个人负担的费用，经办机构与协议医疗机构结算应由工伤保险基金支付的费用。这种方式有效地减轻了旧伤复发和康复治疗人员工伤医疗费垫支的负担，极大地方便了工伤职工就医；对抑制协议医疗机构的不合理收费，控制医疗费用起到了积极的作用。采用这种方式的地区有杭州市、宁波市、台州市等。贵州省建立了工伤事故报告制度，参保单位的职工发生工伤后，参保单位及时报告经办机构，经办机构接到事故快报后开具就医通知书，工伤职工凭就医通知书到协议医疗机构就医，医疗费用进入信息系统进行结算管理。

五是各地工伤医疗付费方式改革探索。目前，各地采取的付费方式不尽相同，概括起来主要有以下五种：

第一种是按病种付费，主要是单病种付费。例如，天津市对尘肺病和血吸虫病实行门诊单病种付费，手外伤断指再植和工伤康复实行住院单病种付费。山东省威海市对所有职业病病种和44个工伤病种的医疗费用实行定额直接结算。山东省青岛市对内固定材料取出术及尘肺病并发症的治疗，尝试实行了定额结算。湖北省黄冈市对患者较多的矽肺病实行单病种结算。重庆市对尘肺病住院医疗费用按单病种结算。贵州省毕节市对单纯性骨折施行内固定手术采取单病种包干定额结算。

第二种是按服务项目付费，目前仍然是主要付费方式，如山西省大部分统筹区、海南全省。

第三种是按人头付费。例如，辽宁省大部分地区对旧伤复发采取与协议医疗机构按月定额或年度包干结算，吉林省通化市门诊医疗费实行“定点定额、费用包干、总量控制、结余共享、超支分担”的结算办法，黑龙江省大庆市职业病人员实行按人头付费，湖北省黄冈市、湖南省株洲市对“老工伤”人员旧伤复发门诊实行包干结算方式。

第四种是按服务单元付费。例如，吉林省通化市住院医疗费实行“人次定额、均值考核、灵活结算、结余共享、超支分担”的结算办法。

第五种是总额预付。安徽省工伤保险经办机构根据工伤事故率及上年度的医疗费用发生率与协议医疗机构协商确定年度预算总额进行支付。协议医疗机构预算额度一旦确定，协议医疗机构的收入就不能随服务量的增长而增长，如出现亏损，工伤保险经办机构不再追加支付，亏损部分由协议医疗机构承担。宁夏回族自治区石嘴山市对“老工伤”人员的医疗费用实行总额预付。为有效控制工伤医疗费用过快增长，湖南省对协议医疗机构基金使用大户推行费用总额控制的付费模式，对需要长期住院治疗的特殊病例实行年度医疗费用总额控制的付费模式。山西煤炭改革工伤医疗费用管理模式，对参保企业所属医疗机构全面实行工伤医疗费用年度总额控制，根据以往年度医疗费用发生额平均数，结合各医疗机构相关科室床位数、住院人次、次均费用及医疗费用审核情况等，测算确定年度控制总额，并将转外就医费用纳入企业最高等级医院控制指标，超支不予支付。

（四）工伤保险信息化发展情况

1. 全国工伤保险信息化建设现状

（1）系统建设集中度不够，建设模式多样。从系统层级看，全国 10 个省份建设了省级集中系统，大部分省份系统建设层级还在地市级，个别省份仍存在区县级系统。从系统模式看，有五险合一建设的，有与医疗保险系统合并建设的，有与养老保险系统合并建设的，有工伤保险独立建设的，模式多样，五花八门。

（2）工伤认定、劳动能力鉴定、待遇支付一体化建设程度不高。绝大部分地区工伤认定、劳动能力鉴定信息化薄弱，基本处于手工模式状态。工伤认定、劳动能力鉴定、待遇支付全流程一体化系统普遍尚未建立，工伤保险信息系统与纵向互联、横向互通的要求差距较大。

（3）协议机构联网结算覆盖面不够。从全国面上来看，仅有 4 个直辖市及其他 17 个省份的部分地市实现工伤医疗费直接结算，且均为工伤认定后的医疗费直接结算，较多地区仍主要采用事后手工报销模式。相应地，开展工伤医疗费智能监控的地区寥寥无几，与各地医疗保险智能监控全面开花的现状相比差距较大。

（4）公共服务整体性、可及性不够。各地针对工伤保险提供的公共服务内容较少，且主要集中在查询类业务，通过互联网提供工伤申报、认定申请、劳动能力鉴定申请、待遇申请等申办类业务的地区较少。对于工伤保险长期待遇人员的资格认证，各地普遍以线下认证方式为主。同时，在服务渠道方面也比较单一。

2. 未来工伤保险信息化建设总体思路

按照工伤保险业务发展要求，结合目标导向、问题驱动的工作思路，工伤保险信息化建设的总体建设思路围绕以下几方面工作进行：

（1）推进工伤保险信息化建设。按照工伤保险基金省级统筹工作部署，2020 年之前，利用两年左右时间，建成支持工伤保险省级统筹在内的省级集中社会保险信息系统。对两年任务进行分解，第一年主要是找欠缺、补短板，把工伤保险信息化的框架基本搭建起来；第二年重在全面开展应用，最终要形成业务流程一体化、服务内容多样化、监管决策智能化的工伤保险信息化应用格局。

（2）把握四个原则，高标准、高起点建设工伤保险信息系统。一是要坚持省级集中建设，不能再走原来分散建设、低层级建设的老路。二是要分阶段、分内容推进工伤保险信息化建设，各地可以结合本省实际，按照分步实施的步骤推进。三是要杜绝手工操作和脱机操作，让业务进程序、进系统，这主要是从基金安全的角度考虑的，保证操作留痕。四是实现工伤保险信息系统与其他险种或业务领域互联互通，网厅业务要“应上尽上”，为参保单位和参保人提供更加高效便捷的服务。

3. 下一步信息化建设的任务和建议

下一步信息化建设要补齐工伤保险信息化的短板，全面开展应用，推进八个方面的建设任务，为实现工伤保险决策科学化、管理精准化、服务人本化提供有力的支撑和保障。

（1）推进省级集中系统整合建设。各省要统筹考虑，建设全省集中的多险合一系统，而不能单建工伤保险省级集中系统。如果已建设企业职工养老保险省级集中系统的，可以基于养老保险系统进行扩建。如果尚未建设省级集中系统的，要统筹考虑企业职工养老保险、工伤保险、失业保险等险种，对地市系统提出过渡要求，在 2020 年年底前要实现省集中。

（2）推动业务流程一体化建设。一体化建设主要是针对目前工伤认定、劳动能力鉴定、工伤保险业务经办不能联通的现状提出的要求，各地可以考虑两种建设模式，一种是通过同一信息系统、不同功能来实现认定、鉴定、经办一体化操作；另一种是适应已分别独立建设系统的现状，各系统之前通过接口对接的方式来实现受理登记、过程记录、结论反馈等环节互联互通。同时，在认定、鉴定环节，各地可以探索建立案例库、专家库，提高认定、鉴定的科学化、智能化水平。

（3）全面开展协议机构联网直接结算。实现直接结算有两个前提，一是要打通渠道，与医疗机构、康复机构、辅具配置机构等涉及结算的协议机构实现网络连通。与医疗机构联通的网络，考虑到机构改革的进度，以及经济成本和维护成本，如能与医保共用结算网络最好，不能共用就需要重新拉专线。二是要支持社保卡持卡结算，一方面减少工伤职工的跑腿垫资问题，同时也能减少企业的截留资金风险。

（4）推进信息共享和业务协同。通过信息互联互通，让参保单位和参保人更加便捷的办理工伤保险业务。通过打通内部和外部通道，对内，要与人社内部的基础信息库打通，如人员基础信息库、全民参保库；要与养老保险业务实现协同，如工伤职工退休待遇核定、伤残津贴补差、待遇资格认证；对外，要打通与其他部门的通道，特别是与工伤保险相关的部门，如住建、水利、能源等部门，鼓励在省级层面实现“总对总”对接。

（5）强化社保卡在工伤保险领域的应用。目前社保卡持卡人数已超过 12 亿人，各地要加强社保卡的应用力度，在工伤保险领域，要充分发挥社保卡身份凭证功能（持卡办理工伤认定、劳动能力鉴定、辅助器具配置、待遇申请，进行待遇资格自助认证）、持卡结算功能（工伤医疗费、工伤康复费、辅助器具配置费结算）、待遇发放功能（工伤津贴、一次性待遇发放、报销金额返还）、自助查询功能（查询参保、缴费、待遇信息），方便群众持卡办事，工伤职工垫资报销。

（6）强化风险防控和基金监管。主要是两个方面，一是对工伤长期待遇人员，通过部级异地认证平台，开展待遇资格认证和人脸识别自助认证；二是针对工伤医疗费（工伤康复费、辅助器具配置费）开展智能监控，前几年各地对医疗费用开展了智能监控，各地可参考实现。如能共用的可以考虑共用医保的智能监控手段，不能共用的则需新建系统开展智能监控。

（7）拓展公共服务内容和渠道。通过互联网手段，为参保单位和参保人提供高效便捷的服务，在服务内容方面，拓展线上业务办理场景，实现办理类、申请类、查询类等各项业务“应上尽上”。在服务渠道方面，拓展互联网 PC、移动终端、自助服务一体机、12333 电话都服务渠道。

（8）支持工伤数据分析应用。工伤认定和鉴定要善于积累案例信息，积极探索运用大数据和人工智能技术，让电脑辅助人脑开展工作，提升效率。要善于积累工伤保险各环节产生的结果数据和过程数据，利用大数据手段支持开展多维度分析应用工作，为工伤保险政策制定提供数据支撑。

二、工伤保险经办管理服务的主要成就

《工伤保险条例》实施以来，各级工伤保险经办机构按照统一部署和要求，落实各项工伤保险政策，扩面工作持续推进，逐步覆盖所有职业人群，基金保障能力成倍增

长，待遇水平大幅提高，管理服务不断规范，为保障工伤职工权益做出了应有的贡献。

（一）覆盖范围逐步扩大，参保人数成倍增长

1. 覆盖范围逐步扩大

《社会保险法》和修订后的《工伤保险条例》将覆盖范围从企业、有雇工的个体工商户扩大到各类企业、事业单位、社会团体、民办非企业单位、基金会、律师事务所、会计师事务所等组织和有雇工的个体工商户。

2. 参保人数成倍增长

截至2019年年底，工伤保险参保人数达到25 478万人，是2004年的3.7倍。2006—2010年两期“平安计划”的开展促进了农民工参保。2011—2012年事业单位成为扩面的新增长点。2016—2018年创新工伤保险参保模式，住建、铁路等7个行业工程建设项目参保成为参保扩面新的增长点和发展点。2014—2019年工伤保险参保人数如图3-7-1所示。

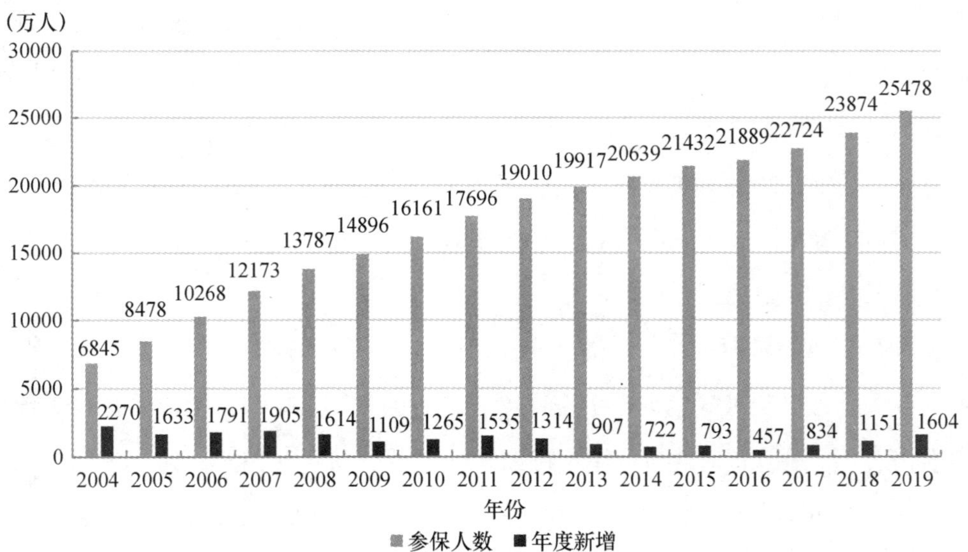

图3-7-1　2004—2019年工伤保险参保人数

资料来源：根据人力资源社会保障部历年统计公报整理。

3. 妥善解决历史遗留问题

“老工伤”人员是我国社会保障制度转轨过程中形成的特殊群体，大多数“老工

伤”人员集中在计划经济时期的国有大中型企业，特别是一些高风险行业中。随着我国社会保障制度的不断完善，“老工伤”人员实行单位自我保障、分散管理所带来的问题日益突出。不同企业和不同时期“老工伤”人员待遇上存在较大差异，特别是存在着一些困难企业无力支付“老工伤”人员相关待遇等现象，难以保障“老工伤”人员的权益。将这部分人员纳入工伤保险社会化统筹管理，不仅有利于保护“老工伤”人员的切身利益，也有利于促进社会和谐稳定。而且，对进一步完善工伤保险制度，切实保障工伤职工的权益，减轻用人单位负担，促进工伤保险制度健康持续发展都具有重要的意义。2010—2011 年集中将 312 万国有企业等“老工伤”人员纳入工伤保险统筹管理，妥善解决了历史遗留问题。

4. 强力推进农民工参保

创新参保方式，将农民工纳入工伤保险制度保障。农民工是我国改革开放和工业化、城镇化进程中涌现的一支新型劳动力大军，他们主要在建筑、煤炭等高风险行业从业，发生工伤的概率比较大。把农民工群体纳入覆盖范围，始终是工伤保险工作的重点。为贯彻落实《国务院关于解决农民工问题的若干意见》，以矿山、建筑等高风险企业农民工参加工伤保险为重点，2006—2010 年，人力资源社会保障部（原劳动部）先后开展了两期“平安计划”，基本实现了大中型煤矿企业全部参加工伤保险的工作目标。其中，2006—2009 年实施“平安计划”一期，农民工参保人数达到 5 587 万人，比 2005 年增加 4 335 万人，增长 346%；2009—2010 年实施“平安计划”二期，农民工参保人数达到 6 300 万人，比 2008 年增加 1 358 万人，增长 27%。

2014 年，人力资源社会保障部会同住建部、国家安全监管总局、全国总工会联合下发了《关于进一步做好建筑业工伤保险工作的意见》。在该意见中，既有对现行政策的强化细化，更有针对建筑业用工特点和突出矛盾的新突破。例如，明确了未提交按项目参加工伤保险证明的建设项目，住建部门不予核发施工许可证，极大强化了依法参保的行政约束。

2015—2019 年推动建筑施工企业按项目参加工伤保险，2019 年建筑施工企业农民工参保人数达到 3 671 万人，比 2015 年增加 2 387 万人，增长 186%，如图 3-7-2 所示。

截至 2019 年年底，农民工参保人数达到 8 616 万人，是 2005 年的 6. 88 倍，如图 3-7-3 所示。

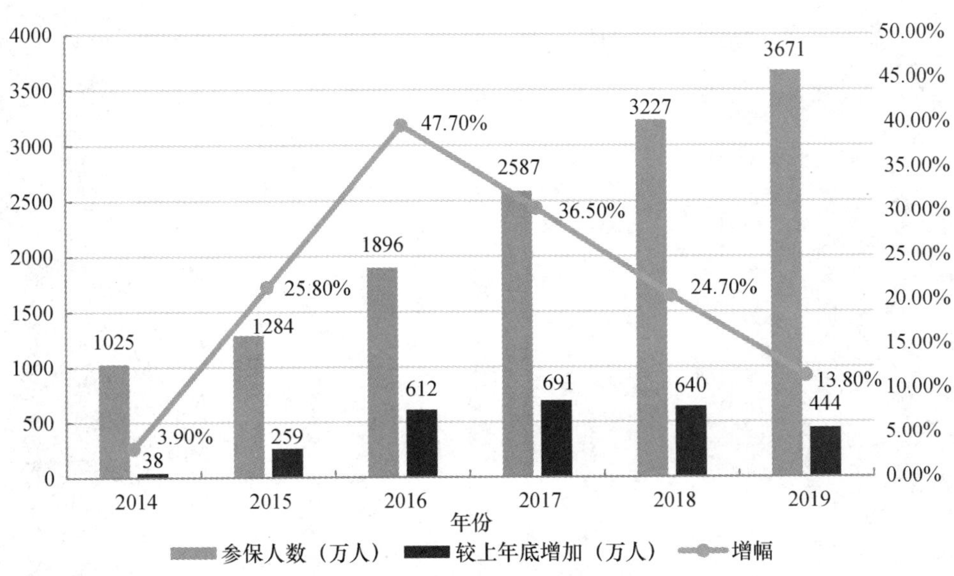

图 3-7-2　2014—2019 年建筑施工企业农民工参保人数

资料来源：根据工伤保险历年统计数据整理。

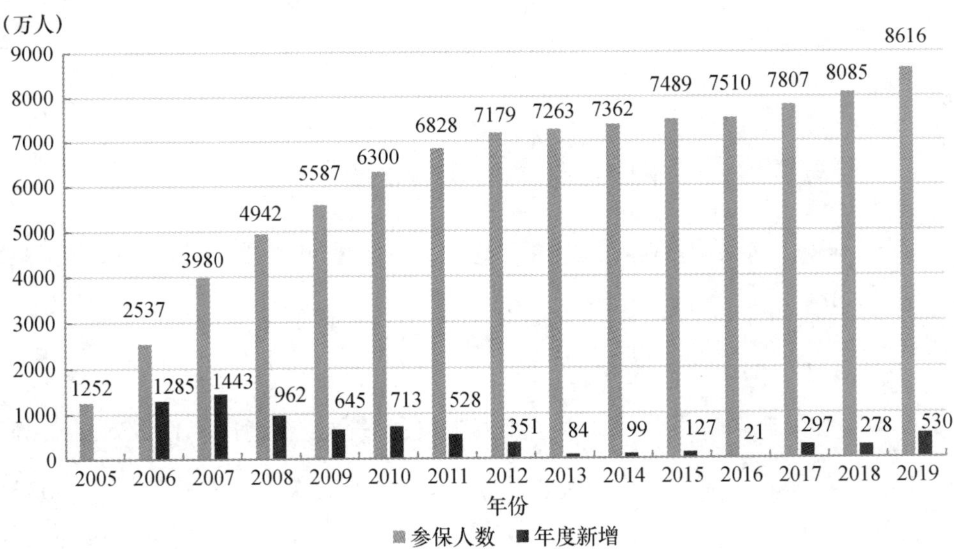

图 3-7-3　2005—2019 年农民工参保人数

资料来源：根据工伤保险历年统计数据整理。

（二）保障工伤职工权益，受益人员持续增加

2019 年享受工伤保险待遇人数为 194. 4 万人，是 2004 年的 3. 74 倍。其中 2010—

2011 年集中纳入的“老工伤”人员中在 2012 年享受工伤保险待遇人数为 71. 52 万人，占全国享受工伤保险待遇人数的 37. 45%，如图 3-7-4 所示。

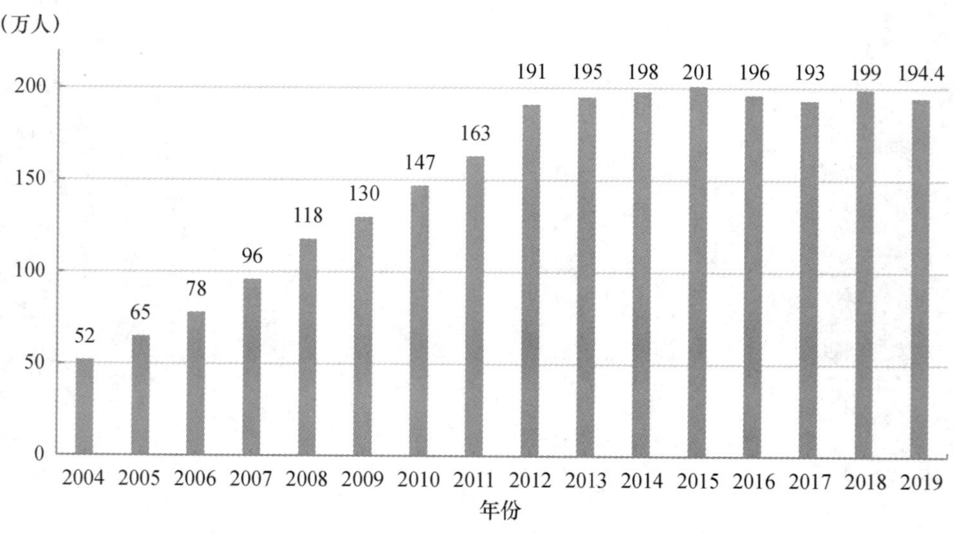

图 3-7-4　2004—2019 年享受工伤保险待遇人数

资料来源：根据人力资源社会保障部历年统计公报整理。

（三）基金管理运行平稳，保障能力不断增加

2019 年全国工伤保险基金收入 819. 4 亿元，是 2004 年的 14. 1 倍；基金支出 816. 9 亿元，是 2004 年的 24. 8 倍，如图 3-7-5 所示。

1. 平稳渡过 2008 年金融危机

为了应对国际金融危机，帮助企业渡过难关，巩固援企稳岗工作成效，根据《关于采取积极措施减轻企业负担稳定就业局势有关问题的通知》（人社部发〔2008〕117 号）的要求，连续两年实施“五缓四减三补贴”政策，2009 和 2010 年工伤保险平均费率比 2008 年降低近 0. 1 个百分点，缓缴和减收工伤保险费合计 43. 43 亿元。

2. 减轻企业负担，连续降低费率

经过连续降费，2019 年全国平均费率为 0. 5%，比 2004 年降低 0. 36 个百分点，如图 3-7-6 所示。

2015 年，按照中央关于“适时适当降低社会保险费率”的要求，人力资源社会保

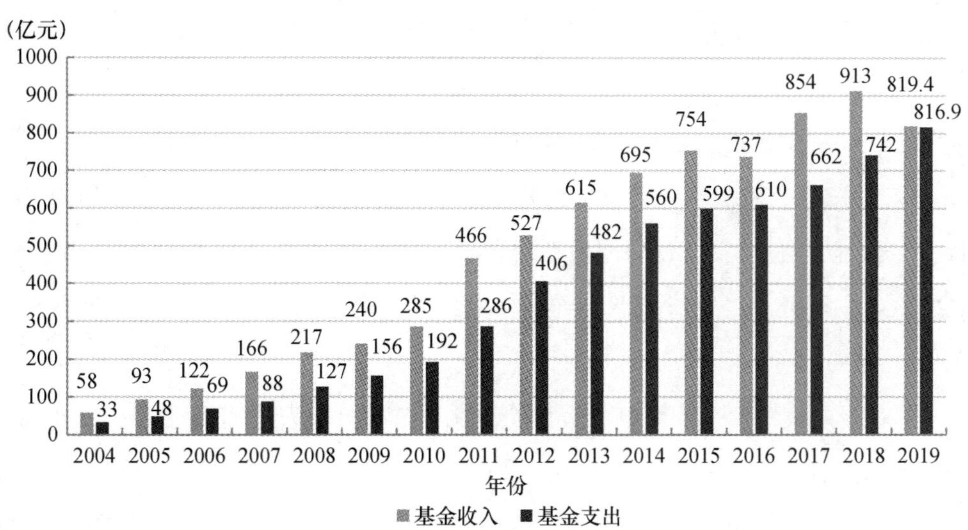

图 3-7-5　2004—2019 年工伤保险基金收支情况

资料来源：根据人力资源社会保障部历年统计公报整理。

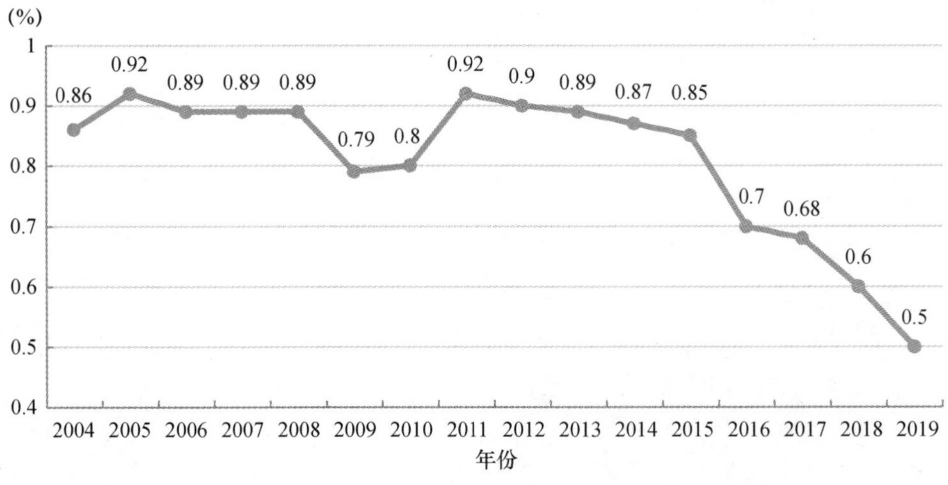

图 3-7-6　2004—2019 年工伤保险平均费率变化情况

资料来源：根据工伤保险历年统计数据整理。

障部、财政部联合下发《关于调整工伤保险费率政策的通知》（人社部发〔2015〕71 号），在总体降低工伤保险费率水平的基础上，调整完善了原有的工伤保险费率政策，基准费率由原来的按三类风险行业划分细化为八类。

2018 年，人力资源社会保障部、财政部联合下发《关于继续阶段性降低社会保险费率的通知》（人社部发〔2018〕25 号），规定自 2018 年 5 月至 2019 年 4 月阶段性下调工伤保险费率。

为进一步减轻企业社会保险缴费成本，2019 年国务院办公厅印发了《降低社会保险费率综合方案》，将工伤保险阶段性降费政策执行期限延长一年，即自 2019 年 5 月 1 日起，延长阶段性降低工伤保险费率的期限至 2020 年 4 月 30 日。

2020 年，国务院决定将降低工伤保险费率政策继续延续一年，实施期限延长至 2021 年 4 月 30 日。

为应对新冠疫情带来的影响，缓解企业困难，有序推动企业复工复产，支持稳定和扩大就业，2020 年 2 月，人力资源社会保障部、财政部、国家税务总局印发了《关于阶段性减免企业社会保险费的通知》（人社部发〔2020〕11 号），对阶段性减免企业社会保险（养老保险、失业保险、工伤保险）单位缴费部分的政策提出了要求。

3. 基金支出项目不断增多

修订后的《工伤保险条例》将工伤预防费纳入基金支付范围，同时将工伤保险待遇项目从 9 项扩大到 13 项，将原由用人单位支付的一次性工伤医疗补助金、住院伙食补助、统筹地区以外就医的交通食宿费纳入基金支付范围。2019 年工伤保险待遇支出 803.2 亿元，劳动能力鉴定费支出 1.4 亿元，工伤预防费支出 2.4 亿元，其他支出 9.8 亿元，分别占工伤保险基金总支出的 98.33%、0.17%、0.3%、1.2%，如图 3-7-7 所示。

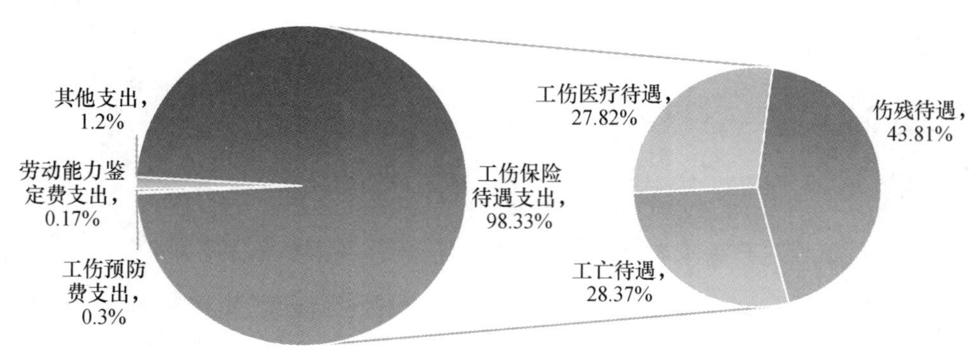

图 3-7-7　2019 年工伤保险基金支出项目构成

资料来源：根据工伤保险历年统计数据整理。

工伤保险待遇支出中，工伤医疗待遇支出 223.4 亿元（含工伤康复待遇支出 7.4 亿元，占工伤医疗待遇支出的 3.5%），伤残待遇支出 351.9 亿元，工亡待遇支出 227.9 亿元，分别占工伤保险待遇总支出的 27.82%、43.81%和 28.37%。

4. 储备金制度基本建立

截至 2019 年年底，工伤保险储备金为 262 亿元，是 2005 年的 52.4 倍。2019 年工伤保险储备金与上年相比减少 32 亿元，下降 11%，主要原因是部分地区为推进省级统筹改革储备金制度，将储备金并入工伤保险基金结存，如图 3-7-8 所示。

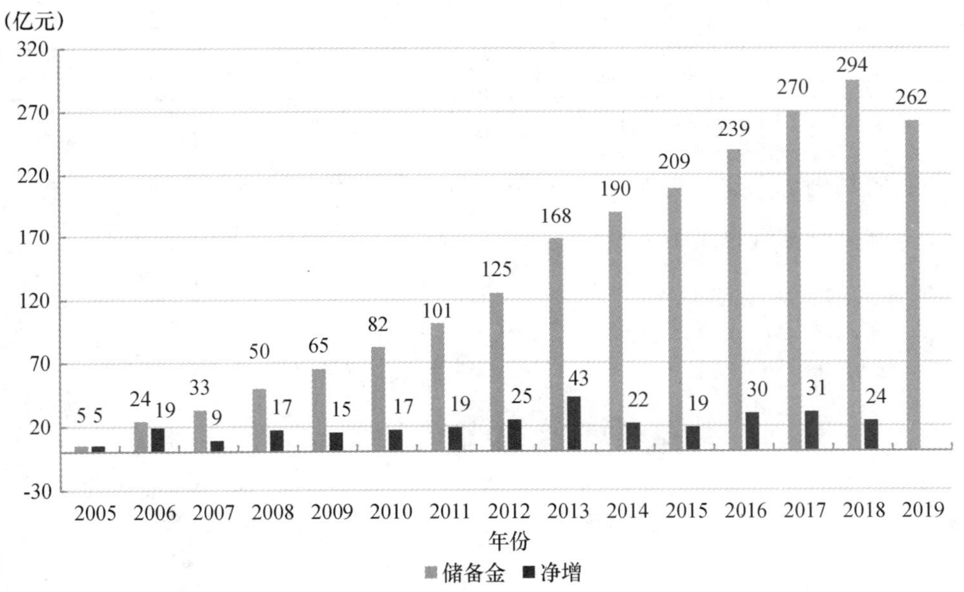

图 3-7-8 2005—2019 年工伤保险储备金情况

资料来源：根据工伤保险历年统计数据整理。

（四）建立健全保障项目，待遇水平不断提高

我国从 2007 年开始统计各项待遇支出水平，2019 年月人均伤残津贴、生活护理费、供养亲属抚恤金分别达到 3 373 元、2 026 元、1 402 元，是 2007 年的 5.39 倍、6.18 倍、3.30 倍，见表 3-7-1。

2019 年一次性伤残补助金、一次性工亡补助金、丧葬补助金分别达到 3.67 万元、78.5 万元、3.34 万元，是 2007 年的 3.98 倍、8.36 倍、3.5 倍。其中，增幅最大的是

表 3-7-1　　2007 年、2019 年工伤保险待遇水平　　单位：元

	一次性伤残补助金	月人均伤残津贴	月人均生活护理费	人均器具配置费	一次性工亡补助金	平均丧葬补助金	月人均供养亲属抚恤金
2007 年	9 217	626	328	5 055	75 576	9 548	425
2019 年	36 700	3 373	2 026	7 102	740 400	33 400	1 402
	次均门（急）诊费用	次均住院费用	次均康复费用	一次性工伤医疗补助金	人均住院伙食补助	人均统筹地区以外就医交通费	人均统筹地区以外就医食宿费
2007 年	400	6 742					
2019 年	537	14 100	20 000	31 000	24	166	1 106

资料来源：根据工伤保险历年统计数据整理。

一次性工亡补助金标准，从 2011 年的 48～60 个月统筹地区上年度职工月平均工资调整为上一年度全国城镇居民人均可支配收入的 20 倍，每年平均增加 5 万元左右，如图 3-7-9 所示。

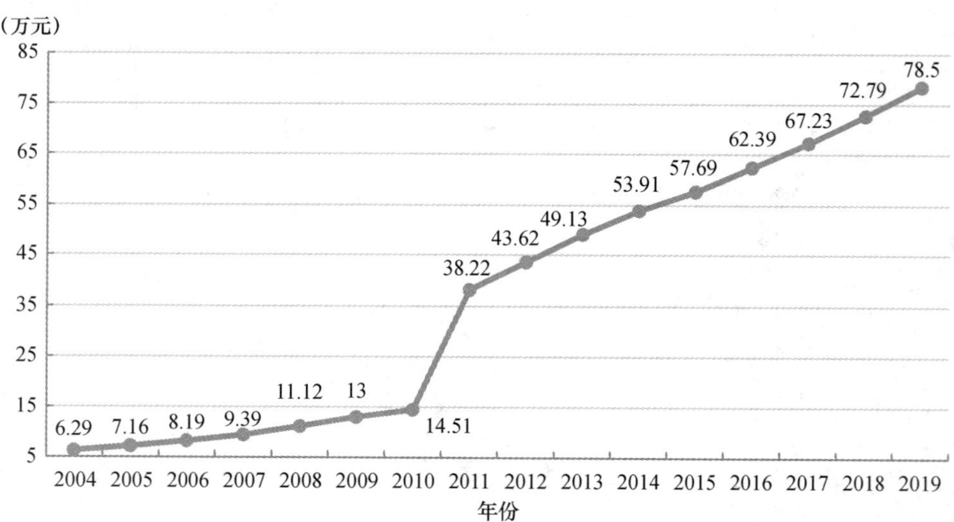

图 3-7-9　2004—2019 年一次性工亡补助金变化情况

资料来源：根据工伤保险历年统计数据整理。

三、工伤保险经办管理面临的挑战和下一步发展展望

（一）面临的挑战和问题

随着经济社会结构持续转型和社会治理方式的深刻变革，工伤保险实现高质量发展的形势更加复杂多变，既面临难得的发展机遇，又面临不少严峻挑战。

1. 新经济新业态职业伤害保障问题凸显

近年来，随着经济社会多元化发展，移动互联时代全面到来，以平台经济、共享经济为代表的新业态蓬勃发展，成为促进经济发展的新引擎，带动了就业增长，促进了创新创业。新业态发展催生了四种类型的新就业形态：一是自主创业，如淘宝店主将线下店铺经营和传统零售模式搬到线上；二是自由职业，主要是从业人员依托平台提供产品和服务，多不属于任何雇主，如滴滴平台网约车司机、游戏平台职业玩家等；三是多重职业或兼职就业，主要有“主业+副业”和“平行兼业”两种形态，如教师兼职做家教、“斜杠青年”等；四是单位灵活雇佣，主要指职工在单位就业过程中又有了新的雇主或成为创业主体，如海尔搭建“海创汇”平台鼓励职工创新创业。

与传统的就业方式相比，新就业形态呈现出一些新的特点。一是就业机会互联网化。形式多样的互联网平台成为劳动者获得工作机会的重要来源。二是工作任务碎片化。工作任务被细分为多个子任务或独立的项目，由互联网平台或众创空间联结不同从业人员共同完成。三是工作时间弹性化。从业人员不再受限于固定的工作时间和地点，工作闲暇一体化、工作时间灵活化、工作空间任意化。四是从业身份个体化。许多个人不再作为传统意义上的职工受雇于某一固定组织，而是以独立个体身份工作。这种去雇主化、平台化、点对点的就业模式正不断改变工业经济主导的就业格局，对社会保障制度尤其是工伤保险制度带来的挑战尤为明显。

现行工伤保险制度是建立在稳定劳动关系基础上的，实行雇主责任制，由用人单位缴费，个人不缴费。新就业形态从业人员与互联网平台之间不是传统的法定劳动关系，加上普遍存在“多平台同时就业”情况，无法纳入现行工伤保险制度，对传统的“企业+职工”参保模式和经办服务方式都带来一定挑战。为了做好新业态从业人员的

参保工作，各级经办机构通过优化经办流程和窗口设置，开通网上办事渠道等方式，在提供方便快捷的经办服务方面进行了一些探索。但是，总体看来，相当一部分新业态从业人员因为政策原因仍游离于工伤保险制度之外，传统的经办服务模式还不能很好地适应新业态用工形式的要求。

2. 传统工伤保险经办模式面临新的挑战

当前，工伤保险经办模式面临一些新的挑战，突出表现如下：

从外部来看，一是“放管服”改革、行风建设倒逼精简证明事项和材料，缩短办事时限和流程。近年来，大数据、互联网、云计算和人工智能等新技术日益普及，移动终端、手机 App（应用程序）等新服务载体和一些新的服务方式、手段不断涌现，老百姓已经习惯新技术带来的产品和服务，对政府公共服务的多样化供给要求更高、呼声更为强烈。要想既满足用人单位和工伤职工对优质高效服务的新期盼，又解决工伤保险经办管理服务工作链条长、环节多、效率不高、力量薄弱的老问题，需要运用新的手段和方式，推进工伤保险经办管理服务的现代化、智能化、精准化，打破路径依赖，让数据多跑路，让群众少跑腿，让管理提效能。二是工伤保险基金累计结存持续偏高，但地区间发展极不平衡，随着阶段性降低工伤保险费率工作的深入推进，如何确保基金运行的安全平稳成为新的挑战。提升统筹层次可增强基金的共济能力，需要依靠大数据应用来支撑精算分析和科学决策。三是新经济和新业态快速生长，颠覆了传统的生产方式和组织形式，对包括社会保险在内的社会公共服务和治理带来挑战。应及时依靠大数据应用把社会保险公共服务推送到“真空地带”，实现技术与业务模式的深度融合，利用数字化技术提升现有业务的运转效率，改善用户体验。

从内部来看，一是国家机构改革决定将社会保险费征收管理职责划转至税务部门，医疗保险职能分立。机构改革后，人力资源社会保障系统内长期存在的资源分散、管理体制机制碎片化、人手紧张的现实情况仍然是制约社会保险事业发展的“老大难”问题。应“另寻出路”，通过大数据应用来进行内部挖潜，向数字化要人、向数字化要效率、向数字化要服务，推动社会保险事业走上强身、健身之路。二是当前最重要、最紧迫的任务应该是落实党的十九大报告提出的全面实施全民参保计划、建立全国统一的社会保险公共服务平台等改革任务，充分发挥大数据的优势来扩面找人，实现信息系统、管理体制跳出现有格局“破茧成蝶”。三是基金风险防控领域的“跑冒滴漏”、欺诈冒领形势依然严峻，仅依靠传统的手段和方式难以有效应对，必须“另辟蹊径”，通过大数据找假人、揪内鬼、防盗贼，为基金风险防控开辟新的道路。

3. 机构改革后医疗保险分立给工伤医疗管理带来的挑战

机构改革给与医疗保险关系密切的工伤保险经办工作带来了一些新情况、新问题。尤其是原先工伤保险经办设在医疗保险经办机构，依托医疗保险经办机构的队伍、系统、资源进行工伤医疗管理的，面临“三重难”。一是协议管理难。医疗监管难作为国际化难题，是工伤保险和医疗保险同样面临的共性问题。工伤保险的个性问题是工伤医疗管理“伤”“病”有别，一些事故（职业）伤害治疗（康复）在目录管理上有其特殊性。再者，工伤就医量小，政策复杂，保障群体特殊，信息化建设成本高，医疗（康复）机构考虑付出的人力、物力成本及收益，对工伤保险协议管理不配合，不愿签协议、建（改造）系统。二是队伍稳定难。随着医疗保险经办机构分立，机构设置和队伍建设方面对工伤保险经办来说可谓釜底抽薪，原来负责工伤医疗审核的具有医学背景的专业人才流失严重，现有经办人员多为新人，无医疗背景，医疗费审核有一定困难，经办业务接续需要适应和磨合。三是调度协同难。长期以来，工伤保险经办存在机构设置五花八门、管理体制不相对应等问题，个别省份在改革过渡期间因经办业务由医疗保障部门代管更是加剧了这一问题，造成工作调度难，业务指导十分不便。例如，有的省份省级工伤保险经办由医疗保障局代管，地市级工伤保险经办归人力资源社会保障部门管，省市间工作难以协调，文件跨部门传送程序多、耗时长，影响工作效率。

工伤医疗协议管理难的问题，不是机构改革才出现的问题，而是工伤保险经办自身发展长期存在的问题。以往与医疗保险协同管理的省份受机构改革冲击较大，过渡期工伤医疗监管面临诸多困难；受机构改革影响较小的省份，工伤医疗管理也存在待遇审核难、拒付引发的信访矛盾突出、管理方式粗放、信息化手段跟不上等诸多问题。以往工伤医疗协议管理借力医疗保险推进得比较顺利，医院迫于医疗保险经办机构的管理手段比较配合，所以工伤保险经办存在的问题并未完全暴露。改革过渡期，一旦机构、人员、信息系统导致经办业务衔接出现问题，工伤职工的合法权益将得不到保障，严重影响系统行风形象，极易引发信访和舆情风险。

4. 历史遗留问题涉法涉诉问题突出

近年来，工伤保险领域存在历史遗留问题、政策不明确和过高利益诉求相互交织的矛盾，特别是尘肺病等群体涉法涉诉矛盾突出。

一是《社会保险法》实施前被认定为工伤的职业病先行支付问题较突出。职业病时间的确定在政策层面不明确，以作出工伤认定时间或初次接诊时间或职业病诊断时间哪个为准，制度未作统一规范。《社会保险法》是否具有溯及力，是否适用先行支付制度解决《社会保险法》实施前有关工伤保险待遇问题，人力资源社会保障部门和法院系统之间存在争议。由于历史原因，我国现有职业病病人底数不清，职业病潜伏期长、病程不可逆且治疗成本高，职业病是否适用先行支付制度立法部门尚未明确。对于原用人单位已经灭失的，先行支付没有追偿主体，也没有后续财务处理办法，需要完善立法解决问题。

二是未参保破产企业新诊断职业病人员待遇难落实。一方面，新诊断职业病人员在申请工伤认定时，因原用人单位破产，承担工伤保险责任的主体灭失，无法完成工伤认定送达程序；另一方面，新诊断职业病人员能否享受一次性伤残补助金存在争议。《关于执行〈工伤保险条例〉若干问题的意见》（人社部发〔2013〕34 号）第八、九条规定了工伤职工从业期间依法缴纳工伤保险费和未依法缴费的一次性伤残补助金待遇支付主体，未参保破产企业新诊断职业病的“老工伤”人员支付主体和渠道尚未明确。

三是法律层面部分规定未有效衔接、落地难。例如，《职业病防治法》第六十一条规定：“对于用人单位已经不存在或者无法确认劳动关系的职业病病人，可以向地方人民政府民政部门申请医疗救助和生活等方面的救助。”据了解，尘肺病获得民政救助有两个前提条件：一是符合民政保障条件，达到家庭月人均收入最低标准；二要累计住院支出达到一定标准，符合因病返贫条件。这两个前提条件是职业病病人获得民政救助的普遍约束性条件，实践中职业病病人申请、获得民政救助难。

5. 工伤保险医疗费审核管理中存在的主要问题

一是过度医疗问题严重。一些协议医疗机构受经济利益等多方面因素的影响，忽视医疗行为的合理性，道德风险日益加大，过度医疗、小病大治、轻伤重治的情况普遍存在。例如，有的协议医疗机构存在入院指征掌握不严、有意延长医疗期的现象，有的协议医疗机构在使用高档药品、进口器械和一次性材料时，缺乏费用控制意识，高耗值材料只选贵的不选对的，动辄使用上万的材料。这些行为严重地损害了工伤职工的利益，造成了医疗资源的极大浪费，增加了工伤保险基金风险。

二是工伤职工期望值大，不合理医疗要求增多。一些工伤职工一味追求高、新、尖的检查设备，无论伤情轻重，都要求去高等级医院、用最好的药、享受最好的待遇、超标准治疗，甚至赖在医院不肯出院，提出很多不合理的医疗要求，转外及异地工伤患者的费用更是难以控制。各地普遍反映由于工伤保险与医疗保险不同，符合规定的工伤医疗费用全部由工伤保险基金承担，个人不用按比例分担，容易形成工伤职工小伤大治、长期住院、随意取药、搭车检查等问题。特别是工伤职工住院伙食补助费纳入工伤保险基金支付之后，工伤职工长期住院不愿出院的矛盾日趋突出；同时导致工伤职工能门诊治疗的要求住院治疗，已住院治疗的拒不出院，形成不符合临床住院条件的工伤住院治疗、挂床住院、小伤大养等问题。对此，社会保险经办机构缺乏应对措施。

三是工伤医疗监管难。工伤医疗监管难主要表现为监管人员特别是专业医师审核人员缺乏，待定工伤住院医疗监管滞后等。修订后的《工伤保险条例》增加了住院期间伙食补助费、异地就医交通食宿费及市内交通补贴等待遇后，工伤保险待遇支付范围扩大，使工伤职工、用人单位和协议医疗机构形成利益共同体，助长了工伤职工住院就医的投机性。同时，治疗伤、病医疗费用分别结算难度较大，技术上不支持伤、病费用分别结算。而“老工伤”人员由于年龄较大、老年并发症多，其治疗伤、病费用难以准确区分。职工本人对工伤医疗政策不理解，不愿承担自负部分费用。

四是工伤认定滞后影响直接结算。工伤职工与使用医疗保险基金结算的病人不同，职工一旦发生事故，先到协议医疗机构治疗，只有被认定为工伤后才能确定此职工为工伤职工。通常，社会保险行政部门最少需要一个月才能出具工伤认定书。对已经出院的工伤职工，无法实现直接结算，给工伤职工或用人单位增加了负担和不便。

五是工伤保险经办机构欠缺专业人才。各地反映因机构设置、岗位配置等原因，经办工伤保险的工作人员不足，业务量却逐步增加，难以做到全面监管、逐个审核，面对基金不合理支出和浪费也无可奈何。另外，经办机构缺乏精通医疗知识和熟悉工伤保险管理的人才，特别是区分伤与病的治疗项目时，具有临床经验或懂得基本医疗、诊疗知识的人员必不可少，但目前缺乏这种专业技术人员，影响了工作的开展，工作难以做全，更不能做深、做细，面对专业性极强的协议医疗机构，经办机构对工伤医疗费用的报销审核显得软弱无力。人员不足、工作量大，导致对协议医疗机构的现场服务监督较少。

六是政策规定尚需完善。地方反映工伤保险政策或政策衔接中存在缺失或不合理的地方，比较集中在以下四方面：①工伤职工住院发放伙食补贴。工伤职工尤其是伤残鉴定较轻的，并不需要住院，但伙食补贴问题使工伤职工想尽办法入院，个别协议医疗机构会利用这一点吸引其住院。②工伤保险没有独立的药品目录和医疗诊疗项目，服务设施范围不明确，对一些高档检查、用药和高耗材料都没有明确的约束管理，造成实际工作中医疗审核方向不明确、标准不统一，各地在执行时疑问很多。③辅助器具配置价格标准偏低。近十年来辅助器具配置价格标准没有任何改变，已不符合社会发展需要。例如，按目前的价格标准配置假手、义眼对帮助工伤职工恢复功能没有任何实际意义。另外，一些价格不高又急需使用的辅助器具如拐杖、轮椅、支具等应简化审批流程，达到方便工伤职工的目的。④工伤康复制度不健全。进行劳动能力鉴定后原则上不再审批康复治疗，但协议医疗机构在治疗中根据病情需要会产生康复费用，而这些费用又无法报销，协议医疗机构存在疑义。

七是信息系统落后。目前，有部分地区特别是县级工伤保险经办机构仍是手工审核工伤医疗费单据，工伤医疗费即时结算的地方不多，无法开展实时监控。

（二）完善发展的主要任务

1. 重塑工伤保险经办管理服务体系

在组织架构方面，机构改革对于工伤保险经办来说任务更重：工伤医疗协议管理需要投入更多；刚刚起步尚未全面铺开的工伤预防、康复工作需要投入更多；类似“红安事件”的行风建设、类似医保骗保的风险防控需要投入更多。基于此，工伤保险经办机构最重要的任务是守住机构、留住骨干、补充夯实力量。机构设置应涵盖所有经办业务，预防、康复、补偿按环节缺一不可，基金管理、统计精算、稽核风控按职能统筹兼顾；工伤保险经办应增人不减员，原有经办骨干流失严重的地区应抓紧补充具备医疗、法律、统计背景的专业人才，“老人带新人”，确保工作的稳定衔接。

在业务架构方面，改变过去普遍存在的重补偿、轻预防和康复的问题，建立“三位一体”的经办服务体系，注重解决预防、康复、补偿“长短腿”的问题。工伤保险经办要覆盖预防、康复、补偿所有环节，严格落实预防为先以及先治疗康复、后评残补偿的工作机制，充分发挥工伤预防、康复降低事故发生率和职业病伤害的重要作用。

在协议管理方面，各地应做好工伤医疗协议管理工作。大部分工伤保险经办与医疗保险经办机构分立、要单独开展协议管理的省份，应从稳定机构、队伍、系统等方面来夯实基础，尽快搭建工伤医疗管理业务平台，涵盖医疗费用线上审核、智能化监控、直接结算，有条件的地区可借鉴湖南省、广西壮族自治区的经验，开发人脸识别就医身份认证系统，实现对住院工伤职工的智能化管理，借助信息化技术和手段有效提高工伤医疗管理水平。与医疗机构签订协议、联网结算确实存在困难的省份，可适当“收缩阵线”，缩减协议医疗机构数量。

在征缴职能方面，承担工伤保险费征缴职能的省份要确保基金征缴到位，避免出现基金收入下滑。对主体征缴职能已经移交税务部门、工伤保险费征缴尚由社会保险经办机构征收的省份或地市，为避免企业“多头跑”，要按规定将征缴职能移交税务部门，实现统一征收。对于按项目参保的工程建设项目，社会保险经办机构要协助税务部门做好基数核定工作，确保征管体制改革顺利推进。

2. 积极防范和化解工伤保险经办风险

防范化解重大风险，是党的十九大确定的决胜全面建成小康社会“三大攻坚战”之一，也是实现高质量发展需要跨越的重要关口。工伤保险链条长、环节多，无论是作风建设，还是基金安全，都存在很大风险。必须坚持底线思维，强化风险意识，采取有力措施，防范化解重大风险。一是防范出现工伤保险经办行风问题。工伤保险环节多、链条长、待遇项目多、服务群体特殊，影响群众办事效率的痛点、难点和堵点问题还不同程度地存在。类似“九旬老人生存认证”“方章圆章”等冲击社会认知底线的问题，可能会在工伤保险经办领域以其他形式表现出来。这些问题一旦出现，会给整个系统形象带来巨大损害。要强化忧患意识，认真梳理苗头性、倾向性问题，想全想细想到万一，从最坏处准备，努力争取最好的结果，做到有备无患。二是要全面强化基金风险监管。全面取消现金业务、手工报盘、手工办理。要规范工伤保险经办管理，完善经办规程，定期梳理经办风险点，实现内部控制常态化。要合理配置岗位人员，严格授权管理，最大限度地减少人为干预。要加强对工伤预防费、工伤医疗费等费用的智能监控、监管，保持监督检查的高压态势，严厉打击骗取工伤保险基金行为。

3. 着力加强工伤医疗协议管理工作

目前，各地对工伤保险医疗费用审核管理水平差异较大，对医疗机构管理力度不平衡，协议管理未来的发展建议重点做好以下几方面工作。

一是完善工伤保险配套政策。尽快出台工伤医疗（康复）诊疗目录和工伤保险服务服务设施范围和支付标准；对现行《基本医疗保险和工伤保险药品目录》作进一步的扩宽，增加一些工伤常用药品，以确保工伤职工得到及时有效的救治；规范内置材料报销标准。二是研究工伤保险协议管理办法。从细化协议内容、健全监督机制、强化监管措施、探索合理的费用付费方式、推动医疗费用直接结算、严格规范医疗服务、规范转诊转院、加大宣传力度等多个方面进行规范。

二是加强信息系统建设。改变现行工伤医疗费后付费支付方式，探索工伤职工就诊即时结算以及按病种定额结算方式，遏制不合理医疗费用快速上涨，确保工伤基金的合理支出。建议充分利用“金保工程”信息管理系统，探索实现工伤医疗费用即时结算，同时开通工伤医疗服务行为的监控系统，对门诊、住院进行动态的、全过程的监控，对疑点费用和发生的高额费用，经审核分析后抽查目标，有针对性地实地检查协议机构，核实情况。实现与协议机构的直接结算，一方面扩大了对协议医院的监管力度，另一方面也减轻了经办机构的业务量。工伤经办机构要加快信息系统建设，优化工作流程，做到与协议医疗（康复）机构直接结算医疗费用，既可以提高工伤经办机构的工作效率，又可以减轻用人单位和工伤职工的负担。

三是提升经办机构医疗监管能力。建议借助或者参考医疗保险信息系统、管理制度、硬件设备等优势，建立健全工伤医疗费监管机制，完善工伤医疗费审核配套政策，制定管理办法，实现对工伤医疗费的有效监管。逐步解决经办机构在引进经验丰富、素质较高的医疗专业人才上存在的难题；解决经办工伤保险人员少，能力不足，监管工作难以开展的问题；加强经办人员培训，建议有计划、有组织地开展岗位培训、政策研讨和经验交流，通过相互学习和相互借鉴，提高工伤保险经办人员的素质，提升经办机构管理能力。加强经办机构队伍建设，提高经办人员素质。

4. 加快推进工伤保险经办数字化转型

工伤保险经办工作要树立大数据思维。随着电子社保建设的大力推进，特别是基于互联网的网上经办逐步在全国推广，从信息查询和政策告知，到参保登记、缴费工资申报，再到业务办理预约、办事状态查询乃至网上支付，网上经办服务不断深化，正大步迈向“网厅一体化”，成为经办服务的主要途径。在这样的大背景下，未来经办机构势必要将更多的精力由现在的日常经办转向强化监管，大量的传统经办业务将会被分流，更多的工作人员会由前台走至幕后，经办机构职能、管理服务模式面临着升级换代。唯一的出路是向数据驱动型组织转型，尽快由过去传统的经办方式转变为加强对数据流和基金流的管控与分析，依托数据挖掘技术对问题和风险进行精确定位，强化经办工作中的薄弱环节，不断提高管理水平和效率。

数据是“金矿”，在工作中就要用好这座“金矿”，挖掘数据潜力，让数据“说话”，用数据分析风险、提升感知能力、优化服务方式。要以数据应用促资源整合，以数据应用推动经办管理服务模式的转型。要从现在的大量“证明材料”转向“事前承诺—信用管理—联合惩戒”的信用管理体制。要致力于打造数据集中和应用的高地，做到数据“取之于民、用之于民”，让社会保险经办领跑新时代的政务服务。要积极推动分析应用服务重点工作，不断挖掘数据分析应用潜力，不断拓展数据分析应用价值。

5. 不断扩大工伤保险覆盖面

扩大工伤保险覆盖面既是增进民生福祉的重要前提，又是实现工伤保险高质量发展的重要体现，是工伤保险经办管理工作的主线。一是要抓好工程建设领域参保，“同舟计划”实施以来，工程建设领域参保取得了一定的成绩，也形成了一些行之有效的经验做法，要积极应对工作中的新变化、新挑战，创新思路、完善机制、强化措施，不断提高建设项目参保率，切实保障建设施工工人职业伤害保障权益。二是要抓好高风险行业参保。高风险行业事故频发，是工作中的重点，又是工作中的难点。要持续做好宣传动员，讲清政策、分析利弊，充分发挥浮动费率和工伤预防工作的政策吸引力，实现从“要我参保”到“我要参保”的转变，实现“应保尽保”。三是要抓好小微企业等民营经济参保。小微企业抗风险能力差，发生工伤事故后更是“伤不起”，但小微企业参保积极性高，参保意愿强烈。人力资源社会保障部提出允许小微民营企业优先参加工伤保险，解决这个困扰多年的“老大难”问题，编牢织密工伤保险保障网。四是要抓好新经济新业态从业人员参保，积极开展职业伤害保障制度研究工作，开展试点。

6. 持续推进“放管服”改革和系统行风建设

制定发布公共服务事项清单和办事指南，并建立动态调整机制。加强资源整合，解决群众办事要进多扇门、来回跑的问题，建立更加高效的经办管理服务体系，积极推行“一窗通办”“一网通办”，为实现全国无差别经办奠定基础。持续推进“减证便民”，从办事群众的角度出发，彻底清理无谓证明，通过加强事中事后监管，充分利用大数据手段，提升管理效能。合理配置人员，统筹用好编制内资源，拓宽人员供给渠道，解决基层经办机构服务人次比高的问题。提升服务能力，加强干部队伍建设，强化对地方经办机构队伍的培训，建立常态化培训机制，提升服务意识和服务质量。规范服务行为，推进服务标准化建设，严格工作纪律，完善考核机制，形成典型示范。完善保障措施，改善硬件条件，提升信息化水平，建立省级集中的社会保险信息系统，实现认定、鉴定、经办一体化和协议机构联网结算。

（三）发展趋势展望

1. 继续扩大覆盖面，实现职业群体全覆盖

现行法律法规政策规定工伤保险制度保障范围为具有法定劳动关系（包括事实劳动关系）、未办理退休手续享受养老保险待遇的职工。这一制度约束使得新经济新业态无稳定劳动关系的从业人员无法纳入工伤保险，淘宝店主、微商、网约车司机、快递小哥、外卖骑手等群体游离在制度之外，依靠商业保险进行保障。这些人员普遍反映缴费较高，待遇保障水平较低，参加工伤保险的意愿强烈。随着经济社会不断发展，人均寿命不断延长，为满足市场用工需求，越来越多超过法定退休年龄的人员进入就业市场，如城市环卫工人、家政保洁、护工等群体。这一群体也因劳动关系问题未纳入工伤保险制度保障。从国外工伤保险制度发展的经验来看，工伤保险制度的覆盖人群都有一个由小到大、由稳定劳动关系到灵活就业的过程。未来工伤保险的发展势必顺应新经济新业态的蓬勃发展，深入挖掘现有参保扩面资源，实现传统稳定劳动关系和新型无劳动关系职业人群的全覆盖。

2. 推进工伤预防、工伤康复、工伤补偿“三位一体”协同发展

工伤预防、工伤康复、工伤补偿“三位一体”是工伤保险制度体系的理想架构，但实践中重待遇补偿、轻工伤预防和工伤康复的问题较突出。人力资源社会保障部门从试点带动、制度完善的层面先后开展了部分省市工伤预防、工伤康复试点。2017 年人力资源社会保障部印发了《工伤预防费使用管理暂行办法》，2018 年以厅发文形式印发了《工伤预防宣传（培训）服务协议范本（试行）》，对工伤预防工作进行指导和规范。《关于设立公布第一批区域性工伤康复示范平台名单有关问题的通知》（人社厅发〔2015〕178 号）确定了第一批 4 家区域性工伤康复示范平台，通过“示范指导、技术探索、业务支持”，做好区域内工伤康复示范服务工作，完善深化工伤康复技术创新，推进工伤康复规范化发展。

新形势下，工伤保险经办服务应立足当前，着眼长远，着力构建覆盖工伤预防、康复、补偿全流程各环节的经办服务体系，切实解决发展极不平衡的问题。预防为先，完善工伤预防制度，建立工伤预防工作长效机制；运用大数据开展重点行业重点企业重点岗位的精准预防；拓宽培训渠道，探索行业协会和大中型企业开展工伤预防工作的办法；坚持在传统媒体宣传的基础上，发挥新媒体优势，全方位加强工伤预防宣传，提升工伤预防工作关注度。健全工伤康复管理制度，建立规范的工伤康复服务机制，逐步形成社会保险行政部门制定工伤康复政策、社会保险经办机构对康复机构进行协议管理和基金管理，康复机构提供康复服务，用人单位和工伤职工积极配合的工伤康复管理服务模式，逐步实现先康复治疗、后鉴定补偿，做到治疗与康复并重。真正发挥工伤预防、工伤康复降低事故发生率和职业病伤害的重要作用，实现工伤保险制度由单一赔偿功能向预防、补偿、康复多重功能并进的目标发展。

3. 依托信息化、数字化实现经办服务人性化、智能化

从“多门”转向“一门”，认定、鉴定受理进社保大厅，实现工伤认定、劳动能力鉴定、工伤保险经办信息互联互通及业务快速办理，减少群众多方跑腿；从线下转向线上，大力推行网上经办、自助服务等经办模式，实现网上申报、网上审核、网上办结到办理结果网上送达，业务全程线上流转，留痕可控；从“便我”转向便民，实现群众办事异地业务“不用跑”、无谓证明材料“不用交”、重复表格信息“不用填”，不断优化群众办事体验；从人工稽核转向数据稽核，健全内控体系，提升技防能力，推动防控措施“进系统、进程序”，建立以信用承诺和信用公示为核心的新型管理方式，从事前审核逐步转移到加强事中事后监管上来。实现跨部门业务协同共享，确保联合惩戒措施落实到位，利用数据比对发现异常数据，加大对欺诈冒领行为的打击力度，守住基金安全底线；寓认证于无形，构建以信息比对为主的资格认证新模式，利用搭建政务平台、诚信体系建设等加强与外部门数据共享和信息比对开展资格认证工作，推行远程自助认证，依托社会化服务工作开展认证信息核实，实现信息化、智能化认证；运用大数据推动经办管理转型，向数字化要人、向数字化要效率、向数字化要服务。利用大数据优化、简化经办服务，压缩办结时限。通过大数据对工伤保险经办业务实现精准预防、精准扩面、精准管理，优化服务流程，改进服务模式，增设 AI（人工智能）服务功能，对工伤职工参保、就医、待遇核付等事项实现智能化登记、结算和管理。

第四部分

专题发展报告

农民工参加工伤保险情况报告

农民工是我国城乡二元结构下由农业社会向工业社会转型过程中出现的特殊群体，他们虽然具有农村户籍，但并不从事或不主要从事农业生产，而主要就职于非农产业，以工资为主要收入来源，是跨越城乡的边缘性群体。农民工绝大多数为男性青壮年劳动力①，他们基本上是家庭的主要经济支柱，一旦他们发生工伤意外或丧失劳动能力，不仅意味着个人生活来源的丧失，而且意味着家庭经济的塌陷。而农民工群体一旦参加了工伤保险，就可以获得充分的保障，治疗、康复、生活之忧将因此消除，因此，工伤保险对农民工群体尤为重要。随着我国城镇化、工业化的快速发展，数以亿计的农民工进城务工，逐渐成为城镇新增劳动力的主体，进而成为职工队伍的主力。他们不仅数量庞大，而且初进城市时大都从事苦、脏、累、险的职业，大部分人自我保障能力和维权意识比较弱，特别容易遭到工伤、职业病等事故伤害。因此，针对农民工这一特殊群体，必须采取更加有力的专门措施。2004 年 1 月《工伤保险条例》实施以后，工伤保险主管部门高度重视农民工参加工伤保险工作，通过强化工作动员、宣传培训、创新政策措施等方式分阶段全力推进农民工参加工伤保险工作。截至 2019 年年末，在参加工伤保险的 25 478 万人中，农民工达到 8 616 万人，占全部参保人员的 33. 8%。工伤保险对于保障农民工的基本权益，保障工伤农民工及其家庭的基本生活发挥了重要作用；同时，农民工参加工伤保险，对于我国城镇化、工业化进程的平稳起到了重要的保障作用。鉴于我国农民工庞大的规模以及城镇化的进一步发展，工伤保险应当持续坚持将农民工工伤保险工作放在突出位置，坚持农民工工伤保险优先的发展战略，通过创新体制机制进一步推进农民工工伤保险工作。

---

① 近年来，50 岁以下农民工所占比例呈下降趋势，但 2018 年占比仍然高达 77. 6%；在全部农民工中，男性占 65. 2%，女性占 34. 8%。参见 2018 年农民工监测调查报告，http://www.stats.gov.cn/tjsj/zxfb/201904/t20190429_1662268.html。

一、我国农民工的特点及参加工伤保险的必要性

（一）我国农民工的特点

1. 规模庞大

我国农民工人口庞大，到 2018 年已达 28 836 万人，如图 4-1-1 所示。如此规模的农民工人口与我国从传统农业大国向现代工业化国家转变、城镇化进程显著紧密关联。国家统计局数据显示，1949 年年末，我国常住人口城镇化率只有 10. 64%；2018 年年末，我国常住人口城镇化率达到 59. 58%。该城镇化率已经接近《国家新型城镇化规划（2014—2020 年）》提出的“到 2020 年我国城镇化率的目标为 60%”的要求。但从远景来看，60%的城镇化率并非我国城镇化的最终目标。有学者提出，到 2030 年，我国城镇化率应达到 80%。因此从长远来看，农民工的规模仍然会进一步扩大，图 4-1-1 显示的 10 年来农民工人口规模印证了这一趋势。不管是立足于当下，还是着眼于长远，如此规模庞大的农民工群体必须有相应的社会保障制度与工伤保险制度相适应。

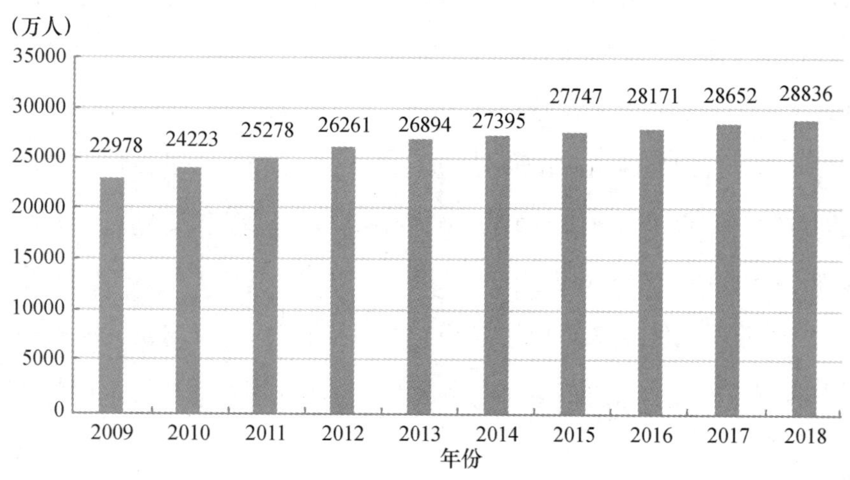

图 4-1-1　2009—2018 年农民工总量

数据来源：国家统计局 2009—2018 年（全国）农民工监测调查报告。

2. 高流动性、低稳定性

虽然农村劳动力向城市地区流动是一个具有普遍性的社会现象，也是世界各国在

工业化、城市化发展时期面临的难题。但是，我国农民工就业更为显著的特点是农民工在不同雇佣单位之间具有高流动性，甚至根本没有雇佣单位。农民工签订的劳动合同期限一般很短，很多农民工根本没有签订劳动合同，如建筑行业的农民工。农民工的就业稳定性差，与其候鸟式的就业模式、从事的职业特点有关。农民工从事的劳动密集型加工业和建筑业，很多岗位要随着产业更替和市场周期而频繁流动和变化，导致工作无法处于稳定状态。其中，最为典型的是建筑业。“铁打的工地，流水的工人”，建筑业农民工的流动性大，用工难以规范，岗位难以确定，工资收入不稳定，难以采用一般企业的参保方式将其纳入工伤保险统筹范围。

3. 文化水平偏低，缺乏自我保护意识、维权意识

从表 4-1-1 来看，近年来农民工的文化程度有显著提高，2013—2018 年大专以上文化程度占比从 6.7%上升到 10.9%，高中文化程度占比也有所上升，相应地初中及以下文化程度占比有所下降。但是从整体状况来看，农民工文化程度仍然不高，大部分为初中以下文化程度。他们一方面缺乏自我保护意识，另一方面对工伤保险也缺乏了解，由于不懂工伤预防，发生工伤事故的风险很高。文化程度低还导致农民工维权能力、维权意识较弱。农民工对于用人单位未依法参加工伤保险等违法行为的认识不足，发生工伤事故后，对于自身工伤保险权益的维权措施、维权途径均不够了解，影响了其工伤保险权益的实现。

表 4-1-1　　2013—2018 年农民工文化程度　　单位：%

年度	小学以下文化程度占比	初中文化程度占比	高中文化程度占比	大专及以上文化程度占比
2013	16.6	60.6	16.1	6.7
2014	15.9	60.3	16.5	7.3
2015	15.1	59.7	16.9	8.3
2016	14.2	59.4	17	9.4
2017	14	58.6	17.1	10.3
2018	16.7	55.8	16.6	10.9

数据来源：国家统计局 2013—2018 年（全国）农民工监测调查报告。

4. 职业环境差、职业危害风险高

受自身文化水平、劳动技能的限制，农民工就业主要以生产技能水平低、劳动强度大、工作环境比较恶劣的行业和岗位为主，如建筑业、采矿业、餐饮服务业等劳动密集型产业。工作危重且缺乏基本的劳动保护，导致农民工成为工伤事故高发群体。相对于其他行业而言，农民工的生命和健康时时处于较高风险之中。从表 4-1-2 来看，在第二产业中，农民工人数排第一位的是制造业，排第二位的是建筑业；在第三产业中，农民工人数排前三位的主要是批发和零售业，居民服务、修理和其他服务业，交通运输、仓储和邮政业，2018 年住宿和餐饮业排进第三产业的第三位。在制造业中，农民工主要从事的是低端制造业，工作场所的劳动保护都不尽如人意；在建筑业中，农民工主要是一线建筑工人，劳动强度大，风险高；在第三产业中，除批发零售业风险相对较低外，其他行业都存在劳动时间长、劳动环境差（如露天）、风险较高等因素。

表 4-1-2　　2012—2018 年农民工从业行业分布

年度	行业及比例	主要细分行业及比例
2012	第二产业	制造业，35. 7%
		建筑业，18. 4%
	第三产业	居民服务和其他服务业，12. 2%
		批发零售业，9. 8%
		交通运输、仓储和邮政业，6. 6%
2013	第二产业，56. 8%	制造业，31. 4%
		建筑业，22. 2%
	第三产业，42. 6%	批发和零售业，11. 3%
		居民服务、修理和其他服务业，10. 6%
		交通运输、仓储和邮政业，6. 3%
2014	第二产业，56. 6%	制造业，31. 3%
		建筑业，22. 3%
	第三产业，42. 9%	批发和零售业，11. 4%
		居民服务、修理和其他服务业，10. 2%
		交通运输、仓储和邮政业，6. 5%
2015	第二产业，55. 1%	制造业，31. 1%
		建筑业，21. 1%
	第三产业，44. 5%	批发和零售业，11. 9%
		居民服务、修理和其他服务业，10. 6%
		交通运输、仓储和邮政业，6. 4%
2016	第二产业，52. 9%	制造业，30. 5%
		建筑业，19. 7%

续表

年度	行业及比例	主要细分行业及比例
2016	第三产业，46.7%	批发和零售业，12.3%
		居民服务、修理和其他服务业，11.1%
		交通运输、仓储和邮政业，6.4%
2017	第二产业，51.5%	制造业，29.9%
		建筑业，18.9%
	第三产业，48.0%	批发和零售业，12.3%
		居民服务、修理和其他服务业，11.3%
		交通运输、仓储和邮政业，6.6%
2018	第二产业，49.1%	制造业，27.9%
		建筑业，18.6%
	第三产业，50.5%	居民服务、修理和其他服务业，12.2%
		批发和零售业，12.1%
		住宿和餐饮业，6.7%

数据来源：国家统计局 2012—2018 年（全国）农民工监测调查报告。

5. 经济基础脆弱，抗风险能力低

一方面，从表 4-1-3 来看，农民工中女性占比越来越高，男性占比越来越低，反映了女性劳动参与率的提高。但是，就总体性别构成来看，仍然是男性农民工居多，即对于多数农村家庭来说，主要是男性外出打工，女性留守家中。多数农民工家庭依赖男性农民工，而男性农民工更多地从事建筑、矿山、交通运输等高风险行业，工伤发生率高，他们一旦遭遇意外，其家庭由于缺乏稳定、可靠的收入来源，则可能立即或很快陷入困境。另一方面，相对而言，对农民工及其家庭成员的社会保障缺失或保障不足，缺乏化解社会风险的抗风险机制，导致农民工及其家庭无法有效应对社会风险。

表 4-1-3　2014—2018 年农民工男性与女性比例　单位：%

年度	男性比例	女性比例
2014	67.0	33.0
2015	66.4	33.6
2016	65.5	34.5
2017	65.6	34.4
2018	65.2	34.8

数据来源：国家统计局 2014—2018 年（全国）农民工监测调查报告。

（二）将农民工纳入工伤保险的必要性

农民工的上述特点决定了其参加工伤保险的必要性。

1. 化解农民工职业风险，保障农民工及其家庭基本生活的需要

工伤保险的立法目的就是要使遭受事故伤害或者患职业病的职工获得医疗救治和经济补偿。职业风险越大，其对工伤保险的客观需求越大。农民工职业危害风险高、抗风险能力弱的特点决定了只有参加工伤保险，才能从根本上持久性地保障农民工及其家庭。

2. 分散用人单位风险的需要

农民工所从事的行业事故风险较高，意味着用人单位的事故风险较高。2004 年 11 月 28 日陕西省铜川矿务局陈家山煤矿发生特别重大瓦斯爆炸事故，造成 166 人死亡、45 人受伤。河南省郑煤集团公司大平煤矿“10・20”煤与瓦斯突出引发重大瓦斯爆炸事故，造成 148 人死亡、32 人受伤。两次重大事故均由工伤保险基金给予工伤、工亡职工及供养亲属经济补偿。如果没有工伤保险的支持，仅靠用人单位自身，是难以承受如此巨大的事故损失的，这也是工伤保险保障功能的重要体现。

3. 平稳度过城镇化、工业化进程，实现社会稳定的需要

农民工数以亿计，如果不能为其提供有效的职业伤害保障，不仅会造成相当多农民工家庭的贫困，影响我国城镇化、工业化进程，影响扶贫战略的实现，而且也将造成社会不和谐，进而影响社会经济秩序的正常运行。

4. 完善工伤保险乃至社会保障制度的需要

如果规模庞大的农民工群体无法享受职业伤害保障，“人人享有基本社会保障”的战略将无从实现。基于城市职工设计的工伤保险制度以稳定的劳动关系为基础，导致工伤保险制度无法完全保障具有“边缘人”特性的农民工。如何保障农民工权益、完善农民工工伤保险制度已经成为健全农民工社会保障制度体系的重要内容。解决广大农民工群体的工伤保险保障，是我国完善工伤保险乃至社会保障制度体系和保障体系的基本要求。

二、《工伤保险条例》实施后农民工参保工作发展历程

（一）在《工伤保险条例》实施的起步阶段就将农民工参加工伤保险列入扩面工作重点、全面推进

2004年1月1日《工伤保险条例》实施以后，我国当时严峻的安全生产形势引起了工伤保险主管部门的高度重视，特别是2004年下半年以来连续发生多起死亡百人以上的重特大安全生产事故（2004年全国一次死亡10人以上特大事故发生133起）引起了全社会的高度关注。

2004年6月，劳动保障部印发《关于农民工参加工伤保险有关问题的通知》（劳社部发〔2004〕18号），率先提出了可以在社会保险各险种中先行办理农民工参加工伤保险的政策，要求各地将农民工参保作为工伤保险扩大覆盖面的重要工作。针对进城务工农民工规模的快速发展，为切实维护农民进城就业的合法权益，2004年12月，国务院办公厅印发《关于进一步做好改善农民进城就业环境工作的通知》（国办发〔2004〕92号），提出"各地要认真贯彻落实《工伤保险条例》，将与用人单位形成劳动关系的农民工全部纳入工伤保险范围。用人单位必须为签订了劳动合同或形成事实劳动关系的农民工及时办理参加工伤保险的手续；发生工伤的，劳动保障行政部门要依法进行认定。未参加工伤保险的企业，农民工发生工伤的，企业必须按照《工伤保险条例》规定的标准支付工伤费用。要重点推进农民工较多、工伤和职业病风险程度较高的建筑、矿山等行业参加工伤保险。劳动保障部门要制订适合农民工特点的待遇支付方式，方便农民工参保和享受待遇"。

2005年4月在广东省广州市召开的全国工伤保险工作座谈会上，为了打破前几年徘徊不前的局面，劳动保障部明确提出将矿山、建筑等高风险企业参加工伤保险作为2005年扩面工作的重点，要求各地国有大中型煤矿企业要全部参加工伤保险，加大小煤矿参保工作力度，力争应保尽保。在纳入方式上，可以结合国务院《安全生产许可证条例》的有关规定，与安全生产许可证管理部门协调配合，将高风险企业参加工伤保险作为颁发安全生产许可证的必备条件，推动高风险企业参加工伤保险。农民工参

保和高风险企业参保工作进展明显。截至 2005 年年底，农民工参保人数已达 1 252 万人，占全部参保人数的 15%；几个主要产煤省份国有重点煤矿企业基本实现全部参保。

2006 年 1 月，国务院印发《关于解决农民工问题的若干意见》（国发〔2006〕5 号），明确提出“高度重视农民工社会保障工作。根据农民工最紧迫的社会保障需求，坚持分类指导、稳步推进，优先解决工伤保险和大病医疗保障问题，逐步解决养老保障问题”“要加快推进农民工较为集中、工伤风险程度较高的建筑行业、煤炭等采掘行业参加工伤保险”。该文件的特别之处在于，养老、医疗、工伤、失业、生育各险种均为强制性保险，原并不存在先后之分，但对于农民工群体而言，由于其面临的最大风险就是职业伤害风险，对职业伤害风险的保障也最为迫切，因此要求把参加工伤保险放在优先地位。虽然这一理念在 2004 年 6 月劳动保障部《关于农民工参加工伤保险有关问题的通知》中已经提出，但是国务院文件明确提出后，引起了各级政府的高度重视，也增强了优先解决工伤保险行政行为的法律效力。

（二）开展两期“平安计划”（2006—2010 年），基本实现了煤炭等高风险行业的农民工参保

根据《工伤保险条例》的规定和国务院《关于解决农民工问题的若干意见》的要求，2006 年 5 月，劳动保障部印发《关于实施农民工“平安计划”加快推进农民工参加工伤保险工作的通知》（劳社部发〔2006〕19 号），计划用三年左右时间，将矿山、建筑等高风险企业的农民工基本覆盖到工伤保险制度之内。为了实现这一计划，文件提出了以下措施：

（1）各级劳动保障部门和社会保险经办机构要畅通用人单位为农民工办理工伤保险的渠道，有条件的地区在经办机构设立专门窗口办理农民工参保。

（2）用人单位注册地与生产经营地不在同一统筹地区的，可在生产经营地为农民工参保。

（3）农民工受到事故伤害或者患职业病后，在参保地进行工伤认定、劳动能力鉴定，并按照参保地的规定依法享受工伤保险待遇。

（4）用人单位在注册地和生产经营地均未参加工伤保险的，农民工受到事故伤害或者患职业病后，在生产经营地进行工伤认定、劳动能力鉴定，并按生产经营地的规

定依法由用人单位支付工伤保险待遇。

（5）对跨地区流动就业的农民工，工伤后的长期待遇可试行一次性支付和长期支付两种方式，供工伤农民工选择，进一步方便农民工领取和享受工伤保险待遇。

根据“平安计划”的要求，第一年有针对性地制订参保计划并督促落实，推动94家国有重点煤矿参保。同时针对小煤矿用工不规范、难以按照工资总额纳入工伤保险等情形，总结推广以吨煤为单位计算提取工伤保险费，促进小煤矿参保。

第二年以建筑业为农民工重点扩面行业。2006年12月，劳动保障部与建设部联合印发《关于做好建筑施工企业农民工参加工伤保险有关工作的通知》（劳社部发〔2006〕44号），要求将参加工伤保险作为建筑施工企业取得安全生产许可证的必备条件之一。

2007年4月9日，劳动保障部在福建省厦门市召开了全国推进建筑业施工企业农民工参加工伤保险现场交流会，针对建筑施工企业农民工流动性大、劳动关系复杂、工资总额难以确定等难点，总结推广了按项目参保、按工程造价（或工程造价中的人工费）提取工伤保险费、开工一次性趸交费用、实名制动态管理等办法，有效解决了建筑业农民工参保和权益保障问题。

2007年9月，劳动保障部与国务院国资委联合印发《关于进一步做好中央企业工伤保险工作有关问题的通知》（劳社部发〔2007〕36号），明确中央企业要按照属地管理原则参加工伤保险，跨地区、流动性大的中央企业，可以采取相对集中的方式异地参加统筹地区的工伤保险，为包括农民工在内的全部职工办理工伤保险手续；对以劳务派遣等形式使用的农民工，要采用有效办法保障其参加工伤保险的权益；对于建筑施工等农民工集中、流动性较大行业的中央企业，要制定符合行业特点的农民工参保办法，如以建筑施工项目为单位参保，实现施工项目使用的农民工全员参保，切实保障农民工工伤保险权益。

第三年以餐饮服务业等农民工集中的非公有制经济组织参保为重点，总结推广了以按营业面积等方式提取工伤保险费、促进参保的经验，为服务业农民工参加工伤保险奠定了基础。

到2008年年底，全国参加工伤保险的农民工总数达到4 942万人，对农民工特别是煤矿和非煤矿山、建筑业的农民工发挥了较好的保障功能。

2008年7月，人力资源社会保障部《关于农民工“平安计划”实施情况和下一步工作安排的通知》（人社部函〔2008〕132号）要求从2009年开始到2010年“十一五”规划结束的两年内，启动“平安计划”的二期工作，将“平安计划”实施范围扩大到各行业所有农民工，力争“十一五”规划期末基本实现有比较稳定劳动关系的农民工全部参加工伤保险的目标。2009年2月，人力资源社会保障部办公厅印发《农民工“平安计划”（二期）工作方案》（人社厅发〔2009〕28号）。到2010年年底第二期“平安计划”结束时，全国农民工参加工伤保险人数达到了6 329万人，两年新增1 387万人。

（三）人力资源社会保障部组织开展“同舟计划”专项扩面行动，大力推动建筑业项目参保工作

在工伤保险的扩面工作中，农民工始终被作为工作重点。两期“平安计划”的实施，对于有稳定劳动关系的农民工工伤保险的覆盖发挥了根本作用。但是在农民工非常集中、职业风险也非常高的建筑行业，由于施工项目具有阶段性、用工层层转包、流动性强等特点，对于实践中创造的按项目参保方式，很多地方由于担心遭遇缴费方式的合规性质疑而未予以贯彻，相关部门同时主张建筑业企业参加其他保险，造成建筑施工领域农民工参加工伤保险存在困难。据国家统计局调查，2012年全国农民工有26 261万人，建筑业农民工占18.4%，即4 832万人，农民工工伤保险参保率为24%，即有1 159万人参保。显然，大部分建筑业农民工仍未纳入工伤保险。2014年11月，全国政协围绕建筑工人工伤维权问题召开第21次双周协商座谈会，建议政府部门出台措施，加快解决建筑施工领域农民工工伤保险问题。

在《工伤保险条例》修订、《部分行业企业工伤保险费缴纳办法》（人力资源社会保障部令第10号）颁布的基础上，建筑业工伤保险费缴费办法不再存在合规性的疑虑，2014年12月，人力资源社会保障部、住房城乡建设部、安全监管总局、全国总工会印发《关于进一步做好建筑业工伤保险工作的意见》（人社部发〔2014〕103号），明确要求：对不能按用人单位参保、建筑项目使用的建筑业职工特别是农民工，按项目参加工伤保险；以建设项目为单位参保的，可以按照项目工程总造价的一定比例计算缴纳工伤保险费；房屋建筑和市政基础设施工程实行以建设项目为单位参加工

伤保险的，可在各项社会保险中优先办理参加工伤保险手续；建设单位在办理施工许可手续时，应当提交建设项目工伤保险参保证明，作为保证工程安全施工的具体措施之一；安全施工措施未落实的项目，各地住房城乡建设主管部门不予核发施工许可证。根据该政策要求，2015 年 3 月，人力资源社会保障部办公厅印发《关于开展建筑业“同舟计划”——建筑业工伤保险专项扩面行动计划的通知》（人社厅发〔2015〕43 号），要求用三年左右时间，结合全民参保登记计划的实施，实现建筑业从业人员全部参加工伤保险，同时建立按项目参保和优先办理工伤保险的工作机制。

2017 年 2 月，国务院办公厅印发《关于促进建筑业持续健康发展的意见》（国办发〔2017〕19 号），重申“建立健全与建筑业相适应的社会保险参保缴费方式，大力推进建筑施工单位参加工伤保险。施工单位应履行社会责任，不断改善建筑工人的工作环境，提升职业健康水平，促进建筑工人稳定就业”。人力资源社会保障部随之再次就建筑业工伤保险工作进行了部署。与此同时，交通运输、铁路、水利等建设项目集中的相关行业，也按照相同政策积极组织施工企业和农民工参加工伤保险。

截至 2019 年年底，农民工参保人数达到 8 616 万人，其中建筑施工企业参保人数达到 3 671 万人，而按项目参保人数达到 2 744 万人。

三、农民工参加工伤保险的成效与经验

（一）农民工参保工作取得重大进展，参保总量持续增长，到 2019 年已占全部参保人数的三分之一

从表 4-1-4 可以看出，我国农民工工伤保险覆盖面扩展取得重大进展，到 2019 年农民工参保人数已达 8 616 万人，占全部参保人数的 33.8%。如果扣除 2011—2019 年机关事业单位参保所导致的数千万人的增加，则农民工参保人数的增加一直是扩大工伤保险覆盖面、提升工伤保险保障能力的重要因素。从表 4-1-4 和表 4-1-5 可以看出，近几年农民工参保人数的增长主要来源于按项目参保人数的增长。

根据人力资源社会保障部相关统计，2019 年全国工程建设领域新开工项目 14.4 万个，其中 14.3 万个项目参加了工伤保险，参保率约为 99%；全国工程建设领域在建

表 4-1-4　　2011—2019年工伤保险参保总人数和农民工参保人数

年度	参保总人数/万人（增长率/%）	农民工参保人数/万人（增长率/%）	建筑施工企业参保人数/万人
2011	17 696（9.5）	6 828（8.4）	1 031
2012	19 010（7.4）	7 179（5.1）	978
2013	19 917（4.8）	7 263（1.2）	987
2014	20 639（3.6）	7 362（1.5）	1 025
2015	21 432（3.8）	7 489（1.7）	1 284
2016	21 889（2.1）	7 510（0.3）	1 896
2017	22 724（3.8）	7 807（4）	2 587
2018	23 874（5.1）	8 085（4）	3 227
2019	25 478（6.7）	8 616（6.6）	3 671

资料来源：根据工伤保险历年统计数据整理。

表 4-1-5　　2016—2019年建筑施工企业按项目参保情况　　单位：万人

	2016年	2017年	2018年	2019年
按项目参保人数	1 137	1 740	2 281	2 744
较上年增加人数	—	603	541	463
按项目参保人数占比	—	67.2%	70.7%	74.8%

资料来源：根据工伤保险历年统计数据整理。

项目126 745个，其中125 666个项目参加了工伤保险，参保率为99.15%。2019年建筑施工企业按项目参保2 744万人，占建筑施工企业参保人数的74.8%，成为参保扩面新的增长点和发展点。建设项目的高参保率表明了从事高风险行业的农民工得到了工伤保险的保障。据相关调查，工伤认定案例中80%以上工伤职工为农民工，有伤残等级的工伤职工中80%以上为农民工，农民工工伤保险覆盖面特别是高风险行业农民工工伤保险覆盖面的扩大，使农民工工伤保险权益得到了保障，充分体现了工伤保险制度在工业化、城镇化上的保障功能。

（二）主要经验

1. 适应工业化、城镇化快速发展的时代特点，始终坚持将农民工纳入工伤保险作为扩大工伤保险覆盖面的重点任务

农民工是我国工业化、城镇化进程中的新生力量，主要分布在苦、脏、累的高风险行业和服务业，岗位劳动条件较差，工伤风险较高，个人抵御工伤风险的能力较弱，有赖于工伤保险制度给予保护。而推动农民工参加工伤保险也正是工伤保险制度功能在工业化、城镇化过程中的重要体现。可以说，工伤保险是保障我国农民工职业安全健康、抵御工伤风险的安全网，将所有农民工纳入工伤保险是我国工伤保险保障制度的中国特色。发挥社会保险行政部门和经办机构的职能和优势，强力推动农民工扩面参保工作。《工伤保险条例》实施后，从国务院、人力资源社会保障部到地方各级政府及其主管部门，都非常重视农民工的工伤保险工作，多次出台相关文件部署推进，在每年全国工伤保险工作座谈会上，农民工工伤保险扩面等工作均是重点部署内容。从结果来看，“平安计划”“同舟计划”的推行都使农民工工伤保险覆盖面大幅增加，充分体现了政府重视和强力推进的良好效果。

2. 不断创新完善农民工参保政策和经办机制，是农民工参保取得重大进展的根本

农民工工伤保险参保率不高的症结主要在于两点：一是实行社会保险缴费“五险合一”或“四险合一”，要参加工伤保险必须同时参加基本养老保险和医疗保险，而后两者缴费比例过高，由此制约了用人单位参加工伤保险的积极性；二是农民工与用人单位往往不具有稳定的劳动关系，或者其劳动关系具有高流动性等特点，使得按照传统职工身份、以工资总额为基数缴纳工伤保险费的参保方式难以适用于农民工，导致农民工客观上无法纳入工伤保险。要真正解决农民工工伤保险的扩面难题，就必须突破传统的制度范式，针对农民工的就业特点，创新制度模式。

2004 年以后逐步提出的农民工优先参加工伤保险、按建筑工程项目参保、小煤矿按照产量参保、餐饮住宿单位按照营业面积参保等政策，取得了较好的实践效果。在总结实践经验的基础上，2010 年修订后的《工伤保险条例》第十条第三款明确规定：“对难以按照工资总额缴纳工伤保险费的行业，其缴纳工伤保险费的具体方式，由国务院社会保险行政部门规定。”根据《工伤保险条例》的授权，2010 年年底人力资源社会保障部印发的《部分行业企业工伤保险费缴纳办法》（人力资源社会保障部令第 10 号）规定，建筑施工企业可以实行以建筑施工项目为单位，按照项目工程总造价的一定比例，计算缴纳工伤保险费；商贸、餐饮、住宿、美容美发、洗浴以及文体娱乐等小型服务业企业以及有雇工的个体工商户，可以按照营业面积的大小核定应参保人数，按照所在统筹地区上一年度职工月平均工资的一定比例和相应的费率，计算缴纳工伤保险费，也可以按照营业额的一定比例计算缴纳工伤保险费；小型矿山企业可以按照总产量、吨矿工资含量和相应的费率计算缴纳工伤保险费。上述规定扫清了有雇佣关系的农民工参加工伤保险在法律上的障碍，迎来了之后农民工参保人数的大幅度增长。政策、机制创新是解决农民工参保难点、便捷农民工参保的根本途径。

3. 相关部门协同配合，共同推进农民工参保，是农民工参保取得重大进展的保证

我国农民工工伤保险扩面取得的成绩与多部门的配合密切相关。工伤保险作为社会保险具有强制性，这种强制性主要体现为事后制裁——法律责任的方式，这一强制方式只能在用人单位违法行为发生后纠正其违法行为，无法在用人单位违法行为发生前遏制其发生。这对农民工来说是很不利的：即便事后要求用人单位补缴工伤保险费，也仍有相当一部分待遇如一次性工亡补助金需要由用人单位支付，由此可能发生争议和给付不能。因此，最有效的强制措施是事前强制，如未参加工伤保险则不能开工或不能正常经营。这些强制措施主要由政府其他部门负责，因此只有依靠部门协作才能实现工伤保险参保前置。

2004 年 11 月，劳动保障部、铁道部联合印发《关于铁路企业参加工伤保险有关问题的通知》（劳社部函〔2004〕257 号），要求铁路企业按照属地管理原则参加工伤保险，执行国家和企业所在地的工伤保险政策，铁路运输企业以铁路局或铁路分局为单位集中参加铁路局或铁路分局所在地统筹地区的工伤保险。

2005 年 4 月，劳动保障部、国家安全监管总局、国防科工委联合印发《关于贯彻〈安全生产许可证条例〉做好企业参加工伤保险有关工作的通知》（劳社部发〔2005〕8 号），指出矿山、危险化学品、烟花爆竹、民用爆破器材生产等企业应高度重视安全生产工作，依法参加工伤保险，按时、足额为所有从业人员缴纳工伤保险费，应将参保情况及时在本单位内公示，企业和职工应当遵守有关安全生产和职业病防治的法律法规，执行安全卫生规程和标准，预防工伤事故发生，避免和减少职业病危害；安全生产许可证颁发管理机关在颁发安全生产许可证或办理许可证延期手续前，应认真审查申请单位提供的“工伤保险参保证明”，对不能提供社会保险经办机构出具的有效“工伤保险参保证明”的企业，不得颁发安全生产许可证。

2005 年 11 月，劳动保障部、国家安全监管总局、国家煤矿安监局联合印发《关于做好煤矿企业参加工伤保险有关工作的通知》（劳社部发〔2005〕29 号），要求充分认识煤矿企业参加工伤保险与国家建立和实行安全生产许可制度的重要性，加强配合协作，加快推进煤矿企业参加工伤保险工作进度，提高办理安全生产许可证的工作效率；要把安全生产行政许可工作和工伤保险工作结合起来，共同推进。

2006 年 12 月，劳动保障部与建设部联合印发《关于做好建筑施工企业农民工参加工伤保险有关工作的通知》（劳社部发〔2006〕44 号），要求将参加工伤保险作为建筑施工企业取得安全生产许可证的必备条件之一。

2007 年 9 月，劳动保障部与国务院国资委联合印发《关于进一步做好中央企业工伤保险工作有关问题的通知》（劳社部发〔2007〕36 号），要求中央企业认真贯彻落实国务院规定精神，为包括农民工在内的全部职工办理工伤保险手续。

2014 年 12 月，人力资源社会保障部、住房城乡建设部、安全监管总局、全国总工会联合印发《关于进一步做好为建筑业工伤保险工作的意见》（人社部发〔2014〕103 号），明确建筑施工企业应依法参加工伤保险，房屋建筑和市政基础设施工程实行以建设项目为单位参加工伤保险的，可在各项社会保险中优先办理参加工伤保险手续；建设单位在办理施工许可手续时，应当提交建设项目工伤保险参保证明，作为保证工程安全施工的具体措施之一；安全施工措施未落实的项目，各地住房城乡建设主管部门不予核发施工许可证。

2018 年 1 月，人力资源社会保障部、交通运输部、水利部、能源局、铁路局、民航局联合印发的《关于铁路、公路、水运、水利、能源、机场工程建设项目参加工伤保险工作的通知》（人社部发〔2018〕3 号）指出，按项目参加工伤保险工作涉及多部门职责，必须协调联动，合力推进。按照“谁审批，谁负责”的原则，各类工程建设项目在办理相关手续、进场施工前，均应向行业主管部门或监管部门提交施工项目总承包单位或项目标段合同承建单位参加工伤保险的证明，作为保证工程安全施工的具体措施之一。未参加工伤保险的项目和标段，主管部门、监管部门要及时督促整改，即时补办参加工伤保险手续，杜绝“未参保，先开工”甚至“只施工，不参保”现象。各级行业主管部门、监管部门要将施工项目总承包单位或项目标段合同承建单位参加工伤保险情况纳入企业信用考核体系，未参保项目发生事故造成生命财产重大损失的，责成工程责任单位限期整改，必要时可对总承包单位或标段合同承建单位启动问责程序。

正是在多部门共同协作、共同努力之下，农民工工伤保险扩面工作才能取得突破性进展，这也是我国农民工工伤保险工作的重要经验之一。

四、当前农民工工伤保险面临的挑战和问题

（一）仍有相当数量农民工未纳入工伤保险覆盖范围

结合图 4-1-1 和表 4-1-4 来看，我国当下仍有相当数量的农民工尚未获得工伤保险保障。农民工抗工伤风险的能力脆弱，这一状况与农民工及其家庭的保障需求、工伤保险制度的宗旨都不相适应。农民工工伤保险参保率低的根源在于现行工伤保险制度的参保对象要求必须与用人单位存在劳动关系，而多数农民工并不符合这一要求，其中很多人属于自雇者，本身就不存在“用人单位”；也有很多农民工为私人雇佣，而自然人雇主并不属于我国现行劳动法规范的“用人单位”。因此，现行工伤保险制度无法覆盖这部分农民工。

除了工伤保险法律制度自身的限制以外，小微企业、个体工商户农民工参加工伤保险也存在较大问题。一方面，虽然从制度方面，商贸、餐饮、住宿、美容美发、洗浴以及文体娱乐等小型服务业企业以及有雇工的个体工商户按照特别费率政策参加工伤保险已经有了法律依据，但是在实践中发展依然非常缓慢。以个体工商户为例，根据人力资源社会保障部相关统计数据，2018 年仅有 215 万人参保。根据国家市场监督管理总局数据，2018 年期末实有个体工商户 7 328.6 万户，其中 2018 年新注册 1 456.4 万户。显然，已参保人数与应参保人数相去甚远。另一方面，虽然出台了农民工优先参加工伤保险的政策，但是这些政策依据仅是国务院的规范性文件，大部分是部委规范性文件，而职工（包含农民工）应当依法参加各项社会保险，则是《劳动法》《社会保险法》《社会保险费征缴暂行条例》《劳动保障监察条例》《失业保险条例》《工伤保险条例》等法律、行政法规设定的强制性法律义务，农民工优先参加工伤保险政策本身以及行政主体依据该政策实施的优先参保的具体行政行为，其合法性均会受到社会、司法机关、审计机关等的质疑，行政主体与用人单位存在较大的法律风险和经济风险，因此农民工优先参加工伤保险的政策难以在全社会普遍推行并得到

完全贯彻。

（二）新经济、新业态领域的灵活就业人员（其中相当大的部分是农民工）不能纳入现行工伤保险制度

新业态是我国新经济发展的产物，已成为吸纳就业的主要渠道之一。研究报告显示，2016 年全国社会化电商从业总人数已达 203.3 万人。根据 2017 年《中国劳动统计年鉴》统计数据，截至 2016 年年底，全国有劳动能力的人口约为 8.06 亿，就业人员约为 7.76 亿，其中能够进入正规部门就业的人员仅有 2.9 亿，其他的大量就业是各种形式的灵活就业。新业态下就业的最大特点是用工灵活。农民工最突出的群体特点是流动性极强，工作单位、工作地点无法长时间固定，而工作单位、工作地点的频繁变动必然会影响农民工参加工伤保险及待遇赔付情况。

新业态重新定义了工作和就业，越来越多的人将从劳动雇佣关系走向劳务合同关系，从雇佣式就业走向创业式就业，从全职全时工作走向兼职分时工作，“公司+员工”在更多的领域被“平台+个人”替代，劳动用工去雇主化、劳动关系灵活化特征越发明显。现行工伤保险制度的覆盖对象原则上以劳动关系为基础。而平台经济背景下的从业人员特别是农民工，其劳动关系的判定存在极大争议。在北京市、上海市、广东省广州市涉诉的几起案件判决体现了“如何判断劳动关系”的司法分歧，互联网平台公司与劳务提供方之间关系认定模糊不清：是平等主体之间的信息交易关系抑或包含指挥服从的劳动关系。这也成为新业态下农民工纳入工伤保险保障范畴的最大障碍。如何适应新经济新业态用工形式变化，把更多的职业人群纳入工伤保险保障范围，是面临的又一重大挑战。

（三）确认劳动关系、获取单位给付的工伤保险待遇时间长等导致农民工工伤保险权益维权难度大

如果用人单位没有参加工伤保险，当就工伤保险待遇与职工发生争议时，职工可能需要经历劳动关系确认、工伤认定、劳动能力鉴定、工伤保险待遇争议程序，耗时很长，这是所有未参保工伤职工都可能面临的困境，但对于农民工来说尤甚。农民工尤其是外出务工的农民工，在工作地没有稳定居所，也没有亲属照料，发生工伤事故

后，除急救阶段的治疗外，在缺乏充足经济基础的情形下，很难在工作地与用人单位展开长期维权。工伤认定程序复杂，农民工维权成本高，法律诉讼要耗费大量的时间和精力，对于农民工而言无疑是雪上加霜。

就现行法律程序而言，工伤认定作为具体行政行为，需要接受司法审查；而劳动关系和工伤保险待遇作为民事争议，需要考虑民事诉讼及程序正义问题，片面强调效率会导致程序保障的弱化，与强调程序正义的价值取向存在冲突，也需要予以平衡和考量。

五、今后一个时期推动农民工参加工伤保险的主要任务

（一）适应新经济新业态灵活就业特点，创新农民工工伤保障制度

今后五年是“十四五”规划时期，推动农民工参加工伤保险的主要任务是适应新经济、新业态灵活就业的特点，创新农民工工伤保险制度。根据农民工的职业伤害保障客观需求及其就业特点，不应拘泥于传统以劳动关系为基础的要求。扩大农民工工伤保险的制度覆盖面要结合农民工群体自身特点，完善现有政策中的设计，也不宜过多强调工伤保险的劳动法基础，应允许工伤保险作为社会保险法的一部分与劳动法适度分离。建立适应共享经济要求的社会保险制度，需要为新业态从业人员在用工主体和个人缴费方面明确相应的法律规定和途径。应允许民事雇主或劳动关系模糊不清的雇主为灵活就业人员参加工伤保险，考虑到其雇佣性质的特殊性，即使雇主承担了缴费责任，也应当将其与用人单位区别开来，进一步研究其责任负担的问题。探索新经济、新业态从业人员参加工伤保险的办法，探索建立多层次工伤保险体系，努力把所有职业人群都纳入工伤保险范围，推进工伤保险实现更高水平的全覆盖。

（二）修订《社会保险法》或《工伤保险条例》，明确允许农民工先行参加工伤保险

改革、完善现行参保、认定制度，为农民工享受待遇提供便捷服务。农民工先行参加工伤保险的政策适应了当时的经济社会环境，该政策的实施有效地解决了法律规

定与社会发展需求不相适应的矛盾。鉴于规定农民工先行参加工伤保险的政策在严格意义上并非法律的规定，其法律效力不足，为真正赋予“先行参保”的法律效力，宜通过立法程序将此经验写进《社会保险法》或《工伤保险条例》，或者采取类似的具有较强法律效力的规范形式予以呈现。

简化农民工工伤认定程序，理顺社会保险行政部门、劳动仲裁部门以及法院在工伤认定中的职能，规定劳动关系确认劳动仲裁“一裁终局”制度，确立工伤认定或裁或审制度，限制用人单位行政复议、行政诉讼权利。如果用人单位对行政决定不服的，仅限于复议或诉讼一次。在现行行政复议、行政诉讼、民事诉讼、劳动争议处理体制下，难以取消或限缩基本程序，但至少应当做到：对于农民工工伤案件，不能拖延审理期限；应当建立“绿色通道”，快速受理、快速审结；合理界分工伤争议处理程序与劳动争议处理程序的范围，尽可能避免劳动关系确认前置程序；设置工伤保险争议乃至社会保险争议审判庭，综合民事审判和行政审判专业能力，尽可能在同一诉讼程序中解决纷争。针对农民工处理工伤保险争议存在的困境，进一步完善司法援助等法律制度，弥补其专业能力与经济能力的不足，促进维护其工伤保险权益。

（三）强化工伤保险宣传，提高农民工的参保意识

针对农民工自我保护意识、工伤保险意识、工伤维权意识不足的状况，强化职业教育和职业培训，提高农民工的职业技能和安全意识，让更多的农民工了解工伤保险，提高他们的风险意识，影响他们的参保意愿。完善农民工工伤预防培训制度，普及安全技术知识，增强安全操作技能，形成良好的安全文化氛围，促进企业事故预防和安全生产建设。

目前，社会保险行政部门和经办机构组织进行了大量的工伤保险宣传培训，卓有成效。但与农民工应当具备的工伤保险综合知识仍有相当大的差距，需要充分利用工伤预防经费，实施更具传播力的宣传培训。一是开展现场互动与改善式预防项目，发现和消除危害因素，预防职业危害风险；二是针对农民工工伤风险的现实，更多采用感染力、说服力强的案例故事进行宣传培训；三是结合公益宣传，更多采用受众面广的大众传媒传播工伤保险的核心理念与价值，形成耳熟能详的观念与意识；四是结合浮动费率制度，将用人单位的日常工伤事故预防、工伤保险宣传培训状况列入费率浮

动因子，通过激励措施鼓励和督促用人单位履行第一位的工伤保险宣传培训职能。

（四）改革完善工伤保险待遇体系，更好保障农民工工伤保险待遇

根据农民工就业和工伤的特点，应当坚持《工伤保险条例》立法宗旨和工伤预防、康复、补偿体系，扭转目前工伤农民工及其亲属重补偿、轻康复和重眼前经济利益、轻长远生存和发展质量的趋势，改革和减少一次性待遇，如取消一次性工伤医疗补助金；建立工伤保险关系转移或工伤异地治疗和康复的直接结算制度，促进伤残农民工更好地重返社会与工作岗位，构建更加和谐的社会共同体。

国有企业“老工伤”人员纳入工伤保险统筹报告

完善社会保障体系的重要指标就是要建设一个独立于企业之外的社会保障体系。工伤保险制度就是独立于企事业单位之外，分散用人单位风险，保障工伤职工权益的社会保障制度的组成部分。解决历史遗留下来的“老工伤”人员问题，实现国有企业“老工伤”人员工伤保险全覆盖，是完善工伤保险制度的重要任务。《工伤保险条例》实施后，中央和地方政府一直高度重视“老工伤”人员的保障问题，采取多种措施将国有企业全部“老工伤”人员纳入了工伤保险统筹管理，于2011年解决了这一历史遗留问题。

一、国有企业“老工伤”人员形成的历史原因

改革开放以来，为落实党中央、国务院的决策部署，我国社会保障制度不断完善，养老保险、医疗保险等方面的一些历史遗留问题通过制度性的安排逐步得到了解决。自2004年《工伤保险条例》实施到2009年，全国参加工伤保险的人数从4 500万人迅速增加到1.48亿人，参保职工发生工伤后的相关工伤保险待遇有了制度保障，5年中累计400多万人享受了工伤保险待遇。但是《工伤保险条例》实施前已认定为工伤的职工，由于大多数仍要由原所在单位承担其工伤保险待遇，矛盾日渐突出，形成“老工伤”问题。

（一）国有企业“老工伤”人员的产生

1. 因制度转轨产生的“老工伤”人员

“老工伤”人员是计划经济向市场经济制度转轨中形成的一个特殊工伤群体。工伤保险制度实行之前，在工伤保障方面沿用计划经济时期形成的单位保障制度，职工

发生工伤后，由其所在单位支付各项工伤保险待遇；工伤保险制度建立后特别是 2004 年《工伤保险条例》实施之后，参保用人单位新发生工伤的人员，按照参保缴费与享受待遇（权利与义务）相对应的原则，其工伤保险待遇开始由工伤保险基金承担。

在制度转轨中就形成了一个特殊的工伤群体：在用人单位参加工伤保险前发生的工伤，用人单位参保后按照“老人老办法、新人新制度”仍由单位保障、未纳入工伤保险统筹管理的工伤职工和工亡职工供养亲属，即为“老工伤”人员。

2. “老工伤”人员形成的三个阶段

“老工伤”人员作为体制转轨过程中形成的特殊群体，具有积累时间长、跨度大的特点。“老工伤”人员的形成分三个阶段：一是中华人民共和国成立到 20 世纪 80 年代末期，工伤保险待遇由企业负责时形成的；二是 20 世纪 80 年代末至 1996 年劳动部《企业职工工伤保险试行办法》（劳部发〔1996〕266 号）出台，试点地区工伤部门认定，分别出台了一些待遇标准，未参保企业工伤人员待遇依然由企业自负；三是《企业职工工伤保险试行办法》出台到《工伤保险条例》实施前企业支付待遇形成的工伤人员。

3. “老工伤”人员所在企业参保状况

“老工伤”人员所在企业参保存在三种状况：一是一直未参保；二是单位已参保，但“老工伤”人员伤残待遇依然由用人单位支付；三是关闭、破产企业“老工伤”人员的工伤保险待遇无法落实。

2006 年劳动保障行政部门曾对全国部分省市“老工伤”人员进行统计，根据对 22 个省市的不完全统计，这些省市约有“老工伤”人员 114 万人。

4. 中央企业“老工伤”人员的特殊性

中央企业所属“老工伤”人员主要集中在原中央政策性破产的有色、冶金、煤炭、军工、军队保障性等企业和原中央所属后下放地方管理的煤炭等企业。

中央企业“老工伤”问题的形成有其特殊性，具体表现如下：一是原中央所属政策性破产企业，在破产处理时未将已退休工伤人员的工伤医疗费等纳入破产预算，造成工伤医疗费无渠道解决；一些曾从事有毒有害作业的人员，在破产终结后新发现患有职业病（有些职业病具有潜伏性和延迟表现症状的特点），工伤医疗费等工伤保险待遇无渠道解决；企业政策性破产时不属于划转到工伤保险统筹管理的人员，旧伤复发或病情加重的医疗费问题，按照现行政策，也没有解决的渠道。二是原中央统配煤矿“老工伤”人员未纳入工伤保险统筹问题。我国历史上尘肺病情况严重，在2004年各地实施工伤保险制度时，原统配煤矿中过去一直由企业管理或已退休的“老工伤”人员未能纳入各地工伤保险统筹范围。由于历史负担重，企业难以保障发放工伤保险待遇的问题大量存在。

（二）“老工伤”人员的状况分析

1.“老工伤”人员的三类构成

“老工伤”人员构成复杂，可分成三类：第一类是已经做过工伤认定和劳动能力鉴定的人员，其中既有劳动保障行政部门认定和鉴定的，也有原行业统筹单位自行认定和鉴定的。这部分人员的管理相对规范，效益好的企业大都能按照规定支付各项工伤保险待遇。第二类是经过企业认定而劳动保障行政部门没有鉴定过的，这部分人员中只有一部分人员的工伤保险待遇由企业象征性地给予了赔付，各项工伤保险待遇不能全面落实到位。第三类是既没有经过工伤认定，也没有经过劳动能力鉴定，这部分工伤人员由企业承担一定的工伤保险待遇。

2.“老工伤”人员待遇问题呈多样性

“老工伤”人员待遇方面的主要问题有五点：一是由企业管理的“老工伤”人员待遇水平较低。在工伤保险制度改革前的“老工伤”人员没有合理的工伤待遇标准，各企业支付的待遇标准差异较大，再加上不同企业在思想认识、管理水平和经济效益等方面参差不齐，有的“老工伤”待遇长期得不到正常调整，有的单位工伤职工的定期伤残待遇、旧伤复发的医疗待遇和遗属抚恤没有得到及时足额发放。二是破产、改制单位“老工伤”人员待遇难以接续。随着企业改革的深化，部分国有企业在破、关、撤、改中，“老工伤”人员的政策衔接不够，其待遇得不到落实。三是工伤保险制度建立后，工伤人员享受的待遇较以前的高，导致部分“老工伤”人员心理失衡，要求按照新规定增发一次性待遇和定期待遇。四是部分“老工伤”人员按照《国务院关于安置老弱病残干部的暂行办法》和《国务院关于工人退休、退职的暂行办法》（劳办发〔1995〕104号）文件享受养老保险待遇，其待遇不能按时调整或调整的幅度较工伤保险低，要求按照工伤保险待遇标准调整。五是长期以来由于各种原因，企业对职工因工作原因造成的伤残未能给予及时申报，职工未得到工伤认定及享受工伤保险待遇的个案众多，时间跨度长、证据缺失造成后续难以认定工伤。

3. “老工伤”人员的分布

从 2007 年开始，人力资源社会保障部工伤保险司指导各地积极解决这一历史遗留问题，相继有近 100 万“老工伤”人员纳入工伤保险统筹。但尚未纳入工伤保险统筹、仍由用人单位管理的约有 130 万人。这些“老工伤”人员主要集中在国有企业特别是国有老工矿企业。从地区分布上，主要集中在东北、西北、西南和中部一些老工业基地；从行业分布上，主要集中在高风险行业特别是矿山、森工等行业。

（三）“老工伤”问题的社会影响

历史上长期由企业负担的“老工伤”人员待遇问题，造成了较为严重的社会影响。特别是随着社会经济的发展，企业改制重组，“老工伤”人员的工伤待遇仍由原单位保障，矛盾日渐突出，表现在以下方面：

一是一些“老工伤”人员集中的国有企业负担沉重，认为参加了工伤保险却还要同时负担“老工伤”人员的待遇，企业发展压力很大。

二是由于企业经营状况不同，不同企业之间“老工伤”人员待遇差别很大，多数待遇偏低，有些甚至得不到落实，导致基本生活得不到有效保障。

三是一些政策性关闭、破产国有企业和中央下放地方管理企业，在关闭、破产或下放时，部分“老工伤”人员待遇未做出相应的政策安排，问题较为突出。

四是有些关闭、破产企业在改制转轨时，“老工伤”人员待遇没有相应政策安排，导致“老工伤”人员医疗待遇无从保障，生活困难。

“老工伤”人员待遇问题造成的群体上访不断。据信访部门统计，在因工伤上访的人员中，“老工伤”人员占 80%，矛盾比较突出，在部分地区已发展成影响社会稳定的主要因素。

在政策上做出制度性安排，将上述人员的工伤待遇纳入工伤保险统筹管理，从根本上解决“老工伤”问题，不仅关系到“老工伤”人员的切身利益，还关系到减轻企业负担、减少社会矛盾、促进社会稳定和谐的问题。《工伤保险条例》实施以后，解决“老工伤”人员的问题成为完善社会保障制度的重要任务。

二、《工伤保险条例》实施后各地解决“老工伤”问题的探索

自2004年1月1日《工伤保险条例》实施后，参保工伤职工的工伤保险待遇水平不断提高，工伤职工的医疗救治和经济补偿得到稳定保障，历史上留存的“老工伤”待遇保障问题矛盾凸显，多地引发了集体上访，成为影响社会稳定的重要因素。为妥善解决这一问题，在劳动保障部部署下，各地开始积极探索解决“老工伤”问题。

2006年8月，劳动保障部在内蒙古呼伦贝尔市召开全国解决“老工伤”问题研讨会，交流了各地推动解决“老工伤”问题的主要做法和基本经验。会议提出，各地要从实际出发，坚持将“老工伤”人员纳入工伤保险社会化管理的原则，积极稳妥、因地制宜、因势利导、分类分步解决体制转轨中形成的“老工伤”人员问题，力争在“十一五”规划期间，基本将“老工伤”人员纳入工伤保险管理，实现工伤人员的统一社会化保障服务。自2007年起，随着中央关于完善社会保障制度和解决历史遗留问题有关决策部署的落实，各地普遍加大了解决历史遗留问题的工作力度。

（一）运用多种办法解决“老工伤”问题

在解决“老工伤”问题方面，一些地区根据本地实际情况，多方筹资，主要采用了工伤保险基金补助、用人单位一次趸交部分费用和地方财政补贴三种办法。其中，有些地区采取的是三种办法并用即“三家抬”的办法，将“老工伤”人员移交、纳入工伤保险统筹管理。各地探索的办法有以下几种：

1. 直接纳入

一些地区在工伤保险制度建立之初就将历史上各种成因的“老工伤”人员和工亡遗属的待遇纳入了工伤保险基金管理，实现了工伤保险全覆盖的目标。例如，北京、上海等一些统筹层次较高、参保面较大的中心城市采取了这类办法。

2. 单独缴费纳入

这种办法是对统筹地区有“老工伤”人员和工亡遗属的企业进行“老工伤”人员纳入费用测算后，制定出一次性清偿的标准，由“老工伤”人员的单位向社会保险经办机构进行一次性费用清缴后，“老工伤”人员待遇由统筹地区社会保险经办机构纳

入工伤保险基金支付。这种办法单独缴费数额往往较高，对于“老工伤”人员较多的企业压力较大，特别是二十世纪五六十年代创建的老国有企业负担很重，有些困难企业无力承担。这种办法主要适用于解决破产改制企业“老工伤”人员待遇问题，在企业破产改制时测算所需费用的基础上，采取一次性补缴费用的方式将“老工伤”人员待遇转由工伤保险基金管理。

3. 费率调整纳入

这种办法是针对不同企业“老工伤”人员的状况，通过调整企业费率，由企业和工伤保险基金共同承担“老工伤”人员和工亡遗属费用的办法。这种方法要求根据“老工伤”人员和工亡遗属费用支出的测算，适当提高工伤保险费率。这种方法体现了社会保险大数法则中风险共担、互助互济的原则，有利于平衡企业之间“老工伤”人员和工亡遗属的费用风险。这种方法化整为零，通过增加费率在每个月增加数量不大的缴费，确保绝大多数企业都具有缴费能力，将“老工伤”人员一次性纳入工伤保险统筹管理，化解和分散了“老工伤”人员的负担。

4. 分期纳入

这种方法是根据统筹地区工伤保险基金结余状况及“老工伤”人员和工亡遗属费用的支付情况，将“老工伤”人员和工亡遗属的待遇分年度逐步纳入工伤保险基金支付。例如，安徽省等部分地区将“老工伤”人员旧伤复发医疗费逐年按比例纳入工伤保险基金，五年内从工伤保险基金中逐年按50%、70%、90%的比例进行列支，其余部分由用人单位补齐。这种方法可以在工伤保险基金结余较少、支付能力不强的统筹地区实施。

5. 分项目纳入

这种方法是根据统筹地区工伤保险基金结余状况及“老工伤”人员和工亡遗属费用的支付情况，将“老工伤”人员和工亡遗属的有关待遇分项目逐步纳入工伤保险基金支付。例如，山西等地率先将国有煤矿企业“老工伤”人员中的定期伤残津贴纳入工伤保险基金支付，“老工伤”人员的医疗费等费用逐步纳入。

6. 财政补贴纳入

这种方法主要针对关闭、破产企业的“老工伤”人员，由财政根据“老工伤”人员统一管理和基金的收支状况，给予工伤保险基金一定的补贴，将关闭、破产企业的

“老工伤”人员全部纳入工伤保险，也有地区通过财政补贴的办法直接解决了企业“老工伤”人员的纳入工伤保险的问题。

通过采取以上措施解决“老工伤”问题，取得了很好的社会效果。一是“老工伤”人员的医疗费、生活费有了制度性保障，待遇水平普遍有所提高。二是大大减轻了企业工伤费用负担。到 2009 年 2 月，全国已有近 100 万“老工伤”人员纳入工伤保险统筹管理，直接为企业减负 100 亿元以上，对促进企业发展和保增长、保民生、保稳定都起到了积极的作用。三是减少了社会矛盾，促进了社会和谐稳定。

（二）部分省市典型经验

1. 北京市

北京市自 2000 年 4 月起，在全市范围内实行企业工伤保险费用社会统筹，并将新中国成立以来所有企业的“老工伤”人员纳入工伤保险保障范围，既有效分散了企业的工伤风险，又切实保障了所有工伤人员的工伤保险权益。截至 2006 年 6 月底，全市共认定工伤 89 282 人，其中“老工伤”人员 47 292 人，他们全部被纳入了工伤保险统筹范围。北京市在解决“老工伤”问题方面主要采取了以下做法：

（1）普查确认。调查摸底，做好“老工伤”认定和鉴定。自 1997 年开始，北京市对全市“老工伤”人员进行普查确认。鉴于不同时期工伤保险政策不同，全市统一了政策标准和确认范围，再对“老工伤”人员实行先鉴定后认定，分步纳入统筹基金支付范围，并规定凡“老工伤”人员的确认，由单位集中统一办理。对工伤人员多、申报量大的单位，劳动保障部门还实行上门服务、现场办公，以尽快办理“老工伤”人员确认工作。

（2）纳入统筹。北京市自将“老工伤”人员纳入工伤保险统筹管理之月起，参保企业“老工伤”人员的工伤医疗费、残疾辅助器具费、一级至四级工伤人员的伤残抚恤金、护理费、工亡人员的供养亲属抚恤金全部改由工伤保险基金支付，既切实保障了“老工伤”人员及工亡人员供养亲属的基本生活，又有效减轻了企业的负担。

（3）攻克难点。北京市解决“老工伤”问题的经验：一是确定“老工伤”人员范围时，鉴于时间长、原始证据材料很少，可以参考历年职工伤亡事故统计情况，将属于伤亡事故统计范围的人员先纳入统筹，这部分人员占“老工伤”人员的绝大多数，而且比较好界定，也不会引起太多争议；二是“老工伤”人员纳入新体制后，要尽快实现新老工伤待遇标准并轨，尤其是伤残津贴、护理费、供养亲属抚恤金等定期待遇，避免相同伤残等级、护理等级及供养亲属抚恤金待遇标准相差过分悬殊，引起互相攀比；三是在“老工伤”人员受伤部位的确认方面，由于原始诊断病历不一定都齐全，而伤害部位又是工伤认定和伤残评定不可缺少的内容，所以必须要求单位和个人提供病历资料和单位工伤事故报告的记录。对于无法找到的，由单位到医院查询并补开诊断证明，作为工伤认定的依据。经过努力，北京市的“老工伤”问题得到了比较全面妥善的解决。

2. 天津市

天津市是老工业基地，历年积累的工伤人员较多，到 2009 年，全市累计事故工伤人员近 5 万人，职业病患者约 6 000 人，合计 5.6 万人。《工伤保险条例》颁布实施时，正是老国有企业经济转轨改制时期，天津市在制定配套政策调研时发现，一些困难企业工伤人员医疗费用和工资待遇均处在不落实、无保障的状态，矛盾突出。因此，“老工伤”问题是天津市实施工伤保险制度不可回避的突出问题，也是迫切需要解决的实际问题。为此，天津市及早制定解决方案，于 2009 年年底前全部将“老工伤”人员纳入统筹，具体做法如下：

（1）明确范围，积极稳妥将“老工伤”人员纳入统筹。在“老工伤”人员纳入统筹管理这项工作中，天津市将“老工伤”人员按照工伤发生时间划出“早、中、晚”三条线，实行老人老办法、中人中办法、新人新办法，把好准入关。

“早期老工伤”是指 1996 年 9 月 30 日前发生的工伤。只要原始工伤事故档案或证据齐全，劳动行政部门不再履行认定手续，经劳动能力鉴定委员会重新鉴定后，直接纳入统筹管理。纳入统筹的“早期老工伤”共 16 258 人。

“中期老工伤”是指 1996 年 10 月 1 日至 2003 年年底发生的工伤。对这类“老工伤”人员，天津市规定：已经履行完工伤认定手续的，经重新鉴定后直接纳入统筹管理；未履行工伤认定手续的，由企业持原始事故记录、就医凭证等证明材料向劳动行政部门申请工伤认定，由劳动行政部门核实后履行批复认定的手续，再经劳动能力鉴定委员会重新鉴定后纳入统筹管理。纳入统筹的“中期老工伤”为 5 704 人。

“晚期老工伤”是指 2004 年 1 月 1 日以后，企业应参保未参保期间发生的工伤。

这是天津市在解决“老工伤”问题方面的一个突破。按照《工伤保险条例》的规定，应参保未参保期间发生的工伤由用人单位负责。但在实际操作中，如果这部分工伤职工始终游离在统筹之外，势必造成新的一批“老工伤”。一旦企业效益不好甚至破产，工伤职工将失去保障。因此，天津市在2008年出台政策，明确应参保未参保期间发生的工伤，在企业参保后，经过一定的等待期，可以纳入统筹管理。纳入统筹的“晚期老工伤”共113人。

（2）多方筹划，解决“老工伤”所需资金。经过详细调研测算，天津市在《天津市工伤保险若干规定》（市政府令第12号）中明确了“老工伤”人员纳入统筹后的待遇项目和起始支付时间，所需资金全部由工伤保险基金承担。随后天津市又出台了《关于工伤保险与养老、医疗政策衔接问题的处理意见》，使新老政策实现平稳衔接，从制度上解决了“老工伤”人员纳入问题。

（3）逐步提高“老工伤”人员待遇水平。天津市将“老工伤”人员纳入统筹，目的就是要保障“老工伤”人员依法享受待遇，分享社会发展成果。针对“老工伤”人员待遇普遍较低的现实，天津市出台了一系列政策，提高“老工伤”人员的待遇水平。其中，对退休后一级至四级工伤人员的养老金补贴是天津市特有的一项政策，即从2005年起，对2003年年底前工伤一级至四级退休人员养老金低于全市职工月平均工资75%~90%的，由工伤保险基金补齐差额。

截至2009年年底，天津市已将2.2万名“老工伤”人员纳入统筹管理，累计支付各项待遇3.58亿元。

（4）推进解决“老工伤”问题的三项措施。天津市在解决“老工伤”问题过程中，坚持解放思想，采取多项措施，推进工作不断前行。

一是逐步放宽“老工伤”人员纳入统筹的条件限制。“老工伤”人员所在企业必须缴纳工伤保险费后才能将“老工伤”人员纳入统筹，这一规定使一些困难企业无力缴费。2007年，天津市社保局与财政局联合发文，明确三类退出市场企业欠缴的工伤保险费可不再补缴，此政策使得500名“老工伤”人员被纳入统筹管理。

二是放宽工伤保险基金支付的待遇项目。按照规定，五级至六级伤残人员的伤残津贴应由企业负责。2009年初，天津市社保局决定，对三类企业退出市场时进入职工托管中心的五级至六级工伤人员，由工伤保险基金按月发放伤残津贴。从此，有256

名伤残人员每月享受 820 元的伤残津贴。

三是对职业病人员开展健康体检。2009 年，天津市社保局对全市 7 500 余名一级至六级职业病人员开展健康体检，涉及“老工伤”人员 6 000 人。凡参保的，健康体检所需费用全部由工伤保险基金承担。

天津市在解决“老工伤”问题上有四大特点：一是体现了社会保险基金统筹大数法则的优越性，在财政部门没有投入资金的情况下妥善解决了“老工伤”问题；二是制度框架立法早，没有遗留大的政策问题，运行平稳，企业与职工均感满意；三是待遇调整及时到位，待遇水平不低，与发达省市差距不大；四是基金有结余，为以后扩大统筹范围，长期保障“老工伤”伤残待遇留有空间。

3. 吉林省

作为我国老工业基地的吉林省，在实施《工伤保险条例》时的难点是一些企业在破产、改制、重组时的“老工伤”人员待遇问题。吉林省按时间段对“老工伤”人员进行统计，逐步将 1996 年 9 月 30 日前的“老工伤”人员 58 109 人和 1996 年 10 月 1 日至 2003 年 12 月 31 日的“老工伤”人员 11 679 人纳入工伤保险统筹，具体做法如下：

（1）测算及纳入。在《工伤保险条例》实施之初，吉林省即把“老工伤”人员作为纳入统筹管理人员进行了测算，并采取区别情况、分步完善、逐步纳入的办法，将“老工伤”人员纳入工伤保险统筹。截至 2006 年上半年，吉林省已将 69 788 名“老工伤”人员纳入统筹。

（2）提高标准。考虑“老工伤”人员原来伤残待遇低的问题，吉林省明确提出，凡 1996 年 9 月 30 日前发生的工伤且已按月领取伤残补助金的，继续由原渠道按月支付伤残补助金，一级至十级伤残标准从每月 5~20 元调整为每月 10~50 元。通过适当提高“老工伤”人员的伤残待遇，降低与新发生工伤人员伤残待遇的差距。

（3）特殊情况的处理。吉林省规定了在特殊情况下，如用人单位因关闭、破产、撤销等不能按月支付伤残补助金，“老工伤”人员可以一次性领取伤残补助金，较好地解决了“老工伤”人员伤残补助金领取问题。

4. 山西省

山西省是国有重点煤矿大省，自 2004 年 6 月起，山西省工伤保险启动运行后，就将“老工伤”人员纳入基金统筹作为推进工伤保险的重点工作来抓。在省劳动保障部门和各企业的积极配合下，经过实名制摸底和认真测算，山西省于 2006 年 1 月起，将全省一级至四级工伤职工、工残退休享受生活护理人员及工亡职工供养亲属定期纳入基金统筹，具体做法如下：

（1）确定范围。凡 2003 年 12 月 31 日前发生工伤，并按月享受伤残津贴、生活护理费的一级至四级伤残职工（含因工致残完全丧失劳动能力的农民合同制工人、轮换工），以及按月享受抚恤金的因工死亡职工供养亲属，纳入基金统筹范围。

（2）确定纳入项目。山西省确定纳入基金统筹的待遇项目包括伤残津贴、生活护理费和供养亲属抚恤金。这三项待遇年支出分别为 4 820 万元、2 500 万元、7 700 万元。

（3）辅助器具的纳入。自 2009 年 1 月起，山西省将“老工伤”人员辅助器具配置费用纳入基金统筹。根据全省工伤职工配置辅助器具项目和费用额度测算，2009—2012 年辅助器具更换费用分别为 1 354 万元、820 万元、570 万元。

三、全面解决“老工伤”问题

（一）人力资源社会保障部研究部署解决“老工伤”问题

为了进一步完善工伤保险制度，切实保障用人单位参加工伤保险社会统筹前因工伤事故或患职业病形成的工伤人员和工亡人员供养亲属的合法权益，2009 年 4 月 10 日，人力资源社会保障部发布《关于做好“老工伤”人员纳入工伤保险统筹管理工作的通知》（人社部发〔2009〕40 号），对解决“老工伤”问题进行了部署，要求各地结合本地实际情况，制定本地区解决“老工伤”问题的办法，并从 2009 年起用两年时间，实现将“老工伤”人员纳入工伤保险统筹管理的工作目标。

《关于做好“老工伤”人员纳入工伤保险统筹管理工作的通知》要求各地要做好以下三项工作：一是摸清底数。对本地区“老工伤”人员基本状况，如人数、行业分布、伤残等级分布、现有待遇情况等有比较准确的掌握。二是抓住重点。“老工伤”问题形成的时间跨度大，分布的行业广，人员构成复杂，管理比较分散。要解决“老工伤”问题，要突出重点，优先解决“老工伤”人员较为集中、问题比较突出的煤炭、非煤矿山等行业和关闭、破产等企业的“老工伤”问题。三是落实资金。可以采取工伤保险基金、用人单位趸缴和政府财政补助“三家抬”的方式，多渠道落实筹措。工伤保险基金累计结余较多的地区，要直接将“老工伤”人员纳入统筹管理。工伤保险基金累计结余较少、资金困难较大的地区，可以在分析测算的基础上，协商用人单位通过一次性缴费或适当提高费率的方法加以解决。对于经营困难、无力缴费的国有企业，特别是破产改制企业，各地要加强与政府有关部门的协调，通过政府支持等多渠道筹集资金加以解决。

对于一些地方反映比较集中的问题，如政策性关闭、破产的中央企业、原中央下放企业所遗留的“老工伤”问题以及部分国有老企业特别是政策性破产企业集中的老工业基地的“老工伤”问题，人力资源社会保障部会同财政部等有关部门通过开展专项调研，进一步摸清底数，研究提出具体的解决方案和相关政策措施。

（二）国务院部署解决“老工伤”问题

2010 年 1 月，人力资源社会保障部向国务院报送了《关于当前“老工伤”问题有关情况的报告》，国务院领导同志高度重视，温家宝总理作出重要批示，要求摸清底数，制定规范的解决办法。李克强、张德江副总理也作出重要批示。

在 2010 年 3 月召开的十一届全国人大三次会议上，温家宝总理在《政府工作报告》中明确提出“将全国 130 万‘老工伤’人员全部纳入工伤保险范围”的任务要求。按照这一要求，人力资源社会保障部将这一任务列入全年重点任务，做出了研究解决“老工伤”问题的工作部署。

（三）落实政府责任，实施“老工伤”纳入工作

1. 全面调研及解决“老工伤”问题的三个阶段

为了落实温家宝总理在十一届全国人大三次会议中提出的将全国 130 万“老工伤”人员全部纳入工伤保险范围的任务要求，人力资源社会保障部工伤保险司拟定了解决“老工伤”问题的工作方案，具体分为以下三个阶段：

第一阶段：选择四个省（市）先期开展典型调查。

这一阶段的主要工作是与财政部共同确定几个工作基础较好的调查地区，设计表

格，率先开展调查。通过先期调查，最终确定“老工伤”的具体范围，筛选统计指标，设计更具操作性的统计表，确定切合实际的统计方法和组织办法。

典型调查对“老工伤”人员的界定，是指2004年1月1日以前发生工伤，调查时尚未纳入工伤保险社会化统筹管理的工伤人员，企业范围确定在国有企业和集体企业。调查地点选择天津、山西、河南、湖南4个省（市），天津为全市范围调查，其他三省由省人力资源社会保障部门各选2~3个地级城市调查。调查的主要内容包括“老工伤”人数、伤残等级、分布、待遇支出情况等。

第二阶段：开展全面调查与测算。

在典型调查的基础上，针对调查中发现的问题，完善并最终确定“老工伤”具体范围，修订调查表格，完善统计办法，在各地区开展调查工作。全面调查的实施分别由省级人力资源社会保障部门牵头组织逐级实施，央企调查由国资委牵头组织。通过全面调查、汇总数据，分别就国有企业、集体企业、中央下放企业、关闭破产企业的“老工伤”人员数量、结构、待遇构成及待遇水平等进行分析，测算支付相关待遇所需资金。

第三阶段：制定落实相关政策办法。

针对“老工伤”人员的类型和所需资金，研究各类“老工伤”纳入社会化统筹管理的规范办法和相关措施。人力资源社会保障部与财政部研究确定中央财政和地方财政的资金补助金额和使用办法、工伤保险基金的支持办法、企业或主管部门资金支持的政策，报国务院批准后实施。

2. 全面摸清“老工伤”底数，分析调研结果

为了摸清“老工伤”人员的底数，人力资源社会保障部门于2010年7—9月在全国范围组织开展了全面的调查摸底工作，调查范围较之以前的典型调查有所扩大：一是从仅限国有企业，扩大到集体企业和其他企业（国有、集体改制企业）；二是从原来仅统计一级至十级伤残职工，扩大到未鉴定等级和鉴定后无等级的工伤职工；三是将时间界限从2003年年底《工伤保险条例》正式实施前，推延到2009年年底前。

从“老工伤”全面调查数据汇总的情况看，这次摸底调查共涉及企业37.65万户、在职职工和退休人员7 649万人。截至2009年年底，各地约有“老工伤”人员440万人，已纳入工伤保险统筹的“老工伤”人员有112万人，尚未纳入工伤保险统筹的国有企业、集体企业、其他企业“老工伤”人员有 329 万人，其中国有企业 270 万人。国有企业有伤残等级（一级至十级）的“老工伤”人员及工亡职工供养亲属共 138 万人，主要分布在东北、西北、西南和中部地区老工业基地，集中在矿山、森工等资源性行业，比最初的摸底数据有较大幅度增加。由于没有纳入工伤保险统筹管理，这些“老工伤”人员的工伤待遇得不到有效保障，由企业自行负担，待遇普遍较低甚至难以落实，从而引发某些社会矛盾，在一些地区甚至成为影响社会稳定的突出问题。

（四）制定专门政策，彻底解决“老工伤”问题

经国务院批准，2011 年 1 月 20 日，人力资源社会保障部、财政部、国务院国有资产监督管理委员会、监察部四部委联合发布《关于做好国有企业“老工伤”人员等纳入工伤保险统筹管理有关工作的通知》，要求各地高度重视将国有企业“老工伤”人员等纳入工伤保险统筹工作，在 2011 年 2 月底前将国有企业（包括中央企业、中央下放企业及已实施关闭或破产的中央和中央下放企业）有伤残等级“老工伤”人员和工亡职工供养亲属全部纳入工伤保险统筹管理，同时统筹解决好国有企业其他“老工伤”人员和集体企业、原国有集体改制企业“老工伤”人员纳入工伤保险统筹管理问题，确保到 2011 年年底前基本实现上述各类企业“老工伤”人员全部纳入工伤保险统筹管理。

《关于做好国有企业“老工伤”人员等纳入工伤保险统筹管理有关工作的通知》要求各地通过统筹基金调剂、企业趸缴部分费用、政府补助等多渠道筹集国有企业“老工伤”人员纳入工伤保险统筹所需资金。对未参保的企业，督促其参保，并同步将其“老工伤”人员全部纳入工伤保险统筹管理；对已参保企业，将“老工伤”人员直接纳入工伤保险统筹管理，所需资金通过工伤保险基金调剂解决；企业已经实施关闭破产的，“老工伤”人员纳入工伤保险所需资金主要通过工伤保险基金调剂解决，同级财政给予适当补助。

1. 中央补助资金到位

为推动地方既着重解决未纳入统筹的国有企业“老工伤”问题，又统筹解决其他各类“老工伤”问题，中央财政按照突出重点、优先补助最困难群体、奖补结合的原则，对未纳入统筹的关闭、破产国有企业一级至六级及“老工伤”伤残职工和工亡职

工供养亲属纳入统筹给予补助，每年 5.32 亿元，补助 10 年；对已纳入统筹的国有关闭、破产企业一级至六级及“老工伤”伤残职工和工亡职工供养亲属，中央财政按未纳入统筹补助标准的 1/4 安排奖励，每年 0.28 亿元，共 10 年。两项合计，中央财政安排补助资金 56 亿元，按因素法分配到各地，解决“老工伤”人员纳入工伤保险统筹管理资金不足问题。

2. “老工伤”人员全部纳入统筹管理，历史遗留问题得以解决

随着各地多渠道筹集资金，以及中央财政一次性补助资金的到位，“老工伤”人员逐步纳入工伤保险统筹管理，按《工伤保险条例》规定由工伤保险基金支付其工伤保险待遇。已经按城镇职工基本养老保险政策规定享受养老保险待遇的退休“老工伤”人员，继续按原渠道领取基本养老金，以后的工伤医疗费等其他工伤保险待遇纳入工伤保险基金统筹管理。到 2011 年年底，实现了国有、集体等企业 312 万“老工伤”人员全部纳入工伤保险统筹管理的目标。

四、解决“老工伤”问题带来的启示

（1）“老工伤”纳入工伤保险统筹管理，化解了一个“百万量级”的社会保障问题，彻底解决了“老工伤”人员的待遇保障问题，反映了工伤保险对建立和谐社会、以人为本、维护社会稳定是不可或缺的制度。

（2）“老工伤”纳入工伤保险统筹管理，解决了原来单位自我保障、负担过重的矛盾问题，平稳地解决了企业改革、制度转轨中的历史遗留问题，也证明了工伤保险制度具备应对解决特殊困难及特定发展阶段遗留问题的能力。

（3）“老工伤”纳入工伤保险统筹管理，巩固完善了独立于企事业单位之外的工伤保险制度，充分发挥了工伤保险的制度功能，促进了工伤保险制度更加完善，带来了工伤保险事业的长足发展，也为以后解决类似的矛盾问题积累了经验。

四川汶川“5·12”特大地震工伤保险保障报告

2008年发生在我国四川汶川的“5·12”特大地震，无论其影响范围之广、伤亡人数之巨、造成损失之重，皆可称为近年来自然灾害之最。这次特大地震受灾地区工伤职工的救助工作，是《工伤保险条例》实施后我国工伤保险制度迎来的一次最严峻的考验。在党中央、国务院的高度重视下，人力资源社会保障部以及四川省政府、四川省劳动和社会保障（以下简称劳动保障）厅等相关部门及时响应，迅速建立应对突发特大灾害的特殊政策体系和工作机制，通过提高工伤保险基金统筹层次、动用历年结余、加大基金调剂力度、中央政府专项资金支持等多个渠道解决工伤职工及亲属巨额工伤补偿的资金问题，切实保证了重灾区工伤职工得到妥善救助，维护了社会稳定，促进了工伤保险制度进一步完善。

一、特大地震带给地方工伤保险的巨大冲击

（一）波及面广、破坏性强的“5·12”特大地震

2008年5月12日，四川汶川发生的特大地震震级达到8.0级。这场地震破坏性强，波及大半个中国及亚洲多个国家和地区，北至辽宁，东至上海，南至香港、澳门、泰国、越南，西至巴基斯坦均有震感，其中以川陕甘三省震情最为严重。据统计，四川、甘肃、陕西、重庆等10个省市的417个县（市、区）、4 667个乡（镇）、48 810个村庄遭受地震破坏。

截至2008年9月18日12时，“5·12”特大地震共造成69 227人死亡、374 643人受伤、17 923人失踪，是中华人民共和国成立以来破坏力最大的地震，也是唐山大地震后伤亡最严重的一次地震。

（二）特大地震灾害重创地方工伤保险工作

1. 工伤保险制度建立以来一次性伤亡最大的事故

“5·12”特大地震给四川省造成了巨大的人员伤亡和经济损失，也对全省工伤保险工作带来巨大的冲击。由于地震发生在上班时间，职工伤亡惨重。据初步统计，四川省因地震灾害导致正在工作的职工死亡（含失踪）13 700 余人（其中参保职工 7 300 人），受伤 73 500 余人（其中参保职工 27 000 余人），因工死亡职工人数是平常时期的 36 倍。

2. 四川省劳动保障系统损失严重

“5·12”特大地震发生后，四川省 22 个重灾县（市）劳动保障部门的业务用房、信息系统、设备设施、工作用车全部或基本被损毁，灾区各地劳动保障工作在地震初期基本处于停滞或瘫痪状态。全省劳动保障系统共有 107 名工作人员在地震中死亡、223 人受伤、61 人下落不明。全系统业务用房灾损面积达 103.8 万平方米，网络设施设备损失 4 732 台（套），一般办公设备设施损失 30 634 台（套），合计经济损失 22.3 亿元。

3. 工伤保险资金缺口严重，工伤保险待遇支付面临巨大压力

地震灾害造成大量参保职工伤亡，导致四川省工伤保险待遇支付骤增。而统筹地区基金积累有限，灾后大量停产、半停产企业无力缴费，社会保险面临增支与减收双重压力。其中，矛盾最为突出的是工伤保险。按《工伤保险条例》规定的补偿标准初步测算，工伤保险基金需支付工伤职工及工亡职工供养亲属工伤保险待遇 60.9 亿元，是地震发生前的 2007 年四川省工伤保险基金收入的 9 倍，缺口巨大。截至 2008 年 4 月底，四川省工伤保险基金累计结余 14 亿元，受灾严重的绵阳、广元、德阳、雅安、阿坝五市（州）共结存 2.24 亿元，仅占全省基金总结余的 16%。当时，四川省除少数市（州）实行了调剂式的市级统筹外，包括受灾严重的市（州）在内，大多数地区基本上还是县级统筹。受灾严重的市（州）伤亡职工数量大，基金支付能力难以保障。

二、从中央到地方积极开展抗震救灾

“5·12”特大地震发生后，党中央、国务院高度重视，胡锦涛总书记立即作出重要指示，要求尽快抢救伤员，确保灾区人民群众生命安全。温家宝总理赶赴地震灾区，现场指挥抗震救灾工作。中共中央政治局常务委员会于地震发生当日召开会议，全面部署抗震救灾工作。

（一）人力资源社会保障部确定“特事特办”原则处理抗震救灾中的工伤保险工作

1. 人力资源社会保障部明确“特事特办”原则，全力支持抗震救灾

根据 5 月 12 日中央政治局常委会议精神，人力资源社会保障部于 5 月 13 日发出《关于全国人力资源和社会保障系统支持地震灾区做好抗震救灾工作的通知》（人社部明电〔2008〕3 号），要求全国人力资源社会保障系统积极响应中央号召，大力发扬“一方有难、八方支援”的精神，全力支持灾区人民做好抗震救灾工作。该通知明确了受灾地区工伤保险工作要按照“特事特办”的原则，对因灾伤亡的参保人员在医疗和工伤保险的报销范围、比例和资金使用等方面给予照顾。

为确保地震灾区受伤人员得到及时有效救助，人力资源社会保障部于 5 月 14 日又发出《关于认真做好地震灾区救灾期间基本医疗保险和工伤保险工作的紧急通知（人社部明电〔2008〕5 号），要求各受灾地区劳动保障部门和社会保险经办机构要坚持人民利益高于一切，急人民群众之所急，解人民群众之所难，按照“特事特办”的原则，全力做好地震救灾期间的工伤保险管理服务工作，要切实简化工作程序，积极主动为工伤人员的工伤认定和待遇支付等提供全面高效的服务。

2. 部领导带队考察四川重灾区

“5·12”特大地震发生后，5 月底，工伤保险司负责人随部领导带队的工作组，同四川省劳动保障厅同志一起，深入四川省的汶川、北川、青川、绵竹、安县、剑阁、都江堰等重灾区，对灾区企业、乡镇、安置点进行现场考察，重点考察职工伤亡、社会保障等方面的情况，了解灾后重建中社会保障需要解决的问题，共同研究制定相应的政策措施。

调研工作组回到北京后，人力资源社会保障部迅速向国务院报告，就灾区迫切需要解决的工伤保险待遇支付等问题提出建议：帮助灾区解决难点和重点问题，需要在政策上有所突破，在资金安排上给予必要支持。针对工伤保险待遇支付问题，建议制定实施特别政策，不仅含金量要高、针对性要强，而且要纳入国家恢复重建总体规划和主要政策内容中。

2008 年 6 月 29 日，国务院发布了《关于支持汶川地震灾后恢复重建政策措施的意见》，明确提出了解决四川受灾地区工伤保险基金支付缺口的办法，规定在地方尽快实行市级或省级统筹、动用历年结余、加大基金调剂力度解决的基础上，仍有不足的，可动用部分全国社会保障基金。国务院的这个决策，为彻底解决灾区工伤保险基金不足，保障工伤职工的工伤保险待遇奠定了基础。

（二）人力资源社会保障部及时指导地方灾区工伤保险工作

地震发生后，人力资源社会保障部工伤保险司根据中央和部党组通知精神，第一时间专题研究部署灾区工伤保险工作，提出了做好地震善后中工伤保险工作有关问题的指导意见。

1. 及时、快捷做好工伤认定和劳动能力鉴定工作

（1）凡被派往灾区参加抗震救灾的职工，包括国家机关、各类企事业单位、医疗卫生工作人员、民间非营利组织工作人员以及前往灾区参加抗震救灾的其他职工，在抗震救灾工作中伤亡的，各地劳动保障行政部门要及时作出工伤认定。

（2）对地震发生时在工作岗位上伤亡的职工，包括国家机关、各类企事业单位、民间非营利组织工作人员及其他职工，符合工伤认定条件的要及时认定为工伤。

（3）对参加抗震救灾职工伤亡的工伤认定，由派出单位所在地的劳动保障行政部门负责。参加抗震救灾的其他职工伤亡的工伤认定，由职工实际工作单位所在地的劳动保障行政部门负责。

（4）要本着方便工伤职工及其家属申请工伤认定的原则，及时快捷做好认定工作。具体工作中可以采用简化认定程序和申请手续、缩短认定时限以及其他一些具有可操作性的做法，快速作出工伤认定结论。能够到现场提供工伤认定服务的，要积极主动提供现场服务。

（5）对于伤情相对稳定后存在残疾的工伤职工，劳动保障行政部门要按照规定及时组织专家对其进行劳动能力鉴定。

2. 确保地震灾区因工伤亡职工和参加抗震救灾伤亡职工工伤保险待遇及时足额支付

（1）凡经劳动保障行政部门认定为工伤的灾区职工和参加抗震救灾职工，应按照《工伤保险条例》的有关规定享受相关待遇。参加了工伤保险的，从工伤保险基金中支付；没有参加工伤保险的，由用人单位支付；用人单位支付待遇有困难的，由社会捐助或社会救助渠道补助解决。

（2）要积极创造条件，保证地震灾区工伤职工得到及时有效的医疗救治和康复治疗。对急救必需的药品和诊疗项目，以及包括心理和职业康复治疗项目，在此次救灾期间可不受工伤保险药品、诊疗项目目录的限制，统一纳入工伤保险基金支付范围。对治疗和康复需要转到本地非工伤保险协议医疗机构或外地医疗机构就医发生的医疗康复费用，应视同本地协议医疗机构，按规定予以支付。

（3）认真做好地震灾害中工亡职工供养亲属抚恤待遇政策的落实工作。对于依靠工亡职工生前提供主要生活来源的未成年子女在年满 18 周岁后仍在全日制大学、中专或高中学校学习的，其享受抚恤金待遇的时间可延长至其在全日制大学、中专或高中学校毕业为止。

3. 抓紧完善工伤保险应急保障机制

（1）对支付在地震灾害中因工伤亡职工待遇出现基金不足的地区，统筹地区和上一级劳动保障部门要及时调用工伤保险储备金和调剂金，确保地震中参加工伤职工和抗震救灾伤亡职工工伤保险待遇及时支付。

（2）此次地震凸显出工伤保险制度应对重大事故和突发灾难机制的重要性，各地要抓紧提高工伤保险统筹层次，尽快实现工伤保险市级统筹，适时建立省级调剂金制度，特别是重灾区要在抗震救灾善后处理工作中抓紧建立省级应急基金，迅速从各统筹地区集中一部分基金，及时用于受灾严重统筹地区工伤保险基金不足支付时使用，确保灾区参保的工伤和工亡职工供养亲属工伤保险待遇及时支付。

4. 积极做好工伤保险管理服务工作

工伤保险部门要认真按照“以人为本”“特事特办”的精神，积极主动为地震灾难中伤亡职工和家属以及参加抗震救灾伤亡的职工和家属，在工伤认定、劳动能力鉴定、待遇审核、登记和待遇发放等方面提供热忱周到和方便快捷的服务。在这次震灾善后处理工作中，要尽可能将服务工作延伸到工伤职工所在安置地和所在单位，以保障灾区职工生活和重建工作顺利进行。

抗震救灾工作开始后，人力资源社会保障部工伤保险司将支持四川省抗震救灾重建工作列为中心工作，组织部社保中心、四川省劳动保障厅有关单位认真核实伤亡人数，核算基金缺口，研究拟采取的政策，同时积极协调财政部社会保障司拟定中央财政补助办法，报经国务院同意后安排中央专项补助资金用于弥补四川省重灾区工伤保险基金缺口，平稳处理了历史上从未遇到过的巨大工伤伤害，支持了灾区工伤职工和家属的工伤保险待遇支付和灾后重建，保障了社会稳定。

三、四川省积极开展灾后工伤保险工作

（一）四川省劳动保障厅迅速行动，救灾、保障两手抓

面对突如其来的特大地震，四川省劳动保障厅紧急动员，沉着应对，迅速启动应急机制，根据人力资源社会保障部及四川省委、省政府的统一部署，采取“一手抓抗震救灾、一手抓劳动保障工作”的做法，建立抗震救灾指挥体系，全力投入抢险救灾。设立了政策研究、灾情核查、后勤保障、思想动员、宣传报道五个小组，按照“确保人员、资金、数据三安全”的要求，展开干部职工搜救、基础数据抢救、设备设施转移等工作，尽最大努力减少地震的破坏和影响。先后完成了抢运地震伤病人员、安置保障受灾群众等抗震救灾指挥部交给的任务。

（二）研究制定并落实灾区特殊政策

“5・12”特大地震后，四川省劳动和社会保障厅按照“特事特办”的原则，迅速组织对灾区实施社会保险特殊政策进行深入研究，协助人力资源社会保障部及时制定支持抗震救灾的社会保险特殊政策，并在政策出台后立即着手完善四川省配套政策。为了更好地发挥本部门职能作用，四川省劳动保障厅代省政府起草并报送了《关于在

地震灾区实施就业和社会保险特殊政策的通知》，就社会保险等方面的政策提出了 20 多条具体意见。通过召开视频会、组织督查、调剂资金使用，让部分受灾企业缓缴社会保险费，有效缓解了企业压力，也初步探索出一套应对特大突发灾害的特殊政策体系和工作机制。

（三）特殊时期采取特殊办法，解决灾区工伤保险的突出问题

“5·12”特大地震给灾区造成了巨大的人员伤亡，部分参与抗震救灾的人员也不幸伤亡。灾后工伤认定工作面临证据缺失、用人单位消亡、工伤认定申请人难以提供职工伤亡或下落不明的基本事实证据材料。因此，灾后工伤保险工作存在的难点之一就是工伤认定难，具体表现如下：一是工伤申请单位有关负责人已经死亡或受伤在抢救中；二是申请单位无法提供劳动合同等材料，有关材料、公章等已经被埋在废墟瓦砾中，有的经过雨水冲刷无法辨认识别；三是因工伤亡职工无证人证明，其证人可能全部死亡或在疏散过程中分散在其他安置点，无法查找；四是死亡职工只有火化证明，而有的职工没有经过火化，按照灾区防疫要求直接就近掩埋，无法提供死亡证明。

为了及时解决好抗震救灾期间工伤认定、劳动能力鉴定和工伤保险待遇支付等问题，切实维护好职工和用人单位的合法权益，在政策层面尽最大努力支持抗震救灾工作的顺利推进，四川省劳动保障厅将合法性与合理性、原则性与灵活性相结合，对抗震救灾期间的工伤保险工作进行了研究，制定了灾区工伤保险专门政策，经请示人力资源社会保障部后，发布了《关于做好抗震救灾期间工伤保险工作的通知》，对抗震救灾恢复重建时期工伤保险重点和难点问题作出规定。

1. 工伤认定的条件

该通知明确规定了应认定为工伤的几种情形：一是参加抗震救灾的职工，在抗震救灾中伤亡的；二是职工在工作期间、工作场所内因履行工作职责，由于地震原因造成伤亡的；三是职工因公外出期间由于工作原因受到地震伤害造成伤亡或下落不明的；四是在工作时间内由用人单位组织的与工作有关的活动，由于地震原因造成职工伤亡的；五是除上述第三项外，职工因地震原因下落不明的，应按照《民事诉讼法》的有关规定，经法院作出宣告死亡的判决后，再提交劳动保障行政部门依据有关规定，作出工伤认定。

2. 工伤认定的证据和程序

一是因工死亡的认定。用人单位提出地震期间的工伤认定申请，出具公安或民政部门的职工死亡证明并符合工伤认定条件的，或者职工本人的直系亲属申请工伤认定，出具用人单位的相关证明和公安或民政部门的职工死亡证明并符合工伤认定条件的，可以认定为因工死亡。

二是因工受伤的认定。用人单位提出地震期间的工伤认定申请，提供医疗卫生机构出具的医疗救治证明并符合工伤认定条件的，可以认定为因工受伤；职工或其直系亲属提出地震期间的工伤认定申请，出具用人单位的相关证明和医疗卫生机构的医疗救治证明并符合工伤认定条件的，可以认定为因工受伤。

三是职工本人身份、劳动关系情况、伤亡原因不明确的，劳动保障行政部门可先予受理，同时中止工伤认定程序，并书面告知工伤认定申请人。待有关情况明确后，再作出工伤认定决定。

3. 工伤认定的简化及时效要求

该通知要求劳动保障行政部门要依据法律法规，本着“特事特办”的原则，简化工作程序，缩短认定周期，对情况清楚的及时认定，提高工作效率。受理工伤认定申请后，应在 15 个工作日内作出工伤认定决定。

4. 经办和劳动能力鉴定工作

受灾地区社会保险经办机构应按照有关规定，对在地震灾害和抗震救灾中发生的职工工伤本者“优先支付”的原则，及时落实工伤职工的相关待遇。要做到随到随办，经办周期控制在 20 天以内。

各地劳动能力鉴定机构要简化工作流程和手续，缩短鉴定周期，实行随到随办，滚动受理、医检、评定、呈批和送达，为参保职工提供快捷、优质的服务。对转移到异地就医、安置的工伤职工，可委托异地劳动能力鉴定机构进行鉴定，统筹地区劳动能力鉴定机构进行确认，各地的经办时间应不超过 20 天。

5. 提高工伤保险统筹层次

各地震受灾地区要按照《工伤保险条例》和省政府相关规定，尽快实行工伤保险市（州）级统筹。有条件的地区要实行统收统支；暂不具备条件的地区要先建立市（州）级工伤保险调剂金，提高互助互济能力，以保障工伤职工的待遇支付。

（四）摸底数，查结余，编制灾后救助方案

做好灾后工伤保险工作的前提条件是核实伤亡人数、伤残等级、待遇标准，按照规定支付待遇。

1. 做好伤亡统计，明确工伤保险参保人数及待遇享受人数

四川省劳动保障厅经过调查统计，查明全省因地震死亡职工 13 795 人，其中参保工亡职工 7 306 人，未参保职工 6 489 人；受伤职工 73 571 人，其中参保伤残职工 27 489 人，未参保伤残职工 46 082 人。

2. 查清工伤保险基金收支结存，测算保障资金情况

根据 2007 年年底的工伤保险基金统计数字，四川省共有工伤保险基金累计结余约 13 亿元，其中成都、绵阳、德阳、广元、阿坝、雅安 6 个重灾市、州共结余约 7 亿元，其余 15 个市、州加省本级共结余约 6 亿元。这些结余扣除工伤保险日常支出以及应付重特大安全生产事故的风险储备金和解决“老工伤”的支出后，实际可动用结余 3. 8 亿元。

四、中央、地方共同解决保障资金不足问题

经过初步核算，四川省当期急需工伤保险基金支付的地震伤亡职工工伤保险待遇为 15. 3 亿元，减去本省可用于调剂的 3. 8 亿元，尚有缺口 11. 5 亿元。2008 年 9 月 25 日，四川省人民政府致函人力资源社会保障部、财政部、全国社会保障基金理事会，申请中央财政安排补助资金，帮助解决灾区工伤保险基金缺口问题。

为解决四川受灾地区工伤保险基金收不抵支问题，国务院《关于支持汶川地震灾后恢复重建政策措施的意见》（国发〔2008〕21 号）明确规定：“为解决四川受灾地区工伤保险基金收不抵支问题，对参加工伤保险的职工伤亡的，在核实伤亡人数、伤残等级及具体待遇标准的基础上，按规定支付相关待遇，所需资金在地方尽快实行市级或省级统筹，动用历年结余、加大基金调剂力度解决的基础上，仍有不足的，可动用部分全国社会保障基金。对未参加工伤保险的伤亡职工的待遇支付，由职工所在企业（单位）负责解决，企业（单位）无力支付或不存在，并符合救助条件的，可通过

相关社会捐助、社会救助制度予以帮助。”

（一）提高统筹层次，建立省级工伤保险互助金

为认真贯彻《国务院关于支持汶川地震灾后恢复重建政策措施的意见》（国发〔2008〕21号）精神，四川省制定了灾后救助方案，提高工伤保险统筹层次，动用历年工伤保险基金积累结余，建立省级工伤保险互助金，加大基金调剂力度，解决工伤保险资金缺口，保障工伤职工得到救助。

1. 全面提升工伤保险统筹层次

由于财政体制的原因，四川省大多数市（州）实行工伤保险县（市）级统筹，基金自求平衡。为解决四川省地震灾害后工伤保险资金支付缺口问题，四川省劳动保障厅于2008年6月17日下发的《关于做好抗震救灾期间工伤保险工作的通知》中，要求各地震受灾地区尽快实行工伤保险市（州）级统筹。有条件的地区，工伤保险费用实行统收统支；暂不具备条件的地区，先建立市（州）级工伤保险调剂金，提高互助互济能力，以保障工伤职工的待遇支付。

6月25日，四川省劳动保障厅又召开了11个受灾市（州）和5个重灾县（市）工伤保险工作座谈会，要求各地区尤其是受灾地区在7月31日前要建立市（州）级工伤保险统筹，以实现地区内相互帮助。

2. 建立“5·12”特大地震省级工伤保险互助金

实行工伤保险省级统筹，可以实现全省内工伤保险基金调拨，但在“5·12”特大地震发生时，四川省实现省级统筹的条件还不够成熟。原因有二：一是《工伤保险条例》规定工伤保险实行市（州）级统筹，当时建立省级统筹尚无相关法律依据；二是由于当时四川省绝大多数地区实行的是县（市）级统筹，提高到市（州）级统筹还有一个过程，灾后马上建立工伤保险省级统筹尚不具备条件。

为了贯彻落实《国务院关于支持汶川地震灾后恢复重建政策措施的意见》（国发〔2008〕21号）的要求，体现四川省各市（州）之间互助互济，四川省通过建立“5·12”特大地震省级工伤保险互助金制度，全省非灾区支援灾区、轻灾区支援重灾区，积极开展省内互助互救。具体做法如下：一是将成都、绵阳、德阳、广元、阿坝、雅安6个重灾市（州）工伤保险统筹由县（区）级提升为市（州）级；二是从15个

非重灾市（州）和省本级筹集资金 6 009 万元，建立省级工伤保险互助金，并全部划拨到绵阳、德阳、广元、阿坝 4 个重灾市（州）。

（二）中央政府从全国社会保障基金中调拨补助资金

按照国务院相关文件精神，人力资源社会保障部、财政部一方面指导四川省做好提高统筹层次、动用历年结余，严格有序开展工伤认定、待遇支付等工作，另一方面着手对有关问题进行调查研究，请四川省相关部门做好相关费用测算工作，并多次进行部门间的沟通和协商。

经过认真测算和研究并报国务院同意，2019 年 1 月人力资源社会保障部、财政部对解决四川省工伤保险基金缺口问题，发布《财政部、人力资源社会保障部关于拨付地震灾区工伤保险基金缺口补助资金的通知》，一次性下发四川省工伤保险补助资金 68 049 万元，专项用于弥补地震灾区工伤保险基金缺口。这批资金用于德阳、绵阳、广元、阿坝 4 个重灾市（州）因地震新增的工亡人员一次性工亡补助金、丧葬补助金、伤残人员一次性伤残补助金等当期工伤保险待遇支出项目。中央财政补助所需资金从全国社会保障基金中安排。

对因地震新增的其他支出，由四川省各级政府通过提高工伤保险基金统筹层次、动用历年结余、加大基金调剂力度、政府支持等多个渠道予以解决，确保相关待遇支付。

这是中央政府首次动用全国社会保障基金对社会保险进行专项补助，也是中央政府首次对遭受重大灾害事故冲击的地方工伤保险基金给予巨额补助，具有标志性的重大意义。

（三）制定管理办法，保证资金落实到位

中央和国务院批准拨专款用于四川灾区工伤保险基金的补助，是我国工伤保险发展史上的第一次，充分体现了党中央、国务院对灾区工伤职工的关怀和对灾区恢复重建工作的支持，切实保障了工伤职工工伤保险待遇的及时全额支付。

四川省劳动保障厅、财政厅按照国务院有关部门的要求，加强了对地震灾区工伤保险专项补助资金使用的管理，结合四川省各灾区实际需要，制定了中央专项补助金

使用管理办法，规范资金使用程序，严格资金使用范围，切实做到专款专用。四川省劳动保障厅还积极采取有效措施，增加专项补助资金使用的透明度，接受社会监督。同时，切实做好补助资金的分类核算和跟踪统计，对资金实施全方位、全程监管，尽快将补助资金拨付给工伤职工，切实保障了工伤职工的权益。

随着灾区工伤保险救助工作的开展，四川省灾区工伤职工及家属的工伤保险待遇逐步发放到位，工伤保险稳妥应对了特大地震带来的巨大冲击，保证了工伤保险制度保障功能的实现，为灾区恢复重建、发展经济和社会稳定做出了贡献。

五、特大地震对工伤保险工作的启示

“5・12”特大地震后的工伤保险工作应对成功之处，在于有国务院的坚强领导，人力资源社会保障部、财政部的全力支持和精心指导，相关地区政府及部门采取的措施得力，及时建立应对突发特大灾害的特殊政策体系和工作机制，在工伤保险基金缺口巨大的情况下，通过提高统筹层次、加强基金调剂、中央财政补助等方式，保障了灾区工伤职工的待遇支付。总结“5・12”特大地震发生后工伤保险工作实践，得到以下启示：

（一）应对突发特大工伤事故，工伤保险必须提高统筹层次，以强大的基金保障应对巨额待遇支出

“5・12”特大地震发生时，四川省大多数市（州）实行的是工伤保险县级统筹，基金自求平衡。虽然到2008年4月底四川全省工伤保险基金累计结存达14亿元，但由于统筹层次建立在县级统筹层次上，当灾区工伤保险基金支付出现巨大缺口时，不仅市（州）无法直接调动资金，省级也无法调剂结存基金，暴露出基金统筹层次太低后实际无法抵御大的工伤风险，工伤保险基金共济的功能无法发挥作用。为解决这一问题，四川省紧急部署地震受灾地区，尽快实行工伤保险市（州）统筹；同时建立省级工伤保险调剂金制度，从6个重灾区市（州）以外的15个市（州）结余基金中提取了6 000万元支持重灾区工伤保险待遇支付。

工伤保险作为化解职业伤害风险的保险制度，建立在统筹资金的“大数法则”

上，资金汇集的“池子”越大，保障能力越强。“5・12”特大地震造成的巨大工伤伤害后果，表明工伤保险必须实行省级统筹。2009 年，人力资源社会保障部向全国部署实现工伤保险市级统筹的工作目标；2010 年，《社会保险法》和修订后的《工伤保险条例》明确提出了工伤保险逐步实行省级统筹的要求。2017 年 6 月人力资源社会保障部、财政部发布了《关于工伤保险基金省级统筹的指导意见》，要求各地加强组织领导，明确到 2020 年年底全面实现省级统筹。在工伤保险统筹层次不断提升的过程中，“5・12”特大地震后出现的统筹层次过低致使结余基金不能调剂使用的困境，成为推动提高统筹层次工作的内生动力之一。

（二）应对突发特大工伤事故，应在有关法律法规框架下，制定适应特殊情况的特殊政策

“5・12”特大地震灾害造成了巨大的人员伤害，是建立工伤保险制度以来工伤人数最多、工伤补偿资金最大的灾难性灾害。由于特大地震造成巨大危害后果的特殊性，妥善处理好这类工伤保险问题，需要将合理性与合法性、原则性与灵活性相结合，制定具有可操作性的政策。在这次特大地震涉及的工伤认定等工伤保险工作难点问题上，充分体现了上述特点。例如，将自然灾害突发时在工作时间、工作岗位受到的伤害认定为工伤，合理确定工伤范围，并且将派往震区抗震救灾的各类职工，包括机关事业单位的职工均列为认定范围；在工伤认定的证据和程序上，按照有利于因工伤亡职工的原则把握，简化了证明材料，缩短了认定周期。在劳动能力鉴定和待遇支付上，也出台了简化的工作程序，优先支付，落实工伤职工的相关待遇，实行随到随办。正是这些系统的工伤保险政策集成，及时解决了灾区工伤职工及家属的实际困难，保障了他们的工伤保险权益，也促进了灾区社会和谐稳定。

（三）应对突发特大工伤事故，应建立和完善应急预案和特事特办的工作机制

重大工伤事故涉及面广、伤亡较大，工伤保险行政部门应事先做好应急预案，事发后按照预案要求迅速组织力量，第一时间赶赴现场，摸清职工伤亡情况，并就事故善后提出建议方案；在发生重大工伤事故后，在工伤保险管理服务上，要急工伤职工

所急，充分、快速发挥工伤保险的及时救助功能，简化工作程序，缩短经办周期，提高工作效率，在认定、鉴定、待遇审核、发放等环节上为工伤职工和家属提供便捷、高效、优质的服务。

（四）应对突发特大工伤事故，必须建立完善的信息和数据系统

在四川汶川“5·12”特大地震后的处理过程中产生的各种问题和难点证明，应对突发特大工伤事故，必须建立和完善工伤保险信息系统，要做好信息数据备份工作，确保发生特大工伤事故时工伤保险数据安全完整。

广东省工伤康复中心发展报告

广东省工伤康复中心（医院）（以下简称“康复中心”）成立于 2001 年，隶属广东省人力资源社会保障厅，是全国工伤保险系统唯一一家直属的康复中心、国家工伤康复基地，也是全国首家集临床、康复、教学、科研、预防于一体的康复专科机构。

康复中心成立以来，秉承为工伤职工提供优质康复服务的宗旨，积极探索中国工伤康复基地模式，承担了国家工伤康复服务项目和业务规范标准的起草制定工作，在国内率先开展了职业康复、社会康复和工伤预防工作，努力打造国家级职业康复基地、工伤康复科研基地、康复人才培养基地以及工伤康复国际交流基地。作为中国工伤康复事业最早的开拓者、创业者，康复中心正在建设以工伤康复为主要特色，产学研相结合、跨领域、全产业链发展的康复集团，创建驰名中外的工伤康复品牌。

一、康复中心的发展历程

（一）创业阶段（2001—2006 年）

2001 年，广州社会劳动康复中心在从化温泉成立，隶属广州市劳动保障局管理。

2002 年，广州社会劳动康复中心成立一周年，住院床位由 40 张扩大至 120 张，形成了神经康复、烧伤康复、骨创康复三大专科特色。

2003 年，广州社会劳动康复中心正式更名为“广州工伤康复中心”，并增挂“广州工伤康复医院”牌子，由广州市社会保险基金中心移交给广州市劳动保障局管理。

2004 年，广州工伤康复中心被广州市政府授予 2003 年度“广州市青年文明号”称号。同年，广州工伤康复中心被确定为劳动保障部工伤康复试点单位及广东省工伤康复基地。

2005 年，因工伤康复服务发展需要，经省、市政府同意，广州工伤康复中心成建制划归广东省劳动保障厅管理，更名为“广东省工伤康复中心（广东省工伤康复医院）”，并加挂“广东省劳动能力鉴定中心”牌子。

（二）稳步发展阶段（2006—2011 年）

成立五年后，康复中心进入了稳步发展时期，不断开拓新业务，并向人才专业化建设发展，通过“引进来”“走出去”，培养了一批批高端康复技术人才，业务发展加速。

2006 年，为满足日益增长的工伤康复服务需求，康复中心易地新建项目一期工程被纳入《广东省国民经济和社会发展第“十一个”五年规划》重点工程建设项目。

2008 年 12 月，国务院颁布《珠江三角洲地区改革发展规划纲要（2008—2020 年）》，要求“建设国家级工伤康复基地”。

2009 年 3 月，广东省人民政府与人力资源社会保障部共同签署了《共同推进珠江三角洲地区改革发展规划纲要实施加快推进广东省人力资源社会保障事业科学发展备忘录》，决定“以广东省工伤康复中心为依托，部省共建国家工伤康复基地”。4 月 29 日，人力资源社会保障部授予康复中心“全国工伤康复综合基地”牌匾。

（三）快速发展阶段（2011—2016 年）

2011 年 11 月，康复中心易地新建项目（国家级工伤康复基地一期工程）在广州白云区落成开业。

此后五年，康复中心进入高速发展时期。康复中心参与修订的《工伤康复服务项目（试行）》《工伤康复服务规范（试行）》由人力资源社会保障部正式印发。在广东省工伤保险工作座谈会上，康复中心与各地市社会保险经办机构签订工伤康复服务协议，标志着“以省工伤康复中心为龙头、省市两级资源共享”机制建设迈出了重要的一步。广东省首家康复医联体——白云区康复医联体成立，康复中心为牵头单位，积极开展康复诊疗、双向转诊和继续教育等协作工作，推进白云区社区康复和家庭医疗服务体系建设。

其间，康复中心被确定为全国首批区域性工伤康复示范平台、广东省专业技术人员继续教育基地、广东省第二批博士后创新实践基地、清洁间歇性导尿教育项目培训基地、广东省博士后创新实践基地、广东省残疾人康复人才培训（进修）基地；被广东省卫生厅核定为三级康复医院，成为华南地区首家三级康复专科医院；被中国康复医学会确定为康复护理专科护士培训基地；设立博士后科研工作站，康复研究院建成并投入使用。康复中心与香港理工大学康复治疗科学系合作共建了“创新康复科技研发基地”。

（四）综合发展阶段（2016 年至今）

近些年，国内康复机构如雨后春笋般呈蓬勃发展的态势，面对新形势下的机遇和挑战，康复中心开始由工伤康复向综合康复发展，推动康复中心向“产学研医”全面发展，着力打造集康复医疗、康复工程、康复培训、康复养护“四位一体”，以工伤康复为主要特色，产学研相结合、跨领域、全产业链发展的康复集团，创建驰名中外的康复品牌。

2017 年，康复中心获 CARF 国际最高级别的权威认证，成为目前我国单次通过 CARF 认证项目最多、医院体量最大的康复专科医院，是亚洲首个通过职业康复项目该标准认证的机构。康复中心成立了“广东省医学 3D（三维）打印应用转化工程技术研究中心广东省工伤康复医院临床基地”，积极推动 3D 打印技术在康复医学领域的临床应用，促进康复中心 3D 打印产业发展，造福广大伤残患者。康复中心与广州体育学院签约成立“广东省联合培养研究生示范基地”，着力培养一批运动康复专业和康复治疗专业发展所需要的高层次专门人才。

2018 年，康复中心成功获得医疗器械与体外诊断试剂临床试验备案资格并开展首例临床试验工作。为促进学科建设发展，康复中心引进一批特聘专家，完善学科专业设置，被授予“中国康复医学会吞咽障碍康复委员会吞咽专科治疗师实践培训基地”，进一步促进了康复中心吞咽障碍康复治疗业务提升，提高了处理临床患者的技术能力，增强了医护技的协调合作。康复中心拓展服务范围，成为省属离休干部定点医疗服务机构，为离休老干部提供康复医疗服务。

二、康复中心的发展现状

（一）机构规模

康复中心现有广州白云院区和从化院区 2 个院区，总占地面积 4.03 万平方米（广州院区 3.9 万平方米，从化院区 1 300 平方米），总建筑面积 5.8 万平方米（广州院区 5.2 万平方米，从化院区 6 000 平方米），康复治疗区域总面积约 1.1 万平方米（广州院区 1 万平方米，从化院区 1 000 平方米）。康复中心展开床位 639 张（广州院区 519 张，从化院区 120 张），设有门诊部、住院部，以及粤港运动损伤康复与研究中心、亚健康诊疗中心、淋巴诊疗中心，以神经康复、骨科康复、烧伤康复为特色，设置 12 个病区、12 个康复治疗科室、6 个医技科室和 1 个康复研究院。

（二）人才队伍

康复中心有职工 681 人，硕士以上学历 72 人，副高级以上职称 47 人，其中康复专业技术人员 536 人（包括康复治疗师 198 人、康复工程师 10 人、社工 13 人、康复医师 106 人、护士 182 人以及医技人员 27 人），占职工总数的 78.71%；硕士以上学历治疗师 29 人，在治疗师队伍中占比 13.1%，如图 4-4-1 至图 4-4-3 所示。

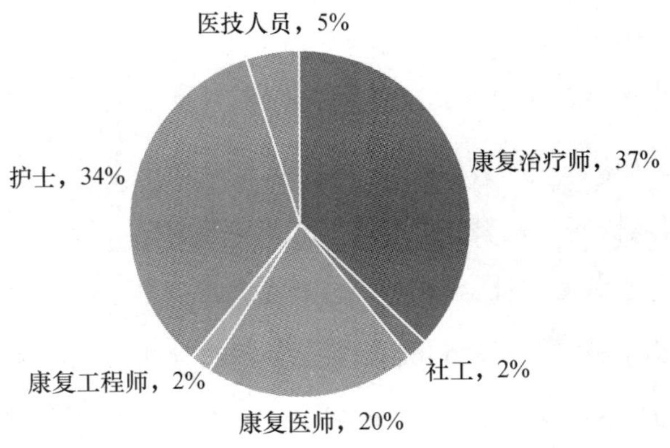

图 4-4-1　康复中心康复专业技术人员岗位结构

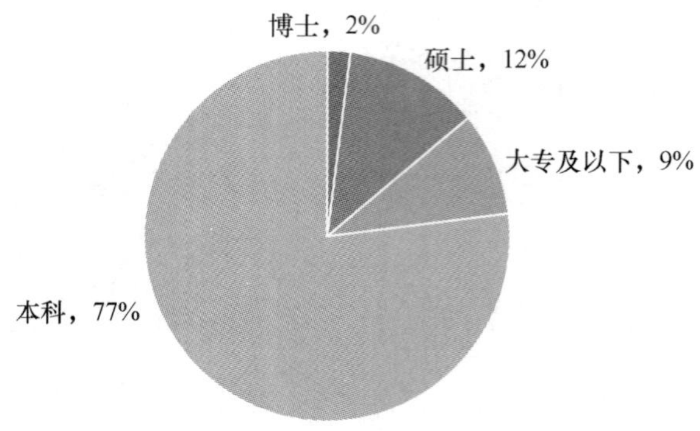

图 4-4-2　康复中心康复专业技术人员学历结构

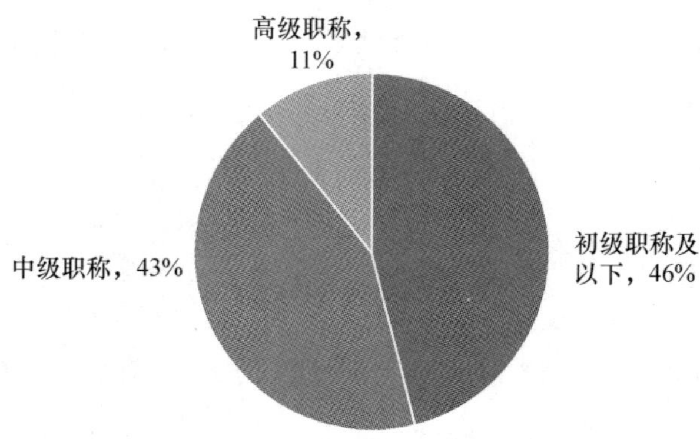

图 4-4-3　康复中心康复专业技术人员职称结构

（三）核心文化理念

康复中心建立并逐步完善了核心价值理念体系，提出了“为了您的康复，我们做足一百分”的口号，形成了“以人为本，服务社会，追求卓越，全面康复”的医院使命、“术精德厚，助残扶弱”的核心价值、“凝聚康复人才，创新康复模式，发展康复文化；患者满意，员工幸福，社会赞誉”的医院愿景、“通过医疗康复、职业和社会康复等综合手段，最大限度地恢复和提高伤残患者的身体功能和生活自理能力，并尽可能恢复他们的学习和劳动能力，从而使他们恢复自尊、自信和自强，重新回归家庭、重返工作岗位和参与社会生活”的服务宗旨、“真情关爱生命，仁术呵护健康”的服务理念。

（四）技术设备水平

康复中心除配置基本的医疗设备外，逐步提高临床医疗设备保障力度，同时非常注重对康复诊疗设备设施的投入，围绕骨、神经、烧伤等科目相关病种的康复诊疗需要，配有手术、重症监护、运动治疗、理疗、作业治疗、言语诊疗、心理诊疗、康复评定和康复工程所需的设备和材料，如 Lokomat 下肢机器人、Biodex4 等速训练系统、MJS 上肢机器人、Armeo 上肢机器人等各类先进的康复评定与治疗设备。康复中心固定资产总值达 39 079 万元，其中仪器设备总值 7 962 万元。

（五）信息化程度

在国家“互联网+医疗”、健康医疗大数据、精准医疗等技术在医疗卫生行业深度发展的趋势下，康复中心积极推进信息化建设，发挥信息技术在辅助精细管理、提高工作效率、支持诊疗服务等方面的积极作用。康复中心数字化信息平台包括各类系统共 50 多个，基本覆盖中心业务和行政工作，其中住院管理实现院前评估、住院管理及结算、出院随访全流程信息化，可为患者建档立卡，强化了管理，并具有康复特色；自主研发的康复管理子系统包含康复治疗排班、评价会管理、教学管理、收费等功能，优化了康复服务流程，提高了服务效率和患者满意度。康复中心使用的信息系统以患者 ID（身份标识号）为索引，基本打破了信息孤岛，实现患者信息与医院业务的互联互通。同时，有权限控制的报表系统可以对相关信息进行数据统计，实现大数据检索。系统对外提供的接口标准化，实现了与各地市社保系统对接联网结算。为继续加强医患沟通，方便就诊患者，目前康复中心正在进行门诊移动信息化建设，通过微信和支付宝平台、院内自助机等各种方式，为患者提供各种就医便利服务。

（六）科研教学情况

1. 科研能力与成果

康复中心把科教兴院、人才立院作为发展的基本战略，先后制定了系列学术科研管理与奖励制度，鼓励专业人员在做好临床康复工作的基础上积极开展科研和学术交流，以科研带动学术，以学术交流促进业务发展，并结合康复实践积极开展实用康复技术的开发研究。康复中心已初步搭建了 1 个康复研究院、9 个实验室，组建了包括香港理工大学博士后青年科技人才、国外康复科研人才等高层次人才在内的研究团队。康复中心与美国芝加哥康复研究院、休斯顿大学、德克萨斯大学、香港理工大学、香港中文大学、中山大学、南方医科大学、华南理工大学、第三军医大学、上海交通大学、长春中医药大学、中国科学院先进技术研究院等国内外高校、科研院所深入开展科研和人才培养合作，在康复治疗技术、职业康复领域展开研究。截至 2018 年年底，康复中心累计配套科研经费 2 098 万元，已获得国家知识产权局授权发明专利 6 项、实用新型专利 20 项；科研课题立项 181 项，累计获得科研经费资助 652 万元，见表 4-4-1。

表 4-4-1　　2001—2018 年康复中心科技成果数据

科技成果名称	数量
承担和参与科技项目	**181**
国家科技项目（863、国自然等）	10
国家部委委托项目	12
省市科技项目	124
省委托项目	8
国际、地区合作项目	8
其他项目	19
论文发表	**747**
其中，SCI、SSCI 论文	52
中文核心期刊	226
专利	**27**
发明专利	6
实用新型专利	20

2. 教学培训工作

康复中心积极举办系列康复继续教育培训，承担国家、省、市级卫生、人力资源社会保障、残联系统的康复治疗师培训任务，目前已举办各类培训共计 78 期，培训康复治疗、护理、管理等各类人员 6 056 人次；共接收全国 26 个省市 156 家康复机构的 487 名康复专业技术人员进修；先后与香港理工大学、香港中文大学、中山大学、南方医科大学等 27 家知名院校签订教学基地实习生培养协议，累计培养实习生 1 299 名。康复中心有 40 多名专业技术人员在中山大学、南方医科大学、广州体育学院、广州中医药大学、广州医科大学等院校担任康复治疗专业兼职授课任务，每年度授课400学时以上。为加强康复临床教学，分享教学经验，康复中心主持编写了康复治疗与康复护理系列教材，包括由人民卫生出版社出版的《截瘫和四肢瘫康复训练图解》《偏瘫康复训练图解》两本专著，由广东科技出版社出版的《运动疗法》《作业疗法》《康复工程》《康复护理》4本高职高专康复治疗技术专业系列教材，组织编写了《康复护理技术操作规范》。

此外，近年来我国康复治疗学历教育呈现出百花齐放之势，但是不同学校、不同层次的毕业生专业能力和技术水平参差不齐，不利于康复治疗的规范化和同质化，进而影响康复医疗质量和学科发展。为此，康复中心在康复治疗师规范化、专业化、亚专业化、专科化及康复治疗专项技能培训与认证等方面进行了积极的探索。一是建立康复治疗师规范化培训和考核制度，制定了《新员工入职专科培训方案》《康复业务规范及技术操作指南》《康复治疗专业岗位技能及考核标准》等。二是探索治疗师专业化、亚专业化及专科化培训。与世界物理治疗联盟（WCPT）、世界作业治疗联盟（WFOT）等国际专业学会组织接轨，设置了分工明确的专业化康复治疗科室，在此基础上，引导部分治疗专业向亚专业方向发展，如脑科PT（物理治疗）/OT（作业疗法）、脊髓损伤PT/OT、骨科PT/OT、烧伤PT/OT等。同时，进一步探索手治疗师、运动损伤康复、肌骨疼痛康复等专科治疗师培养，制定康复治疗师专科化培训实施方案，开展专科培训。三是开展重点专项技术培训与认证。针对临床重点康复治疗专项操作技术，制定康复治疗师专项技能认证制度，开展专项技能培训与认证。康复中心授权这类有能力的治疗师在院内从事该项技术操作，如运动扎贴（Taping）、悬吊训练（SET）、医学运动康复（MTT）、关节松动（Maitland）、选择性功能动作评估（SFMA）、上/下肢康复机器人训练、振动治疗、压力治疗、可视化吞咽造影评估等。

三、康复中心的业务情况

（一）服务对象

1. 收治病种

康复中心主要收治病种包括脊髓损伤、颅脑损伤、脑血管疾病、周围神经损伤、持续性植物状态、骨折、脊柱和关节损伤、手外伤、截肢、软组织损伤和烧伤。

（1）能收治先天或后天性意识、智力和记忆力等认知障碍、运动障碍、言语和吞咽障碍等颅脑或脊髓方面伤残人员，各种原因导致脊髓损伤的伤残人员。

（2）能提供脊柱、四肢及关节、骨折等畸形、疾病或合并疾病的早期临床处理并开展相关手术，包括先天性马蹄内翻足等足畸形、小儿麻痹后遗症、脑瘫导致的严重痉挛、肌腱挛缩、关节畸形及脱位等各类矫治手术。

（3）可开展各类烧伤的早期救治、烧伤后期残余创面处理、烧伤瘢痕治疗、烧伤整形外科手术。

（4）能开展断指再植、拇指再造、神经血管肌腱损伤、皮瓣修复等早期或后期功能康复及功能重建手术。

（5）开展泌尿系统功能重建与康复、尿失禁和盆底功能重建及康复，非神经源性排尿障碍、性功能异常、普通泌尿外科各种疾病的诊治和手术。

2. 康复服务项目

提供临床内外科诊疗、物理治疗、作业治疗、言语—语言治疗、音乐治疗、心理治疗、中医治疗、职业康复、社会康复、康复辅助器具配置、家庭病床等综合康复服务。按照个性化的治疗计划，科学安排治疗时间，采用基于团队协作及亚专科化培养与发展的康复评价会、康复“专科内涵式”交班及康复“团队内涵式”查房等工作制度和模式，开展各项康复服务项目。

（1）开展运动、感觉、认知、言语、心理、职业、作业需求、日常生活活动、辅具使用及社会适应等方面的康复评定项目。

（2）开展上下肢机器人训练、步行槽浴训练、认知训练、日常生活活动训练、压力治疗、矫形器制作、辅助器具选配及使用训练、环境改造、失语症训练、球囊扩张术和吞咽电刺激治疗、支持性心理治疗、行为治疗、格式塔治疗、精神分析治疗等方面的先进康复治疗技术项目。

（3）开展各种假肢、矫形器的制作与装配，常用轮椅、助行架、拐杖、自助具的租用和配置服务，康复辅助器具咨询、评估及使用指导，坐姿和足底压力检测及个性化防压疮坐垫定制与轮椅改装等康复工程服务项目。

（4）开展职业能力评估、工作模拟训练、工作强化训练、现场工作评估与训练、技能再培训、职业指导、康复辅导、康复知识宣传、伤残社会心理调适训练、工作安置协调、社区适应性训练、家居环境改造与适应、出院准备计划、社区融合及社区互助支持网络建设等居家康复服务、个案管理（转介与跟踪服务）等职业和社会康复服务项目。

（5）为工伤保险参保企业职工提供工伤预防培训及工伤预防性职业健康检查服务。

（二）服务模式

康复中心建立了医院、企业、社区（家庭）无缝衔接的康复服务模式，坚持“以病人为中心，以质量为核心”的服务理念，深入落实ICF（国际功能、残疾、健康分类）核心内涵，实行团队协同工作模式，组成包括康复医师、康复治疗师、康复护士、中医师、社工、职业康复师等专业人员共同参与的康复团队。根据伤残患者的结构与功能、活动及参与情况，综合考虑个人因素及环境因素对健康状况的影响，开展康复评定并组织召开康复评价会，确立康复目标，制订康复治疗计划，通过医疗康复、职业康复和社会康复等全方位、系统化的康复服务手段，帮助伤残患者重返工作岗位，重新回归家庭和社会。

（三）业务特色

康复中心在国内首次提出了工伤康复完整的理论体系，首次明确了工伤康复的内涵、服务范围、服务手段和管理路径，首次提出“以医疗康复为基础、职业康复为核心”的工伤康复模式，并积极倡导“先治疗康复，后评残补偿”的新理念，使我国工伤康复在理念上与国际工伤康复接轨。

1. 三大特色专科

康复中心已形成神经、骨创、烧伤康复三大专科体系和康复护理新模式，在颅脑损伤、脑卒中、脊髓损伤、骨折、骨关节损伤、手外伤、烧伤等疾病与损伤的临床康复上具有明显特色，在神经性疼痛、神经源性膀胱、痉挛、压疮、关节僵硬、顽固性疤痕、烧伤手、难愈性创面等临床问题处理方面积累了丰富的经验。

2. 康复治疗技术

康复中心设置了分工明确、专科化发展的物理治疗、作业治疗、言语—语言治疗、心理治疗、中医治疗、假肢矫形及康复评价等科室，引进并开展了多项康复治疗新技术、新疗法，建立了完善的康复治疗流程和规范的专业技术体系。康复中心成立了粤港运动损伤康复与研究中心，为专业运动员提供赛前运动损伤预防、赛中紧急损伤处理、赛后功能评估及康复训练等服务，积累了丰富的体育赛事服务保障经验。

3. 职业康复

康复中心在全国率先开展职业康复工作，是国内首个推行“一站式”安全重返工作模式的专业机构，建立了国内首个具有职业康复特色的就业潜能发展培训基地，创立了以培训工伤职工再就业、提升职业劳动能力为目的的职业康复项目，推出了以任务为导向的职前体验工厂项目，率先在国内建立了规范化的职业康复公寓管理模式。始终保持与世界接轨的战略发展眼光，职业康复服务已经与国际标准高度一致，居国内领先地位。在康复中心经过职业康复后，超过 80%的工伤职工会重返工作岗位。

4. 社会康复

康复中心在全国率先开展社会康复探索工作，已建立起规范的工作流程与扎实的工作内容。社会康复采用个案管理模式，共为 21 075 名住院患者提供了包括个案管理、伤残适应、工作或再就业岗位安置与适应、家居环境适应、社区生活适应融合及社区网络建设等服务 180 151 人次，协助住院患者提升自身的能力，寻找解决问题的办法，促进住院患者重返工作岗位及重新适应社区生活。

5. 工伤预防

自 2003 年起，康复中心联合香港工人健康中心探索开展企业职工职业健康安全培训工作，2006 年开始为企业提供服务上门的参与式工伤预防培训，保障了参保职工的职业健康，促使职工在职业安全和工伤预防知识、信念、行为上发生显著变化，有效预防工伤事故发生。康复中心已经建立了一套“低成本、易实践、回报高”的现场互动与持续改善式工伤预防培训模式，立足广东省，辐射全国。截至 2018 年年底，康复中心为广东、湖南、山东、四川和天津等省市的 13 个地市提供了工伤预防服务，累计培训企业 2 000 家，为 40 多万人提供工伤预防宣传和培训，企业满意率为 100%，员工满意率达 98%，降低了企业工伤发生率，节约了工伤保险基金。在传统工伤预防宣传基础上，康复中心创新工伤预防宣传形式，创建了全国首个工伤预防警示教育基地，举办系列科普活动，多措并举地开展了一系列入脑入心的宣传活动。

6. 职业健康体检

自 2009 年起，康复中心为企业参保职工提供服务上门的工伤预防性职业健康检查，截至 2018 年年底，已为 30 余万参保职工建立了职业健康档案，对疑似职业病和职业禁忌证的职工，做到早发现、早诊断、早治疗，切实保障职工健康和权益。

7. 开展工伤职工家庭病床服务

自 2002 年起在广州市开展家庭病床服务，服务对象为劳动能力鉴定为一级至二级、有护理及医疗依赖的工伤职工。医护人员定期在周一至周日上门巡诊，提供基础护理、医疗诊察、药物治疗、康复治疗等服务。截至 2018 年年底，康复中心共服务了 2 600 名广州市一级至二级残疾工伤患者，帮助他们解决了看病难、外出难、缺乏护理知识等问题，减轻了患者的家庭负担。

四、康复中心的发展成效

在人力资源社会保障部、省委、省政府以及省人力资源社会保障厅各级领导和社会各界的大力支持下，康复中心（医院）积极推进健全康复制度模式、技术规范和相关标准，着力加强康复专业人才培养，提高科研技术水平和加强对外交流与合作，充分发挥了康复中心在康复服务、制度管理、人才培养、科研技术和学术交流等方面的引领示范作用。

（一）探索建立了中国工伤康复基本模式

康复中心率先在全国建立“以医疗康复为基础、职业康复为核心，实现医院—企业—社区（家庭）全方位无缝衔接”的新型工伤康复服务模式，率先实施“强化康复训练与重视康复辅助技术并举”“两条腿走路”的康复治疗路径，推动康复服务模式改革。与 21 个地市和省直社会保险经办机构建立工伤康复协议服务关系，为超过 2 万名伤残患者提供全面康复服务，工伤职工重返工作率约 80%。康复中心的服务得到了社会广泛认可，目前康复中心已经成为省残疾人联合会认定的残疾人精准康复服务定点机构、省属改制或退出市场企业离休干部服务管理中心医疗服务定点机构，服务广大的残疾人群和高龄老人。

（二）建立完善了工伤康复机构服务管理体系

在广东省人力资源社会保障厅的统一部署下，康复中心以完善服务网络、健全政策标准体系、扩大受益面为主线，推动工伤康复协议机构覆盖珠江三角洲和东西两翼地区。积极参与全国工伤康复试点机构评审工作，为广东省以及湖南、江苏等省份的康复机构提供技术支持和指导。探索开展康复医联体建设，带动基层卫生服务中心康复服务能力提升。配合行政部门推动建立以康复中心为龙头、各工伤康复协议机构为主体的全省工伤康复服务网络，建立“国家—区域—地区（社区）”多层次的全国性工伤康复服务网络体系，着力实现政策统一、业务规范、相互协作、转诊有序、信息共享。

（三）协助国家主管部门制定了工伤康复系列政策和业务标准

承担和主要参与人力资源社会保障部《工伤康复服务规范》和《广东省工伤康复服务项目及支付标准》等 13 项国家和省级康复医疗标准、规范研制工作，实现国内工伤康复管理规范和服务标准零的突破。参与卫生健康委、中国康复医学会等部门和行业学会组织的多项标准规范的编写工作，积极推进康复医学基本医疗服务项目建设，促进了广东省乃至全国康复治疗服务规范化，有效提升了康复治疗服务标准化、规范化水平。

（四）着力建立全方位的社会公益模式

目前，康复中心已形成员工—患者—社工—志愿者多层次康复扶助公益活动模式，建立了上下联动、院内外互动机制，打造了“社工携手义工扶助患者回归社会”的工作格局，营造了积极向上的康复氛围。康复中心连续 6 年承担广州马拉松、登广州塔、IFC 等三大群众性赛事运动康复服务，定期到各个社区等开展医疗康复义诊，让更多的人了解康复。为更好地对患者志愿服务进行统筹管理，康复中心成立了病人资源中心，采取社区营造理念，实施个案管理模式，服务在院的患者及其家属，服务内容包含康复辅导、能力提升、资源链接、社会融合四个方面，同时从常规活动、兴趣主题活动、讲座分享、月度活动、季度大型活动、同路人分享会等形式出发，为患者举办各类文化活动。依托病人资源中心的平台，康复中心与广州市慈善会、9958 儿童慈善会、广州同心烧伤救助基金会等建立了良好的合作关系，为经济困难的在院患者申请援助基金和紧急生活救助基金；与爱心企业合作，为组织病人活动提供赞助。同时，通过病人资源中心下的木棉同侪队（由不同伤情且曾在院康复的病人组成），组织队员以“过来人”的身份，探访和关怀在院患者，分享康复经验、心路历程、融入社会的故事，鼓舞仍在痛苦和迷茫中挣扎的患者，给他们带来面对伤残和困难的信心。通过病人资源中心下的工康义工队，组织在院患者加入义工队伍，对申请加入的患者定期进行培训和考核，每两周举办一次辞旧迎新例会，传播“生命影响生命，爱心传播能量”的工康义工精神。

（五）积极搭建平台，传播工伤康复文化

康复中心搭建了国内首个工伤康复网站，为新业务、新产品、新举措等资讯的对外发布工作建立平台，宣传康复治疗技术和康复文化。康复中心自办媒体已发展成“1 刊（工伤康复之声）、1 微博（国家工伤康复基地）、1 南方号（南粤工康）、1 头条号（康复中国）、7 网（工伤康复医院、工伤预防网、物理治疗网、作业治疗网、水疗网、假肢矫形网、烧伤康复网）、11 微信号（康复医院、工伤预防、作业康复、社区康复、PT 康复、语言康复、心理康复、假肢康复、手足康复、颅脑康复、从化康复）”的矩阵宣传模式。为让更多的人了解康复，康复中心积极开拓渠道，集思广益，结合先进的医疗康复技术及特色治疗手段，通过与南方网联合策划“康复大讲坛”系列网络访谈活动，推出一批名医生、名治疗师，解答网民普遍关注的常见病问题，普及医疗康复、职业康复、社会康复知识，增进民众对康复领域的了解。

五、康复中心下一步发展展望

思危才能居安。面对新时代新形势，康复中心将不忘初心、牢记使命，勇于面对新挑战，抓住新机遇，深入贯彻落实党的十九大精神，坚持以习近平新时代中国特色

社会主义思想为指导，在健康中国战略的指引下，以《珠江三角洲地区改革发展规划纲要（2008—2020 年)》“建设国家级工伤康复基地”为纲领，积极推进基地建设二期工程，将康复中心建设成为国家医疗康复和职业康复基地、康复人才培养基地、康复科研基地以及工伤康复国际交流合作基地，打造一个集康复医疗、康复工程、康复培训、康复养护“四位一体”，以工伤康复为主要特色，产学研相结合、跨领域、全产业链发展的康复集团，创建驰名中外的康复品牌。

工伤保险国际交流与合作发展报告

工伤保险制度是世界上最早建立的社会保险制度之一，也是世界多数国家普遍建立的社会保险制度。据统计，目前全世界有162个国家建立了工伤保险制度。我国工伤保险领域对外交流的历史，可追溯到20世纪80年代末90年代初。2004年《工伤保险条例》实施以后，工伤保险领域的国际交流与合作进入了一个交流内容广泛、交流形式多样、交流频率密集的时期。国际工伤保险的交流合作对我国工伤保险制度的改革、完善和发展起到了积极的作用。

一、与国际劳工组织的交流与合作

从1986年开始，国际劳工组织利用双边援助资金资助我国在北京、南京、成都、西安和南昌等地建立了社会保险培训中心，开发职业伤害预防与安全卫生培训教材，推动了与工伤保险密切相关的《劳动保护条例》的起草工作；向各地的劳动部门人员讲授社会保险课程，介绍了工伤保险制度的筹资模式等，增进了对工伤保险制度的了解。1989年，劳动部与国际劳工组织亚太分局及北京局联合组织社会保障立法、社会保险基金监督、工伤保险改革与发展等主题培训，将国外工伤保险制度的实施情况介绍到中国。

2005年4月4—6日，劳动保障部与国际劳工组织、国际社会保障协会联合在广州从化举办了首届工伤康复国际研讨会，来自国际劳工组织、国际社会保障协会和其他六个国家、地区的专家、学者和管理人员就工伤康复议题进行了交流。会议期间，与会人员参观考察了广州市工伤康复中心，并召开了广州工伤康复中心建设发展规划国际论证会。

二、与国际社会保障协会的交流与合作

1994 年 1 月 1 日，劳动部加入国际社会保障协会（ISSA）成为正式会员，加强了与世界各国社会保障和工伤保险界的交流与合作，扩大了中国在国际社会保障界的影响。

2004 年 9 月，我国在北京成功承办了第 28 届全球社会保障大会。大会期间，国际社会保障协会工伤与职业病技术委员会召开会议，劳动保障部工伤保险司负责人在会议上介绍了我国工伤保险改革与发展情况，与各国工伤保险同行进行了广泛的交流。同时，国际社会保障协会工伤与职业病技术委员会主席伯乐尔先生拜访了我国劳动保障部，与工伤保险司司长陈刚就国际社会保障协会与我国在工伤保险领域的交流事宜达成了合作意向。

2005 年 4 月，国际社会保障协会秘书长霍斯金斯先生给劳动保障部工伤保险司司长陈刚发来任职书，请陈刚担任国际社会保障协会工伤与职业病技术委员会副主席。

2005 年以后，劳动保障部工伤保险司、人力资源社会保障部工伤保险司司长陈刚（2004—2010 年）和人力资源社会保障部工伤保险司司长刘梅（2011—2017 年）分别担任了国际社会保障协会工伤与职业病技术委员会副主席。2004 年以后，劳动保障部、人力资源社会保障部工伤保险司代表出席了国际社会保障协会于 2007 年 9 月在莫斯科、2010 年 12 月在开普敦、2013 年 11 月在多哈等地召开的全球社会保障大会，积极参与工伤与职业病技术委员会的活动，加强了与世界各国工伤保险界的交流与合作，向世界宣传了中国工伤保险制度取得的进展。

2006 年 9 月 5—7 日，国际社会保障协会、劳动保障部在深圳市召开了亚洲呼吸系统职业病研讨会。国际社会保障协会工伤与职业病技术委员会主席等官员、来自 14 个国家的专家学者、管理人员，就亚洲国家呼吸系统职业病（石棉肺）的预防、管理和补偿问题进行了广泛的交流研讨。

三、与联合国开发计划署、世界银行等国际组织的交流与合作

（一）与联合国开发计划署的交流与合作

1989 年，劳动部与联合国开发计划署签订“社会保障培训与发展”合作项目。项目通过举办培训班等形式向我国社会保险管理人员介绍了国际社会保险理论和发展现状。其中，工伤保险专家首次全面、系统地介绍了国际工伤保险制度的发展以及预防、康复和补偿制度的情况。

2007 年，劳动保障部与联合国开发计划署签订了“完善农民工工伤保险政策和管理服务”合作项目，从 2008 年起实施三年。该合作项目选择了工伤保险政策或基础管理工作比较好、外来农民工比较集中、在推进农民工参加工伤保险方面有较好的工作基础，并有一定的国际合作经验的五个城市作为试点城市，分别是大连、厦门、广州、南京、南通。项目围绕着对农民工参加工伤保险政策实施和权益维护开展了政策研究、政策宣传与培训，完成了《推进农民工参加工伤保险的政策与实施途径》等研究报告。该项目对促进农民工参加工伤保险，提升工伤保险管理、经办能力起到了积极的作用。

根据项目计划安排，人力资源社会保障部工伤保险培训、考察团先后赴法国、意大利、瑞士、捷克等国考察工伤保险制度实施情况，与工伤保险管理人员进行了深入的交流，并参观考察了承担工伤保险事务的相关单位。

（二）与世界银行的交流与合作

1994 年，我国与世界银行签署企业住房和社会保障制度改革项目，为期 10 年。其中，工伤保险项目涉及北京、成都、宁波、烟台四个城市。项目的总体目标是促进深化城镇职工养老、医疗、失业、工伤和生育保险制度改革，包括完善政策开展社会化服务等，以减轻企业承办社会保障事务的负担。项目通过社会保险技术咨询、境内外培训考察、政策法规起草和信息系统建设，促进了改革完善、能力建设、中央和地方政策规划，为工伤保险等法规技术标准的制定奠定了基础。

2006 年 8 月，劳动保障部与世界银行合作的“中国经济改革实施项目（技援五期）”的子项目——“中国工伤保险体系建设”项目开始实施。该项目的目标是研究工伤预防政策和方案，探索建立工伤预防的有效措施和预防优先的工作机制，减少工伤事故发生；研究工伤康复政策和制度框架，提高工伤康复技术水平；探索工伤补偿与工伤预防、工伤康复相结合的工伤保险制度。项目组专家来自各个方面的专业领域，经过深入开展研究工作，最终形成了八个专题研究报告。项目提出了有针对性的政策建议，为指导建立“三位一体”的工伤保险制度起到了积极的促进作用。

四、与欧盟和东盟的交流与合作

2004 年 12 月，“中国—欧盟社会保障项目”在中欧领导人会晤期间签署，于 2006 年 4 月启动，为期五年。该项目是中国政府和欧盟在社会保障领域开展的投入最大、内容最全、时间最长的国际合作项目，涉及工伤保险等五个险种的政策开发和能力建设主题。北京、吉林、山东、湖南、四川、甘肃六个省市参与了项目的社会保险能力建设。项目在工伤保险领域开展了工伤预防与工伤康复的政策研究。

2008 年 3 月，“中国—欧盟社会保障合作项目”在北京举办了工伤保险培训班，欧盟专家详细讲授了欧盟国家工伤预防和工伤康复的政策和技术措施、管理规范。

2009 年 9 月，人力资源社会保障部工伤保险考察团根据中欧项目活动计划赴法国、西班牙两国进行了考察，就工伤保险制度建设和工伤预防、工伤康复等情况进行了交流研讨。通过项目交流学习，我国借鉴了欧盟在工伤预防、工伤康复等方面较为成熟的经验，也向欧盟国家宣传介绍了我国工伤保险取得的成果。

2009 年 12 月，“中国—欧盟社会保障合作项目工伤保险与工伤预防高层研讨会”在北京召开。人力资源社会保障部工伤保险司负责人向会议代表介绍了中国的工伤保险与工伤预防政策；欧盟国家的专家介绍了欧盟成员国工伤预防政策和职业安全健康政策以及实施经验。会议交流探讨了工伤预防的理论和实践问题，对正在修订的《工伤保险条例》有关工伤预防问题提供了咨询建议，推动了工伤预防在立法和实际工作中的进程。

2006 年 7 月，劳动保障部在山东青岛举办了“中国—东盟工伤保险高层研讨会”。

来自东盟十国工伤保险领域的高级官员和专家学者以及我国劳动保障部、部分省市劳动保障厅（局）的代表参加了研讨会。会议重点交流研讨了工伤保险的制度建设、工伤预防、工伤康复、费率确定等问题。此次会议是劳动保障部举办的中国—东盟社会保障方面的第四次高层研讨会，也是我国与东盟首次在工伤保险领域开展交流研讨。劳动保障部工伤保险司负责人在会上专题介绍了我国工伤保险制度改革和发展情况；东盟各国劳工和社会保障部门工伤保险司司长介绍了各自国家的工伤保险制度发展情况。会议期间，代表们参观考察了青岛市工伤保险经办机构和工伤康复中心。会议交流使我国了解了东盟各国工伤保险制度及发展情况，也对进一步完善我国的工伤保险制度提供了有益的借鉴。

五、与德国工伤保险的交流与合作

德国是世界上第一个建立工伤保险制度的国家。1884 年，德国颁布了《工伤保险法》。德国工伤保险制度建立后，影响遍及欧洲、北美各国，以至于后来世界上有 100 多个国家先后建立了工伤保险制度。德国工伤保险经过 100 多年的发展，已经形成了预防优先、康复优先、补偿优厚的现代工伤保险制度，积累了十分成熟的经验。我国在 20 世纪 90 年代中期开始与德国就工伤保险制度建设开展交流与合作。中德两国在工伤保险领域的交流与合作取得了显著的成果，对我国建立适应社会主义市场经济体制要求的工伤保险制度起到了积极的作用。

（一）中德劳动立法合作项目的实施，开启了中德工伤保险的合作与交流

中德劳动立法项目是中国与德国两国政府签署的重要合作项目，1994 年 1 月进入实施阶段，分两期持续到 1999 年结束。该项目对工伤保险立法开展了重点合作交流。1996 年 5 月，劳动部派出工伤保险考察团赴德，全面详细了解了德国工伤保险的法律规定、制度设计和管理办法。项目执行期间，德国社会保险法律专家、社会法院法官、工伤保险行政管理部门的专家为我国《工伤保险条例》等法规政策的起草制定提供了大量的咨询意见。该项目在工伤保险立法方面的交流，为我国在经济体制转轨时期建立工伤保险制度提供了可以借鉴的模式。

（二）与德国工伤保险同业总会的长期交流与合作，促进了预防、康复、补偿相结合的工伤保险制度建设

2004 年 9 月 16 日，国际社会保障协会在北京召开全球社会保障大会期间，德国工伤保险同业总会主席伯乐尔先生与劳动保障部工伤保险司司长陈刚进行会谈，双方确定了中德两国在工伤保险领域开展合作与交流的意向。

2005 年 4 月，中德双方在经过充分协商的基础上在广州签署了第一期两国合作交流意向书。合作交流的期限为 2005 年 1 月至 2007 年 12 月，为期三年。自此到 2020 年，中德两国工伤保险管理机构在工伤保险领域开展了连续五期达 15 年的合作交流计划。

中德两国工伤保险管理机构的合作与交流，主要采取专题研讨和考察访问的形式，在工伤预防、工伤康复、工伤待遇补偿、工伤保险制度创新完善等方面开展交流活动。

1. 在专题研讨方面的主要交流活动

2005 年 4 月，中德双方在广州举办“工伤康复国际研讨会”。德国工伤保险同业总会主席伯乐尔先生在会议上作了“医疗、职业和社会康复的一条龙服务：德国的模式”演讲，全面介绍了德国工伤康复的发展现状和管理模式，来自德国、意大利、马来西亚的专家和中国专家学者、工伤保险管理机构的人员就工伤康复开展了深入的交流。

2006 年 5 月，中德双方在南昌举办了“中德工伤预防国际研讨会”。德国工伤预防专家介绍了德国开展工伤预防的理念和做法，中方专家介绍了我国工伤预防的试点工作，双方交流了工伤预防的立法、技术措施和管理等问题。德方专家在会议期间考察了南昌市工伤保险机构。

2007 年 8 月，中德双方在大连市召开了“中德工伤保险费率国际研讨会”。中方专家介绍了完善中国工伤保险费率机制的设想方案，德方专家介绍了德国工伤保险的费率机制和实施情况，中德专家共同探讨了完善工伤保险费率机制的问题。

2012 年 10 月，中德双方在北京举办了“中德工伤康复研讨会”。会议围绕工伤职工重返工作岗位、工伤康复管理调控、工伤康复的实际操作及中国工伤康复的创新与实践等议题开展了深入交流。

2016 年 6 月，中德双方在北京举办了“中德工伤保险待遇与相关法律制度关系研讨会”。双方专家就工伤保险待遇政策、第三人侵权造成的工伤双重赔偿等法律问题进行了深入探讨和交流。

2018 年 7 月，中德双方在兰州市举办了“中德工伤保险制度创新研讨会”。会议由中国医疗保险研究会工伤保险专业委员会与德国工伤保险同业总会共同举办。会议的主题是在数字化、智能化时代，工伤保险制度的创新发展。德国工伤保险联合会主席（国际社会保障协会主席）伯乐尔先生在演讲中提出，为了应对工业 4.0，也就是第四次工业革命（数字平台、智能化时代），德国工伤保险也必须升级到 4.0，将数字化社会中无雇主的劳动者覆盖进工伤保险体系中。他指出，数字化智能社会对工伤保险是一种新的发展机遇，而不是一种新的危险。工伤保险 4.0 就是工伤保险制度适应劳动者劳动形式变化的创新。德方专家在工伤预防方面提出了建立和宣传工伤预防文化和工伤事故“零死亡愿景”；在工伤康复方面介绍了康复优先于补偿的原则在德国工伤保险实践中的应用。中方专家则针对新经济新业态迅速发展时期平台经济、“互联网+”对工伤保险制度的挑战，提出了应对的政策措施建议。中方专家提出，对新业态下的无雇主、无劳动关系的灵活就业人员，要建立职业伤害保障制度，保障这类人员的工伤权益；要加快推进工伤预防、工伤康复工作，尽快完善工伤预防、工伤康复、工伤补偿“三位一体”的工伤保险制度。这次研讨会，中德工伤保险专家和管理者共同探讨了在新的数字化、智能化的社会条件下工伤保险制度的创新完善问题，取得了积极的成效。

2. 在考察、培训方面的主要交流活动

2004 年 10 月，应德国工伤保险同业总会邀请，劳动保障部派出考察团赴德考察工伤保险制度。考察团访问了德国工伤保险同业总会、东北德地区工伤保险同业公会、柏林工伤事故专科医院、巴伐利亚州社会法院等单位。这次考察丰富了我国对德国工伤保险制度的认识，加深了对预防优先、康复优于补偿理念的理解，对进一步完善我国工伤保险制度有着借鉴意义。

2005 年年底，劳动保障部组织部分省市工伤保险处处长赴德进行考察。考察团参观考察了德国工伤保险同业总会、德国工伤康复医院等单位，全面了解德国工伤预防、工伤康复制度实施的情况。

2006 年 8 月，劳动保障部组织部分省市工伤保险经办机构人员赴德国考察，了解德国开展工伤预防和工伤保险管理的做法和经验。考察团参观考察了德国工伤保险管理机构，就工伤保险经办管理进行了交流，了解了德国在工伤保险管理方面的成熟经验。

2018 年 10 月，人力资源社会保障部派出工伤保险培训团赴德，全面了解德国工伤预防、工伤康复、工伤补偿“三位一体”的工伤保险制度建设情况，研究探讨新经济、新业态形式下从业人员职业伤害保障制度建设问题。

六、与多国开展的双边交流与合作

2004 年《工伤保险条例》实施后，我国工伤保险事业进入了一个快速发展的时期。这一时期工伤保险的对外交流活动非常集中。劳动保障部组织实施了国际工伤保险比较研究项目，分别对世界上一些国家的工伤保险制度进行了考察。这些国家既包括世界上最早实行工伤保险制度、制度模式发展比较成熟的德国、意大利、法国、英国、西班牙等欧洲国家，也包括加拿大、俄罗斯、南非、巴西、阿根廷、澳大利亚等国家。通过考察，我国对这些国家的工伤保险制度有了较全面的认识和了解。双边交流对于开拓思路、开阔视野，更好地促进我国工伤保险事业的发展起到了积极的作用。同时，在考察交流中，我国也向国际社会介绍了中国工伤保险发展的状况和取得的成就，扩大了我国工伤保险的国际影响。

（一）对意大利和英国的考察

2004 年 9 月，劳动保障部工伤保险考察团对意大利和英国两国的工伤保险制度进行了考察。在意期间，考察团访问了意大利国家工伤保险所、托斯卡纳地区工伤保险办公室、佛罗伦萨工伤保险康复中心等单位。在英期间，考察团访问了英国工作与养老金部工伤保险司和相关的工伤康复机构、健康案例管理公司等单位。意、英两国的工伤保险制度已经有 100 多年的发展历史，形成了完善的工伤保险体系、工伤预防机制、职业康复训练模式，工伤保险管理机构健全，人员和经费充足。同时，考察团也向对方介绍了我国工伤保险制度的有关情况。

（二）对加拿大和美国的考察

2005 年 11 月，劳动保障部工伤保险考察团赴加拿大、美国对两国的工伤保险制度进行了考察。考察团访问了加拿大不列颠哥伦比亚省职业安全与工伤保险局、加拿大安大略省职业安全与工伤保险局，美国纽约州劳工局、美国纽约州劳动力市场、职业介绍中心，以及美国保险协会等单位。考察团与两国官员及专家就工伤保险立法、工伤预防、工伤康复、工伤待遇和工伤争议处理等问题进行了交流研讨，特别了解了加拿大工伤保险一体化的管理体制。加拿大工伤保险体系设计的重要思想是一体化地实施工伤保险的有关规定，系统地处理工伤预防、工伤治疗、工伤康复、工伤补偿和再就业安置等环节。

（三）对新西兰和澳大利亚的考察

2005 年 11 月，劳动保障部工伤保险考察团对新西兰、澳大利亚两国工伤保险制度进行了考察。在新期间，考察团访问了新西兰国家赔偿公司（ACC）等单位，会见了负责工伤保险工作的新西兰部长戴森女士和 ACC 总裁柯林斯先生，就新西兰工伤保险制度立法和制度实施进行了探讨座谈。在澳期间，考察团访问了澳大利亚工伤委员会、澳大利亚新南威尔士州职业安全研究所、工伤保险经办单位。通过考察，两国比较完善的工伤保险体系、健全的工伤预防机制以及对工伤人员的职业康复训练，特别是新西兰建立起来的包括工伤保险在内的覆盖全民的意外伤害社会保险制度给考察团留下了深刻的印象。同时，考察团也向对方介绍了我国工伤保险制度的有关情况，就工伤保险有关问题进行了深入的交流。

（四）对瑞典和俄罗斯的考察

2006 年 8 月，劳动保障部工伤保险考察团对瑞典、俄罗斯两国工伤保险制度进行了考察。在瑞典期间，考察团访问了瑞典社会保障局和瑞典皇家索菲娅医院等工伤保险服务机构，与瑞典社会保障局地区办公室专家进行了会谈。在俄罗斯期间，考察团访问了俄罗斯社会保险基金会，会见了俄罗斯社会保险基金会副总裁库瓦列夫斯基先生，与俄罗斯社会保险基金会各相关职能部门的负责人进行了深入的研讨座谈。考察期间，考察团也向对方介绍了我国工伤保险制度的有关发展情况。通过考察访问，进一步了解了瑞典、俄罗斯两国工伤保险制度实施的情况，加强了与两国在工伤保险领域的沟通与交流。

（五）对阿根廷和巴西的考察

2006 年 10 月，劳动保障部工伤保险考察团赴阿根廷和巴西，对两国工伤保险制度进行了考察。阿根廷劳动就业和社会保障部国务秘书格兰德先生、职业伤害管理局局长罗德里格斯先生与代表团进行了认真的交流。该部职业伤害管理局合约协调处、预防控制处、研究培训和发展处的负责人分别就阿根廷工伤保险制度框架、工伤人员待遇种类和支付方式、工伤医疗服务以及宣传培训和信息系统建设等情况进行了全面的介绍。在巴西期间，考察团访问了巴西工伤保险管理机构、全国辅助医疗管理局等有关单位，并与局长多斯桑托斯先生及相关官员进行了深入的座谈。通过考察，全面了解了阿根廷和巴西的工伤保险制度，对进一步完善我国的工伤保险制度具有一定的借鉴意义。

（六）对南非和西班牙的考察

2007 年 11 月，劳动保障部工伤保险考察团赴南非、西班牙，对两国的工伤保险制度进行了考察。在南非期间，考察团访问了南非劳动保障部和相关部门，与工伤保险部门的领导就南非工伤保险制度实施情况进行了交流。在西班牙期间，考察团访问了马德里、巴塞罗那工伤保险管理机构，就工伤预防、工伤康复等问题进行了深入的交流和探讨。

（七）对韩国的考察

2008 年 6 月，人力资源社会保障部工伤保险代表团赴韩国出席第十八届世界职业安全与卫生大会并访问了韩国。代表团赴韩国劳动部和劳动福祉公团（工伤保险经办机构），就工伤保险立法、工伤保险基金先行支付、外国劳工工伤赔偿等问题进行了深入交流，了解了韩国工伤保险（韩国称之为产业灾害保险）的制度及实施情况。

七、对工伤保险领域国际交流与合作的评价

改革开放以来，特别是《工伤保险条例》实施以来，工伤保险领域的国际交流广泛开展，对我国建设工伤预防、康复、补偿相结合的工伤保险制度体系起到了积极的作用。我国工伤保险经过近年来的发展已经成为世界上覆盖劳动者人数最多、待遇项目最全、保障水平适度的最大的“职业伤害保护网”，为国际工伤保险发展贡献了中国经验。

（一）工伤保险的国际交流与合作，有利于形成和完善适应社会主义市场经济和工业化发展的现代工伤保险制度

工伤保险是世界各国公认的工业化过程中保护劳动者避免职业伤害的社会保障制度。工伤保险制度自100多年前创立以来，其基本模式没有大的改变，也没有像其他社会保险险种那样引发模式之争。工伤保险的基本理念、制度框架、立法技术和服务体系等得到了国际社会的认同。我国是在改革开放以后计划经济体制向社会主义市场经济体制转轨时期开始构建现代工伤保险制度的，起步晚于较早建立工伤保险制度的国家。通过国际间的交流合作，了解各国工伤保险制度的建立和发展情况，学习和借鉴不同国家工伤保险制度建设的成功之处，对完善我国工伤保险制度不无裨益。当然，各国工伤保险制度有着大致相同的理念和制度模式，这是共性的一面。由于各个国家的政治、经济、历史和文化基础不同，各国的工伤保险制度也会带有本国的特色，这是特殊性的一面。在研究各国工伤保险制度的时候，也必须注意研究其特殊性。因此，在国际交流中，要立足我国国情，从我国实际出发，针对外国工伤保险的成功做法，于我有益的为我所用，不可全面照搬、盲目嫁接。

（二）在国际交流中，把握工伤保险制度的发展趋势，可以有效应对经济全球化、第四次工业革命带来的挑战

世界数字化、智能化时代已经到来，不仅带来了经济中的新产业、新业态和新的商业模式，而且带来了与传统劳动形态完全不同的新就业形态。这种新就业形态以无

雇主、无劳动关系为特征，其就业具有高度的灵活性、流动性和多兼职特性，这对现行社会保险体系带来挑战，传统的工伤保险制度无法满足新就业形态从业人员职业危害保障需求。德国工伤保险提出升级为 4.0，以覆盖无雇主的劳动者；我国工伤保险提出建立灵活就业人员的职业伤害保险制度，以覆盖灵活就业人员，都是面对挑战采取的有效应对。这将会成为国际工伤保险未来一段时期改革发展的主要趋势。国际工伤保险的交流，有利于工伤保险制度与时俱进，不断完善进取。

（三）开展国际工伤保险的双向交流，共同分享工伤保险制度改革创新的成功经验

我国在 20 世纪 90 年代中建立工伤保险制度之初，认真学习借鉴了国际上建立工伤保险制度国家的经验。随着我国工伤保险制度的快速发展，我国积累了越来越多的自身经验：成功地将经济体制转轨时期留存的“老工伤”人员全部纳入了工伤保险统筹管理；在快速工业化、城镇化过程中，将八千万农民工纳入了工伤保险覆盖范围；在突发地震等巨大灾害和特定传染病疫情的情况下，及时制定专门政策，采取有效措施，成功应对了挑战；从实际出发，不断对工伤保险制度进行改革完善，解决现实存在的难点问题，使我国工伤保险制度不仅具备国际工伤保险制度的基本特征和要素，而且带有浓厚的中国特色。而解决类似农民工、移民工人进入工伤保险问题，也是一些发展中国家向工业化、城镇化过渡中常常遇见的问题。我国工伤保险能提供的只是基于我国国情取得的经验，为发展中国家工伤保险发展提供参考，为国际工伤保险事业的发展做出贡献。

第五部分

区域发展报告

上海市工伤保险发展报告

上海市工伤保险制度的发展与我国劳动保险制度及改革开放后社会保险制度的建立相伴而行。自20世纪50年代发端后，上海市工伤保险制度基本上经历了一个曲折的“之”字形发展过程，即工伤保险由最初的社会共担到“企业保险”，然后再度回归到现在的工伤保险。进入21世纪，尤其自《社会保险法》《工伤保险条例》颁布以来，上海市工伤保险整体上迈入稳中有进的螺旋式上升轨道，这是改革创新、自我革命、勠力同心的四十年，有艰辛、有感悟，见奋斗、见成绩。

一、中华人民共和国成立以来上海工伤保险制度的演进历程

（一）初建阶段（1951—1991年）

1951—1991年，上海市按照《劳动保险条例》及其实施细则、《职业病范围和职业病患者处理办法的规定》《全国总工会劳动保险部关于劳动保险问题解答》《工人职员伤亡事故报告规程》《上海市工厂企业重大工伤事故调查处理的规定》《上海市劳动保护监察暂行条例》等法律法规规定，具体开展安全生产事故处理（工伤认定）、劳动能力鉴定和工伤保险待遇支付等工作。1951—1969年，劳动能力鉴定交予工会主导的残废审查委员会开展，因工伤残待遇由企业和劳动保险基金承担。1969年2月后，劳动能力鉴定由企业组织，因工伤残待遇所需费用全部由企业承担，工伤风险由社会和企业共同负担转为完全由企业承担。

（二）探索阶段（1992—2003年）

1. 工伤认定

1996年，劳动部颁布《企业职工工伤保险试行办法》，要求有条件的地方可以试

行实施工伤保险社会统筹。因相关条件不成熟，上海市在之前未作尝试，同年 10 月，上海市制定实施了《关于本市企业职工工伤保险待遇等若干问题规定的通知》，阐明工伤范围以及工伤认定、劳动能力鉴定、工伤保险待遇等。2001 年 3 月，上海市下发《关于本市企业职工工伤认定工作若干问题处理意见的通知》，明确劳动保障行政部门负责工伤认定，并规定了工伤认定申请、确认的时限。同年 11 月，为精简行政审批事项，上海市政府出台《关于公布一批取消和不再审批的行政审批事项的通知》。为贯彻市政府要求，上海市劳动保障局下发《关于本市工伤认定行政审批取消后若干问题处理意见的通知》，取消劳动保障行政部门工伤认定行政审批改由企业确认，企业和职工对确认结果不一致的，由企业所在地区县劳动能力鉴定委员会出具确认意见。其间，上海市劳动保障局多次向市政府汇报说明工伤认定是一项行政确认行为，应予以恢复。经市政府同意，2003 年 7 月，上海市劳动保障局制定《关于本市工伤认定有关问题处理意见的通知》，明确区县劳动保障行政部门负责本辖区内企业的工伤认定工作。

2. 劳动能力鉴定

1992 年 9 月，上海市劳动局制定《关于适当调整本市企业职工工伤保险待遇标准的通知》，要求市、区县企业主管局、企业建立劳动能力鉴定委员会，按照劳动部、卫生部、全国总工会颁发的《职工工伤与职业病致残程度鉴定标准（试行）》评定伤残等级。1994 年 8 月，上海市劳动局会同市卫生局联合发布《上海市职工劳动能力鉴定工作暂行办法》，要求建立由市、区县劳动、卫生、社保、工会及企业代表组成的两级劳动能力鉴定委员会，明确由其而不再是企业负责因工负伤和患职业病职工伤残鉴定，清晰界定了职责权属，规定了受理条件、申请材料、鉴定流程、救济途径及鉴定费用。经过几年的实践，2001 年 5 月，上海市劳动保障局对暂行办法进行了修订完善，印发了《上海市劳动能力鉴定办法》，对市、区县两级劳动能力鉴定委员会的职责进行了调整，对申请材料、鉴定流程进行了优化。

3. 工伤保险待遇

1992 年 9 月，上海市劳动局制定《关于适当调整本市企业职工工伤保险待遇标准的通知》，对不同等级的工伤职工在不同时期的工伤保险待遇作了规定。例如，工伤职工在治疗工伤期间可享受医疗期待遇，评残后可享受一次性伤残补偿金，一级至四级伤残的按月发给定期伤残抚恤金，一级至三级伤残的按月发给护理费，五级至十级伤残的工伤职工终止劳动合同的发给一次性就业安置费等；职工工亡发给丧葬费和一次性抚恤金，有供养亲属的按月发给供养直系亲属定期抚恤金，并制度性迈出了伤残津贴、生活护理费及供养直系亲属定期抚恤金标准每年定期调整的步伐。

4. 外地劳动力工伤处理

1995 年 3 月，上海市出台《上海市外地劳动力工伤待遇的规定》，明确外来从业人员的工伤认定、劳动能力鉴定与本市户籍职工一致，工伤待遇实行一次性支付。2002 年 9 月《上海市外来从业人员综合保险暂行办法》出台，该办法为用人单位使用的外来从业人员建立了含工伤或意外伤害、住院医疗和老年补贴三项待遇的综合保险制度。

（三）立法阶段（2004—2010 年）

1. 制度体系方面

2004 年 6 月，根据《工伤保险条例》，上海市制定了《上海市工伤保险实施办法》，建立市级社会统筹的工伤保险制度，并自 2004 年 1 月 1 日起实施。为确保《工伤保险条例》《上海市工伤保险实施办法》在上海市全面实施，之后出台了一系列配套政策。例如，2004 年 8 月上海市劳动保障局会同市医保局制定《关于贯彻〈上海市工伤保险实施办法〉若干问题的通知》，再度细化工伤认定受理时效、工伤认定条件、工伤保险医疗费用支付管理、工伤人员辅助器具配置管理、因工死亡人员供养亲属范围、延长停工留薪期和工伤复发确认等事项。2005 年 3 月，为保障“老工伤”人员的合法权益，减轻用人单位负担，上海市劳动保障局出台了《关于本市老工伤人员工伤保险待遇转由工伤保险基金支付的通知》，并会同市财政局联合印发了《上海市工伤保险浮动费率管理暂行办法》。2007 年 12 月上海市劳动保障局又会同市财政局联合印发了《上海市工伤保险储备金管理使用暂行办法》，规范工伤保险储备金管理使用，增强基金防范风险能力。2010 年 12 月上海市人力资源社会保障局制定了《关于印发〈上海市工伤康复管理试行意见〉的通知》，正式启动工伤康复工作。

2. 费率办法方面

为了促进工伤预防，体现公平与激励，上海市工伤保险自 2004 年起实行基础费率和浮动费率相结合的办法。基础费率统一为缴费基数的 0. 5%，对发生工伤事故的用人单位在基础费率的基础上实行浮动费率，费率浮动的比例由社会保险经办机构根据用人单位当年度工伤保险支缴率[①]核定。对“老工伤”人员，实行纳入工伤保险制度不缴费，纳保后新发生的应当由工伤保险基金支付的费用，由工伤保险基金和用人单位各承担 50%，工伤保险基金支付的待遇费用不纳入浮动费率考核范围；2009 年起，由工伤保险基金支付全部待遇费用，并将其纳入浮动费率考核范围。

3. 工伤认定方面

为妥善处理工伤认定中劳动关系确认问题、非法用工单位伤亡人员事故确认问题、《中华人民共和国治安管理处罚法》实施后对工伤认定中涉及交通事故排除条款适用问题，经与市高级人民法院沟通形成共识并通过下发文件予以实施。例如，2006 年 5 月，上海市劳动保障局下发了《关于本市工伤认定中涉及劳动关系确认问题处理意见的通知》，明确在工伤认定中对劳动关系存在争议的，可以依法申请劳动争议仲裁和向人民法院提起诉讼，仲裁和诉讼时间不计入认定时限。2006 年 6 月，上海市高级人民法院《关于通过劳动争议处理途径解决非法用工单位发生事故伤害赔偿纠纷的意见》规定，对于符合《工伤保险条例》第六十三条情形的赔偿纠纷，通过劳动争议处理途径予以解决，不纳入工伤认定范围，但被依法吊销营业执照尚未办理注销登记的单位除外。2007 年 11 月，针对无证驾驶机动车、驾驶无证机动车和酒后驾驶机动车导致伤亡情形的处理，上海市高级人民法院下发了《关于审理涉及无证驾驶机动车等三种情形工伤认定行政案件有关问题的意见》，上海市劳动保障局同步下发了《关于本市工伤认定有关问题的通知》，明确了上述三种情形工伤认定法律条款的适用。

4. 劳动能力鉴定方面

作为《上海市工伤保险实施办法》的配套政策，《关于实施〈上海市工伤保险实施办法〉若干问题的通知》明确，工伤人员辅助器具配置确认、延长停工留薪期和工伤复发确认等事项由劳动能力鉴定委员会承担。为规范上海市劳动能力鉴定工作，加强劳动能力鉴定专家管理，2009 年上海市劳动能力鉴定委员会制定了《上海市劳动能力鉴定委员会议事规则》《上海市劳动能力鉴定医疗卫生专家管理试行办法》等内部工作制度。

① 工伤保险支缴率是指一个自然年度内，工伤保险基金支付的工伤保险待遇费用占该单位按行业基准费率缴纳工伤保险费的比例。

5. 待遇水平方面

在上海市工伤保险制度建立之初，为最大限度地保障工伤职工的权益，《上海市工伤保险实施办法》规定，凡以工伤职工本人缴费工资计发的工伤保险待遇低于全市职工月平均工资水平的，按全市职工月平均工资托底。2007 年 9 月、2010 年 12 月上海市先后两次调整上海市外来从业人员因工死亡和因工致残待遇，将因工死亡人员的待遇标准从 2004 年 100 个月上年度全市职工月平均工资提高至 120 个月，因工致残人员待遇的标准相应调高。2008 年 12 月，上海市人力资源社会保障局制定《关于调整本市工伤人员辅助器具配置项目和费用标准的通知》，对辅助器具项目作了调整扩充，并提高多数辅助器具标准。此外，为确保“老工伤”人员纳保后的待遇水平不降低，保留了其与原用人单位约定的工伤待遇。

（四）发展阶段（2011 年以后）

1. 政策完善方面

2011 年是工伤保险历史上政策重拳频出、改革力度不凡的一年，国家颁布实施了《社会保险法》，修订了《工伤保险条例》。上海市为了做好贯彻落实，以市政府规范性文件形式出台多项政策。例如，2011 年 6 月出台《关于贯彻实施〈社会保险法〉调整本市现行有关工伤保险政策的通知》，按上位法调整了部分待遇的支付渠道和标准，取消以工伤人员本人缴费工资计发待遇低于全市职工月平均工资按全市职工月平均工资托底的做法；同步出台《关于外来从业人员参加本市工伤保险若干问题的通知》，将外来从业人员纳入市工伤保险制度。2012 年 11 月，依据《社会保险法》和修订后的《工伤保险条例》，对《上海市工伤保险实施办法》进行修订，进一步扩大了制度适用范围，调整扩大了工伤认定范围，简化了工伤认定程序，增加了基金支出，提高了待遇水平，加大了强制力度。

依据修订后的《上海市工伤保险实施办法》，上海市结合实际制定了相关政策并对原配套政策进行调整完善。2013 年 5 月，上海市人力资源社会保障局会同市卫生和计划生育委员会、市医保办制定了《关于印发〈上海市工伤就医和医疗费用结算管理办法〉的通知》，启动上海市工伤保险医疗费用与定点机构直接结算，一方面减轻用人单位和工伤人员的垫资压力，另一方面减轻社会保险经办机构的经办压力且便于监管。同年 12 月，上海市人力资源社会保障局会同市安全监管局、市卫计委、市财政局、市总工会联合印发《关于做好本市工伤预防工作的试行意见》，在全市范围启动工伤预防试点工作。2014 年 7 月，上海市人力资源社会保障局会同市卫计委制定《关于贯彻实施〈工伤职工劳动能力鉴定管理办法〉有关问题的通知》，同年 9 月、12 月，又分别出台了《关于实施〈上海市工伤保险实施办法〉若干问题处理意见的通知》《关于印发〈上海市工伤保险辅助器具配置管理办法〉的通知》，分别就具体经办中需要明确的问题作出规定。2016 年 1 月，上海市人力资源社会保障局会同市财政局制定了《关于调整本市工伤保险费率等问题的通知》《关于印发〈上海市工伤保险浮动费率管理办法〉的通知》，对上海市实施了 12 年的费率政策进行了调整。

此外，上海市还对社会关心、关注的难点、热点问题进行回应。例如，2015 年 7 月上海市人力资源社会保障局会同市住建委、市安全监管局、市总工会联合制定《关于进一步做好本市建筑业工伤保险工作若干意见的通知》，明确建筑施工企业中劳动关系不稳定、流动性大的农民工，可以按项目优先参加工伤保险，以切实保障其工伤权益。2018 年 4 月，为切实减轻用人单位缴费负担，经市政府同意，上海市人力资源社会保障局会同市财政局出台《关于阶段性降低本市城镇职工社会保险费率的通知》，明确一类至八类行业的工伤保险基准费率阶段性降低 50%。2018 年 12 月，上海市人力资源社会保障局会同市财政局、市卫健委、市应急管理局、市总工会联合制定《关于印发〈上海市工伤预防费使用管理试行办法〉的通知》，进一步规范工伤预防费的使用和管理。

2. “老工伤”人员纳保方面

2011 年 3 月，根据国家要求，上海市人力资源社会保障局会同市财政局、市国资委、市监察局印发《关于进一步做好本市老工伤人员纳入工伤保险统筹管理工作的通知》，取消了“老工伤”人员纳保需用人单位与“老工伤”人员协议一致的规定，将全市近 3 万名“老工伤”人员全部纳入工伤保险制度体系，化解了困扰多年的历史遗留问题。

3. 费率办法方面

自 2015 年 10 月 1 日起，上海市工伤保险实行行业基准费率，并根据用人单位工伤保险支缴率和工伤事故发生率等因素上下浮动。2018 年 5 月 1 日至 2019 年 4 月 30

日，上海市用人单位工伤保险基准费率在国家规定的行业基准费率基础上下调 50%；2019 年 5 月 1 日至 2020 年 4 月 30 日期间，上海市用人单位工伤保险基准费率在国家规定的行业基准费率基础上下调 20%。调整后，上海市一类至八类行业的工伤保险基准费率分别为 0. 16%、0. 32%、0. 56%、0. 72%、0. 88%、1. 04%、1. 28%、1. 52%，平均费率为 0. 34%左右。建筑施工企业中劳动关系不稳定、流动性大的农民工可按项目参加工伤保险，工伤保险费按建设工程项目合同价的 0. 8‰确定，不实行浮动费率。

4. 工伤认定、劳动能力鉴定方面

2011 年起，用人单位招用的已依法享受养老保险待遇或领取退休金人员因工作遭受事故伤害或患职业病提出工伤认定的，社会保险行政部门不再受理。2014 年，对外省市在沪施工单位使用的非城镇户籍从业人员的工伤认定管辖、工伤认定中涉及伤病关联性确认等问题予以明确，增加工伤认定和劳动能力鉴定文书网上公告的送达方式。

5. 工伤保险待遇方面

增加由工伤保险基金支付的工伤保险待遇项目，提高部分待遇的支付标准，取消以工伤人员本人缴费工资计发待遇低于全市职工月平均工资按全市职工月平均工资托底的做法，明确一级至四级伤残非城镇户籍外来从业人员的工伤保险待遇可以选择按月领取或一次性领取；工伤保险辅助器具从 4 大类 27 项增加到 4 大类 70 项，并结合上海市实际确定了工伤保险辅助器具的最高支付限额；对解除、终止劳动关系后被诊断为患职业病人员的工伤处理、破产注销关闭单位工伤人员待遇处理等都作了明确规定。

二、主要做法和经验总结

上海市工伤保险制度的演变历程基本呈现以下特点：一是工伤保险制度自身发展和完善紧紧跟随社会经济前进的步伐；二是保障范围依据广大参保人员认识与需要的不断深化而扩大；三是保障水平随着经济发展水平提升而适时稳步提高。

（一）织密网——覆盖越来越多的权益内容和职业人群

1. 涵盖的权益内容日益丰富

与全国情况相同，上海市的工伤保险制度同样以待遇保障为起点，在最初的发展阶段主要以医疗救治和经济补偿为主。20 世纪 90 年代起，德国工伤预防、待遇补偿和工伤康复“三结合”的制度模式被我国借鉴，该理念极大地丰富和扩展了上海市工伤保险的保障范围，制度内在的权益内容更加丰富，此趋势在《社会保险法》颁布后表现得尤为明显，上海市工伤保险涵盖范围从单一的待遇补偿扩展到预防和康复领域，工伤保险基金支付的待遇项目也扩展到一次性工伤医疗补助金、住院伙食补助费、异地就医交通食宿费等。这不仅是对保障范围的扩展，更是对工伤保险制度理解的一次重要提升，标志着工伤保险保障范围从以职业伤害为标界，转为以保障职工职业安全健康为出发点和落脚点，这是认识和理念的转变，也是“以人民为中心”思想的具体体现。

2. 覆盖的对象不断增多

（1）从职业人群看，覆盖范围日益包容和扩展。1996 年，工伤保险开始覆盖所有的城镇企业及其职工。2002 年，为了保障外来从业人员的工伤保险权益，上海市出台《上海市外来从业人员综合保险暂行办法》。2004 年，在贯彻《工伤保险条例》的同时，上海市将公务员、事业单位工作人员、社会团体从业人员整体性纳入工伤保险制度，并对非全日制从业人员、非正规就业劳动组织从业人员、协保人员、退休聘用人员以及外来从业人员的适用作了特别规定。随着《社会保险法》以及修订后的《工伤保险条例》的颁布实施，2011 年 7 月起，上海市将工伤保险覆盖范围扩大到各类所有制企业、民办非企业单位、基金会、律师事务所、会计师事务所等，原综合保险覆盖的职业人群、参加上海市农村养老保险的职业人群开始平移进入，并且用 5 年时间完成缴费基数过渡，做到与面上参保政策全面接轨。同年，“老工伤”人员的历史遗留问题也得到彻底解决。自此，上海市工伤保险制度覆盖了各类用人单位及其从业人员。

（2）从参保规模看，参保规模呈现稳步上升态势。由于上海市社会保险实行养老、医疗、工伤、生育、失业“五险合一”的征缴方式，工伤保险社会统筹之初参保人数就有相当规模，2004 年数据显示参保人数为 488. 3 万人（不包括综合保险参保人数）。《社会保险法》实施后，外来从业人员和参加农村养老保险的职工纳入工伤保险，使得 2011 年年底参保人数激增至 879. 74 万人。近年来，随着从业人员参保缴费意识的增强及社会保险费征缴力度的不断加大，上海市工伤保险参保规模呈现稳步上升态势。截至 2019 年年末，参保户数已达 102. 66 万户，参保人数已达 1 084. 13 万人。

工伤保险社会统筹实施 14 年来，参保户数、人数实现了翻倍增长，如图 5-1-1 所示。

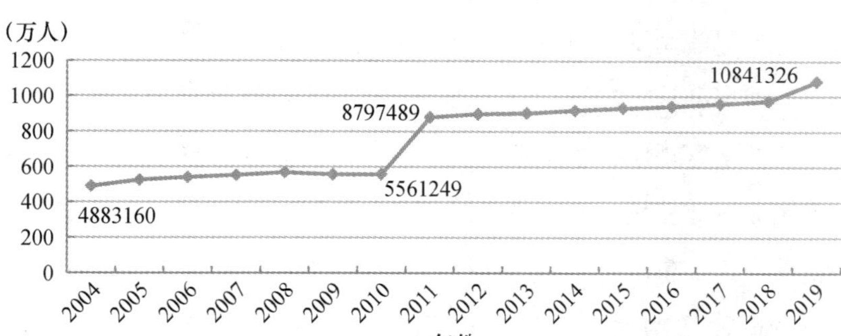

图 5-1-1　2004—2019 年上海市工伤保险参保人数

（二）探新路——积极开展符合地方实际的自主探索

1. 外来从业人员综合保险制度

上海作为一个国际化大都市，在城市建设、经济社会发展的过程中吸引了大量外来流动人口，由此引发了在沪就业的外来从业人员受到工伤事故伤害后如何保障的问题。在《工伤保险条例》尚未颁布实施前，外来从业人员没有纳入单位合同制职工的管理范围，仅作为用人单位灵活的劳务用工。为了保障外来从业人员的工伤保险和其他社会保障权益，2002 年 9 月，上海市政府颁布实施了《上海市外来从业人员综合保险暂行办法》，为用人单位使用的外来从业人员建立了含工伤（或者意外伤害）、住院医疗和老年补贴三项保险待遇在内的综合保险制度，其工伤认定、劳动能力鉴定按上海市面上政策执行，工伤待遇项目及支付标准与国家和上海市规定基本相同，但考虑到这部分人员的生活基础在外省市，所以工伤保险待遇实行一次性支付，具体事务委托商业保险公司经办。据不完全统计，该制度实施 10 年来，年均参保人数达 300 多万人，起到了积极的保障作用。之后上海市在 2004 年对综合保险办法进行修订完善，2005 年制定《关于贯彻〈上海市外来从业人员综合保险暂行办法〉的实施细则》，提高了工伤保险待遇标准。2007 年、2010 年两次对工亡人员及七级至十级工伤人员的一次性工伤保险待遇标准作了提高。2011 年《社会保险法》颁布实施以后，上海市按照《社会保险法》规定，及时调整了外来从业人员参加工伤保险的政策，明确制度并轨、待遇并轨。

2. 单一行业基础费率和浮动费率

上海市在工伤保险制度方面另一个举措是创设了单一行业基础费率和浮动费率相结合的工伤保险费率办法。2004年，上海市经过周密的测算，为了减轻用人单位的负担，同时又不违背国家规定，在制定《上海市工伤保险实施办法》时，规定上海市基础费率统一按国家行业差别费率的最低档0.5%确定。在此基础上，根据用人单位工伤保险费使用情况、工伤事故发生率等情况每年进行考核，确定浮动费率，浮动费率每档为0.5%，基础费率加浮动费率最高不超过3%，最低不低于0.5%。同时，出于合理性考虑，2005年《上海市工伤保险浮动费率管理暂行办法》规定，非用人单位管理责任引起的事故伤害等情形下发生的工伤保险费用，不作为浮动费率考核的依据，如“从业人员在上下班途中，受到机动车事故伤害”“从业人员在抢险救灾等维护国家利益、公共利益活动中受到伤害”等。综上所述，该制度设计在体现公平、防止用人单位转移工伤风险、强化工伤预防、减少事故发生、维护职工合法权益、保障基金平衡等方面收效明显，切实发挥了浮动费率经济杠杆的指向性作用，得到了广大用人单位的认可并取得了良好的社会效应。

（三）强肌体——政策法规和机构建设在实践中日益完备

1. 不断完善工伤保险政策

改革开放以来，随着劳动用工形式的不断增多，国家和地方政府对工伤保险越来越重视，每隔一段时间就会根据形势需要对政策进行调整。但总的来说，《工伤保险条例》实施前出台的工伤保险政策较零散和碎片化。为确保相关工作开展，保障工伤职工权益，上海市根据自身需要不断完善相关工伤保险政策。例如，1992年《关于适当调整本市企业职工工伤保险待遇标准的通知》规定了工伤保险待遇项目、待遇标准及调整机制，1995年《上海市外地劳动力工伤待遇的规定》明确了外来从业人员工伤问题。1994年颁布《上海市职工劳动能力鉴定工作暂行办法》并在2001年进行修改，对上海市的劳动能力鉴定工作进行规范。1996年《关于本市企业职工工伤保险待遇等若干问题规定的通知》，阐明了工伤范围和认定、劳动能力鉴定、工伤保险待遇等诸多方面，初步奠定了现行工伤保险制度基本框架。2001年，《关于本市企业职工工伤认定工作若干问题处理意见的通知》明确了劳动保障行政部门负责工伤认定及操作细则。

2003年《工伤保险条例》及一系列配套政策颁布实施后，国家层面的工伤保险制度体系基本形成。为贯彻落实《工伤保险条例》，上海市政府颁布实施了《上海市工伤保险实施办法》及其配套政策，并依据建立“三位一体”的工伤保险制度要求，制定了《上海市工伤康复管理办法》《关于做好本市工伤预防工作的试行意见》和《上海市工伤预防费使用管理试行办法》。同时，按照国务院指示，上海市针对工伤保险统筹制度之前遭受事故伤害的“老工伤”人员待遇问题，研究制定了《关于进一步做好本市老工伤人员纳入工伤保险统筹管理工作的通知》。对于外来从业人员工伤保险问题，在《社会保险法》出台后，上海市及时研究并制定了《关于外来从业人员参加本市工伤保险若干问题的通知》。通过不断完善政策规定，上海市“三位一体”的工伤保险制度框架基本形成，工伤人员的获得感、安全感不断提升。

2. 高度重视机构建设

上海市工伤保险经办管理机构从大类而言主要分为三类：工伤认定机构、劳动能力鉴定机构和待遇审核支付机构。工伤保险制度建立之初，在有关机构和职能设置上实行政事分开的做法，即工伤认定职能，在不增加机构和人员编制的基础上由区县人力资源社会保障行政部门承担；劳动能力鉴定职能，由市、区县劳动能力鉴定委员会承担；工伤保险待遇审核支付职能，由市、区县社会保险事业管理中心承担。

（1）工伤认定机构。工伤保险制度发展早期，工伤认定采取单位自定或者上级主管部门判定。自20世纪90年代起，工伤认定重心转移到劳动部门。2004年起，随着工伤保险制度体系日益完善，上海市工伤认定工作量与日俱增，机构设置不尽合理、人员配备与工作量不相适应的矛盾逐步显现。对此，有条件的少部分区县率先成立工伤认定事务中心以缓解矛盾。其间，经过连续两年的调研，2012年上海市人力资源社会保障局形成了关于结合区县事业单位调整，进一步规范区县社会保险经办服务机构的调研报告，提出“设立专门的工伤认定机构和增加工作人员编制、解决必要的工作经费和装备设施、加强队伍建设、提高工作人员依法行政能力”的建议。在区县党委、政府重视下，在区县编制、财政等部门支持下，上海市所有区都通过新建或整合资源、拆旧建新等方式，成立了社会保障服务中心或工伤认定事务中心，受区社会保险行政部门委托开展工伤认定。

（2）劳动能力鉴定机构。1994年起，上海市劳动能力鉴定实行市、区县两级鉴定，市、区县相继建立劳动能力鉴定委员会。劳动能力鉴定委员会作为非常设机构受同级人民政府领导，由同级劳动、社保、卫生部门及工会和企业代表组成，办公室设在同级劳动部门，负责劳动能力鉴定委员会日常工作。劳动能力鉴定委员会聘请有关医疗专家组成劳动能力状况技术鉴定组，开展劳动能力鉴定工作。2004 年，《上海市工伤保险实施办法》颁布实施后，对劳动能力鉴定工作进行了规范，增加了劳动能力鉴定委员会的成员单位，扩充了专家队伍，明晰了职责。目前，上海市劳动能力鉴定委员会负责全市范围内职业病人员的劳动能力鉴定及工伤人员的再次鉴定，具体鉴定事务委托市劳动能力鉴定中心开展。各区劳动能力鉴定委员会负责其行政区域内除职业病以外工伤人员的劳动能力鉴定，具体鉴定事务交由区社会保障服务中心或区劳动能力鉴定中心承担。

（3）待遇审核支付机构。上海社会保险实行“五险合一”的征缴模式，社会保险经办服务工作起步较早，在上海市工伤保险实行社会统筹前，社会保险经办机构已建立。随着 2004 年《上海市工伤保险实施办法》的颁布，工伤保险作为上海市五大基本社会保险的最后一个险种被确立，根据市政府在制度设计时确定的不单独成立待遇审核支付机构的原则，待遇审核支付职能由市、区社会保险事业管理中心承担。市、区社会保险事业管理中心实行垂直化管理，此举奠定了上海市工伤保险经办服务的组织构架，其突出优势在于便于整合力量，提升行政效能并且显著降低服务成本。

（四）提效能——工伤保险经办服务和信息系统建设与时俱进

1. 经办服务队伍能力建设常抓不懈

在市委、市政府的高度重视下，上海市工伤保险经办服务起步较早，在机构和职能设置上实行政事分开，有力地支撑了工伤保险事业发展。同时注重队伍的能力建设，一方面，不断致力于提升专业能力。牢牢抓住队伍素质能力这个核心，组织开展政策业务培训。具体来说，常态化地组织各区工伤认定、劳动能力鉴定、待遇审核支付部门开展政策业务培训，尤其是新进人员培训和新政策业务知识培训，提高工作人员依法行政能力和业务水平，实现全市范围内政策口径和操作手势同步化。另外，不定期地会同局法规处发起全市各区工伤认定机构的疑难案例研讨，加强指导，促进各区对工伤认定法律条文的深层次理解和把握，强化运用法制思维解决经办难题，切实提高办案质量。另一方面，努力探索工伤保险科学管理办法，大胆创新流程优化，做到“快认定、快鉴定、快赔付”，促使工伤保险经办向人性化、智能化的优质高效服务转变。

2. 信息系统建设领先探索一步到位

上海市工伤保险从实行社会化统筹伊始，工伤保险信息建设就相伴而生。就系统内部而言，工伤保险业务中的工伤认定、劳动能力鉴定及工伤保险待遇核定支付都已开发了信息系统并纳入上海市人力资源社会保障局劳动保障信息系统管理，且已实现了工伤认定、劳动能力鉴定、工伤保险待遇审核支付系统三者之间的信息共享，并可读取就业库、社保库相关联信息。在与其他部门的信息交换方面，人力资源社会保障部门已与医保部门就审核报销、定点医疗机构以及定点康复机构的资金结算实现了信息互通；在建筑业按项目参保政策实施后，又与市住建委进行了参保人员实名制信息交换。在此过程中，上海市工伤保险管理部门充分发挥先行先试、快人一步的热忱干劲和创新精神，充分利用“互联网+”、大数据手段，将工作网络有效地向基层机构和关联部门延伸，有力地支撑了业务经办、公共服务、基金监管、宏观决策等开展，卓有成效地提升了业务联动服务能力。上海市工伤保险信息系统如图 5-1-2 所示。

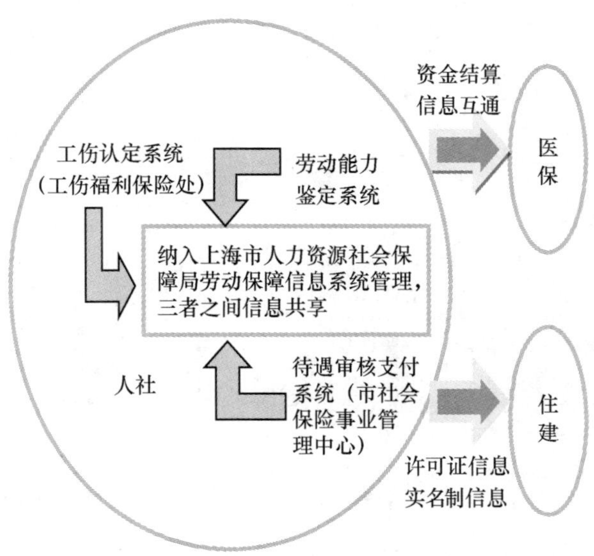

图 5-1-2　上海市工伤保险信息系统

3. 部门沟通协作机制降低行政风险

上海市工伤保险管理部门在履职过程中，注重与相关单位建立融洽良好的关系，倡导通过顺畅的沟通与快捷的交流加强业务合作，努力化解政策执行阻力，最大限度地取得认识、观念、行动上的一致与认同：与局内关联部门间，建立了工伤认定疑难案件上报和集体讨论机制。区县在业务受理中，因情况复杂、矛盾突出、行政风险较大难以作出工伤认定决定的案件，可以上报到市局，由市局业务处室组织局法规处、关系处、仲裁处、市劳动能力鉴定中心和相关区县集体讨论，提出处理意见建议。集体讨论机制有助于集中众人智慧、充分发表建设性意见，帮助区县分析案情、把握处理原则，提高依法行政水平，降低行政风险。该机制运行后取得明显效果，使得上海市的工伤认定始终保持较高的胜诉率，据统计，近几年上海市工伤认定胜诉率均保持在 96%以上（如图 5-1-3 所示）。与法制系统协同方面，建立了和法院、法制部门不定期沟通协调机制。这主要是考虑到行政部门与法制部门、司法部门的工作性质和内容不同，行政部门掌握实际情况较全面，法制部门和司法部门对于法律理念更为熟稔，加强相关部门间的沟通有助于统一行政部门和法制部门、司法部门之间的认识和理解，在具体案件中准确运用有关法律条款。可以说，部门间沟通协调机制的建立，对统一各方认识、形成较一致的把握原则、加强对基层部门的指导，都发挥了重要作用。

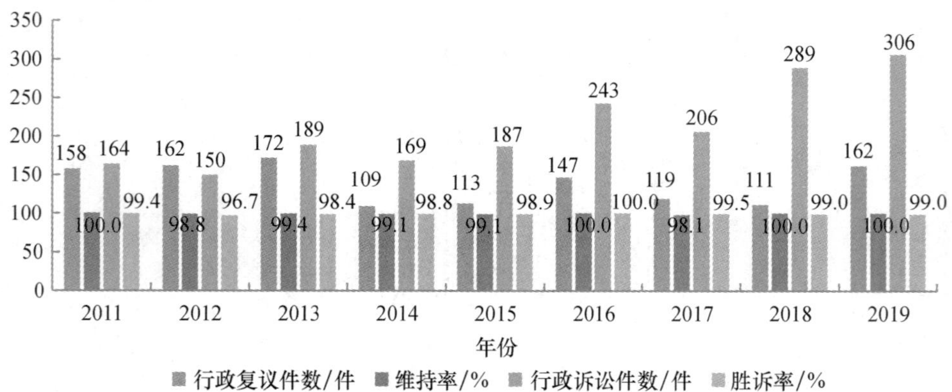

图 5-1-3　2011—2019 年上海市工伤认定行政复议和行政诉讼情况

（五）得实惠——保障水平逐年提高，单位负担持续减轻

1. 加大工伤预防，严守“前道关口”

（1）政策规定上，从无至有渐次完备。单纯从启动时间而论，上海市并非开展工伤预防的先行者，但由于后发优势，自开始之初该项工作的布局起点就较高。2012 年 11 月，修订后的《上海市工保险实施办法》增加了工伤保险基金可用于工伤预防宣传和培训的内容，这是上海对工伤预防首次做出制度性安排。2013 年 12 月，上海市人力资源和社会保障局会同市安全监管局、市卫计委、市财政局、市总工会制定《关于做好本市工伤预防工作的试行意见》，在全市实质性地启动工伤预防工作。2014 年起，上海市每年组织实施工伤预防宣传与培训项目。为确保基金安全，规范实施机构遴选，上海市制定了《工伤预防宣传培训项目政府采购工作流程（试行）》，明确参照政府采购办法推进宣传培训项目的运行流程，制作发放工伤预防宣传资料，举办工伤预防知识培训，普及推广相关知识。在时隔 5 年后的 2018 年 12 月，上海市人力资源社会保障局又会同市财政局、市卫健委、市应急管理局、市总工会出台《关于印发〈上海市工伤预防费使用管理试行办法〉的通知》，进一步规范工伤预防费的使用和管理。

（2）具体实践中，主抓三个环节带动其他。一是构建长效工作机制。建立由市人力资源社会保障、卫健、安全监管、财政、工会、国资委、企联、工商联等部门组成的市工伤预防联席会议制度，共同研究打造合力，由市工伤预防联席会议研究确定年度预防项目，对职工人数在 500 人以上、工伤保险支缴率超过 1 000%的大中型企业建立工伤事故预警通报机制。二是组织实施工伤预防宣传与培训项目。2015—2019 年，上海市共对近 12.5 万名各类建设工程、事故多发易发等单位的管理人员和生产一线人员开展工伤预防培训，制作 20 个工伤预防宣传短片在电视台、移动媒体、楼宇媒体上滚动投播，印制各类展板、海报、政策读本问答、办事指南、事故预防小知识等宣传资料供集中宣传和日常宣传使用。三是持续做好工作保险集中宣传和日常宣传。按照人力资源社会保障部要求，市、区两级人力资源社会保障部门通过门户网站、微信公众号、微博认证号、手机应用程序等载体进行全方位宣传，组织开展丰富多样的活动，齐心营造声势，努力提高工伤保险宣传效果。同时注意与其他部门建立联动关系，如联合安全监管、卫健、工会等部门走进建筑工地、工业园区等生产一线，深入宣传工伤保

险、职业病防治等相关政策；在市工伤预防联席会议成员单位间建立信息共享机制，互通工伤事故、安全生产事故和职业病发生信息，分析确定年度工伤预防重点领域等。经过几年的实践，工伤预防工作成效显著，工伤事故发生率逐年呈下降趋势，如图 5-1-4 所示。

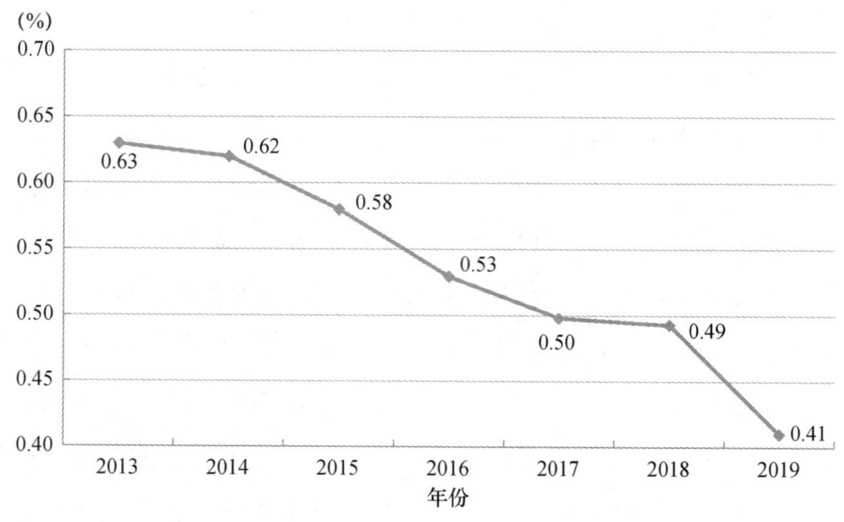

图 5-1-4　2013—2019 年上海市工伤事故发生率

2. 探索康复早期介入创建示范平台

与工伤预防类似，上海市的工伤康复工作同样不在先发阵营，但推动后则一路前行。自 2011 年 1 月起，上海正式启动工伤康复工作，此后始终坚持以人为本的理念，按照先康复、后评残的原则逐步推进，在探索工伤康复早期介入、开展职业康复和创建国家区域性工伤康复示范平台等方面取得一定成效，工伤康复受益人数逐年增加。

（1）出台专项政策搭建制度化体系。为了让工伤康复政策惠及更多人员，上海市不断提高管理服务能力，完善相关政策，推进工伤康复工作。例如，上海市依托工伤康复定点机构力量，向工伤认定数量较多且有条件开设专窗的区劳动能力鉴定委员会派驻具有康复专业知识的专管员，在工伤认定时开展工伤康复宣传咨询；对暂不具备开设专窗条件的区，建立工伤康复定点机构和劳动能力鉴定委员会对口联络员机制，实现了全市劳动能力鉴定委员会与工伤康复定点机构对口管理全覆盖，形成了具有上海市特色的早期介入模式。上海市依托工伤康复医学专家的专业优势，制定《住院工伤康复筛选指南》，指导经办窗口开展早期介入。同时，上海市通过完善浮动费率办法调动用人单位积极性，以此来推动工伤康复工作开展，吸引更多的工伤人员进行工伤康复，早日回归社会和家庭。2016 年《上海市工伤保险浮动费率管理办法》规定，工伤人员在工伤康复定点机构产生的住院工伤康复费用不计入浮动费率考核。近几年，上述政策效应已逐步显现，工伤康复受益人数逐年增加，据统计，2016—2019 年共确认工伤住院康复申请 4 849 人次。

（2）加强工伤康复定点机构管理和示范性平台搭建。2011 年，上海市根据国家工伤康复机构准入条件，结合地方实际，按照科学、合理、便利的布点原则，确定了 5 家工伤康复定点机构，随着工伤康复人数的增加，分别于 2015 年、2016 年新增 2 家。为促使协议机构规范开展工伤康复，上海市在工伤康复医学专家协助下，依据现行工伤康复政策规定并结合上海市康复医学质控要求，制定了工伤康复协议机构服务质量评估指标和评估办法，2014 年和 2017 年先后两次组织康复医学专家和相关管理部门对协议机构的工伤康复服务质量开展评估，评估结果作为续签服务协议的重要依据之一。同时，上海市注重培育尖子、打造典型，如具有医学康复全科管理优势、康复设施设备及场地齐全、在行业内具有领先水准的上海市养志康复医院入选国家首批四家区域性工伤康复示范平台之一，起到了“领头羊”的示范效应。

3. 工伤保险待遇保障水平稳步提高

为了让工伤人员及工亡人员供养亲属分享社会经济发展的成果，早在 1992 年，上海市劳动局制定了《关于适当调整本市企业职工工伤保险待遇标准的通知》，对伤残津贴、生活护理费和供养亲属抚恤金等定期待遇做出制度性安排，奠定了上海市每年调整工伤保险定期待遇的基调。此后二十余年间，上海市工伤保险待遇调整的步伐从未停止，且始终保持处于全国领先水平。截至 2019 年年底，一级至四级伤残工伤人员伤残津贴的最低标准已分别增至 7 386 元/月、6 911 元/月、6 484 元/月、6 082 元/月；生活不能自理工伤人员生活护理费的标准已分别增至 4 383 元/月、3 506 元/月、2 630 元/月；因工死亡人员供养亲属抚恤金的最低标准为 1 550 元/月，孤身一人的最低标准增至 1 636 元/月。此外，一次性工伤医疗补助金、一次性工亡补助金等一次性工伤保险待遇也随职工平均工资和全国城镇居民人均可支配收入自然增长。截至 2019 年年底，五级至十级伤残工伤人员的一次性工伤医疗补助金已分别增至 157 770 元、

131 475 元、105 180 元、78 885 元、52 590 元、26 295 元，一次性工亡补助金已增至 785 020 元，见表 5-1-1。

表 5-1-1　　上海市不同年份部分工伤保险待遇水平　　单位：元

年份	伤残津贴				供养亲属抚恤金	生活护理费		
	一级	二级	三级	四级		完全不能自理	大部分不能自理	部分不能自理
1992	262	239	225	211	75	140	113	56
1996	660	645	630	615	185	390	310	230
2004	1 673	1 586	1 499	1 412	290	924	739	554
2011	3 510	3 310	3 120	2 920	680	1 950	1 560	1 170
2019	7 386	6 911	6 484	6 082	1 550	4 383	3 506	2 630

注：伤残津贴与供养亲属抚恤金为工伤人员或供养亲属享受的最低标准。

4. 持续降费减轻用人单位负担

自 2015 年 10 月 1 日起，上海市工伤保险费率办法与国家规定全面接轨，从单一行业基础费率和浮动费率改为八类行业基准费率和浮动费率相结合的办法。为妥善处理费率办法调整后部分用人单位缴费负担增加的问题，明确工伤保险费率先行下浮一档按行业基准费率的 80%执行。为进一步减轻用人单位负担，优化营商环境，促进上海市实体经济平稳健康发展，按照国务院要求和市委、市政府统一部署，在确保上海市工伤保险待遇水平、工伤保险基金正常运行的前提下，上海市连续两年对一类至八类行业用人单位的工伤保险基准费率实行阶段性下调。据统计，费率下调后，上海市工伤保险平均费率水平由原先的 0. 43%降低至 0. 34%左右，在全国处于较低水平，共减轻用人单位负担约 24. 5 亿元；2019 年当年基金收入 33. 62 亿元，支出 37. 09 亿元，赤字 3. 47 亿元，基金累计结余 61. 84 亿元（含储备金 11. 1 亿元）。2019 年上海市工伤保险基金支出情况如图 5-1-5 所示。

三、当前存在的问题与挑战

上海工伤保险制度在不断取得成就的同时，在实际运行中还有诸多不完善之处，需要不断地思考、研究并加以解决。

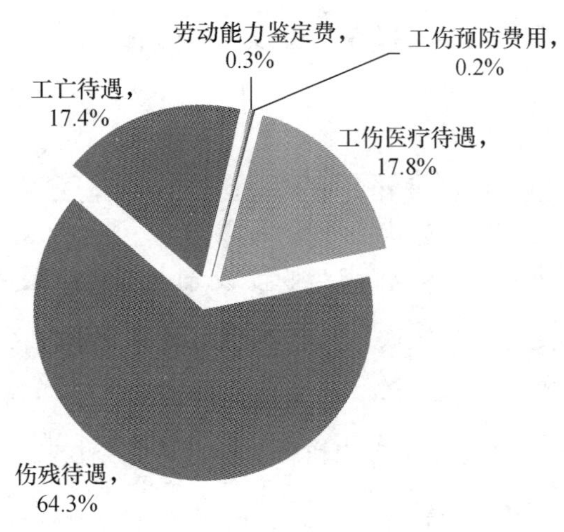

图 5-1-5　2019 年上海市工伤保险基金支出情况

（一）工伤保险法规政策需顺应社会发展进行调整完善

鉴于目前在整个工伤保险制度中处于核心和基石地位的《工伤保险条例》成文于 2003 年，修订于 2010 年，有部分条款内容已明显滞后于时代，也有部分条款理念比较超前。尤其最近几年，我国经济社会的发展变化日新月异，上述法规条款所立足的时代背景与当前形势在某种程度上已不相适应，业界修改工伤保险政策办法的呼声相当强烈。例如，由于第三人原因造成的工伤事故待遇重复享受有失公平，理论上不应当由同一事项产生双重待遇，但现实中第三人引起的工伤事故不仅与非第三人引起的工伤事故产生待遇失衡，而且增加了用人单位负担。又比如，工伤康复服务项目不齐全，影响工作推进。目前各地使用的《工伤康复服务项目（试行)》和《工伤康复服务规范（试行)》是人力资源社会保障部于 2013 年下发的，随着近几年医疗康复服务技术发展，工伤康复服务项目及规范已明显滞后，且由于当初相关业务主管部门未参与发文，导致定点机构开展业务缺少依据。再如贯彻执行先行支付政策遭遇追偿难瓶颈。当下追缴工作缺乏有效手段，亟待界定好行政、经办、征缴及劳动监察部门职责，明晰先行支付基金追偿途径、手段与异地追偿办法以及追偿不能、坏账的财务处理办法。例如，工伤预防宣传培训实施项目评估验收缺乏标准。近几年，工伤保险是审计的重点，工伤预防宣传培训项目更是重中之重，尽管按照政府采购流程确定项目的实施机构，但项目成效验收并无相应标准，过程也缺乏有效监管，致使事中、事后监督难度大。

（二）机构队伍建设与居高不下的工作量不相适应

上海工伤保险制度建立时，在机构与职能设置上实行了政事分开的做法，然而，随着上海市社会保险制度的不断发展进步，为更好地保障职工社会保障权益，经办机构的压力持续增长，这支队伍也存在一些隐忧，具体如下：一是部分区机构设置未完全到位。全市 16 个区虽然都成立了专门机构，但仅有 4 个区设立了专门的工伤认定和劳动能力鉴定机构，其余区为合署办公方式，使得工作开展存在先天不足。二是相关工作力量配备不足。尽管在 2011 年后，上海市采取在各区设立区社会保障服务中心的模式，统筹承担工伤认定、劳动能力鉴定、农村养老保险、城镇居民养老、征地养老等经办管理服务职能，原有机构人员配置与繁重工作量不相称的矛盾得到部分缓解，但随着办案时限缩短、工作要求提高等因素，人员数量、工作条件与实际不适应的矛盾犹存。据统计，2018 年上海市年工伤认定案件数量近 5 万件，而全市从事工伤认定的工作人员仅 240 人，人均日处理工伤认定案件 1 件，这些工作人员同时还承担相应的行政复议和行政诉讼工作。三是队伍来源结构不稳定。各区从事工伤认定的人员除事业单位人员身份外，还有少数借用人员、外聘人员，稳定性低、流动性大，责任心也不够强，一定程度导上影响认定质量。四是履职身份的权威性待加强。由于工伤认定工作人员未实行资格管理，开展行政调查的权威性低、难度较大，身份易受质疑，缺少必要的装备设施，如案件调查取证中无执法证，与劳动监察、劳动仲裁工作人员相比缺乏必要装备等。

（三）减材料、减环节对风险防控提出了新的挑战

减材料方面。为了解决群众反映的申报工伤手续烦琐、申领工伤保险待遇周期较长等问题，2018 年人力资源社会保障部为了解决社会保险经办服务存在的“办事难、办事慢，多头跑、来回跑”问题，在人力资源社会保障系统开展了“解民忧、转作风”专项行动，经过梳理精简材料清单，基本实现了异地业务“不用跑”、无谓证明材料“不用交”、重复表格信息“不用填”。上海市在人力资源社会保障部文件精神和

专项行动指引下实施精简四项申领工伤保险待遇材料的举措，同时还依据“能简则简”的原则大力精简其他各类办事证明材料，推动更多事项网上办理，但此举也造成了审查把关难度上升、道德风险明显增加问题，如推行告知承诺制带来的诚信缺失问题。

减环节方面。为了改变工伤保险事项中某些程序冗长复杂的现状，着力解决群众办事中的堵点、痛点问题，不断改善群众服务体验，上海市按照人力资源社会保障部的统一部署深入推进“解民忧、转作风”专项行动，如允许通过网络、电话等形式办理工伤保险相关事项。此举措虽可简化程序、减少办理周期，为工伤人员提供更多的便利，然而这种做法无疑也是把双刃剑，减少取证、调查、审查等任一环节都会带来管理风险的增大和投机取巧行为的增多，某些情况下甚至顾此失彼，由此对工作人员专业素养和审查能力提出了更高要求。

（四）机构调整后工伤医疗职能行使可能存在阻滞

对外，经办业务需再度磨合。自工伤保险制度建立之初，上海市工伤保险医疗机构协议管理和对协议医疗机构的监管以及对工伤医疗费用的审核就一直依托上海市医保部门，由上海市医保经办机构（主要为市区两级医保事务中心）和市医疗保险监督检查所具体负责。因此，机构调整对上海市工伤保险诊疗项目、药品目录和住院服务标准制定，工伤医疗和工伤康复定点医疗机构的协议管理和监督，工伤医疗、康复待遇审核支付都可能产生较大影响。

对内，经办力量提升需时日。在医疗保障局与人力资源社会保障局两个部门正式分离后，如对工伤保险医疗机构协议管理和对协议医疗机构的监管不再延续之前做法，而由人力资源社会保障部门全面接管，则需要一支具有较强专业知识和素养的队伍，而合格的从业人员培育需要耗费较长时间，短时间内难以一蹴而就。

四、未来发展走向

按照党的十九大提出的社会保障兜底线、织密网、建机制的要求，依据人力资源社会保障部对于工伤保险制度的顶层设计，“十四五”规划时期，结合上海市未来经济和社会发展水平的变化趋势，上海市工伤保险制度需迎难而上，在不断地克服困难中实现自身的发展。

（一）推动工伤保险向更广泛的职业人群延伸

一方面，持续加大对流动就业人口的制度覆盖。2020 年，上海市在总结和提炼近五年推行“同舟计划”所取得经验的基础上，将按项目参加工伤保险的范围从住建领域延伸至铁路、公路、水运、水利、能源、机场工程等各类工程建设项目，为广大建筑施工从业人员提供全员覆盖、长期稳定的制度性保障，促使在上海市工地上流动就业的农民工同样依法享有工伤保险保障，构建起一道可靠的职业安全防护屏障。另一方面，积极推进对灵活就业人员的有序开放。上海平台经济和互联网企业发达且业务量巨大，现阶段这些新兴业态中分布着大量的灵活就业人员以及自雇者等自由职业人群，随着我国经济发展方式转变，未来一段时期灵活就业人员数量将不断增加。按照中央增强劳动力市场灵活性的要求，既应在法律框架内努力赋予企业必要的用工灵活性和管理自主权，同时也要考虑这些人员的职业安全防范，因此工伤保险需要做出相应安排，包括吸纳条件较成熟的企业和人员稳步进入工伤保险制度，还可探索适合灵活就业人员职业特点的、以个人为参保主体的职业伤害保障政策作为现行制度的补充。

（二）积极探索经办服务人员队伍的自我效能革命

提升经办服务人员这支队伍的工作效率和服务质量，可以从以下四个方面入手：一是职能设置上注重整合协同。上海市按照“依法、精简、高效、便民”的目标和控制总量、盘活存量、优化结构的思路，由区级社会保险经办服务机构统筹承担新农保、城镇居民养老、工伤认定和劳动能力鉴定、征地事务和征地养老等职能。为理顺管理体系，提高服务效率，今后要厘清责任清单与权力清单，明晰在公共事务中所应承担的职责及责任边界。二是工作理念上不断优化创新。党的十九大提出应当深入贯彻以人民为中心的价值诉求，为此要引导经办服务人员坚持民生优先，着眼解决百姓工伤保险申办中的难点和堵点问题，持续优化经办流程，提供更加高效快捷的服务，让群众办事更加安心、舒心、放心。三是素质建设上做到常抓不懈。对新聘用人员应设置学历、专业等聘用资格准入门槛，优先录用具备相关经验者；对于在岗人员要强调自我加压增强履职能力，以岗位比武练兵为依托，定期组织开展依法行政、业务技能、作风建设等方面培训，切实提高其综合能力素养，不断更新业务知识与技能。四是评价反馈上强调与时俱进。相关职能部门应重视利用绩效评估的方法，合理配置资源，在合适时机实施流程优化与再造，将公众作为评价主体引入并且逐步加大权重，彰显评价的公共价值与整体要义，为工伤保险事业健康持续发展提供组织保障，推动服务效能提升。

（三）借助互联网技术和大数据提升经办服务水平

一方面，以互联网为手段提升经办服务能力。持续推进工伤保险信息化，积极推动工伤认定、劳动能力鉴定、待遇支付“一网通办”建设。按照人力资源社会保障部工伤保险信息化建设的要求对上海市现有信息系统进行优化完善，实现工伤认定和劳动能力鉴定网上申请、网上查询办事进度、网上打印办事结果，线上办事追求“速度”，线下办事体现“温度”，瞄准服务群众、便民利民这个靶心，力争做到一网受理、只跑一次，让办事群众和企业得到更多便利。另一方面，主动融入大数据运用于业务流程的发展趋势。作为全国新技术高地，上海市于 2018 年成立了大数据中心，通过构建全市数据资源的共享体系，打破部门“数据孤岛”，推动政务服务从“群众跑腿”向“数据跑路”转变。2019 年，上海市实现公共数据完整归集、公共数据按需共享。2020 年，上海市全面建成贯穿数据全生命周期的大数据资源平台，基本形成覆盖全市地域、全行业领域的城市大数据枢纽。在以“数据驱动”为能、以“线下服务”为本、构建智慧政府的过程中，上海市各级工伤保险管理部门都应当以开放的姿态主动接入智慧政府建设中，积极求变、迎变，切实将大数据运用作为提高自身的一次机遇，协助实现城市治理的再次飞跃。

（四）与医保部门建立紧密型业务合作和良好互信关系

2009 年，根据当时的国家职能机构划分和整合要求，上海市将人事局、劳动保障局、医保局进行合并，成立了人力资源社会保障局，这一动作被外界称为三局合并。鉴于上海市在三局合并前就采取了工伤医疗依托医保部门监管的模式，同时考虑到工伤医疗、康复工作在经办管理服务方面的专业性较强，必须配备一定的专业人才。为了确保当前业务不断不乱，从便利推进工作的角度出发，今后一段时间拟沿用现行的经办管理服务模式，并且要在相关经办管理服务职能从“局内”转到“局外”的平稳过渡完成后，健全、完善和医保部门之间的协同联动机制，维系与其的日常业务联系以及畅通制度化沟通渠道，推动两部门形成紧密型合作和良好互信关系，协同做好工伤医疗、康复待遇审核和工伤医疗行为监督等工作，稳妥地化解医保职能调整对工伤保险带来的附加影响。从中长期来看，需要强化自身能力素质建设，内在地培养起一支具备专业水准的队伍。当然，从更高的层面而言，需要国家出台明确的指导意见，以清晰刻画出未来的走向。

（五）主动应对长江三角洲区域一体化带来的新形势新挑战

长江三角洲区域是我国经济最具活力、开放程度最高、创新能力最强的区域之一，是“一带一路”和长江经济带的重要交汇点。2018年年末，长江三角洲区域一体化发展上升为国家战略，其国家定位是与“一带一路”建设、京津冀协同发展、长江经济带发展、粤港澳大湾区建设相互配合，完善中国改革开放空间布局。在推进长江三角洲区域一体化进程中，上海制定落实《长江三角洲区域一体化发展规划纲要》的本地化实施方案，主要是紧扣“一体化”和“高质量”两个关键，抓好“七个重点领域”① 合作、“三个重点区域”建设。目前，在“公共服务”重点领域内确立了若干个重点合作专题组，其中人力资源社会保障合作与发展专题组下设包括“工伤和劳动能力鉴定合作组”在内的8个专业组，整体布局已构建完成。为贯彻落实习近平总书记对推动长江三角洲区域更高质量一体化发展作出的重要指示精神，加速工伤保险长江三角洲区域一体化协调发展，需要在巩固现有长江三角洲区域工伤认定和劳动能力鉴定合作成果的基础上进一步整合资源，拓展合作领域，促进信息互通互联，为参保单位和工伤人员提供更多更好的便利化服务。同时，通过定期召开联席会议等方式，及时解决合作中出现的新情况、新问题，推动协调合作各项工作落到实处。

① 七个重点领域分别为区域协调发展、协同创新、基础设施、生态环境、公共服务、对外开放、统一市场。

江苏省工伤保险发展报告

江苏省是我国经济发达省份，地处长江经济带，经济综合竞争力居全国前列，也是著名的教育强省、文化大省、鱼米之乡。截至2019年年末，江苏省常住人口8 070万人，实现地区生产总值99 631.5亿元。江苏省于20世纪90年代开始探索建立工伤保险制度。《工伤保险条例》实施以后，江苏工伤保险得到迅速发展，经过不断改革和完善，初步建立起了工伤预防、工伤康复、工伤补偿“三位一体”的工伤保险制度体系，切实保障了工伤职工权益，分散了用人单位的工伤风险，促进了经济发展和社会和谐。

一、江苏省工伤保险发展历程回顾

改革开放以来，江苏省工伤保险制度发展经历了四个大的历史时期，即江苏省工伤保险制度探索发展的早期阶段、江苏省工伤保险制度的初步形成阶段、江苏省工伤保险制度逐步发展成熟阶段和江苏省工伤保险制度新的发展阶段。

（一）江苏省工伤保险制度探索发展的早期阶段（1978—1992年）

1978年，国务院下发《关于工人退休、退职的暂行办法》，江苏省开始执行因工致残退休、矽肺病离职休养和完全丧失劳动能力人员的护理费发放等政策，江苏省职业伤害保障以劳动保险的形式开始施行。1979年，江苏省革命委员会卫生局、劳动局、人事局和省总工会下发《关于做好因工、因病丧失劳动能力职工鉴定工作的通知》，明确各地应成立劳动鉴定委员会，组织对职工进行因工致残或因病致残的诊断，判断丧失劳动能力的程度。该通知附发的《江苏省职工因工、因病丧失劳动能力鉴定标准》（草案）在全省开始实施。1988年，江苏省劳动局、卫生厅、人事局和省总工会下发《关于实行新修订“江苏省职工因工、因病丧失劳动能力鉴定标准”的通知》，对劳动能力鉴定标准进行了修订调整。

（二）江苏省工伤保险制度的初步形成阶段（1992—2003 年）

1992 年，江苏省率先在盐城市建湖县、南京市江宁县等地开始试点施行工伤保险社会统筹，标志着江苏开始从劳动保险制度向工伤保险制度转型。1993 年，党的十四届三中全会通过的《中共中央关于建立社会主义市场经济体制若干问题的决定》中明确提出要“普遍建立企业工伤保险制度”。1994 年，江苏省劳动局制定《江苏省企业职工工伤社会保险试行意见》，试点工作在全省推开，工伤保险制度在江苏建立。1996 年，劳动部根据《劳动法》的有关规定，在总结各地经验和借鉴国际经验的基础上，颁布了《企业职工工伤保险试行办法》，标志着我国首次在国家层面确立了工伤保险模式。根据该办法，江苏省开始按社会保险方式对原有的企业工伤保险制度进行改革，建立社会统筹基金，实行工伤职工社会化管理。1996 年，国家制定《职工工伤和职业病致残程度鉴定标准》，对工伤职工伤残等级进行鉴定，为工伤职工享受相应待遇提供了依据。1997 年，江苏省劳动厅转发劳动部《关于发布〈企业职工工伤保险试行办法〉的通知》，对几个具体问题提出了执行意见。1999 年，江苏省结合试点经验，颁布了《江苏省城镇企业职工工伤保险规定》，在全省范围内建立工伤保险制度。2000 年，江苏省劳动厅印发了《〈江苏省城镇企业职工工伤保险规定〉实施办法》的通知。

（三）江苏省工伤保险制度逐步发展成熟阶段（2003—2011 年）

2003 年国务院颁布《工伤保险条例》，并于 2004 年 1 月 1 日施行。《工伤保险条例》确定了现行的工伤保险制度以社会保险方式与用人单位责任方式并行的结构，以行政法规的形式明确了工伤保险的制度模式和内容，为制度运行提供了法制保障。江苏省开始施行全国统一的工伤保险政策，采取积极措施，确保《工伤保险条例》与老的制度平稳衔接，保障工伤职工按照新的《工伤保险条例》规定享受合法权益，扩大工伤保险覆盖面，重点保护农民工、乡镇企业及私营和外企等企业职工的利益，调整规范工伤保险费率机制，使工伤保险管理工作更加制度化、规范化。

为尽快完善江苏省工伤保险政策体系，《江苏省实施〈工伤保险条例〉办法》的立法调研工作迅速展开。文件起草中，江苏省统一各部门思想认识，规范有关条款政策口径和相关业务操作规程。2005 年 4 月 1 日，《江苏省实施〈工伤保险条例〉办法》施行，开始在全省实行社会统筹方式的工伤保险新制度，全省 13 个省辖市相继出台了工伤保险方面的地方规章。较之过去的制度，《江苏省实施〈工伤保险条例〉办法》明确了各项实施细则，进一步打破城乡界限，将工伤保险覆盖面扩大到全省境内的城乡各类企业和有雇工的个体工商户及其职工（雇工），在工伤职工的补偿、救治、康复和分散企业工伤风险等方面有了重大的进展。

（四）江苏省工伤保险制度新的发展阶段（2011—2018 年）

2011 年 1 月 1 日，修订后的《工伤保险条例》正式施行。江苏省根据上位法变化和社会发展情况，修订出台《江苏省实施〈工伤保险条例〉办法》（省政府第 103 号令），于 2015 年 6 月 1 日起正式施行。修订后的《江苏省实施〈工伤保险条例〉办法》积极适应社会保险制度并轨发展趋势，明确将国家机关工作人员纳入工伤保险制度覆盖范围，江苏省同时配套出台了《省人社厅、省财政厅关于江苏省机关及参照公务员法管理的机关（单位）工作人员参加工伤保险的实施意见》。此外，江苏省在完善工伤认定程序，调整工伤保险有关待遇标准，开展预防、康复工作，推进工伤保险制度“三位一体”发展方面均有诸多新政。为解决工伤保险实践操作的一些问题，2017 年 1 月 1 日起施行的《关于实施〈工伤保险条例〉若干问题的处理意见》（苏人社规〔2016〕3 号），对诸如“工作时间、工作地点、工作原因的内涵外延”“部分工伤职工停工留薪期管理问题”“用人单位未参加工伤保险情况下职工工伤待遇的保障渠道”等政策难点进行明确，统一了相关问题政策口径，对规范、稳妥解决江苏省工伤保险制度发展中的新情况、新问题具有重要的指导意义。

二、江苏省工伤保险发展的主要成就

（一）建立了较为完备的工伤保险制度体系

自 2004 年 1 月 1 日起，全国开始施行统一的工伤保险制度，在其后十几年的发展历程中，江苏省工伤保险制度先后经历了两轮次较大的政策完善、迭代更新过程，形成了从行政法规到地方政府规章，再到地方规范性文件的法律政策层级，构建了江苏省层次分明、权责一致、相互补充的工伤保险制度体系。

（1）第一次制度完善更迭以 2003 年国务院出台《工伤保险条例》为时间起点。江苏省先后出台《江苏省实施〈工伤保险条例〉办法》（省政府令第 29 号）和《关于实施〈工伤保险条例〉若干问题的处理意见》（苏劳社医〔2005〕6 号），初步形成了全省工伤保险制度总体框架。

（2）第二次制度完善更迭以 2011 年实施修订后的《工伤保险条例》为时间起点，工伤保险制度体系迎来快速发展时期。江苏省依据新的上位法和实际需要，修订《江苏省实施〈工伤保险条例〉办法》（省政府令第 103 号），出台了《关于实施〈工伤保险条例〉若干问题的处理意见》（苏人社规〔2016〕3 号），并陆续出台了工伤保险相关配套政策，涵盖参保扩面、费率调整、待遇调整、工伤预防、工伤康复、工伤认定、劳动能力鉴定、辅助器具配置等方面（见表 5-2-1），使各项工作有章可循、有规可依，形成了较为完备的工伤保险制度体系，如图 5-2-1 所示。

表 5-2-1　江苏省现行工伤保险政策文件

类别	文件名	文件出台部门	成文日期	文号
综合配套文件及其他政策类	江苏省实施《工伤保险条例》办法	江苏省人民政府	2015 年 4 月 1 日	江苏省人民政府令第 103 号
	关于实施新《工伤保险条例》有关问题的处理意见	省人力资源社会保障厅	2011 年 4 月 14 日	苏人社函〔2011〕166 号
	关于实施《工伤保险条例》若干问题的处理意见	省人力资源社会保障厅	2016 年 10 月 27 日	苏人社规〔2016〕3 号
参保扩面	省政府办公厅转发省体育局等部门关于进一步加强运动员文化教育和运动员保障工作实施意见的通知	江苏省政府办公厅	2011 年 5 月 11 日	苏政办发〔2011〕62 号
	关于贯彻实施《关于事业单位、民间非营利组织工作人员工伤有关问题的通知》的意见	江苏省劳动保障厅、人事厅、民政厅、财政厅	2006 年 6 月 9 日	苏劳社医〔2006〕9 号、苏财社〔2006〕61 号
	关于江苏省机关及参照公务员法管理的机关（单位）工作人员参加工伤保险的实施意见	江苏省人力资源社会保障厅、财政厅	2015 年 8 月 19 日	苏人社规〔2015〕2 号

续表

类别	文件名	文件出台部门	成文日期	文号
参保扩面	江苏省实施建筑业参加工伤保险工作方案		2015年2月28日	
	转发国家四部委《关于进一步做好建筑业工伤保险工作意见》的通知	江苏省人力资源社会保障厅、江苏省住房和城乡建设厅、江苏省安全监管局、江苏省总工会、江苏省交通运输厅、江苏省水利厅	2015年3月31日	苏人社发〔2015〕86号
	关于印发建筑业参加工伤保险“同舟计划”专项扩面行动工作方案的通知	江苏省人力资源社会保障厅	2015年4月17日	苏人社发〔2015〕130号
	关于建立建筑业参加工伤保险协作机制的通知	省人力资源社会保障厅、省住房城乡建设厅	2016年5月18日	苏人社发〔2016〕141号
	关于深入推进建筑交通运输水利建设项目参加工伤保险工作的通知	江苏省人力资源社会保障厅、江苏省住房和城乡建设厅、江苏省交通运输厅、江苏省水利厅、江苏省安全监管局、江苏省总工会	2017年4月25日	苏人社发〔2017〕126号
	转发人力资源社会保障部等六部门关于铁路公路水运水利能源机场工程建设项目参加工伤保险工作通知的通知	江苏省人力资源社会保障厅、江苏省发展和改革委员会、江苏省住房和城乡建设厅、江苏省交通运输厅、江苏省水利厅、江苏省安全监管局、江苏省总工会、中国民用航空江苏安全监督管理局	2018年4月8日	苏人社发〔2018〕93号
	关于基层服务项目人员参加社会保险有关问题的通知	中共江苏省委组织部、江苏省人力资源社会保障厅、江苏省财政厅、共青团江苏省委	2017年1月4日	苏人社发〔2017〕9号
	关于切实做好全省危化品和建筑等高风险行业参加工伤保险工作的通知	江苏省人力资源社会保障厅	2019年4月8日	苏人社函〔2019〕164号
	关于督促用人单位依法参加工伤保险有关问题的通知	江苏省劳动保障厅	2008年9月8日	苏劳社〔2008〕69号
统筹层次及信息化建设	转发省人力资源社会保障厅省财政厅关于工伤保险市级统筹意见的通知	江苏省政府办公厅	2010年9月22日	苏政办发〔2010〕117号

续表

类别	文件名	文件出台部门	成文日期	文号
费率、基数	关于印发江苏省降低社会保险费率实施方案的通知	江苏省政府办公厅	2019 年 4 月 30 日	苏政办发〔2019〕47 号
	转发人力资源社会保障部财政部关于调整工伤保险费率政策和做好工伤保险费率调整工作进一步加强基金管理指导意见的通知	江苏省人力资源社会保障厅、江苏省财政厅	2015 年 9 月 6 日	苏人社发〔2015〕251 号
待遇、药品目录、先行支付	关于调整工伤保险定期待遇的实施意见	省人力资源社会保障厅、省财政厅	2018 年 8 月 23 日	苏人社发〔2018〕204 号
	关于非法用工单位职工和童工伤亡有关问题的处理意见	省劳动保障厅、省劳动仲裁委	2008 年 7 月 29 日	苏劳社法〔2008〕6 号
	关于调整工伤保险定期待遇的实施意见	省人力资源社会保障厅、省财政厅	2018 年 8 月 23 日	苏人社发〔2018〕204 号
	关于工伤保险待遇先行支付有关问题的通知	江苏省人力资源社会保障厅	2017 年 9 月 15 日	苏人社发〔2017〕310 号
经办	转发人力资源社会保障部关于印发工伤保险经办规程通知的通知	江苏省人力资源社会保障厅	2012 年 4 月 28 日	苏人社函〔2012〕204 号
老工伤	关于将“老工伤”人员纳入工伤保险统筹管理的通知	江苏省劳动保障厅	2009 年 7 月 17 日	苏劳社医〔2009〕7 号
	关于加快推进“老工伤”人员纳入工伤保险统筹管理的通知	江苏省人力资源社会保障厅	2010 年 5 月 4 日	苏人社发〔2010〕167 号
预防宣传	关于印发工伤预防费使用管理暂行办法的通知	省人力资源社会保障厅、省财政厅、省卫生计生委、省安全监管局	2018 年 6 月 27 日	苏人社发〔2018〕165 号
康复	关于印发《江苏省工伤康复管理办法（试行）》的通知	省人力资源社会保障厅	2013 年 12 月 18 日	苏人社规〔2013〕1 号
	关于印发《江苏省工伤康复协议医疗机构条件（试行）》的通知	省人力资源社会保障厅	2018 年 11 月 29 日	苏人社发〔2018〕306 号
辅助器具	关于印发《江苏省工伤保险辅助器具配置机构条件》的通知	省人力资源社会保障厅、省民政厅、省卫生计生委员会	2016 年 7 月 20 日	苏人社发〔2016〕217 号

续表

类别	文件名	文件出台部门	成文日期	文号
辅助器具	关于印发江苏省工伤保险辅助器具配置机构评估确定办法的通知	省人力资源社会保障厅	2016年8月22日	苏人社发〔2016〕240号
	关于印发工伤保险辅具配置目录及最高支付限额（试行）的通知	省人力资源社会保障厅	2017年12月4日	苏人社发〔2017〕413号
工伤认定	关于工伤认定中职工伤残与工伤因果关系确认问题的处理意见	江苏省劳动保障厅	2008年5月15日	苏劳社医〔2008〕2号
	关于进一步规范工伤认定和劳动能力鉴定工作的通知	江苏省人力资源社会保障厅	2013年5月14日	苏人社发〔2013〕167号
劳动能力鉴定	关于企业职工和离退休人员因病或非因工死亡及供养直系亲属等有关问题的通知	江苏省劳动保障厅	2004年1月7日	苏劳社险〔2004〕2号
	关于江苏省劳动保障厅苏劳社险〔2004〕2号文件的补充通知	江苏省劳动保障厅	2004年8月26日	苏劳社险〔2004〕13号
	关于印发《江苏省工伤职工劳动能力鉴定管理办法》的通知	江苏省人力资源社会保障厅、江苏省卫生和计划生育委员会、江苏省总工会、江苏省劳动能力鉴定委员会	2016年7月11日	苏人社规〔2016〕2号
	转发人力资源社会保障部关于实施修订后劳动能力鉴定标准有关问题处理意见通知的通知	江苏省人力资源社会保障厅、江苏省劳动能力鉴定委员会	2014年12月26日	苏人社发〔2014〕446号
	江苏省工伤职工劳动能力鉴定现场管理办法（试行）	江苏省人力资源社会保障厅、江苏省劳动能力鉴定委员会	2014年10月27日	苏人社规〔2014〕3号
	关于印发《江苏省劳动能力鉴定档案管理办法（试行）》的通知	江苏省人力资源社会保障厅、江苏省劳动能力鉴定委员会	2015年12月16日	苏人社发〔2015〕419号
	关于印发《江苏省劳动能力鉴定档案建设标准（试行）》的通知	江苏省人力资源社会保障厅、江苏省劳动能力鉴定委员会	2016年12月16日	苏人社发〔2016〕408号

续表

类别	文件名	文件出台部门	成文日期	文号
劳动能力鉴定	江苏省职工非因工伤残或因病丧失劳动能力鉴定管理办法（试行）	江苏省人力资源社会保障厅、江苏省卫生健康委员会、江苏省总工会、江苏省劳动能力鉴定委员会	2019 年 1 月 14 日	苏人社发〔2019〕39 号
便民服务信息公开	转发人力资源社会保障部办公厅关于推进工伤认定和劳动能力鉴定便民化服务工作通知的通知	江苏省人力资源社会保障厅	2018 年 11 月 29 日	苏人社函〔2018〕545 号
	省人力资源社会保障厅关于下放省级工伤认定和劳动能力鉴定事项的通知	江苏省人力资源社会保障厅	2019 年 1 月 7 日	苏人社发〔2019〕10 号

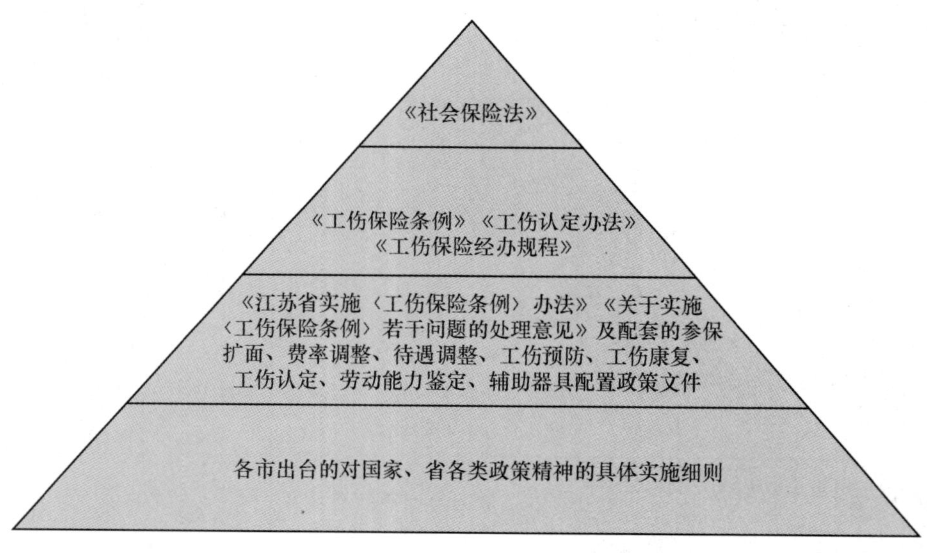

图 5-2-1　江苏省工伤保险制度体系

（二）参保范围不断扩大，覆盖人群逐年增多

《工伤保险条例》实施后迎来第一个扩面高峰。2004 年 1 月 1 日，《工伤保险条例》正式实施，明确规定“中华人民共和国境内的各类企业、有雇工的个体工商户（以下称用人单位）应当依照本条例规定参加工伤保险，为本单位全部职工或者雇工（以下称职工）缴纳工伤保险费”。江苏省采取措施，将参保范围扩大到各类企业的职工和个体工商户的雇工，农民工及乡镇企业和私营、外企等新改制企业职工是本轮扩

面工作的重点。

1. 推进高危行业参加工伤保险专项扩面行动——“平安计划”

2007—2010 年，江苏省大力实施以推动煤炭、建筑、危险化学品生产企业等高危行业农民工参保为重点的“平安计划”。2007 年，江苏省劳动厅、建设厅和建筑工程管理局转发劳动保障部、建设部《关于做好建筑施工企业农民工参加工伤保险有关工作的通知》（劳部发〔2006〕44 号）；2008 年，江苏省政府办公厅出台《关于全面推进农民工参加工伤保险意见的通知》，明确提出将参加工伤保险作为保证工程安全施工的具体措施之一，对不能提供工伤保险参保证明的单位，不予办理安全备案手续，不予发放安全生产许可证，通过“项目参保、建设代征、动态报备”的参保缴费办法，破解流动性较大的建筑行业农民工参保难题，实现煤矿企业和危险化学品生产企业全员参保，建筑企业农民工参保大幅上升。2009—2010 年，江苏省实施为期两年的“平安计划”二期，重点推进商贸、餐饮、住宿、文体、娱乐等各类服务业企业及有雇工的个体工商户参保，采取“全员参保、雇主缴费、定员定额、动态实名”的参保缴费办法，督促农民工大量聚集的商贸、餐饮、娱乐等服务业行业农民工参加工伤保险，基本实现有稳定劳动关系的农民工参加工伤保险。到 2010 年年底，江苏省圆满完成“平安计划”专项行动，全省农民工工伤保险参保人数达到 473.66 万人。

2. 推进建设领域项目参加工伤保险专项扩面行动——“同舟计划”

2004 年 6 月，人力资源社会保障部印发《关于农民工参加工伤保险有关问题的通知》（劳社部发〔2004〕18 号），江苏省南京市、南通市等地开始探索以工程项目为单位缴费一次性将项目内农民工纳入工伤保险保障。为落实国务院《关于解决农民工问题的若干意见》（国发〔2006〕5 号）的有关精神，2007 年江苏省劳动保障厅、省建设厅、省建筑工程管理局联合转发了劳动保障部、建设部《关于做好建筑施工企业农民工参加工伤保险有关工作的通知》，提出优先解决农民工工伤保险问题是做好农民工工作的重要内容之一，江苏省行政区域内的建筑施工企业均应依法全员参加工伤保险。2008 年，江苏省出台了《江苏省农民工权益保护办法》（省政府令第 42 号）以及《省政府办公厅印发关于全面推进农民工参加工伤保险意见的通知》（苏政办发〔2008〕95 号），对农民工参加工伤保险缴费方式、同时在两个以上用人单位就业参保、跨统筹地区参保、待遇享受标准等具体问题进行了明确。2014 年 12 月，国家四部门下发《关于进一步做好建筑业工伤保险工作的意见》（人社部发〔2014〕103 号），启动建筑业项目参保“同舟计划”。2015 年，江苏省六部门联合转发该文件，将建筑项目参保前置的做法扩展到交通、铁路、水利等领域，从摸清行业底数、健全参保方式、完善项目参保、规范经费来源等 9 个方面进行细化和规范。2016 年，针对建筑施工企业在建项目和从业人员数量难掌握、部门间协作信息不畅通等问题，江苏省人力资源社会保障厅、住建厅印发《关于建立建筑业参加工伤保险协作机制的通知》，进一步加强部门间协作，建立信息交换、统计报告、联合经办、联合检查等机制，共同推进建筑业参保工作。

自 2015 年“同舟计划”启动至 2018 年，江苏就建设领域项目参保工作先后出台 10 份政策文件，其中多部门联合发文 8 份，组织多部门联合督导检查 4 次，以“推进项目参保做法”“部门间信息交换机制”为主题，先后两次在全国工伤保险工作会议进行经验介绍。2015—2018 年，江苏省建设领域累计参保项目 69 646 个，保障农民工 657. 1 万人，认定工伤 24 546 人次，经劳动能力鉴定评定伤残等级 15 137 人，其中一级至四级重伤残人员 225 人，五级至六级伤残人员 401 人，七级至十级伤残人员 14 511 人，有 440 名工亡职工供养亲属领取定期待遇，累计支付工伤保险待遇 16. 57 亿元。

3. 推进江苏事业单位参保

2005 年 12 月 29 日，劳动保障部、人事部、民政部、财政部联合出台《关于事业单位、民间非营利组织工作人员工伤有关问题的通知》（劳社部发〔2005〕36 号）。2006 年 6 月 23 日，经省政府同意，省劳动保障厅、人事厅、民政厅和财政厅联合下发《关于贯彻实施〈关于事业单位、民间非营利组织工作人员工伤有关问题的通知〉的意见》，明确不同性质事业单位职工的参保方式。不属于财政拨款支持范围或没有经常性财政拨款（即自收自支）的事业单位、民间非营利组织和有财政差额拨款或财政经费包干的事业单位、民间非营利组织，应当按照《工伤保险条例》和省政府《江苏省实施〈工伤保险条例〉办法》的有关规定，参加统筹地区的工伤保险，单位缴纳的工伤保险费由单位自筹解决。财政全额拨款，但未依照或参照公务员制度管理的事业单位、民间非营利组织，暂不参加统筹地区的工伤保险。其工作人员因工作遭受事故伤害或者患职业病的，工伤范围、工伤认定、劳动能力鉴定、待遇标准等按照相关规定执行。产生的费用经劳动保障行政部门审核后，按原渠道由财政解决。《关于贯彻实施

〈关于事业单位、民间非营利组织工作人员工伤有关问题的通知〉的意见》指出，国家机关和各类事业单位、民间非营利组织应当为本单位编制外使用的与其签订劳动合同的各类用工参加统筹地区的工伤保险。对于此前已经进行工伤保险制度改革，将所有机关、事业单位、民间非营利组织纳入工伤保险参保范围的地区，可按照既定的做法继续实施。事业单位、民间非营利组织的工伤保险缴费费率，第一年按照其职工工资总额的0.5%作为缴纳的基准费率，以后根据事业单位、民间非营利组织工伤保险基金的使用情况予以调整。经过农民工及乡镇企业和私营、外企、事业单位两轮次扩面行动，到2008年年底江苏省参保人数达1 055.71万人，其中农民工395.63万人，参保规模位居全国第三。

4. 推进机关公务员及参照公务员法管理事业单位参保

2014年之前，江苏省内已有南京、苏州、南通、泰州4市出台办法，将机关事业单位及其职工纳入工伤保险范围，保障了本地区国家机关和事业单位工作人员的工伤权益。党的十八大对社会保障工作提出了“坚持全覆盖、保基本、多层次、可持续方针”的新要求，江苏省委十二届四次全会进一步明确“社会保障全民覆盖”的新目标。将公务员及参照公务员法管理事业单位工作人员纳入工伤保险制度覆盖范围，促进工伤保险覆盖全部职业人群，是贯彻落实党的十八大及省委全会精神的要求，也是化解国家公职人员职业伤害风险的迫切需要。

2015年6月1日起，修订后的《江苏省实施〈工伤保险条例〉办法》（省政府第103号令）正式施行，明确“本省行政区域内的国家机关、企业、事业单位、社会团体、民办非企业单位、基金会、律师事务所、会计师事务所等组织和有雇工的个体工商户及其职工或雇工，适用本办法”，江苏全省统一的公务员参保工作正式启动。随后，江苏省人力资源社会保障厅、省财政厅配套出台《关于江苏省机关及参照公务员法管理的机关（单位）工作人员参加工伤保险的实施意见》，对参保范围、缴费基数、费率水平、过渡办法等进行规范。

截至2018年年底，江苏全省工伤保险参保人数达1 777.5万人，4年来累计增加237.68万人，增长率15.43%；其中全省机关单位参保36.37万人，事业单位参保158.43万人，农民工参保557.28万人，全省建设项目综合参保率保持在98%以上。

（三）工伤预防在探索发展中逐步完善

2013 年 4 月，人力资源社会保障部下发《关于进一步做好工伤预防试点工作的通知》。同年 8 月，江苏省人力资源社会保障厅下发《关于开展工伤预防试点工作的指导意见》，标志着江苏工伤预防工作正式启动。12 月，江苏省人力资源社会保障厅下发《关于确认工伤预防试点城市的通知》和《关于进一步做好工伤预防试点有关工作的通知》，南京、徐州、常州、苏州、南通、泰州 6 市被列为省工伤预防试点城市，其中南通、泰州被列为国家工伤预防试点城市。

1. 量化考评推进预防工作落实

江苏省将工伤预防纳入全省“完善就业服务体系和社会保障体系”试点示范项目，进一步细化工伤预防主要指标，按照确定项目实施社会组织、严格履行合同、规范预防费管理、制定工伤预防政策规范、建立评估机制、建立部门联动机制、完成工伤预防宣传培训目标 7 个指标，采取量化考核的方式督导各试点地区落实预防试点任务。

2. 出台工伤预防费管理政策

2016 年 5 月，江苏省人力资源社会保障等四部门联合下发了《江苏省工伤预防费管理暂行办法》，从预防费提取比例、支出类别、信息共享、预算执行、项目采购、资格审查、监督检查等环节对工伤预防费管理进行规范。文件下发后，工伤预防试点地区严格按照部、省文件要求，完善工伤预防费使用管理办法，实行工伤预防项目预算管理。各地按照人力资源社会保障部对工伤预防宣传、培训项目的规定，取消职业健康体检项目支出，采取招投标方法选择社会组织实施预防项目，签订合作协议，指定专人对项目实施全过程、全方位的工作指导和监督管理，确保相关项目实施的效果和质量。项目完成后，社会组织按照协议填报工伤预防费用使用申请表，并附项目实施资料和效果评价材料，报社会保险行政部门和经办机构审核同意，由工伤保险基金管理机构按实支付。同时，工伤预防费用按照社会保险基金管理的要求，严格执行财务制度，由人力资源社会保障、财政和审计部门依法对工伤预防费用的支付、使用情况进行审核。无锡市等试点地区分别出台了《工伤预防费使用管理暂行办法》《工伤预防培训工作考评办法》，并会同财政、住建等部门对工伤预防培训项目开展绩效考核，促进预防培训质量提升。

3. 加强系统交流学习，统筹谋划全省工伤预防工作

2016 年 8 月，江苏省人力资源社会保障厅组织工伤预防试点城市赴广东、福建等工伤预防项目先行先试地区开展交流，学习了解当地在完善工伤预防政策、开展现场互动与持续改善式培训、培训专家队伍建设等方面的经验做法。10 月，江苏省组织南通、泰州两市相关人员参加人力资源社会保障部组织的试点地区工伤预防工作经验交流会；11 月，在南通组织召开全省工伤预防工作现场推进会。

2017 年 8 月，人力资源社会保障部、财政部、国家卫生计生委、国家安全监管总局印发《工伤预防费使用管理暂行办法》（人社部规〔2017〕13 号），首次从国家层面对预防费使用管理和预防工作开展进行统一规范。2018 年 6 月，江苏省人力资源社会保障等四部门转发《工伤预防费使用管理暂行办法》，并从加强工伤预防组织领导、规范项目实施流程、引导社会服务机构参与、完善绩效评估验收、加强监管、促进预防工作规范开展等方面进行了细化规范。2018 年，全省工伤预防培训 12. 94 万人，苏州、南通等地开展现场互动式工伤预防项目，取得较好成效。

（四）工伤康复稳步发展，促进更多的工伤职工享受康复服务

1. 启动康复试点工作

2007 年，劳动保障部下发《关于印发加强工伤康复试点工作指导意见的通知》。根据通知精神，江苏省劳动保障厅制定了《江苏省工伤康复试点实施方案》，标志着现代工伤康复体系建设第一次在江苏省启动。试点初期，南京、苏州、南通被列为省工伤康复试点城市。南京市第一医院、江苏省工人汤山疗养院、苏州大学附属瑞华医院和南通市第三人民医院作为省工伤康复定点机构，在原有康复科室基础上进一步夯实基础设施建设，在科室设置、人员组成、治疗场地、诊疗项目及仪器设备等方面加强力量配备。2008 年 1 月，南京市工伤康复管理委员会暨专家咨询委员会成立。至 2008 年 5 月，工伤康复试点城市共收治住院及门诊工伤康复职工近 400 名，大部分职工已回到工作岗位。三个试点城市和四家工伤康复定点机构认真执行《工伤康复诊疗规范（试行)》和《工伤康复服务项目（试行)》，对各类伤病早期康复治疗的指征、各类伤病的诊疗服务进行明确的界定，采用国际上常用的康复评定表，规范康复评定，

建立工伤职工康复治疗档案，实现规范化管理；严格按照《工伤保险经办规程》，对工伤康复管理进行科学的规范，制定了康复治疗服务协议书、康复费用结算办法和考核标准。经过几年的发展，试点城市已逐步建立了“社会保障部门主导政策，社会医疗机构提供服务，经办机构协议管理，用人单位积极配合”的四方协同康复模式。随着接收的工伤职工的增加，工伤康复费用支出逐年增长。

2. 开展评估总结，推动试点工作更加深入

2012 年年底，江苏对首轮工伤康复试点城市工伤康复进展情况进行了评估，总结了江苏省工伤康复的特色。一是坚持多层次工伤康复服务与简化康复费用结算流程并重。在工伤康复定点机构服务大厅及入口醒目处设立工伤康复办理流程、康复项目及专家介绍、优势康复项目及康复案例的图片展示等专题宣传栏。形成了包括住院康复、门诊康复和康复医师指导下的家庭康复在内的多层次工伤康复服务形式：对处于伤病早期、功能障碍严重、生活能力明显下降者，实行住院康复；对病情平稳、功能障碍较轻者，以门诊康复为主；对病程较长、病情基本稳定、功能障碍改善缓慢者，采取医师指导下的家庭康复。二是坚持工伤职工“双通道”纳入工伤康复。一方面，工伤认定和劳动能力鉴定机构在职工申请工伤认定时，筛选出具有康复价值的工伤职工，使工伤职工在获得及时的医疗救治的同时享受工伤康复服务；另一方面，在劳动能力鉴定过程中，对经鉴定医疗专家评审认定具有康复价值的工伤职工，暂时不予定级，将确认的康复对象送到定点医疗机构进行康复治疗。三是开展工伤康复早期介入和电话随访工作。各市加大对工伤康复早期介入的宣传介绍，必要时市劳动能力鉴定服务中心相关人员到工伤职工急性期治疗病区与主管医生和患者早期沟通，争取工伤职工早期获得康复治疗。早期工伤康复人次明显增加，从发生工伤到进行康复介入的时间间隔明显缩短。

3. 工伤康复试点范围扩大

2013 年 7 月，江苏省人力资源社会保障厅下发《关于加快推进工伤康复示范建设的通知》（苏人社函〔2013〕283 号），提出四个发展目标。一是要求试点地区切实增强加快推进工伤康复示范建设的紧迫感，各示范地区系统总结经验做法，查找差距和不足，深入剖析薄弱环节，研究提出解决措施，切实将工伤康复示范建设作为下半年工伤保险工作的重点内容。二是进一步健全政策制度，完善工伤康复管理服务规程。

要多方筹集资金，增加康复投入，不断提升工伤康复能力水平。将工伤康复服务的范围扩大到省辖市的所有市县，延伸到全省未设立康复机构的地区，增加工伤康复受益人群。三是创新推进工伤康复重点难点工作取得成效。各示范建设地区要将“早期介入”“先康复、后评残”，以及开展职业康复服务等工作，作为工伤康复示范建设的重点难点问题，创新办法灵活措施。四是积极开展异地康复服务。将定点机构吸纳跨地区工伤职工康复作为工伤康复能力建设的重要组成部分加以督导和监管，主动与未定点地区人力资源社会保障部门联系，签订吸纳跨地区工伤职工工伤康复协议，合理安排康复病种和康复人数。

2013 年 12 月，江苏省人力资源社会保障厅印发《江苏省工伤康复管理办法（试行)》(苏人社规〔2013〕1 号)，明确江苏省工伤康复按照“人社部门主导政策，社会医疗机构或康复机构提供服务，经办机构协议管理，用人单位积极配合”的多方协同模式开展工作；划分了省、市行政、经办、劳动能力鉴定委员会、定点康复机构等各级各部门在工伤康复中的职能；规范了工伤职工应当接受工伤康复治疗的情形；并对跨统筹地区开展的异地康复有关费用支出渠道进行了明确。为应对工伤事故中手外伤高发的形势，满足苏北地区工伤康复需求，江苏省稳步扩大工伤康复地区，2013 年将无锡、徐州两地纳入新的试点地区，无锡同仁国际康复医院、无锡市第九人民医院、徐州市中心医院康复分院被列为省工伤康复定点机构。2015 年，江苏省在推进工伤保险“三位一体”制度体系建设中，将泰州市列为工伤康复示范地区。为加快工伤康复建设，泰州市一方面与南京市工伤康复定点机构南京市第一医院合作，设立南京第一医院靖江康复分中心，组织经办机构签订新的定点协议，强化康复效果和费用管理。继续督促定点机构开展康复医师和技师定期外出学习进修，不断提升康复技术水平，切实发挥定点作用。另一方面，积极引导培植泰州市定点康复机构，选择医疗康复基础条件较好的泰州市中医院作为定点机构的重点培植对象，以医院新址建设为契机，对照国家制定的地区定点机构标准，规划和设置专用康复场所。2018 年，根据国家简政放权要求，江苏省取消了工伤康复机构准入审批，出台《江苏省工伤康复协议医疗机构条件（试行)》，各地加强对工伤康复协议机构的评估考核，抓好工伤康复综合能力提升。2018 年全省完成工伤康复 4 881 人，康复有效率达 98%以上。

（五）待遇政策不断完善，让工伤职工共享社会发展成果

江苏省工伤保险待遇政策随着工伤保险政策的完善而逐步调整，待遇标准和保障能力逐步提高。《工伤保险条例》施行后，江苏省工伤保险各类待遇不断规范。表 5-2-2 至表 5-2-4 反映了 2005 年以来江苏省工伤保险各项待遇变化情况。

表 5-2-2　江苏省工伤保险待遇一览表（2005 年 4 月 1 日—2010 年 12 月 31 日）

<table>
<tr><th colspan="2">工伤保险待遇</th><th>项目或伤残级别</th><th>计算方法及标准</th><th>条件及要求</th><th>支付渠道</th></tr>
<tr><td rowspan="10">医疗康复待遇（含工伤复发）</td><td rowspan="4">工伤医疗待遇</td><td>挂号费</td><td></td><td rowspan="4">按标准报销</td><td rowspan="4">工伤保险基金支付</td></tr>
<tr><td>住院费</td><td>工伤保险住院服务标准</td></tr>
<tr><td>医疗费</td><td>工伤保险诊疗项目目录</td></tr>
<tr><td>药费</td><td>工伤保险药品目录</td></tr>
<tr><td rowspan="2">交通住宿伙食费</td><td>住院期间伙食补助费</td><td>统筹地区人民政府规定</td><td rowspan="2">统筹地区人民政府规定</td><td rowspan="2">用人单位支付</td></tr>
<tr><td>到统筹地区以外就医的交通费、食宿费</td><td>经医疗机构证明、经办机构同意</td></tr>
<tr><td rowspan="2">停工留薪期待遇</td><td>停工接受工伤医疗</td><td>原工资福利待遇不变</td><td>不超过 12 个月（经市级劳动能力鉴定委员会确认可延长至共不超过 24 个月）</td><td rowspan="2">用人单位支付</td></tr>
<tr><td>住院生活不能自理的</td><td>据医嘱护理</td><td>根据实际发生费用</td></tr>
<tr><td rowspan="2">工伤康复待遇</td><td>接受康复机构康复治疗</td><td>到签订服务协议的医疗机构进行符合规定的康复治疗</td><td rowspan="2">按标准报销</td><td rowspan="2">工伤保险基金支付</td></tr>
<tr><td>安装配置辅助器具</td><td>工伤职工日常生活或就业需要，可以安装假肢、矫形器、假眼、假牙和配置轮椅等辅助器具</td></tr>
<tr><td rowspan="10">伤残待遇</td><td rowspan="10">一次性伤残补助金（经劳动能力鉴定委员会鉴定）</td><td>一级</td><td>24 个月本人工资</td><td rowspan="10">本人工资为遭受工伤伤害或患职业病前 12 个月平均月缴费工资。本人工资高于统筹地区职工平均工资 300% 的，按照统筹地区职工平均工资的 300% 计算；本人工资低于统筹地区职工平均工资 60%的，按照统筹地区职工平均工资的 60% 计算。下同</td><td rowspan="10">工伤保险基金支付</td></tr>
<tr><td>二级</td><td>22 个月本人工资</td></tr>
<tr><td>三级</td><td>20 个月本人工资</td></tr>
<tr><td>四级</td><td>18 个月本人工资</td></tr>
<tr><td>五级</td><td>16 个月本人工资</td></tr>
<tr><td>六级</td><td>14 个月本人工资</td></tr>
<tr><td>七级</td><td>12 个月本人工资</td></tr>
<tr><td>八级</td><td>10 个月本人工资</td></tr>
<tr><td>九级</td><td>8 个月本人工资</td></tr>
<tr><td>十级</td><td>6 个月本人工资</td></tr>
</table>

续表

<table>
<tr><th>工伤保险待遇</th><th colspan="2">项目或伤残级别</th><th colspan="6">计算方法及标准</th><th colspan="2">条件及要求</th><th>支付渠道</th></tr>
<tr><td rowspan="9">伤残待遇</td><td rowspan="6">伤残津贴</td><td>一级</td><td colspan="6">本人工资的90%</td><td rowspan="6">伤残津贴实际金额低于当地最低工资标准的，由工伤保险基金补足差额</td><td rowspan="4">由用人单位和职工个人以伤残津贴为基数，缴纳基本医疗保险费</td><td rowspan="4">工伤保险基金支付</td></tr>
<tr><td>二级</td><td colspan="6">本人工资的85%</td></tr>
<tr><td>三级</td><td colspan="6">本人工资的80%</td></tr>
<tr><td>四级</td><td colspan="6">本人工资的75%</td></tr>
<tr><td>五级</td><td colspan="6">本人工资的70%</td><td rowspan="2">用人单位为其缴纳各项社会保险费</td><td rowspan="2">用人单位支付，需难以安排工作</td></tr>
<tr><td>六级</td><td colspan="6">本人工资的60%</td></tr>
<tr><td rowspan="3">生活护理费</td><td>生活完全不能自理</td><td colspan="6">50%</td><td colspan="2" rowspan="3">统筹地区上年度职工月平均工资（已评定伤残等级并经劳动能力鉴定委员会确认需护理）</td><td rowspan="3">工伤保险基金支付</td></tr>
<tr><td>生活大部分不能自理</td><td colspan="6">40%</td></tr>
<tr><td>生活部分不能自理</td><td colspan="6">30%</td></tr>
<tr><td rowspan="13">解除劳动关系时待遇</td><td rowspan="6">一次性工伤医疗补助金</td><td>五级</td><td colspan="6">每满一年发1.4个月统筹地区上年度职工月平均工资</td><td colspan="2" rowspan="6">当地人口平均预期寿命与解除劳动关系时的年龄之差（患职业病的，增发40%）</td><td rowspan="13">用人单位支付</td></tr>
<tr><td>六级</td><td colspan="6">每满一年发1.2个月统筹地区上年度职工月平均工资</td></tr>
<tr><td>七级</td><td colspan="6">每满一年发1个月统筹地区上年度职工月平均工资</td></tr>
<tr><td>八级</td><td colspan="6">每满一年发0.8个月统筹地区上年度职工月平均工资</td></tr>
<tr><td>九级</td><td colspan="6">每满一年发0.4个月统筹地区上年度职工月平均工资</td></tr>
<tr><td>十级</td><td colspan="6">每满一年发0.2个月统筹地区上年度职工月平均工资</td></tr>
<tr><td rowspan="7">一次性伤残就业补助金</td><td>年龄
等级</td><td>20岁以下</td><td>20~30岁</td><td>30~40岁</td><td>40~50岁</td><td>50~55岁</td><td>55~60岁</td><td colspan="2" rowspan="7">以解除劳动关系时当地上年度职工平均工资为基数，按照伤残等级和解除劳动关系时的年龄，分别发给1~36个月的一次性伤残就业补助金
注：20~30周岁含20周岁，不含30周岁，以此类推</td></tr>
<tr><td>五级</td><td>36</td><td>30</td><td>24</td><td>18</td><td>12</td><td>6</td></tr>
<tr><td>六级</td><td>30</td><td>25</td><td>20</td><td>15</td><td>10</td><td>5</td></tr>
<tr><td>七级</td><td>24</td><td>20</td><td>16</td><td>12</td><td>8</td><td>4</td></tr>
<tr><td>八级</td><td>18</td><td>15</td><td>12</td><td>9</td><td>6</td><td>3</td></tr>
<tr><td>九级</td><td>12</td><td>10</td><td>8</td><td>6</td><td>4</td><td>2</td></tr>
<tr><td>十级</td><td>6</td><td>5</td><td>4</td><td>3</td><td>2</td><td>1</td></tr>
</table>

续表

<table>
<tr><th colspan="2">工伤保险待遇</th><th>项目或伤残级别</th><th>计算方法及标准</th><th>条件及要求</th><th>支付渠道</th></tr>
<tr><td rowspan="13">工亡（下落不明）待遇</td><td rowspan="5">工亡</td><td>一次性工亡补助金</td><td>标准为 48~60 个月的统筹地区上年度职工月平均工资</td><td>具体标准由统筹地区人民政府根据当地经济、社会发展状况规定，报省、自治区、直辖市人民政府备案</td><td rowspan="9">工伤保险基金支付</td></tr>
<tr><td>丧葬补助金</td><td>6 个月</td><td>统筹地区上年度职工月平均工资</td></tr>
<tr><td rowspan="3">供养亲属抚恤金（按月支付）</td><td>配偶每月 40%</td><td rowspan="3">本人工资（各供养亲属抚恤金之和不高于工亡职工生前工资）</td></tr>
<tr><td>其他亲属每人每月 30%</td></tr>
<tr><td>孤寡老人或孤儿再增加 10%</td></tr>
<tr><td rowspan="4">一至四级伤残职工在停工留薪期满后死亡的</td><td>丧葬补助金</td><td>6 个月</td><td>统筹地区上年度职工月平均工资</td></tr>
<tr><td rowspan="3">供养亲属抚恤金</td><td>配偶每月 40%</td><td rowspan="3">本人工资（各供养亲属抚恤金之和不高于工亡职工生前工资）</td></tr>
<tr><td>其他亲属每人每月 30%</td></tr>
<tr><td>孤寡老人或孤儿再增加 10%</td></tr>
<tr><td rowspan="4">在事故或抢险救灾中下落不明的</td><td colspan="2">从事故发生当月起 3 个月内照发工资</td><td>原工资标准</td><td>用人单位支付</td></tr>
<tr><td rowspan="3">从事故发生第 4 个月起停发工资，改发供养亲属抚恤金</td><td>配偶每月 40%</td><td rowspan="3">本人工资（各供养亲属抚恤金之和不高于工亡职工生前工资）
生活有困难的，可预支一次性工亡补助金的 50%</td><td rowspan="3">工伤保险基金支付</td></tr>
<tr><td>其他亲属每人每月 30%</td></tr>
<tr><td>孤寡老人或孤儿再增加 10%</td></tr>
</table>

2011 年《工伤保险条例》修订后，提高了一次性伤残补助金标准和一次性工亡补助金标准，并将一次性工伤医疗补助金由用人单位支付改为工伤保险基金支付。

表 5-2-3 江苏省工伤保险待遇一览表（2011 年 1 月 1 日—2015 年 5 月 31 日）

工伤保险待遇		项目或伤残级别	计算方法及标准	条件及要求	支付渠道
医疗康复待遇（含工伤复发）	工伤医疗待遇	挂号费		按标准报销	工伤保险基金支付
		住院费	工伤保险住院服务标准		
		医疗费	工伤保险诊疗项目目录		
		药费	工伤保险药品目录		
	交通住宿伙食费	住院期间伙食补助费	统筹地区人民政府规定	统筹地区人民政府规定	
		到统筹地区以外就医的交通费、食宿费	经医疗机构证明、经办机构同意		
	停工留薪期待遇	停工接受工伤医疗	原工资福利待遇不变	不超过 12 个月（经市级劳动能力鉴定委员会确认可延长至共不超过 24 个月）	用人单位支付
		住院生活不能自理的	据医嘱护理	根据实际发生费用	
	工伤康复待遇	接受康复机构康复治疗	到签订服务协议的医疗机构进行符合规定的康复治疗	按标准报销	工伤保险基金支付
		安装配置辅助器具	工伤职工日常生活或就业需要，可以安装假肢、矫形器、假眼、假牙和配置轮椅等辅助器具		
伤残待遇	一次性伤残补助金（经劳动能力鉴定委员会鉴定）	一级	27 个月本人工资	本人工资为遭受工伤伤害或患职业病前 12 个月平均月缴费工资。本人工资高于统筹地区职工平均工资 300% 的，按照统筹地区职工平均工资的 300% 计算；本人工资低于统筹地区职工平均工资 60%的，按照统筹地区职工平均工资的 60% 计算。下同	工伤保险基金支付
		二级	25 个月本人工资		
		三级	23 个月本人工资		
		四级	21 个月本人工资		
		五级	18 个月本人工资		
		六级	16 个月本人工资		
		七级	13 个月本人工资		
		八级	11 个月本人工资		
		九级	9 个月本人工资		
		十级	7 个月本人工资		

续表

<table>
<tr><th colspan="2">工伤保险待遇</th><th>项目或伤残级别</th><th colspan="6">计算方法及标准</th><th colspan="2">条件及要求</th><th>支付渠道</th></tr>
<tr><td rowspan="9">伤残待遇</td><td rowspan="6">伤残津贴</td><td>一级</td><td colspan="6">本人工资的 90%</td><td rowspan="6">伤残津贴实际金额低于当地最低工资标准的，由工伤保险基金补足差额</td><td rowspan="4">由用人单位和职工个人以伤残津贴为基数，缴纳基本医疗保险费</td><td rowspan="4">工伤保险基金支付</td></tr>
<tr><td>二级</td><td colspan="6">本人工资的 85%</td></tr>
<tr><td>三级</td><td colspan="6">本人工资的 80%</td></tr>
<tr><td>四级</td><td colspan="6">本人工资的 75%</td></tr>
<tr><td>五级</td><td colspan="6">本人工资的 70%</td><td rowspan="2">用人单位为其缴纳各项社会保险费</td><td rowspan="2">用人单位支付，需难以安排工作</td></tr>
<tr><td>六级</td><td colspan="6">本人工资的 60%</td></tr>
<tr><td rowspan="3">生活护理费</td><td>生活完全不能自理</td><td colspan="6">50%</td><td colspan="2" rowspan="3">统筹地区上年度职工月平均工资（已评定伤残等级并经劳动能力鉴定委员会确认需护理）</td><td rowspan="3">工伤保险基金支付</td></tr>
<tr><td>生活大部分不能自理</td><td colspan="6">40%</td></tr>
<tr><td>生活部分不能自理</td><td colspan="6">30%</td></tr>
<tr><td rowspan="13">解除劳动关系时待遇</td><td rowspan="6">一次性工伤医疗补助金</td><td>五级</td><td colspan="6">每满一年发 1.4 个月统筹地区上年度职工月平均工资</td><td colspan="2" rowspan="6">当地人口平均预期寿命与解除劳动关系时的年龄之差（患职业病的，增发 40%）</td><td rowspan="6">工伤保险基金支付</td></tr>
<tr><td>六级</td><td colspan="6">每满一年发 1.2 个月统筹地区上年度职工月平均工资</td></tr>
<tr><td>七级</td><td colspan="6">每满一年发 1 个月统筹地区上年度职工月平均工资</td></tr>
<tr><td>八级</td><td colspan="6">每满一年发 0.8 个月统筹地区上年度职工月平均工资</td></tr>
<tr><td>九级</td><td colspan="6">每满一年发 0.4 个月统筹地区上年度职工月平均工资</td></tr>
<tr><td>十级</td><td colspan="6">每满一年发 0.2 个月统筹地区上年度职工月平均工资</td></tr>
<tr><td rowspan="7">一次性伤残就业补助金</td><td>年龄
等级</td><td>20 岁以下</td><td>20～30 岁</td><td>30～40 岁</td><td>40～50 岁</td><td>50～55 岁</td><td>55～60 岁</td><td colspan="2" rowspan="7">以解除劳动关系时当地上年度职工平均工资为基数，按照伤残等级和解除劳动关系时的年龄，分别发给 1～36 个月的一次性伤残就业补助金
注：20～30 周岁含 20 周岁，不含 30 周岁，以此类推</td><td rowspan="7">用人单位支付</td></tr>
<tr><td>五级</td><td>36</td><td>30</td><td>24</td><td>18</td><td>12</td><td>6</td></tr>
<tr><td>六级</td><td>30</td><td>25</td><td>20</td><td>15</td><td>10</td><td>5</td></tr>
<tr><td>七级</td><td>24</td><td>20</td><td>16</td><td>12</td><td>8</td><td>4</td></tr>
<tr><td>八级</td><td>18</td><td>15</td><td>12</td><td>9</td><td>6</td><td>3</td></tr>
<tr><td>九级</td><td>12</td><td>10</td><td>8</td><td>6</td><td>4</td><td>2</td></tr>
<tr><td>十级</td><td>6</td><td>5</td><td>4</td><td>3</td><td>2</td><td>1</td></tr>
</table>

续表

<table>
<tr><th colspan="2">工伤保险待遇</th><th>项目或伤残级别</th><th>计算方法及标准</th><th>条件及要求</th><th>支付渠道</th></tr>
<tr><td rowspan="13">工亡（下落不明）待遇</td><td rowspan="5">工亡</td><td>一次性工亡补助金</td><td>20 倍</td><td>上年度全国城镇居民人均可支配收入</td><td rowspan="9">工伤保险基金支付</td></tr>
<tr><td>丧葬补助金</td><td>6 个月</td><td>统筹地区上年度职工月平均工资</td></tr>
<tr><td rowspan="3">供养亲属抚恤金（按月支付）</td><td>配偶每月 40%</td><td rowspan="3">本人工资（各供养亲属抚恤金之和不高于工亡职工生前工资）</td></tr>
<tr><td>其他亲属每人每月 30%</td></tr>
<tr><td>孤寡老人或孤儿再增加 10%</td></tr>
<tr><td rowspan="4">一至四级伤残职工在停工留薪期满后死亡的</td><td>丧葬补助金</td><td>6 个月</td><td>统筹地区上年度职工月平均工资</td></tr>
<tr><td rowspan="3">供养亲属抚恤金</td><td>配偶每月 40%</td><td rowspan="3">本人工资（各供养亲属抚恤金之和不高于工亡职工生前工资）</td></tr>
<tr><td>其他亲属每人每月 30%</td></tr>
<tr><td>孤寡老人或孤儿再增加 10%</td></tr>
<tr><td rowspan="4">在事故或抢险救灾中下落不明的</td><td colspan="2">从事故发生当月起 3 个月内照发工资</td><td>原工资标准</td><td>用人单位支付</td></tr>
<tr><td rowspan="3">从事故发生第 4 个月起停发工资，改发供养亲属抚恤金</td><td>配偶每月 40%</td><td rowspan="3">本人工资（各供养亲属抚恤金之和不高于工亡职工生前工资）
生活有困难的，可预支一次性工亡补助金的 50%</td><td rowspan="3">工伤保险基金支付</td></tr>
<tr><td>其他亲属每人每月 30%</td></tr>
<tr><td>孤寡老人或孤儿再增加 10%</td></tr>
</table>

2015 年 6 月 1 日，修订后的《江苏省实施〈工伤保险条例〉办法》施行，对一次性工伤医疗补助金和一次性伤残就业补助金计发办法进行了调整，改为定额发放，并随经济社会发展进行适当调整。

表 5-2-4　　江苏省工伤保险待遇一览表（2015 年 6 月 1 日—2018 年）

<table>
<tr><th colspan="2">工伤保险待遇</th><th>项目或伤残级别</th><th>计算方法及标准</th><th>条件及要求</th><th>支付渠道</th></tr>
<tr><td rowspan="10">医疗康复待遇（含工伤复发）</td><td rowspan="4">工伤医疗待遇</td><td>挂号费</td><td></td><td rowspan="4">按标准报销</td><td rowspan="6">工伤保险基金支付</td></tr>
<tr><td>住院费</td><td>工伤保险住院服务标准</td></tr>
<tr><td>医疗费</td><td>工伤保险诊疗项目目录</td></tr>
<tr><td>药费</td><td>工伤保险药品目录</td></tr>
<tr><td rowspan="2">交通住宿伙食费</td><td>住院期间伙食补助费</td><td>统筹地区人民政府规定</td><td rowspan="2">统筹地区人民政府规定</td></tr>
<tr><td>到统筹地区以外就医的交通费、食宿费</td><td>经医疗机构证明、经办机构同意</td></tr>
<tr><td rowspan="2">停工留薪期待遇</td><td>停工接受工伤医疗</td><td>原工资福利待遇不变</td><td>不超过 12 个月（经市级劳动能力鉴定委员会确认可延长至共不超过 24 个月）</td><td rowspan="2">用人单位支付</td></tr>
<tr><td>住院生活不能自理的</td><td>据医嘱护理</td><td>根据实际发生费用</td></tr>
<tr><td rowspan="2">工伤康复待遇</td><td>接受康复机构康复治疗</td><td>到签订服务协议的医疗机构进行符合规定的康复治疗</td><td rowspan="2">按标准报销</td><td rowspan="2">工伤保险基金支付</td></tr>
<tr><td>安装配置辅助器具</td><td>工伤职工日常生活或就业需要，可以安装假肢、矫形器、假眼、假牙和配置轮椅等辅助器具</td></tr>
<tr><td rowspan="10">伤残待遇</td><td rowspan="10">一次性伤残补助金（经劳动能力鉴定委员会鉴定）</td><td>一级</td><td>27 个月本人工资</td><td rowspan="10">本人工资为遭受工伤伤害或患职业病前 12 个月平均月缴费工资。本人工资高于统筹地区职工平均工资 300% 的，按照统筹地区职工平均工资的 300% 计算；本人工资低于统筹地区职工平均工资 60% 的，按照统筹地区职工平均工资的 60% 计算。下同</td><td rowspan="10">工伤保险基金支付</td></tr>
<tr><td>二级</td><td>25 个月本人工资</td></tr>
<tr><td>三级</td><td>23 个月本人工资</td></tr>
<tr><td>四级</td><td>21 个月本人工资</td></tr>
<tr><td>五级</td><td>18 个月本人工资</td></tr>
<tr><td>六级</td><td>16 个月本人工资</td></tr>
<tr><td>七级</td><td>13 个月本人工资</td></tr>
<tr><td>八级</td><td>11 个月本人工资</td></tr>
<tr><td>九级</td><td>9 个月本人工资</td></tr>
<tr><td>十级</td><td>7 个月本人工资</td></tr>
</table>

续表

工伤保险待遇		项目或伤残级别	计算方法及标准	条件及要求		支付渠道
伤残待遇	伤残津贴	一级	本人工资 90%	伤残津贴实际金额低于当地最低工资标准的由工伤保险基金补足差额	由用人单位和职工个人以伤残津贴为基数，缴纳基本养老、医疗保险费	工伤保险基金支付
		二级	本人工资 85%			
		三级	本人工资 80%			
		四级	本人工资 75%			
		五级	本人工资 70%		用人单位为其缴纳各项社会保险费	用人单位支付需难以安排工作
		六级	本人工资 60%			
	生活护理费	生活完全不能自理	50%	统筹地区上年度职工月平均工资（已评定伤残等级并经劳动能力鉴定委员会确认需护理）		工伤保险基金支付
		生活大部分不能自理	40%			
		生活部分不能自理	30%			
解除劳动关系时待遇	一次性工伤医疗补助金	五级	20 万元	设区的市人民政府可以根据当地经济发展水平、居民生活水平等情况，在基准标准基础上上下浮动不超过 20%（患职业病的，增发 40%） 工伤职工本人提出与用人单位解除劳动关系，且解除劳动关系时距法定退休年龄不足 5 年的，“两金”按下列标准执行：不足 5 年的，按照全额的 80% 支付；不足 4 年的，按照全额的 60% 支付；不足 3 年的，按照全额的 40% 支付；不足 2 年的，按照全额的 20% 支付；不足 1 年的，按照全额的 10% 支付，但属于《劳动合同法》第三十八条规定的情形除外。达到法定退休年龄或者按照规定办理退休手续的，不支付一次性工伤医疗补助金和一次性伤残就业补助金		工伤保险基金支付
		六级	16 万元			
		七级	12 万元			
		八级	8 万元			
		九级	5 万元			
		十级	3 万元			
	一次性伤残就业补助金	五级	9. 5 万元			用人单位支付
		六级	8. 5 万元			
		七级	4. 5 万元			
		八级	3. 5 万元			
		九级	2. 5 万元			
		十级	1. 5 万元			

续表

工伤保险待遇		项目或伤残级别	计算方法及标准	条件及要求	支付渠道
工亡（下落不明）待遇	工亡	一次性工亡补助金	20 倍	上年度全国城镇居民人均可支配收入	工伤保险基金支付
		丧葬补助金	6 个月	统筹地区上年度职工月平均工资	
		供养亲属抚恤金（按月支付）	配偶每月 40%	本人工资（各供养亲属抚恤金之和不高于工亡职工生前工资）	
			其他亲属每人每月 30%		
			孤寡老人或孤儿再增加 10%		
	一至四级伤残职工在停工留薪期满后死亡的	丧葬补助金	6 个月	统筹地区上年度职工月平均工资	
		供养亲属抚恤金	配偶每月 40%	本人工资（各供养亲属抚恤金之和不高于工亡职工生前工资）	
			其他亲属每人每月 30%		
			孤寡老人或孤儿再增加 10%		
	在事故或抢险救灾中下落不明的	从事故发生当月起 3 个月内照发工资		原工资标准	用人单位支付
		从事故发生第 4 个月起停发工资，改发供养亲属抚恤金	配偶每月 40%	本人工资（各供养亲属抚恤金之和不高于工亡职工生前工资） 生活有困难的，可预支一次性工亡补助金的 50%	工伤保险基金支付
			其他亲属每人每月 30%		
			孤寡老人或孤儿再增加 10%		

（六）将历史伤残职工纳入统筹保障，妥善解决“老工伤”问题

2005 年《江苏省实施〈工伤保险条例〉办法》明确要求设区的市人民政府制定办法，将尚未纳入工伤保险管理的“老工伤”人员纳入工伤保险统一管理，并将相关内容纳入省厅年度工作考核目标。江苏省各地按照“积极稳妥，分类指导，先易后难，逐步实施”的原则，稳步推进解决“老工伤”问题，到 2008 年年底，全省基本完成一级至四级“老工伤”人员纳入统筹工作。为加快解决“老工伤”问题工作进程，2009 年江苏省出台《关于将“老工伤”人员纳入工伤保险统筹管理的通知》，再次明确“老工伤”人员范围及纳入工伤保险统筹管理的标准，统一部署“老工伤”工作目标和进度安排，要求各地多渠道筹集资金，分步骤分项目实施。根据温家宝总理在《政府工作报告》中提出的“将全国 130 万老工伤人员全部纳入工伤保险范围”的工

作目标，2010 年，江苏省下发《关于加快推进“老工伤”人员纳入工伤保险统筹管理的通知》，进一步推进解决“老工伤”问题。各地根据实际情况，创造性地开展工作，通过使用结余基金或采取用人单位适当缴费、当地政府适当补助等办法制定解决“老工伤”问题的政策措施，工作范围由市区扩大到市级范围。至 2010 年年末，全省基本完成“老工伤”人员纳入工伤保险统筹管理。

（七）工伤认定更加统一规范，依法行政水平提升

2003 年 9 月，《工伤认定办法》颁布。江苏省于 2004 年 1 月 1 日开始施行《工伤认定办法》，配合同时开始施行的《工伤保险条例》，形成了较为完善的工伤认定政策。

2004 年以前，江苏省平均每年受理工伤认定申请 7 000 起左右。随着全省工伤保险规模的迅速扩大，工伤认定量逐年急剧上升，2006 年全省共受理工伤认定申请 48 419 起。随之而来的行政复议、行政诉讼案件大幅度增多。针对工伤认定工作中反映出的焦点和难点，社会保障行政部门从加强管理入手，不断加以完善和规范。针对行政复议、诉讼案件中一些具体案例，江苏省社会保障行政部门定期组织各地开展研讨分析，与人民法院、政府复议机关加强沟通和协调，逐一将地区间、部门间的一些分歧达成了一致意见。在此基础上，社会保障行政部门制定行政规章，法院审判委员会形成会议纪要，统一尺度、加强管理。

2005 年，江苏省出台《关于实施〈工伤保险条例〉若干问题的处理意见》（苏劳社医〔2005〕6 号），进一步规范全省工伤认定工作。对工伤认定的对象，牢牢把握劳动关系。对一部分职工与原用人单位保留劳动关系，又在另一用人单位工作，如非全日制职工、下岗或内退职工发生事故后，明确由实际用人单位承担工伤保险责任；对其他一些不受劳动关系调整的职工，如离退休人员、在校实习生以及雇佣关系的职工发生事故如何处理，明确适用其他救济渠道；对非法用工单位伤亡人员，严格意义上也不受劳动关系调整的，列为一种特殊保障对象，社会保障行政部门依申请作出是否符合《工伤保险条例》第十四条、第十五条、第十六条规定情形的判定。对于“工作时间、工作场所、工作原因”，在把握好时间、空间、原因要素三位一体的同时，分别作出明确的界定，特别是对文体活动、旅游、上下班途中等处于认定因工与否边缘的

各种情形作出明确界定。文件出台后，明确解决了工伤认定过程中绝大部分工伤认定政策界限不清、把握尺度不准以及对一些难点如何处理等问题，在劳动保障系统形成共识，法院系统也基本按此审理行政诉讼案件，有效减少了争议。

2016 年 10 月，江苏省根据《工伤保险条例》、省政府规章修订情况，修订出台《关于实施〈工伤保险条例〉若干问题的处理意见》（苏人社规〔2016〕3 号），其具体政策要点有以下几方面：

（1）“在校学生在用人单位实习期间发生伤亡事故的，不属于《条例》调整范围。”对于已经与用人单位签订劳动合同、形成劳动关系的实习学生，仍应按照工伤保险有关规定处理。

（2）明确“工作时间”既包括劳动合同约定的工作时间、用人单位规定的工作时间，也包括加班加点的工作时间，即用人单位要求的加班加点和职工主动加班加点都应为工作时间。

（3）增加了职工因工作来往于多个与其工作职责相关的工作场所之间的合理区域也属于“工作场所”的内容，规定“工作原因”还包括在工作过程中职工临时解决合理必需的生理需要时由于不安全因素遭受的意外伤害。

（4）明确“用人单位安排或者组织职工参加文体活动”，应作为工作原因；“用人单位以工作名义安排或者组织职工参加餐饮、旅游观光、休闲娱乐等活动，或者从事涉及领导、个人私利的活动”，不能作为工作原因；“职工因工外出期间从事与工作职责无关的活动受到伤害的”，不能作为工作原因。

（5）在合理时间内往返于工作地与经常居住地之间合理路线的上下班途中；在合理时间内往返于工作地与配偶、父母、子女居住地的合理路线的上下班途中；从事属于日常工作生活所需要的活动，且在合理时间和合理线路的上下班途中三种情形，属于“上下班途中”情形。

（6）“非本人主要责任的交通事故”应当以有权机关出具的事故责任认定书或者人民法院生效裁判等法律文书为依据。如有权机关无法出具事故责任认定书，或者出具的法律文书无法认定事故责任的，社会保险行政部门可以依据经调查核实的相关证据作出结论。

（7）明确《工伤保险条例》第十五条第一款是指“职工在工作时间和工作岗位上

突发疾病于工作场所内死亡或者从工作场所直接送医抢救无效死亡”，并明确“48 小时”的起算时间，“以医疗机构的初次诊断时间作为突发疾病的起算时间”。

（8）用人单位未在规定的时限内提交工伤认定申请、在此期间发生的费用，仅为用人单位在提交工伤认定申请前发生的工伤医疗、工伤康复、辅助器具安装配置、住院伙食补助、到统筹地区以外就医交通食宿等费用。

（9）对于工伤职工无正当理由拒不提供劳动，实际形成小伤大养、长养的情形，明确可以按照有关法律、行政法规规定处理。停工留薪期满后需要继续治疗的，继续享受医疗期待遇；不需要继续治疗的，应该回单位复工；拒不复工的，不应享受工资福利待遇。

（10）强调用人单位应该为全部职工参加工伤保险，在全省范围内对“新发生的”工伤保险待遇作出了统一规定，明确补缴工伤保险费前后的工伤保险待遇项目标准及承担方。

2010—2018 年，经过一系列扩面行动，江苏省工伤保险参保规模从 1 205. 52 万人增长至 1 777. 78 万人，认定工伤量从 9. 21 万件增长至 12. 3 万件。

江苏省探索工伤事故早期备案制度，为职工提供更加及时的保障。工伤事故早期备案制度是对工伤认定核查的早期介入和补充，旨在增强用人单位维护职工权益的意识，及时申报和救助受伤职工；也是防止用人单位弄虚作假，避免基金不必要的损失。通过开展工伤事故早期介入备案工作，及时发现问题，变事后被动“买单者”为事中“服务者”，有效提高了工伤认定的及时性、准确性，也减轻了用人单位和职工的负担。2015—2017 年，江苏省在无锡市、徐州市、南通市、淮安市、盐城市、宿迁市开展了工伤事故早期备案制度试点探索。各试点地区建立了工伤事故早期介入备案制度，出台了相关政策，并成立了领导小组，建立了工伤认定网上预申报流程和快速认定流程，推进实施多部门联动机制，开辟救治绿色通道，实现工伤职工持卡就医、工伤医疗费用直接结算。截至 2016 年年底，全省完成工伤保险“早期介入”备案数量 13 193 起，涉及支付待遇、资金投入金额共计 1 322. 65 万元。

（八）劳动能力鉴定更加公正，管理制度得到统一规范

1. 江苏省劳动能力鉴定制度发展历程

2010 年，国务院发布了《关于修改〈工伤保险条例〉的决定》，进一步规范了劳动能力鉴定工作。江苏省陆续出台《关于加强职工工伤劳动能力鉴定管理有关问题的通知》《江苏省工伤职工劳动能力鉴定工作考核办法（试行）》《关于加强职工非因工伤残或因病丧失劳动能力鉴定管理的通知》《江苏省工伤职工劳动能力鉴定管理办法》等文件，进一步健全省内劳动能力鉴定工作制度。2013 年，针对劳动能力鉴定工作发展过程中遇到的新问题、新局面，江苏省出台了《关于进一步规范工伤认定和劳动能力鉴定工作的通知》（苏人社发〔2013〕167 号）。2014 年，人力资源社会保障部、国家卫生和计划生育委员会联合发布了《工伤职工劳动能力鉴定管理办法》，江苏省相继出台劳动能力鉴定方面的诸多细化政策。2014 年 10 月，江苏省人力资源社会保障厅、江苏省劳动能力鉴定委员会印发《江苏省工伤职工劳动能力鉴定现场管理办法（试行）》（苏人社规〔2014〕3 号）。2015 年 12 月，江苏省人力资源社会保障厅、江苏省劳动能力鉴定委员会印发《江苏省劳动能力鉴定档案管理办法（试行）》（苏人社发〔2015〕419 号）。2016 年 7 月，江苏省人力资源社会保障厅、江苏省劳动能力鉴定委员会印发《江苏省工伤职工劳动能力鉴定管理办法》（苏人社规〔2016〕2 号）。2016 年 12 月，江苏省人力资源社会保障厅、江苏省劳动能力鉴定委员会印发《江苏省劳动能力鉴定档案建设标准（试行）》。2019 年 1 月，江苏省人力资源社会保障厅、省卫生健康委员会、省总工会、省劳动能力鉴定委员会印发《江苏省职工非因工伤残或因病丧失劳动能力鉴定管理办法（试行）》（苏人社发〔2019〕39 号）。

2. 江苏省劳动能力鉴定工作规范化建设

江苏省劳动能力鉴定委员会注重加强规范劳动能力鉴定工作，在鉴定过程中，采取了“技术专家负责、集体讨论评审”的制度，推行“集中封闭”医疗检查的办法，确保鉴定结论的准确、公正、合理，并在劳动能力鉴定制度化、规范化方面采取了如下举措：

一是准确定位劳动能力鉴定工作内容。明确工伤认定与劳动能力鉴定的关系，将可能造成行政行为与技术鉴定行为重叠、职权不清的情况加以规避；将劳动能力鉴定

工作统一由工伤保险行政部门具体经办，改变了非因工、因病致残的劳动能力鉴定职能在养老保险行政部门的情况。

二是优化劳动能力鉴定运行效能。利用金保工程平台，建立省市工伤保险参保、认定、鉴定、待遇给付等数据交换传输，掌握全省工伤保险工作动态；搭建劳动能力鉴定网络工作平台，实现了手工化操作到信息化操作的转变，优化了劳动能力鉴定经办服务；建立省、市两级鉴定，省、市、区（县）三级服务网络，形成“报送材料不出区（县）、实时通知不用等、现场鉴定直接去、鉴定结论寄到家”的一站式劳动能力鉴定服务，极大地方便了工伤职工和用人单位。

三是不断提升劳动能力鉴定经办能力。各市按要求建立劳动能力鉴定委员会，有条件的市成立劳动能力鉴定经办服务机构，壮大劳动能力鉴定工作人员和专家队伍；不定期召开骨干专家、工作人员培训，提高业务能力和鉴定水平；设立劳动能力鉴定复核制度，加强对鉴定准备、鉴定过程、鉴定收尾工作的跟踪与管理，重点加强对关键环节的掌控，如摄录像工作的开展、现场管理制度的建立、鉴定材料文书格式及档案管理的规范，细化具体要求，力求通过推动鉴定环节的规范化建设，提高劳动能力鉴定工作的群众满意度。

四是促进劳动能力鉴定工作公平公正。探索建立劳动能力鉴定考核制度、再次鉴定材料退回制度，深化各市劳动能力鉴定委员会自查自纠意识，提高劳动能力初次鉴定准确率；建立劳动能力再次鉴定会审会、省级专家赴市调研劳动能力鉴定现场等制度，统一鉴定标准把握尺度和执行力度，对未达到工作要求或发生重大鉴定失误的市予以通报；及时推介好的办法做法，加强劳动能力鉴定达标建设、示范点建设，以点带面，促进全省鉴定工作共同进步。

五是部门联动减少劳动能力鉴定矛盾冲突。与劳动保障监察机构联合开展督促用人单位依法参保行动；加强与法院、司法鉴定机构、医疗卫生机构联动，加强部门协作监管，促进工伤认定、救治、康复、补偿等环节的公平、公正，减少因道德风险引发的不稳定因素；加强调解工作，对工伤认定、劳动能力鉴定环节中发现的工伤职工与用人单位矛盾较大的案件，及早介入，同时联系信访、维稳、街道居委会等尽快做好矛盾化解工作。

（九）积极探索职业伤害保障，覆盖灵活就业人员

随着社会经济的不断发展，就业形势呈现多元化趋势，江苏省部分地区针对灵活就业人员职业伤害保障难的问题，开展了积极探索。

南通市：南通市自 2006 年起按现有的工伤保险制度试点灵活就业人员参加工伤保险工作，要求市区各类灵活就业人员通过代理机构为其办理工伤保险参保手续。工伤保险费暂按每人每月 10 元缴纳。除《工伤保险条例》规定应由用人单位支付的待遇由灵活就业人员自己承担外，其余基金承担的待遇均按工伤保险的有关规定执行。至 2013 年，南通市灵活就业参保人数达 7.4 万人，收入 564.85 万元，支出 505.17 万元，基本收支平衡，给当地灵活就业人员予以极大保障。但由于法院支持代理机构承担企业责任，导致该制度难以维系。2015 年，南通市根据保障基本、收支平衡的原则，重新制定了缴费水平和待遇内容，并对认定范围进行了收紧。由于保费提高，参保人数大量减少，该试点探索已于 2015 年停止。

苏州太仓市：太仓市自 2010 年推行灵活就业人员参加工伤保险，其工伤保险费用被列为社会保险补贴项目，按每人每年 30 元的筹资标准，试行全额补贴，个人不缴费。认定范围与《工伤保险条例》规定的认定范围基本一致。其待遇为按级别享受一次性经济补偿。由于运行过程中，认定工作难度较大，2014 年，太仓与南通一样提高了筹资标准，收紧了认定范围，修订了待遇保障内容，并将灵活就业人员工伤保险的提法修改为职业伤害保险，同时明确该制度保障人员必须不是《工伤保险条例》规定的参保范围内的人员。截至 2019 年 5 月底，太仓市登记参加职业伤害保险人员 5.38 万人，已完成认定 77 起，完成鉴定 73 人，累计支付医药费 181.35 万元，支付基本生活补助 26.08 万元。

苏州吴江区：针对无法按照“五险合一”方式参保的本地户籍灵活就业人群，采取政府主导、商保公司承办模式，出台灵活就业人员职业伤害保险，将参加灵活就业人员职工养老保险或医疗保险人员纳入职业伤害保险范围。2018 年 4 月试点起至 2019 年 6 月初，全区灵活就业人员参加职业伤害保险的有 2.3 万人，累计已收 720.98 万元，其中财政补贴 467.61 万元。受理理赔报案 50 起，其中确认符合享受待遇条件人员 38 人，14 人已完成赔付，已支付 25 万元。

三、江苏省工伤保险发展的经验和面临的挑战

（一）江苏省工伤保险事业发展现状

近年来，江苏省工伤保险工作认真贯彻党的十九大精神和江苏省委省政府“高质量发展”要求，在人力资源社会保障部工伤保险司关心指导下，积极推进工作任务和“十三五”规划目标落实，全省工伤保险事业总体保持稳中有升的良好发展局面，一些工作领域呈现新气象、取得新进展。

1. 工伤保险制度体系建设不断加强

近年来，江苏省相继出台工伤保险项目参保、待遇调整、工伤预防、工伤康复、劳动能力鉴定等方面的多个配套政策文件，以“一法一条例”为核心、省政府规章为框架的全方位、多层次工伤保险制度体系得到进一步巩固完善。

2. 以项目参保为代表的扩面工作得到大力推动

建设领域项目参保向铁路、公路、水运、水利等更多领域拓展。截至 2018 年年底，全省工伤保险参保 1 777.78 万人，其中农民工参保 557.28 万人。住建领域新开工项目参保率在 99%以上，铁路等其他领域新开工项目参保率达 100%。

3. 工伤保险“三位一体”建设更加全面均衡

全面推开、稳步推进工伤预防、康复工作，规范工伤预防费使用管理，取消康复机构准入审批，制定康复协议医疗机构条件，促进工伤预防、康复均衡发展。

4. 民生保障和降费减负任务顺利完成

下发《关于调整工伤保险定期待遇的实施意见》，科学合理地提高待遇水平，扎实开展阶段性降费减负行动，2018 年度为用人单位减负约 18.64 亿元，全省工伤保险平均费率从 2015 年的 1.2%降至 0.7%。

5. 加强认定、鉴定两项经常性基础性工作管理

保持与司法部门有效沟通，共同召开案例研讨会，在重要法律条款上形成一致性观点；加强全省业务培训，统一政策口径和把握尺度，促进依法行政、依规鉴定；来省信访到访案件连续三年保持下降态势。工伤认定行政复议维持率为 98.6%，行政诉

讼胜诉率为 98.34%，再次鉴定维持率为 92.29%。

2010—2018 年江苏省工伤保险发展情况见表 5-2-5。

表 5-2-5　　2010—2018 年江苏省工伤保险发展情况

年份	参保人数/万人	享受待遇人数/万人	工伤发生率/%	工伤认定件数/万件	劳动能力鉴定件数/万件
2010	1 205.52	9.79	0.76	9.21	3.9
2011	1 327.46	10.66	0.78	10.3	5.3
2012	1 420.74	12.29	0.75	10.63	6.11
2013	1 487.27	13.57	0.72	10.7	6.6
2014	1 540.11	14.28	0.72	11.15	7.44
2015	1 594.14	14.66	0.72	11.4	7.9
2016	1 633.93	14.8	0.68	11.07	7.54
2017	1 690.19	14.32	0.67	11.37	7.82
2018	1 777.78	14.79	0.69	12.3	8.5

（二）江苏省工伤保险工作的基本经验

1. 坚持完善制度先行，促进各项工作规范有序开展

近年来，江苏省工伤保险各项工作能够取得较好进展，首要条件就是始终把“建制度、立规矩”放在重要位置来抓，以制度规范这个“绳”牵住各项工作任务的“牛鼻子”，通过制度建设让各项工作进入法制化、规范化的轨道，降低各地操作中的“自由裁量权”，有效减少矛盾纠纷，消除各级等靠思想，推进工作任务按制度规定落实。

2. 敢于创新突破，不断改革进取，破解发展难题

工伤保险面临的时代背景不断变化，需要用创新精神解决历史遗留问题和新的发展矛盾。江苏省敢于制度创新，为解决工伤预防、工伤认定难点问题，相继研究出台文件，规范工伤预防费管理、工伤认定“三工”和“上下班途中”等原则性判定条款；敢于管理创新，为提升鉴定质量，建立再次鉴定材料会审、市级复核等制度，推动鉴定现场达标建设和档案管理规范化。江苏省工伤保险在破解重难点问题上表现出“小险种、有作为”的发展劲头。

3. 积极主动作为，瞄准未来趋势率先推进工作

顺应养老保险并轨改革的时代浪潮，主动推进公务员群体参加工伤保险，促进应保尽保；针对建筑领域以外的高危行业农民工群体，主动推进交通运输、水利项目参保，扩大覆盖人群；针对新业态人群难以参保的问题，探索开展灵活就业人员职业伤害保障。这些工作任务瞄准了发展趋势，立足于工作需要，满足了群众需求，取得了良好成效。

4. 注重沟通协调，凝聚多方共识形成部门合力

工伤保险涉及劳资双方利益，参保覆盖领域遍及诸多行业。抓好工作开展，需要加强部门间沟通协调，取得共识。推进建设领域项目参保，及时与住建、交通、水利、安全监管、工会等部门沟通；在最高人民法院出台工伤行政诉讼司法解释、《行政诉讼法》修订、江苏省《关于实施〈工伤保险条例〉若干问题的处理意见》出台之际，主动对接省高级人民法院、省政府法制办等单位召开研讨交流会，敢于发出人力资源社会保障部门声音，坚持工伤保险立法基本判定原则，讲清法理依据，有理有据地争取支持，统一双方意见。

（三）当前面临的问题和挑战

当前，工伤保险制度建设处于新的历史发展阶段。对照党的十九大提出的“完善工伤保险制度”总要求，江苏省工伤保险“发展不平衡不充分”的问题较为明显。一是各统筹地区工伤保险基金保障能力不平衡。例如，苏南区县与苏北区县比较，参保规模、基金体量、保障能力不平衡的问题较为突出。在大市范围内，各个统筹地区之间基金保障能力也不平衡，需要进一步提高统筹层次，增强基金共济互补能力。二是工伤保险制度发展不平衡。在“三位一体”制度建设方面，工伤预防、工伤康复尚处于发展早期阶段，在基金管理、政策规划、制度建设等方面还需要不断探索创新、总结和大力推进。在信息化建设方面，各市信息系统各自为政，全省尚无统一规范、上下联通的工伤保险信息系统，在大数据挖掘、智能分析应用等支撑决策参考方面的能力落后于一些中西部省份。三是制度覆盖人群不充分。随着时代发展、社会进步，近年来新经济新业态不断涌现，灵活就业人员等非传统劳动关系的从业人员持续增多。由于制度设计历史原因，工伤保险参保需以劳动关系为前提，此类新业态人员无法直接纳入工伤保险保障，导致其职业伤害保障处于缺失状态，不能满足国家对社会保险广覆盖、保基本的要求。

四、江苏省工伤保险事业未来发展愿景

（一）总体思路

认真贯彻党的十九大精神和江苏省委省政府“高质量发展”要求，巩固完善全省工伤保险制度体系；大力推动项目参保向更多领域拓展，积极探索灵活就业人员职业伤害保障；全面促进工伤预防、工伤康复向更高层次均衡发展；实现工伤保险省级统筹，建成高效、统一、集中的全省工伤保险信息系统，提高基金使用效率；科学合理提高工伤保险待遇水平，扎实开展阶段性降费减负行动；继续加强认定、鉴定两项经常性基础性工作管理，保持“十四五”规划期间全省工伤保险事业良好发展局面。

（二）发展目标

2020 年年初步实现江苏省工伤保险省级统筹，工伤保险各环节信息实现标准化采集，信息向上集中、服务下沉；省级统筹基金运行良好，基金规模效应初步显现，全省平均费率水平进一步下降；统一全省工伤保险待遇政策，待遇调整更加公平、科学、合理；建设领域项目参保成效继续巩固，应保尽保人群实现参保全覆盖，灵活就业人员职业伤害保障制度得到推广；创新工伤预防模式，形成多部门高效协作、社会组织积极参与的良好局面；工伤康复协议机构建设更加规范，业务能力不断增强，有康复价值的工伤职工应享尽享康复救治；工伤保险政策更加健全，“三位一体”的现代工伤保险制度得到更好发展。

“十四五”规划实施期间，即 2021—2025 年，工伤保险制度体系不断健全完善，政策覆盖范围内的法定人群实现全部参保，新业态就业人员职业伤害得到良好保障；建成全省统一、高效的工伤保险信息系统，实现工伤保险业务规范化、信息化、标准化，提供实时数据采集、自动监控比对、大数据分析、决策辅助等功能；工伤保险业务向下延伸，非鉴定现场查体以外环节全流程网上办理；社会保障卡全面支持职工办理工伤保险各项业务，集成工伤保险参保、预防培训记录、事故档案查询、医疗救治和康复结算、待遇发放等功能；工伤保险省级统筹基金运行良好，抗风险能力显著增

强，工伤保险基金用于工伤预防的比例稳步提升至3%，工伤预防在减少工伤和防范职业病方面发挥显著作用；工伤康复机构规范有序发展，康复能力不断提高，实现有康复价值的工伤职工普遍接受效果良好的康复服务。

（三）落实举措

一是以省级统筹为切入点，不断巩固和完善工伤保险制度。当前，工伤保险省级统筹提供了一个梳理全省工伤保险业务流程，规范全省工伤保险政策的有利契机。今后一段时间，要以工伤保险省级统筹作为全省新一轮工伤保险制度建设的切入点，以省级统筹“六统一”为建设方向，抓好“牛鼻子”，带动工伤保险各项制度规范建设。

二是以新业态就业人员职业伤害保障为突破点，继续抓好参保扩面工作。目前，工伤保险在传统扩面领域和项目参保领域基本完成预期目标任务，扩面空间增量较小。下一步，积极挖掘目前无法纳入制度保障人群的扩面潜力，如小微企业单独优先参保、灵活就业人员参保探索等，带动扩面工作取得新进展。

三是以工伤预防、工伤康复为支撑点，助力工伤保险“三位一体”协调发展。从目前实施情况来看，工伤预防、工伤康复在资金使用量上占比均不到当年基金支出的1%，接受预防培训人数占参保人数的比例为0.7%，接受康复人数占鉴定总人数的5.7%。下一步，要逐步大幅提高工伤预防、工伤康复资金投入，努力扩大覆盖人群，真正发挥预防工作“防未伤、治未病”和康复工作“减伤防残”功能，有效减少用人单位经济损失，造福广大职工家庭。

四是以便民化服务为导向，抓好认定、鉴定基础性常规性工作。目前，工伤认定和劳动能力鉴定业务流程繁复冗长，是涉及工伤职工切身体会的痛点、堵点，已有多方呼吁调整改变现状。要加强执法，推进全民参保，运用逐步建成的社会征信体系，督促未参保单位依法保障职工利益，减少故意拖延时间赔付工伤职工的情形。要结合省级统筹梳理简化流程；结合工伤保险信息化建设推进认定、鉴定事项大部分网上办理；结合简政放权推进认定、鉴定下至区县，减少群众跑腿；探索推进政府购买服务模式，解决工伤认定事故调查、文书送达等具体事务性工作；针对疑难伤情，从入院之日起即备案预警，设立矛盾纠纷前期化解调处机制，在救治、认定、康复、鉴定等多个环节形成有效沟通，普及有关政策、标准，消除工伤保险信访隐患。

山东省工伤保险发展报告

山东省是我国东部沿海经济大省，2018 年全省生产总值 7.6 万亿元，常住人口 10 047 万人。山东省委、省政府高度重视人力资源社会保障工作，把人力资源社会保障工作作为保障和改善民生、促进经济社会协调发展、实现社会和谐稳定的重要内容，制定了一系列政策措施，推动人力资源社会保障事业实现持续健康发展。

工伤保险是社会保障体系的重要组成部分。近年来，山东省坚持以构建制度完备型、全面覆盖型、管理创新型、服务规范型“四型”工伤保险为目标，着力在完善政策规定、扩大覆盖范围、创新工作机制、提升服务效能等方面下功夫，推动工伤保险工作实现了科学发展。截至 2018 年，山东省已建立起以《社会保险法》和《工伤保险条例》为核心，各项配套政策齐全，涵盖工伤预防、工伤康复、工伤补偿“三位一体”的工伤保险制度体系；保障范围和保障能力不断增强，2018 年全省参保人数达到 1 633 万人；工伤保险基金累计结余 117 亿元；连续 14 年调整了一级至四级工伤职工伤残津贴、生活护理费、供养亲属抚恤金，待遇水平比十年前翻了两番；统筹层次逐步提高，全省 16 市均实现了比较规范的市级统筹，建立了工伤保险省级调剂金制度；工伤预防和康复工作有序开展。积极贯彻落实“放管服”和“一次办好”改革要求，推进工伤保险工作便民化。工伤保险在维护职工合法权益、化解用人单位工伤风险、维护社会和谐稳定方面起到了不可替代的重要作用。

一、改革开放以来山东省建立工伤保险制度的探索历程

（一）探索建立工伤保险制度（1978—1995 年）

改革开放初期，山东省仍然沿用 20 世纪 50 年代制定的工作人员伤亡抚恤办法、职业病处理办法等，费用由企业自行承担。进入 20 世纪 90 年代，山东省开始工伤保

险社会统筹试点。1992年5月，招远市开始试点，标志着山东省工伤保险制度改革试点工作开始起步。1993年7月，劳动部在北京召开了部分省市工伤保险制度改革试点座谈会，并下发了《关于印发〈工伤保险改革试点省市座谈会纪要〉的通知》。11月，山东省劳动厅转发《劳动部办公厅关于印发〈工伤保险改革试点省市座谈会纪要〉的通知》（鲁劳发〔1993〕468号）推进试点。1994年，山东省人民政府下发《关于加快建立全省社会保障体系的意见（试行）》（鲁政发〔1994〕33号），提出积极推进工伤保险改革，进一步扩大试点范围，实行工伤保险社会统筹，标志着工伤保险制度改革走上快车道。试点以推行工伤保险费用社会统筹为主要内容，既解决了企业负担畸轻畸重的矛盾，又保障了工伤职工的合法权益，收到了良好的社会效果。

1995年8月，青岛市人民政府发布《青岛市企业职工工伤保险暂行办法》，旨在保障企业职工在生产工作中遭受事故或职业病的伤害后获得医疗、生活保障和经济补偿，促进企业安全生产。该暂行办法将政策实施的范围限定在青岛市行政区域城镇的国有企业、县以上集体企业、私营企业、外商投资企业等各类单一或混合型经济所有制企业。企业职工是工伤保险的保障对象。该暂行办法明确工伤保险是强制性的社会保险；企业必须按照规定参加，缴纳工伤保险费；实行社会管理和企业管理相结合，以社会化管理为主。在工伤认定方面，与《劳动保险条例》相比，该暂行办法与时俱进增加了工伤认定情形，情形范围与《企业职工工伤保险试行办法》非常接近，仅突发疾病适用的范围较小。在工伤保险待遇方面，根据伤亡情况，建立了一次性待遇与长期待遇相结合的保障体系，并明确了新旧政策的衔接。青岛市在工伤保险工作上进行了积极探索，为山东省后续开展工伤保险工作提供了宝贵经验。

（二）试行企业职工工伤保险（1996—2003年）

1996年《企业职工工伤保险试行办法》试行后，山东省积极推动全省工伤保险工作。1997年3月，山东省劳动厅下发《关于贯彻劳动部〈企业职工工伤保险试行办法〉的通知》（鲁劳发〔1997〕60号）和《关于贯彻劳动部〈企业职工工伤保险试行办法〉的补充通知》（鲁劳发〔1997〕403号），对授权省厅制定的政策予以明确。首先明确了在全省试行工伤保险的范围，适用于全省的国有企业、城镇集体企业、股份制企业、联营企业、外商投资企业、私营企业、乡镇企业等各类企业及其职工，城镇个体经济组织中的职工可以依照执行。其次明确了工伤保险相关待遇，主要是五级至六级伤残人员待遇调整、七级至十级伤残人员一次性伤残就业补助金，以及根据供养亲属的多寡确定了一次性工亡补助金的标准。山东省工伤保险改革工作全面启动，工伤保险工作迅速发展，实现了由“企业保险”向“社会保险”的转变。

1996 年，山东省工伤保险参保人数达到 139 万人。1996—2000 年，山东省工伤保险稳步发展，参保人数逐年攀升，如图 5-3-1 所示。到 2000 年年底，除聊城外，其他市均开展了工伤保险试点工作，参保职工达到了 279. 4 万人，比 1996 年翻了一番。

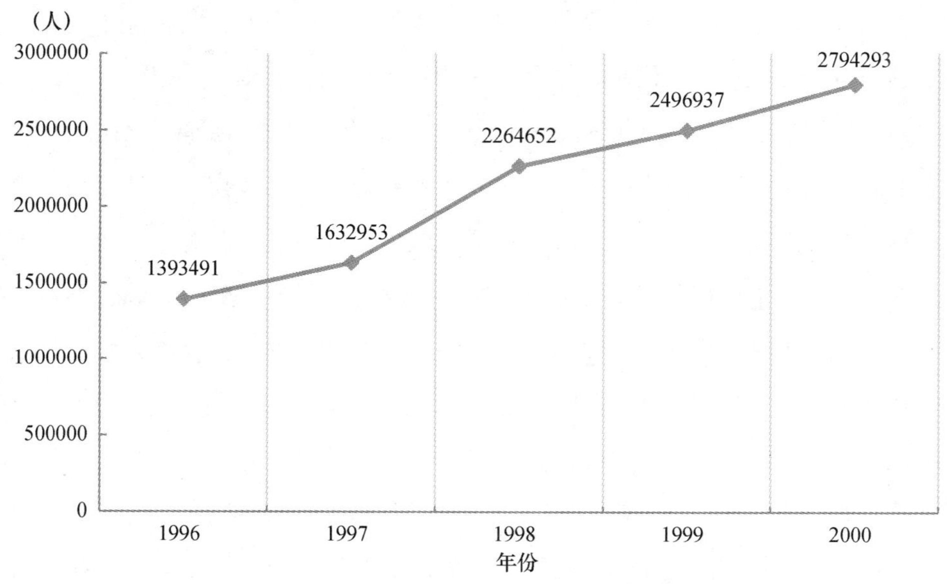

图 5-3-1　1996—2000 年工伤保险参保职工人数

2000 年，山东省共有 7 815 人享受工伤保险待遇。其中：工伤 4 689 人，职业病 729 人、死亡 278 人、一次性待遇 778 人、供养直系亲属 1 341 人（所占比例见图 5-3-2）。

2001—2003 年，山东省继续推进工伤保险工作，加强对各市的指导，进一步明确工伤认定情形、工伤保险待遇以及新旧政策衔接等内容，初步建立了工伤保险制度体系。各市均启动了试点，工伤保险参保人数波动中略有增长，增幅较前一阶段放缓。工伤保险基金征缴收入、享受待遇人数明显增加，工伤保险作用进一步显现，如图 5-3-3、图 5-3-4 所示。

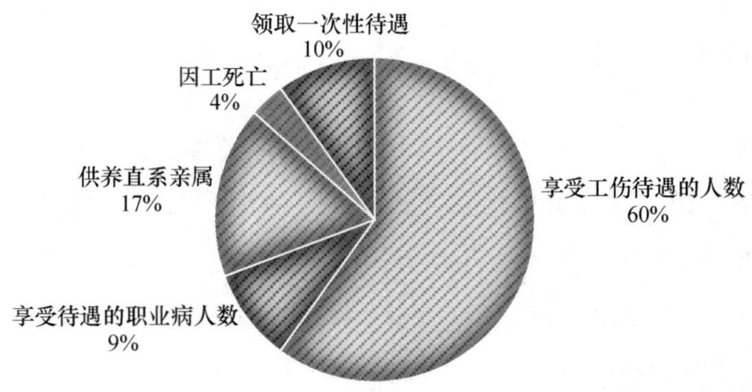

图 5-3-2　享受工伤保险待遇人数占比

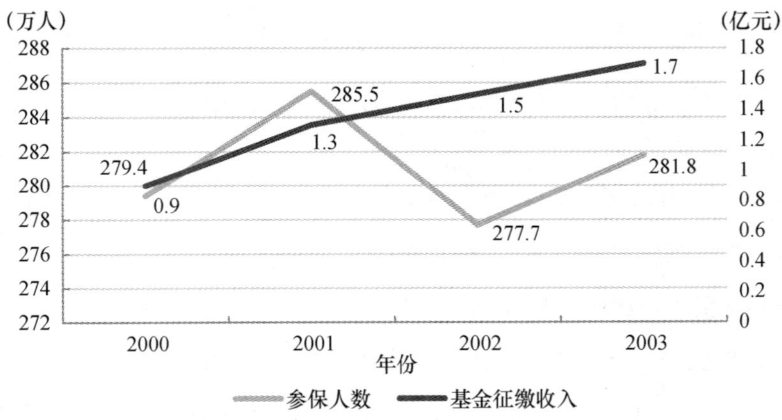

图 5-3-3　2000—2003 年工伤保险参保人数及基金征缴收入

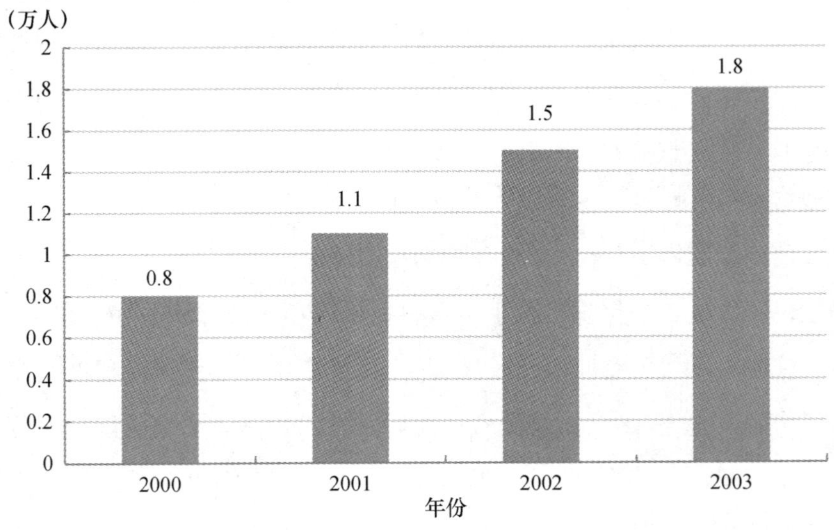

图 5-3-4　2000—2003 年享受工伤保险待遇人数

（三）全面建立工伤保险制度（2004—2010 年）

2003 年，《工伤保险条例》颁布，工伤保险保障范围和保障功能扩大，伤残职工合法权益得到有效保障。11 月，山东省人民政府制定了《山东省贯彻〈工伤保险条例〉试行办法》（鲁政发〔2003〕107 号），明确了授权制定的政策与《工伤保险条例》同步施行。从 2004 年开始，山东省统一了工伤保险制度和标准，全省范围内实行了差别费率和浮动费率相结合的办法，健全了工伤认定制度和待遇申领制度，形成了较为完善的工伤保险制度体系。

2004 年，山东省制定了《山东省劳动能力鉴定管理办法》（鲁劳鉴发〔2004〕8 号），明确了劳动能力鉴定委员会的职责、工作程序以及费用管理，为山东省开展工伤和因病或因工负伤劳动能力鉴定提供了保障。

2005 年 5 月，山东省劳动保障厅会同省财政厅下发了《关于调整企业工伤全残人员伤残津贴、生活护理费和供养亲属抚恤金的通知》（鲁劳社〔2005〕20 号），开启了山东省每年调整工伤保险定期待遇的步伐。

2006 年，根据工伤保险工作的需要，山东省集中出台多项政策，进一步完善工伤保险制度体系。4 月，山东省劳动保障厅印发《山东省工伤认定工作规程》（鲁劳社〔2006〕14 号），对工伤认定各个环节作了进一步细化，统一了全省的文书样式，特别是规范了工伤认定中止通知书、终止通知书、限期举证通知书等模板，规范了工伤认定程序，提高了依法行政水平。印发《山东省工伤职工停工留薪期管理办法》（鲁劳社〔2006〕15 号），明确了工伤职工申请停工留薪期的程序，并根据不同受伤部门形成了停工留薪期分类目录，方便用人单位和职工使用。5 月，下发《关于农民工参加工伤保险有关问题的通知》（鲁劳社〔2006〕23 号），明确了用人单位参加社会保险，可优先为农民工办理工伤保险参保手续，并提出多项措施保障农民工的待遇落实。6 月，部署实施农民工“平安计划”，以农民工较为集中、工伤风险程度较高的企业为重点，分三个阶段实施。8 月，会同省档案局印发《山东省工伤保险档案管理暂行办法》（鲁劳社〔2006〕37 号），全面规范工伤认定、劳动能力鉴定、工伤保险经办业务等重点工作的档案管理。8 月，会同省建设厅印发《关于加强建筑施工企业工伤保险和意外伤害保险工作的通知》。12 月，会同人事厅、民政厅、财政厅印发《关于转发劳动保障部、人事部、民政部、财政部〈关于事业单位、民间非营利组织工作人员工伤有关问题的通知〉的通知》（鲁劳社〔2006〕80号），在全省范围内将事业单位、民间非营利组织及其工作人员纳入工伤保险制度，进一步扩大了工伤保险覆盖范围。

2008年2月，省政府办公厅印发《关于全面推进工伤保险工作的通知》（鲁政办发〔2008〕10号），制定了工作目标，明确了推进工伤保险工作的主要措施，下达了山东省工伤保险覆盖计划表，明确争取到2010年全省工伤保险参保人数达到1 200万人。2010年年底，全省工伤保险参保人数为1 211.2万人，如期完成计划目标。3月，山东省劳动保障厅印发《山东省工伤职工辅助器具配置管理暂行办法》（鲁劳社〔2008〕13号），规范辅助器具配置程序，明确了配置项目与费用限额标准。7月，印发《关于商贸、餐饮、住宿等服务业参加工伤保险有关问题的通知》（鲁劳社〔2008〕37号），提出对规模较小、职工人数较少、生产经营不稳定的单位，可采取“定员定额”的方式征收工伤保险费，丰富参保方式，方便用人单位缴费。

2009年3月，山东省实施农民工“平安计划”二期。4月，山东省劳动保障厅下发《关于转发人力资源和社会保障部〈关于做好老工伤人员纳入工伤保险统筹管理工作的通知〉的通知》（鲁劳社〔2009〕27号），全面推进“老工伤”人员纳入工伤保险统筹管理工作。

2010年，山东省人力资源社会保障厅会同省财政厅印发《关于加快推进工伤保险市级统筹工作的意见》（鲁人社发〔2010〕20号），要求各市实现工伤保险业务管理“六统一”。到2010年年底，17市基本实现了工伤保险市级统筹，工伤保险基金抗风险能力进一步增强。

（四）不断完善工伤保险制度（2011年至今）

2011年以来，《社会保险法》和新修订的《工伤保险条例》实施，山东省及时制定和完善配套政策，基本建立起涵盖工伤预防、工伤康复、工伤补偿“三位一体”的工伤保险制度体系。山东省工伤保险事业发展迅速、成绩显著，充分发挥了分散用人单位风险、保障职工工伤权益的作用。

2011年，山东省制定出台《山东省贯彻〈工伤保险条例〉实施办法》（鲁政发〔2011〕25号），对工伤保险参保范围、统筹层次、储备金管理等问题进行了明确。此后，山东省又陆续完善了参保缴费、市级统筹、工伤认定、劳动能力鉴定、待遇支付、业务经办管理等政策、标准，基本建立起比较完备的工伤补偿制度。5月，山东省人力资源社会保障厅会同省财政厅、省国有资产管理委员会、省监察厅印发《山东省国有企业老工伤人员纳入工伤保险统筹管理工作方案》（鲁人社发〔2011〕24号），大力推进“老工伤”人员纳入工伤保险统筹管理工作，将全省12.6万名“老工伤”人员全部纳入工伤保险制度体系，解决了这一困扰多年的历史遗留问题。

2012年，山东省在推进济南、青岛、淄博、威海四市开展工伤康复试点的基础上，制定出台《山东省工伤康复管理试行办法》（鲁人社发〔2012〕45），全面规范工伤康复政策标准、工作流程及康复机构管理，并陆续评估确定了28家工伤康复机构。在试行办法的基础上，2016年山东省下发了《关于印发山东省工伤康复管理办法的通知》（鲁人社发〔2016〕7号）。

2013年11月，山东省人力资源社会保障厅印发了《山东省工伤保险辅助器具配置目录与费用限额标准》（鲁人社发〔2013〕37号），对《山东省工伤职工辅助器具配置管理暂行办法》（鲁劳社〔2008〕13号）所附的《山东省工伤职工辅助器具项目与费用限额标准》进行了修订，2013年配置目录由25项增加到54项，费用限额标准提高了3倍。

2013年11月，山东省人力资源社会保障厅印发了《关于转发人社部发〔2013〕34号文件明确工伤保险工作若干问题的通知》（鲁人社发〔2013〕39号），对执行《工伤保险条例》若干问题进行了明确，提高了政策的可操作性。

2009年，潍坊市出台了灵活就业人员参加工伤保险政策，探索开展灵活就业人员职业伤害保障，在政策层面明确了参保范围、缴费费率、工伤认定、劳动能力鉴定、待遇支付等问题。总的来说，参保范围限于在劳动保障事务代理中心、人才交流中心等劳动人事事务代理机构代理劳动关系的各类灵活就业人员；工伤认定、劳动能力鉴定、工伤保险待遇均按照《工伤保险条例》的规定执行；缴费费率按四类行业基准费率（0.9%）执行；在缴费和待遇支付方面，灵活就业人员实际承担了用人单位的角色，即灵活就业人员自行缴费、自行承担应由用人单位承担的费用。

2010年12月，潍坊市开始试点公务员及参公事业单位人员参加工伤保险，此后东营、烟台等市相继展开。2014年，经山东省人民政府同意，山东省人力资源社会保障厅、省财政厅联合下发了《关于省属驻济机关事业单位工作人员参加工伤保险有关问题的通知》（鲁人社发〔2014〕11 号），将省直公务员及参公事业单位人员纳入工伤保险。此后，山东省强化指导，加快了推进公务员参加工伤保险工作的步伐，到 2015 年年底，省直及全省 16 市均将公务员纳入了工伤保险参保范围，为实现工伤保险职业人群全覆盖迈出关键一步。

2014 年 6 月，山东省人力资源社会保障厅印发了《关于实施工伤职工劳动能力鉴定管理办法若干问题的意见》（鲁人社发〔2014〕33 号），对《工伤职工劳动能力鉴定管理办法》实施中的有关事项提出了具有可操作性的意见，完善了工伤职工劳动能力鉴定管理。

2015 年 3 月，山东省人力资源社会保障厅会同省住建厅、安全监管局和总工会印发了《关于转发人社部发〔2014〕103 号文件明确建筑业参加工伤保险有关问题的通知》（鲁人社发〔2015〕15 号），明确了建筑业按建设项目参保的政策措施。5 月，印发了“同舟计划”工作方案。按建设项目参保工作启动后，各市进展极不平衡，个别市工作阻力特别大。2016 年 11 月，为切实解决按项目参保工作存在的问题，山东省组织召开全省推进建筑业参加工伤保险工作视频会议。原山东省委组织部副部长、省人力资源社会保障厅厅长韩金峰出席会议，要求全省各级人力资源社会保障部门突出重点，强力推进，坚决打赢建筑业参加工伤保险攻坚战，确保完成“同舟计划”确定的各项目标任务。到 2016 年年底，建筑业按项目参保取得明显进步。到 2017 年 5 月，山东省提前完成建筑业按项目参保的目标。

2015 年 9 月，山东省人力资源社会保障厅会同省财政厅下发了《关于转发人社部发〔2015〕71 号和 72 号文件落实调整工伤保险费率政策加强工伤保险基金管理有关问题的通知》（鲁人社发〔2015〕52 号），要求各统筹地区按照“总体降低，细化分类，健全机制”的原则，从当年 10 月 1 日起，执行新的工伤保险费率政策，总体降低费率水平。到 2016 年年底，调整费率的作用显现，全省工伤保险平均费率由 2015 年的 0.93%降至 0.73%。

2015 年 9 月，山东省人力资源社会保障厅会同省财政厅下发了《关于开展工伤预防试点工作的通知》（鲁人社字〔2015〕417 号），确定了山东省工伤预防费提取、使用等相关政策。随后，山东省确定济南、青岛、东营、潍坊、济宁、莱芜、聊城 7 市为全省工伤预防试点城市，自 2016 年全面启动工伤预防工作。

2017 年 1 月，山东省人力资源社会保障厅会同省财政厅联合印发《山东省工伤保险省级调剂金管理办法》（鲁人社发〔2017〕3 号），明确了省级调剂金的性质、规模、上解、申请、调剂条件以及管理使用等政策，基本建立了工伤保险省级调剂金制度。10 月，会同财政厅印发《山东省工伤保险基金省级统筹工作方案》（鲁人社字〔2017〕299 号），明确了实现工伤保险基金省级统筹的时间表、路线图，确定到 2020 年全面实现“一调剂、五统一”的工伤保险基金省级统筹。

2017 年 1 月，山东省人力资源社会保障厅印发了《山东省工伤职工劳动能力鉴定工作规程》（鲁人社规〔2017〕4 号）和《山东省工伤职工劳动能力鉴定现场管理办法（试行）》（鲁人社规〔2017〕5 号），进一步规范了工伤职工劳动能力鉴定工作，加强了劳动能力鉴定现场管理，提高了工作效率和工作质量。

2018 年 2 月，山东省人力资源社会保障厅会同省财政厅等四部门，在全国率先印发《关于印发山东省工伤预防费使用管理实施办法的通知》（鲁人社规〔2018〕3 号），细化了工伤预防费的使用、管理和监督，具有较强的可操作性和针对性，标志着山东省工伤预防工作全面启动。同时，加强调度，精准指导，工伤预防工作顺利推进。2018 年全省共支出工伤预防费 1 642 万元。

2018 年 3 月，山东省人力资源社会保障厅会同省发改委等 7 部门联合下发《关于印发山东省推进铁路公路水运水利能源机场等工程建设项目参加工伤保险工作方案的通知》（鲁人社发〔2018〕16 号），全面启动交通运输等行业按项目参加工伤保险。山东省人力资源社会保障厅会同行业主管部门坚持季度通报，对重点节点实施周调度，将按项目参保率列入省经济社会发展考核内容，采取多种措施提高参保质量，确保政策落地落实，2018 年年底，建筑、交通等行业领域新开工建设项目实现了全部按项目参加工伤保险。

2018 年 7 月，经省政府同意，山东省人力资源社会保障厅会同财政厅印发《关于继续阶段性降低社会保险费率的通知》（鲁人社发〔2018〕37 号），明确从 5 月 1 日起，符合条件的统筹地区按规定下调工伤保险基准费率，执行期限到 2019 年 4 月 30 日。符合条件的 13 个市均按规定下调了工伤保险费率。2018 年，全省工伤保险平均费率为 0. 59%，比 2017 年减少了 0. 13 个百分点，全年进一步为用人单位减轻负担

10.3亿元。2019年4月，延长阶段性降低社会保险费率政策的执行期限到2020年4月30日。

2018年12月，为深入推进“放管服”改革，将山东省委、省政府深化“一次办好”改革要求落到实处，山东省人力资源社会保障厅印发《关于进一步做好工伤认定和劳动能力鉴定工作的通知》（鲁人社字〔2018〕433号）。2019年全面下放省级人力资源社会保障部门工伤认定和劳动能力初次鉴定事项，推进工伤认定和劳动能力鉴定受理事项进驻大厅，探索工伤认定、劳动能力鉴定部分职责下沉，建立劳动能力鉴定工作专家共享机制，取消重复提交的证明材料，统一规范文书样式，加强信息化建设，保障工伤认定、鉴定工作便民化服务顺利开展，为工伤职工享受待遇提供了坚实保障。

二、山东省工伤保险发展现状和成就（2004—2018年）

《工伤保险条例》实施以来，山东省工伤保险规模不断扩大，作用日益显现，起到了工伤职工保护伞、社会稳定器的作用。

（一）发展现状

1. 勇于创新，参保范围不断扩大

坚持应保尽保，工伤保险覆盖范围不断扩大。实现职业人群全覆盖是工伤保险公平性的重要体现，工伤保险制度改革初期，实施范围主要局限在企业。随着改革的不断深入，实施范围不断扩大，逐步扩展到了事业单位、民办非企业单位、基金会、律师事务所、会计师事务所等组织，并根据人力资源社会保障部要求，积极推进公务员及参公事业单位人员参加工伤保险试点，突出抓好重点群体参保。

（1）重点推进农民工参保及建筑业参保。为保障农民工权益，从2006年开始，山东省通过制定优先参保政策、实施农民工“平安计划”及“平安计划”二期等举措，大力推进农民工参加工伤保险工作。2015年以来，多措并举推进按项目参保工作，实现了从艰难突破到全部参保的巨大飞跃，切实保障了在各类建设项目上流动的农民工的工伤保险权益。到2018年年底，全省工程建设领域新开工项目11 448个，在建项目7 866个，全部按项目参加了工伤保险。

（2）积极推进机关事业单位工作人员参加工伤保险工作。以中央部署全面深化改革为契机，省直于 2014 年 5 月 1 日将省属驻济机关单位工作人员纳入工伤保险，为实现工伤保险职业人群全覆盖迈出了关键一步。截至 2018 年年底，全省各市均将公务员纳入了工伤保险制度保障范围，基本实现了事业单位工作人员全员参保。

（3）将国有企业“老工伤”人员全部纳入统筹管理。按照国家统一部署，山东省将 12.6 万名国有企业“老工伤”人员纳入统筹管理。同时，为保持政策的连续性，对于新发现的“老工伤”人员，坚持“发现一个，纳入一个”，充分体现“社会政策要托底”的理念。

2004—2018 年山东省工伤保险参保人数如图 5-3-5 所示。

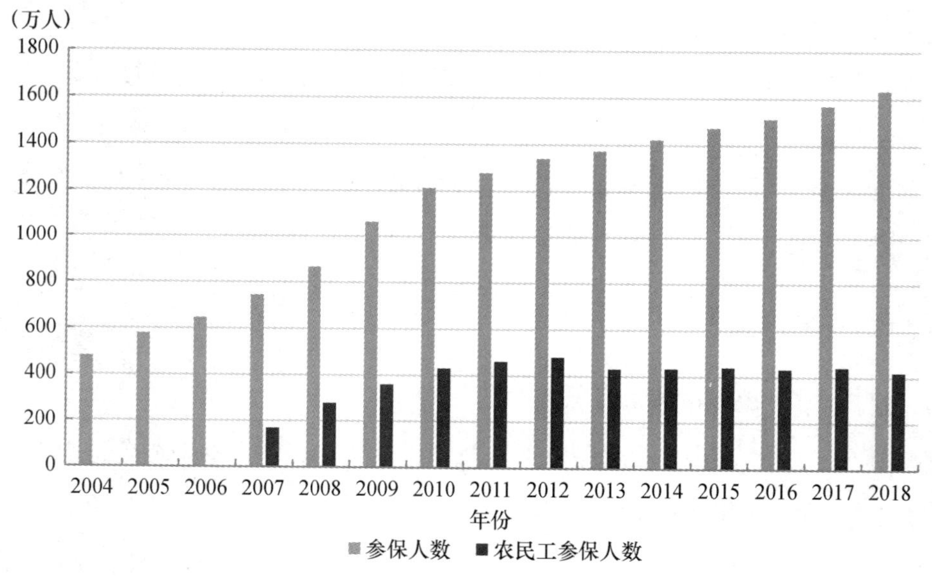

图 5-3-5　2004—2018 年山东省工伤保险参保人数

注：2004—2006 年无农民工参保人数统计。

2. 规范管理，工伤认定与劳动能力鉴定质量和效率不断提高

工伤认定和劳动能力鉴定是工伤职工享受待遇的前提和保障。《工伤保险条例》实施以来，2009—2018 年山东省工伤认定 64.4 万人，劳动能力鉴定 31.9 万人次，切实保障了工伤职工的合法权益。2009—2018 年山东省工伤认定、劳动能力鉴定情况如图 5-3-6 所示。

（1）定期组织疑难问题分析会。为了进一步统一法律适用尺度，2015 年以来，山

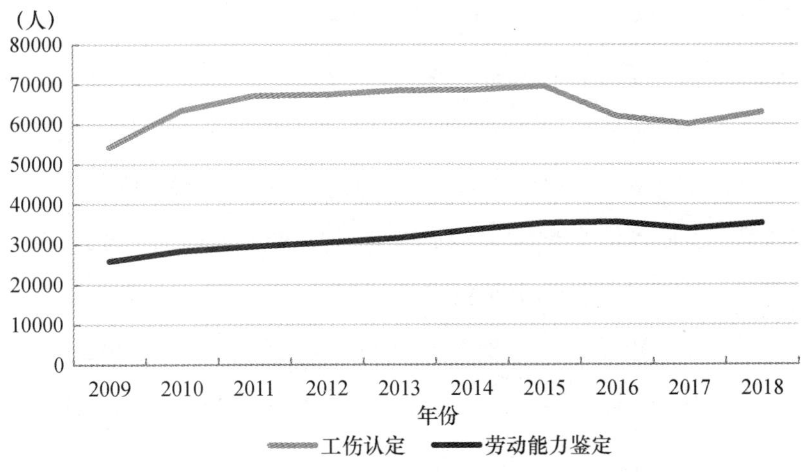

图 5-3-6　2009—2018 年山东省工伤认定、劳动能力鉴定情况

东省连续几年组织工伤认定案例、疑难问题分析会，邀请法院、法制办参加，围绕典型案例、共性问题进行深入研讨。

（2）开展工伤认定案卷年度评查。为了进一步规范工伤认定工作，2016 年以来，山东省连续多年组织工伤认定案卷评查活动，采取随机抽样、样本查看、分组评审的方式进行评查。评查活动结束后，对评查情况进行通报，要求各市进行认真总结，有效地规范了认定、鉴定程序和案卷文书，提高了认定、鉴定质量。

（3）加强工伤认定工作人员的业务培训。为了进一步提高工伤认定工作人员的业务能力，除积极组织全省工伤保险工作人员参加人力资源社会保障部工伤保险司及培训中心举办的各类业务培训班外，还根据工作需要，举办了全省工伤保险政策业务培训班，除邀请省人力资源社会保障系统内部有关专家授课外，还特别邀请人力资源社会保障部工伤保险司司领导以及省高级人民法院行政庭负责人进行专门授课，并编写《工伤保险法规政策选编》作为培训教材，取得了良好的培训效果。

（4）劳动能力鉴定水平不断提升。认真贯彻实施《工伤职工劳动能力鉴定管理办法》，全面执行国家新标准，完善省市两级鉴定机制，制定鉴定工作规程、鉴定现场管理办法和鉴定费管理试行办法，进一步规范劳动能力鉴定工作，明确了劳动能力鉴定费支付标准和程序，解决劳动能力鉴定取消收费后劳动能力鉴定工作缺乏经费支持的困境，使工伤职工劳动能力鉴定工作走上了规范化、制度化的轨道。再次鉴定结论维持率达到 75%以上，有力维护了工伤职工的合法权益。

（5）队伍建设进一步加强。山东省成立了劳动能力鉴定中心，济南、青岛、潍坊等多市成立了独立的鉴定机构，劳动能力鉴定机构逐步健全。全省形成了工伤保险工作机构基本架构，组建了工伤保险行政、劳动能力鉴定、社会保险经办三支队伍，定期进行业务培训，工作人员业务素质不断提高，为工作开展提供了坚强的组织保障。

3. 积极稳妥，工伤预防工作全面启动

2018 年 2 月，山东省印发《山东省工伤预防费使用管理实施办法》，进一步细化了工伤预防费的使用、管理和监督，具有较强的可操作性和针对性，标志着全省工伤预防工作全面启动。

（1）扎实做好工伤预防试点工作。2015 年，山东省人力资源社会保障厅联合财政厅明确工伤预防费相关政策，在明确青岛、济宁 2 市为全国工伤预防试点城市的基础上，增加济南等 5 市为全省工伤预防试点城市，推动济南、青岛等 7 市深入开展工伤预防工作。同时加强调度，精准指导，确保工伤预防工作顺利推进。各试点城市结合自身实际，制定方案，采取行之有效的措施，加强工伤预防宣传和培训。例如，成立工伤预防领导小组，出台工伤预防费使用评估考核办法，加强预防费的管理监督；组织工伤预防论坛，邀请有关单位、新闻媒体、企业代表、全国劳模代表、技工院校学生代表、市民代表等 200 多人参加，营造浓厚的工伤预防舆论氛围。有的试点城市还积极探索工伤预防新模式，引进了“现场互动与持续改善式工伤预防培训”项目，邀请工伤预防培训专家深入试点企业进行工伤危险因素风险评估，提出改善建议。针对评估中发现的隐患，为企业量身定制培训内容，对企业一线职工和管理人员分别进行“一对一”互动式培训，让企业管理人员和职工收获颇多，该市工伤事故比去年同期下降 11%。2012 年以来，工伤预防费累计使用 4 498 万元。

（2）持续做好工伤保险集中宣传。近年来，山东省结合实际扎实开展工伤保险集中宣传活动，聚焦工程建设项目参保等重点工作、农民工等重点群体、工伤认定和待遇保障等重点政策，运用多媒体、文艺演出、知识竞赛等立体宣传，走进企业、工地等生产一线，普及工伤保险政策法规，提高职工自我保护能力。

（3）工伤预防工作成效明显。将费率浮动机制作为促进工伤预防、减少工伤事故的有效手段，全省 16 市普遍制定了费率浮动具体办法，定期进行费率浮动，充分发挥了浮动费率的杠杆作用。

4. 建章立制，工伤康复工作健康发展

（1）建章立制。为推进工伤康复工作，2012 年，山东省人力资源社会保障厅制定《山东省工伤康复管理试行办法》（鲁人社发〔2012〕45 号），明确了劳动能力鉴定委员会确认工伤康复对象、康复期以及工伤康复待遇、康复机构管理等政策。2016 年，进一步修订完善试行办法，印发了《山东省工伤康复管理办法》（鲁人社发〔2016〕7 号），沿袭工伤康复对象确认、待遇等规定，完善康复机构协议管理，进一步规范山东省工伤康复工作。

（2）推动康复机构建设。2014 年，按照《山东省工伤康复管理试行办法》（鲁人社发〔2012〕45 号）的要求，经评估确定，山东省将济南、青岛等 11 个市 28 家工伤康复机构公布为工伤康复定点机构。2016 年，按照医疗机构协议管理的要求，在修订管理办法时，将对工伤康复机构的管理模式调整为协议管理。2017 年，确定山东中医药大学第二附属医院为省级工伤康复示范平台，积极发挥工伤康复示范平台的作用，进一步加强工伤康复服务体系建设。

（3）指导各市积极探索康复机制建设。积极探索开展工伤康复规范化服务，推动建立“康复早期介入”“先康复、后评残”的工作机制。济南、青岛等地市根据实际情况积极开展探索，形成了行之有效的经验，取得了较好的效果。济南市通过与医院共建、增加专业机构等方式，建立了集工伤医疗康复、职业社会康复和职业病诊断治疗为一体的工伤医疗康复中心，创新付费方式，由单一的按项目付费的后付制改为总量控制、年中调剂与质量相结合的复合制结算方式，达到了投资少、功能全、效果好的目标。青岛市积极开展早期介入试点，实现工伤治疗和康复的无缝对接，工伤职工康复疗程大大缩短，康复程度明显提高，康复费用显著下降。

5. 积极稳妥，工伤保险基金收支平衡

与经济社会发展相适应，在工伤保险基金规模扩大和享受待遇人数增长的背景下，山东省工伤保险保障水平稳步提高。2004—2018 年，全省累计 109. 8 万人次享受了工伤保险待遇。工伤保险基金收支规模进一步增大，2018 年全省工伤保险基金征缴收入 64. 1 亿元，当期支出 47. 8 亿元，累计结余 117 亿元，基金保障能力大大提高。

（1）提高工伤职工定期待遇水平。连续调整一级至四级工伤职工伤残津贴、生活护理费、供养亲属抚恤金标准，到 2018 年年底，实现了自 2005 年以来的 14 连调。工伤职工定期待遇调整中，实现了在全省范围内统一调整办法、统一调整时间和统一调整标准“三统一”。

（2）工伤保险一次性待遇水平快速提高。与 2011 年相比，2018 年一次性伤残补助金、一次性伤残就业补助金、一次性工伤医疗补助金平均增长 138%左右，一次性工亡补助金提高到 72. 8 万元。

（3）基金规模进一步扩大。2018 年，全省工伤保险基金收入 64. 1 亿元，累计结余达到 117 亿元，可支付能力达到 29 个月，基金抗风险能力和共济能力不断增强。山东省部分年度工伤保险基金收支情况如图 5-3-7 所示。

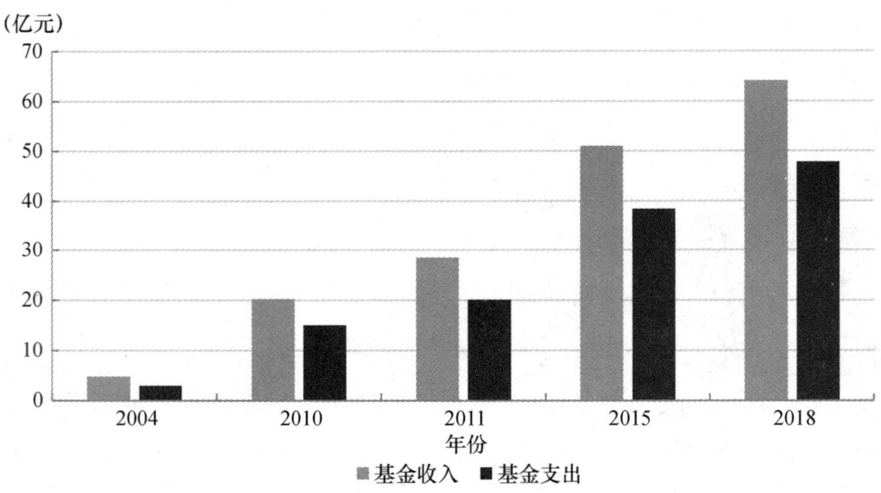

图 5-3-7 山东省部分年度工伤保险基金收支情况

（4）落实好阶段性降低工伤保险费率政策。按照阶段性降低工伤保险费率和延长阶段性降低工伤保险费率期限的政策要求，根据 2017 年和 2018 年山东省工伤保险基金累计结余情况，山东省 12 个市按规定降低了工伤保险费率，其中 11 个市下调 50%，1 个市下调 20%。2018 年，山东省工伤保险平均费率降至 0. 59%，比上一年度减少了 0. 13 个百分点，为用人单位减轻负担 10. 3 亿元。

6. 加强指导，统筹层次逐步提高

在统筹层次上，山东省工伤保险由改革初期的县级统筹逐步发展为市级统筹。2010 年以来，按照《关于推进工伤保险市级统筹有关问题的通知》（人社部发

〔2010〕20号）要求，山东省积极推进工伤保险市级统筹工作，要求各市按照工伤保险业务管理“六统一”的要求，到2010年年底，全省基本实现工伤保险市级统筹。建立工伤保险市级统筹，核心是实现工伤保险基金统筹，关键是基金在全市范围统筹调剂使用，基础是统一参保缴费办法、待遇支付等政策标准和规范工伤认定、劳动能力鉴定、工伤预防、工伤医疗和工伤康复等管理服务。

（1）统一参保范围和参保对象。山东省工伤保险参保范围和参保对象基本一致。按照《工伤保险条例》等法规政策的规定，企业、事业单位、社会团体、民办非企业单位、基金会、律师事务所、会计师事务所等组织和有雇工的个体工商户依法参加工伤保险，为本单位全部职工或者雇工缴纳工伤保险费。不能按用人单位参保的建筑、铁路、公路、水运、水利、能源、机场工程建设项目使用的职工特别是农民工，按项目参加工伤保险。此外，山东省已开展公务员和参照公务员法管理的事业单位、社会团体工作人员参加工伤保险工作，各市均已将上述人员纳入工伤保险制度体系，明确上述人员应依照《工伤保险条例》参加工伤保险。

（2）统一行业差别费率。各市均在本市范围统一了行业基准费率。2015年，按照《关于调整工伤保险费率政策的通知》（人社部发〔2015〕71号）的规定，各市将行业基准费率由原来的三类调整为八类，其中济南、青岛等15市（包含原莱芜市）的行业基准费率相同，即一类至八类行业基准费率分别控制在该行业用人单位职工工资总额的0.2%、0.4%、0.7%、0.9%、1.1%、1.3%、1.6%、1.9%。烟台、威海两市根据基金结余情况，上浮了行业基准费率。济南、青岛等16市（包含原莱芜市）均制定了费率浮动办法。2018年5月1日，阶段性降低工伤保险费率政策实施，符合条件的市按规定下调了工伤保险费率。

（3）统一基金管理。基金管理是工伤保险市级统筹的关键，统一基金管理的最终目标是实现统收统支，可以通过调剂金的方式逐步过渡。目前全省15个市实现了市级统收统支，1个市仍实行市级调剂金制度，工伤保险基金由市本级和县（市、区）分别管理。

（4）统一工伤认定和劳动能力鉴定办法。近年来山东省不断加强工伤认定、劳动能力鉴定法制化、规范化建设，每年都开展工伤认定和劳动能力鉴定案卷评查工作，工伤认定和劳动能力鉴定质量和效能得到进一步提高。按照“一次办好”改革的要求，下放省级工伤认定和初次劳动能力鉴定的职权，探索建立全省劳动能力鉴定工作专家共享机制。进一步精简申请材料，优化流程，方便申请人办事。为进一步提高对工伤认定疑难问题法律适用的共识，不断加强与司法机关、人民法院的良性沟通，工伤认定案件行政复议维持率和行政诉讼胜诉率稳中有升。

（5）统一工伤保险待遇支付标准情况。按照《工伤保险条例》的要求，山东省统一制定了一次性工伤医疗补助金和一次性伤残就业补助金的标准；2005—2018 年，全省统一调整一级至四级工伤职工伤残津贴及生活护理费和工亡职工供养亲属抚恤金，2012 年以来伤残津贴不再分区域调整，而是全省统一标准调整。各市在本市范围内统一了住院伙食补助费和异地就医交通食宿费。

（6）统一工伤保险经办流程和信息系统情况。各市在本市范围内统一工伤保险经办流程，按照信息化要求使用社会保险经办系统。全省集中的社会保险信息平台于 2018 年年底建成。全省集中的劳动能力鉴定信息系统已试点一年多，工伤认定信息系统开始启动试点工作。

（7）建立实施工伤保险省级调剂金制度。2017 年，山东省建立省级调剂金制度，调剂金上解金额为统筹地区上年度工伤保险基金征缴收入（社会保险基金决算数）的 3%，规模为 2 个月的全省工伤保险待遇支付能力。各市按规定从 2017 年开始上解省级调剂金，到 2018 年年底共上解调剂金 2.9 亿元。

7. 以人为本，工伤保险经办服务不断优化

在工作量大面广、情况复杂、社会和群众关注度高的情况下，各级工伤保险机构强化服务意识，按照行风建设和窗口单位作风建设的要求，突出人文关怀，通过“优质窗口单位”创建活动，充分利用信息化手段，规范经办服务流程、创新管理服务方式，进一步提高了管理服务的便捷性。淄博、济宁等市实行工伤医疗联网结算，对工伤职工的诊疗过程实施全程监控；德州禹城市在推进建筑业按项目参保中，为项目参保开辟“绿色通道”；东营市开发工伤案件网上直报和信息查询功能，对事实清楚、法律适用明确的案件适用简易程序，实行“快认快结”；潍坊、日照等市组织专家对伤、病情危重的工伤职工开展上门鉴定服务；威海市将参保、工伤认定、劳动能力鉴定、待遇支付等全流程业务纳入信息系统管理。这些举措都极大地方便了群众，受到广泛好评。

8. 与时俱进，信息化建设得到加强

2018 年山东省在已经启动工伤认定、劳动能力鉴定信息化建设的基础上，按照《人力资源社会保障部办公厅关于全面推进工伤保险信息化的指导意见》要求，山东省制定了《山东省工伤保险信息化项目建设方案》，依托省政府政务云平台，按照省级集中部署模式，建设支持工伤保险省级统筹的工伤保险信息系统。系统建设内容包括工伤认定系统、劳动能力鉴定系统、工伤保险联网结算系统、大数据应用建设、基金监管系统、知识库管理系统和接口服务平台，为全省工伤保险政策管理和业务经办提供工伤认定、劳动能力鉴定、待遇报销等业务办理支持，为服务对象提供网上工伤申报服务，实现省市县三级管理部门信息的纵向互联，支持工伤保险与其他业务领域的信息共享和业务协同。

2019 年，分四批推进社会保险信息系统省级集中建设，确保到年底完成。同时进一步优化完善省集中社保业务系统工伤认定和劳动能力鉴定业务模块功能。在前期分批试点的基础上，已全省推开劳动能力鉴定业务模块，大大方便了省市材料共享。启动工伤认定信息系统 4 个市的试点工作，确保与省级统筹同步到位推进。

（二）主要成就

1. 工伤保险规模日益扩大

（1）工伤保险参保范围不断扩大，参保人数增长明显。工伤保险制度从企业和有雇工的个体工商户及其职工扩展增加机关事业单位、民办非企业单位、基金会、律师事务所、会计师事务所等用人单位及其职工。2018 年参保人数是 2004 年参保人数的 3.4 倍，比 2010 年增加 35.8%。

（2）工伤认定及享受工伤保险待遇人数不断增加。近年来，随着职业人群覆盖范围的扩大，工伤认定数量在大幅增长后达到平稳状态，年均 6 万人以上。2018 年工伤认定 6.3 万人，是 2005 年的 2.2 倍，比 2010 年略少。2004 年以来，工伤认定最多的是 2015 年，有 6.96 万人。每年享受工伤保险待遇人数也在大幅增长后趋于稳定，年均 11 万人左右。2018 年享受工伤保险待遇人数是 11.4 万人，是 2004 年的 2.4 倍。

（3）工伤保险基金累计结余规模持续扩大。2018 年全省工伤保险基金征缴收入 64.1 亿元，当期支出 47.8 亿元，累计结余 117 亿元，可支付月数超过 29 个月。伴随

工伤保险统筹层次的提高，基金抗风险能力、共济能力增强，有效降低了对基金累计结余的依赖，可通过降低费率等方式，将基金累计结余消化到合理水平。

2. 工伤预防、工伤康复、工伤补偿“三位一体”的制度体系日趋完善

按照《社会保险法》和《工伤保险条例》的要求，山东省及时制定和完善配套政策，建立起涵盖工伤预防、工伤康复、工伤补偿“三位一体”的工伤保险制度体系。

（1）工伤补偿制度基本完善。山东省工伤保险政策以《山东省贯彻〈工伤保险条例〉实施办法》为核心，不断完善参保缴费、统筹层次、工伤认定、劳动能力鉴定、待遇支付、业务经办管理等政策、标准，建立起比较完备的工伤补偿制度。《工伤保险条例》明确授权各省、自治区、直辖市人民政府规定的待遇，山东省均制定动态确定政策，切实保障工伤职工待遇水平随经济发展上升。

（2）工伤康复工作有序推进。工伤康复是最大限度地恢复和提高工伤职工身体功能和生活自理能力，促进工伤职工全面回归社会和重返工作岗位的重要工作，也是最能体现人文关怀的一项工作。2018 年，全省康复工伤职工 6 105 人次，支付康复费用 1. 2 亿元。

（3）工伤预防工作成效明显。制定工伤预防费管理办法，全面推开工伤预防工作。将费率浮动机制作为促进工伤预防、减少工伤事故的有效手段，全省各市均制定了费率浮动具体办法，定期进行费率浮动，充分发挥了浮动费率的杠杆作用。2016—2018 年，工伤认定案件较前一阶段明显下降，年均 6. 2 万件左右。

3. 依法行政水平日益提升

行政复议、行政诉讼是法定的权利救济方式。2009—2018 年，全省工伤认定行政复议、行政诉讼 4 677 件、7 436 件，分别占工伤认定总数的 0. 73%、1. 15%。工伤认定行政复议件数持续下降，已经从高峰时期的每年 700 多件降至不到 300 件。工伤认定行政诉讼件数总体呈上升趋势，尤其是 2015 年 5 月 1 日修订后的《行政诉讼法》实施后，增长明显。2018 年工伤认定行政诉讼 1 109 件，比 2009 年增加 1. 1 倍，较 2015 年增长了 49. 5%。2014—2018 年工伤认定行政复议、行政诉讼情况如图 5-3-8 所示。

4. 便民化水平日益提高

（1）精简办事材料。按照“一次办好”改革要求，梳理工伤认定、劳动能力鉴定和待遇经办所需材料，制作事项清单，全面清理所需材料，通过部门内部、部门间信

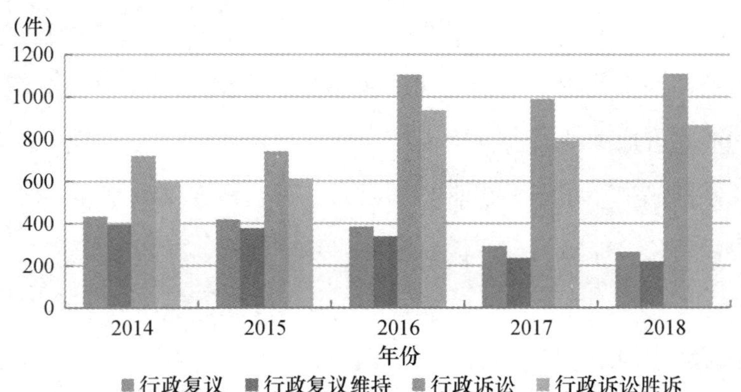

图 5-3-8　2014—2018 年山东省工伤认定行政复议、行政诉讼情况

注：行政复议总数包括维持、撤销和未结案等多种情况。行政诉讼总数包括胜诉、败诉和未结案等多种情况。

息共享，大大减少用人单位和职工需要提交的材料。

（2）加强工伤医疗费结算管理。推进工伤医疗费即时结算，减轻用人单位和职工垫付负担，加强实时监管。

（3）加快信息化建设。省集中信息平台建设稳步推进，工伤保险各环节信息化建设工作均已启动，为实现全流程网上通办奠定了基础。

（三）工伤保险面对的挑战和问题

1. 工伤保险参保扩面制度体系需要进一步健全

一是中小微民营企业要求优先参加工伤保险的呼声加大。受经济形势影响，结合减轻企业负担的要求，用人单位尤其是中小微民营企业及灵活就业人员要求优先参加工伤保险的诉求越来越多、越来越强烈。但是，在现行法律法规框架下，优先参加工伤保险需要通盘考虑，审慎做好相关制度设计。同时在社会保险经办普遍“五险一票”征缴的情况下，如何确保落实到位，需完善相关法律法规及部门职责。二是建筑业按项目参保的长效机制有待进一步完善。山东省部分市与其他一些省份一样面临困境，即在“放管服”改革中，“先参保、后开工”政策执行出现松动的情况，需进一步加强部门工作合力。三是新业态从业人员建立职业伤害保障制度需要不断探索。新业态从业人员是指近年来伴随着“互联网+”的迅猛发展而兴起的新型就业形态，既有升级版或者“互联网+”的传统灵活就业，也有高知识、高回报的新型自由职业和多重职业，包括网约车司机、平台主播、快递员、淘宝店主、微信电商等多种形式，从业人员对职业伤害保障的需求也比较高。由于新业态从业人员不同于与用人单位建立稳定劳动关系的职工，在探索新业态从业人员职业伤害保障制度方面，应着力解决制度模式、参保对象、保障内容、保障水平、筹资标准、筹资模式和经办服务等政策难点。

2. 工伤保险机构队伍建设亟须进一步理顺

近期各市已基本完成机构改革，根据了解到的机构设置情况，部分市不再单独设立工伤保险科，与其他险种合署办公，人员配备较少，个别县市区甚至只有 1 人，难以满足调查核实应当至少具备行政执法 2 人的基本要求。工伤保险经办人员也存在严重不足，有的地方甚至无法正常运转的问题，机构队伍亟须理顺到位。同时由于人员流动较大，干部队伍的业务素质也需要进一步提高。

3. 工伤保险经办管理有待进一步强化

医疗保险职能划转后，工伤医疗的监管难以有效借助医疗保险，工作量将大幅增加，监管难度将进一步加大，工伤医疗服务协议签订难度也将加大。工伤保险单独和医疗机构（康复机构）、辅助器具配置机构、职业病治疗机构等签订协议，会面临医疗资源较好的医疗机构签订协议的意愿不强，而愿意签订协议的医疗机构医疗条件相对较差的问题，从而影响工伤定点医疗机构的合理布局及工伤职工享受较好的医疗资源。

4. 与司法部门、审判机关的协调沟通有待进一步加强

近年来，山东省特别注重加强与司法部门、审判机关的业务交流，努力扩大法律共识。但仍出现与司法部门、审判机关法律适用认识差异比较大的个案，亟须进一步加强沟通交流，形成法律适用共识，实现有机衔接。

三、山东省今后一个时期工伤保险的主要任务和发展前景

山东省工伤保险工作在今后一个时期，特别是“十四五”规划时期，将认真贯彻党的十九大“完善工伤保险制度”的要求，深入推动制度改革完善，积极构建工伤预

防、工伤康复、工伤补偿“三位一体”的现代工伤保险制度。

（一）以提高基金抗风险能力为目标，扎实推进工伤保险省级统筹

夯实工伤保险基金省级统筹基础，以省政府名义制定出台《山东省工伤保险基金省级统筹实施意见》，提前完成人力资源社会保障部、财政部部署要求实现省级统筹的目标。逐步建立健全省级统筹配套政策体系，进一步打造融工伤认定、鉴定、经办服务为一体、互联互通、全省集中的工伤保险信息化系统。

（二）以中小微企业为重点，推进工伤保险应保尽保

按照统一部署，积极推进小微企业、民营企业参加工伤保险，扩大工伤保险覆盖面，分散企业用工风险，增强企业抗风险能力。指导各市加强与有关部门配合，逐步完善建设项目信息共享机制，加强对建筑施工企业和工程项目建筑工人参加工伤保险的监督检查，以严格执法督促企业依法为建筑工人参加工伤保险，确保“先参保、后开工”。指导开展新业态从业人员职业伤害保障试点工作，加强对工伤保险领域新情况新问题的研究。通过重点推动以及建立补充保险等方式，实现职业人群全覆盖。从源头减少职工维权成本和时间，缩短工伤保险待遇兑付时限，提升工伤保险保障水平，实现广覆盖、保基本、多层次的保障体系。

（三）以规范化、标准化为手段，推进工伤保险管理服务提升

按照“放管服”改革和“一次办好”要求，取消由规范性文件设定的材料，加强信息比对，方便用人单位和职工办事；落实商事制度改革要求，方便用人单位参保登记；推进工伤医疗费即时结算和社会化发放，加强规范化和标准化建设，提高工伤保险管理服务水平和效率。

（四）以信息化为抓手，提高工伤保险便民化水平

完成工伤认定信息系统试点，推进工伤医疗费、工伤康复费和辅助器具配置费直接结算，伤残津贴和其他待遇通过社会保障卡领取。推进工伤保险公共服务事项网上办理。2020 年，依托省集中社保信息系统，全省统一使用工伤保险各模块信息系统，

推进工伤认定、劳动能力鉴定和业务经办一体化。实现省集中社保业务系统在工伤保险业务领域的全面应用，完成与人力资源社会保障其他业务系统的互联互通，对接省政府信息共享平台实现跨部门信息共享，形成业务流程一体化、服务内容多样化、监管决策智能化的工伤保险信息化应用格局。切实通过部门内部核验、政府部门间核查和网络核验等方式，方便用人单位和职工办事，做多“最多跑一次”。

（五）以服务群众为导向，加强工作队伍建设

巩固加强工伤保险队伍建设。妥善处理机构改革期间工作衔接问题，加强工伤保险机构建设，稳住经办业务骨干，完善工伤医疗管理，确保工伤待遇支付不受影响。加强业务培训，建设一支高素质工伤保险队伍。打牢夯实工伤保险工作基础。认真贯彻落实推进工伤认定劳动能力鉴定便民化服务实施方案，提高工伤保险便民化服务水平。继续开展工伤案卷评查，依法规范行政行为，提高认定鉴定质量。加强与法院、司法等部门沟通协调，形成长效机制，联合开展工伤认定疑难问题研讨，扩大形成共识。

广东省工伤保险发展报告

改革开放四十多年来，广东省坚持以人民为中心，突出目标导向和问题导向，以改革的方法、法治的思维、务实的举措，着力织密网、降费率、强保障、促改革、优服务，着力构建更加公平更可持续的工伤保险制度，工伤预防、补偿、康复全面推进，“三位一体”的工伤保险制度体系建设走在全国前面，切实维护了广大职工的工伤保险合法权益，工伤保险工作成效显著。截至 2018 年 12 月，全省工伤保险参保人数 3 592 万人，完成全年参保任务计划 3 360 万人的 107%，占全国参保人数的 15%，位居全国第一；全省工伤保险基金累计结存 288 亿元，占全国工伤保险累计结存的 18%，位居全国第一；率先全面实施差别化可浮动的工伤保险费率政策，全省平均费率从 0. 63%下降至 0. 32%左右，为全国最低水平，近三年降低企业缴费成本约 80 亿元；工伤职工伤残津贴平均提高 6. 5%，人均伤残津贴约 3 482 元，位居全国前列；健全工伤预防制度机制，每年投入工伤预防费约 8 000 万元，工伤发生率从 2012 年的 0. 56%下降至 2018 年的 0. 34%；完善工伤康复政策标准和服务体系，一年支付工伤康复费 2. 5 亿元，每年为约 8 000 名工伤职工提供专业康复服务，经综合康复后再就业率达 82%，为职工构筑了坚实的劳动安全保障网。

一、改革开放以来广东省建立工伤保险制度的探索历程

中华人民共和国成立后的 10 多年间，广东省在恢复发展国民经济的同时，按照《劳动保险条例》的规定，不断调整充实劳动保险制度，采取各项积极政策措施，基本建立起包括养老、疾病、工伤、死亡、生育等主要保险项目在内的劳动保险制度，受到广大职工的支持和拥护。劳动保险制度的建立对恢复发展国民经济、保障人民基本生活和巩固新生政权起到了重要作用。但由于受经济发展不平衡、发展水平低等各

种因素影响，一些劳动保险政策没有真正得到落实，有些问题未得到解决。

在“文化大革命”期间，我国劳动保险制度受到严重冲击和破坏。广东省的情况与全国一样，社会保障法律法规和制度被废止，劳动保险机构被撤销，退休费用的社会统筹被取消，此后逐步形成了企业自保的格局，导致社会保障事业严重倒退，无法适应改革开放新形势下经济发展的需要。

“文化大革命”结束后，经过两年多的调整和过渡，党中央确定了实行改革开放的方针政策，允许广东省实行特殊政策、灵活措施，率先实行对外开放。广东省是中国改革开放的排头兵、先行地、实验区，开启了以经济建设为中心的新征程。在经济体制改革过程中，很多企业特别是一些资金缺乏、技术力量薄弱的非公有制企业，对安全生产不够重视，工伤事故和职业病发生率都较高，职工的生命健康得不到很好的保障，工伤保险权益受到侵害。同时，城市工业建设的提速促使农村劳动力向城市转移。从 1983 年开始，广东省率先正式拉开了社会保障制度改革的帷幕。为探索建立适应改革开放形势发展需要的工伤保险制度，深圳经济特区从 1984 年起即组织力量进行调查，研究拟定工伤保险改革方案。

广东省努力推进工伤保险法制建设，不断发展完善了适合本省的工伤保险制度体系，逐次经历了试点探索阶段、改革深化阶段、依法推进阶段和发展完善阶段。

（一）试点探索阶段（20 世纪 80 年代至 1991 年）

广东省于 20 世纪 80 年代决定逐步开展工伤保险改革试点。1990 年广东省东莞、深圳市先后颁布了社会工伤保险暂行规定。此后，在东莞、深圳试点的基础上，广东省陆续扩大了工伤保险试点范围。

1988 年，深圳市、东莞市被列为国家工伤保险试点地区。同年 12 月 20—23 日，劳动部工伤保险制度改革座谈会在深圳召开，探讨工伤保险制度改革的基本思路，广东省在会上提出了建立工伤保险制度的初步建议，并计划在省内逐步开展试点工作。

1989 年 12 月 25 日，东莞市在全省率先建立工伤保险制度，颁布《东莞市职工工伤保险暂行办法》。该暂行办法规定，工伤保险基金由社会保险机构按照“满足开支、留有储备”的原则征集，按全部职工工资总额的 0.8%～1.5%，根据不同行业风险程度和工伤事故发生率分 3 个档次征收。工伤职工的部分工伤医疗费、定期残疾金、一次性残疾补偿金、护理费、丧葬费、一次性抚恤金、供养直系亲属生活补助费等由工伤保险基金支付。

1990年4月24日，深圳市颁布《深圳经济特区工伤保险暂行规定》，建立了工伤保险制度。参加工伤保险的职工包括固定职工、合同制职工、临时工、学徒工、见习工作人员、轮换工，但不包括农民工。机动车司机参加市交通保险，不列入工伤保险范围。

1990年12月25日，为有利于社会工伤保险制度改革的推行，广东省劳动局、省卫生厅印发《广东省职工因工残废评定暂行标准》，作为职工因工残废后劳动能力鉴定和支付待遇的依据。职工因工受伤致残，根据丧失身体器官功能、劳动工作能力和影响生活的程度，分为十个评定等级。

1991年4月1日，广东省属、中央、部队驻穗企业开始实施工伤保险。

1991年7月1日，中山市、梅州市开始试行工伤保险，8月1日惠州市开始试行工伤保险，11月1日河源市开始试行工伤保险。

1991年12月31日，广东省全省参加工伤保险的职工共91.05万人。

（二）改革深化阶段（1992—1997年）

在总结试点经验的基础上，1992年广东省政府出台了《广东省企业职工社会工伤保险规定》，以政府规章的形式在全省范围内推行工伤保险制度：不再区分企业所有制性质与用工形式，工伤保险制度覆盖全省企业和企业化管理的事业单位、城镇个体工商户及其所属全部职工，建立了社会工伤保险基金及省市两级调剂金制度，增加了一次性补偿待遇，形成长期待遇随职工工资增长相应调整的机制，明确要求市、县（区）建立劳动能力鉴定委员会。但是当时所规定的待遇偏低，适用范围未包括机关、团体和事业单位，省、市调剂功能较弱，法律强制性不够等问题，尚不适应社会主义市场经济发展的需要。

1992年1月17日，广东省人民政府颁布《广东省企业职工社会工伤保险规定》，从当年3月1日起施行。

1992年5月13日，广东省劳动局、省卫生厅印发《广东省职工外伤、职业中毒医疗终结鉴定标准》，明确规定各种外伤疾病和职业中毒的医疗终结时间和医疗终结评定标准。

1993 年 12 月 24 日，深圳市人大常委会通过《深圳经济特区工伤保险条例》。这是全国第一个工伤保险单项立法的地方性法规。这部法规扩大了该市工伤保险的覆盖范围，调整了缴费基数和待遇计发基数，提高了工伤保险待遇水平和社会化管理程度，并建立了工伤保险奖励机制。

1993 年年底，广东省 21 个市和省直均实施了工伤保险，参加工伤保险的职工共 524. 49 万人。

1994 年 12 月 23 日，韶关市社会保险康复医疗中心正式挂牌成立。该中心为广东省第一所定点共建的工伤康复医疗中心，由韶关市社会保险事业局与韶关市职业病防治院共建，向工伤职工提供工伤康复服务。

1995 年 7 月 1 日，广州市开始实施工伤保险浮动费率和奖励制度，强化企业的安全生产和工伤预防意识。

1996 年 10 月 1 日起，广东省开始执行国家标准《职工工伤与职业病致残程度鉴定》评定工伤和职业病致残等级，同时停止使用 1990 年颁布的《广东省职工因工致残评定暂行标准》。1997 年 9 月 22 日，广东省劳动鉴定委员会成立，办公室设在省劳动厅。

（三）依法推进阶段（1998—2003 年）

在改革实践的基础上，为规范、完善全省的工伤保险制度，1998 年 9 月广东省人大常委会制定了《广东省社会工伤保险条例》，自 11 月 1 日起实施，成为广东省工伤保险第一部地方法规，工伤保险制度覆盖范围进一步扩大到包括机关团体、事业单位、个体经济组织等在内所有用人单位，明确了认定工伤的条件和享受工伤保险待遇的范围，提高了工伤保险待遇的计发标准。从此，广东省工伤保险走上了法制化、制度化、规范化的道路，工伤保险事业得到了迅速发展。2003 年年底，全省工伤保险参保人数已超过 1 120 万人，约占全国参保人数的 1/4。

1999 年 8 月 1 日，佛山市社会保险工伤康复医疗中心正式对外服务。该中心由佛山市社会保险事业局与市第五人民医院合作建设。

2000 年 1 月，深圳市人大常委会修订颁布《深圳经济特区工伤保险条例》。

2000 年 4 月，省政府发布《广东省社会工伤保险条例实施细则》。该细则共 34 条，对《广东省社会工伤保险条例》的相关问题作出补充性规定。

2001 年 6 月 14 日，广东省劳动能力鉴定委员会成立，原省劳动鉴定委员会自行撤销。8 月 20 日，省劳动能力鉴定委员会决定成立委员会办公室，挂靠省劳动保障厅医疗保险处，负责广东省劳动能力鉴定的日常工作。

2001 年 10 月 18 日，广东省劳动保障厅、省财政厅印发《广东省社会工伤保险预防费和康复费管理暂行办法》，对“两费”的提取标准、使用范围、使用程序等作出规定。

2002 年 10 月 28 日，广州市社会劳动康复中心正式成立。

2002 年 12 月 31 日，全省工伤保险参保人数达 1 049. 91 万人，成为全国首个工伤保险参保人数超千万人的省份。

2003 年 5 月 7 日，为进一步做好非典型肺炎防治工作，广东省劳动保障厅明确规定，凡与医疗机构形成了劳动关系，并参加社会工伤保险的护理工人，在救治非典型肺炎患者过程中被感染导致死亡的，可比照因工死亡，享受工伤保险待遇。

2003 年 12 月 15 日，广东省劳动保障厅出台《关于印发贯彻国务院〈工伤保险条例〉的指导意见的通知》，明确自 2004 年 1 月 1 日起执行国务院《工伤保险条例》的同时，也执行《广东省社会工伤保险条例》，但其中不一致的地方以国务院《工伤保险条例》为准。

（四）发展完善阶段（2004 年至今）

2004 年年初，《工伤保险条例》颁布实施，提高了法律层次，扩大了工伤保险的覆盖范围，规范了工伤保险制度，使工伤保险体系更加完整。随后，广东省根据国务院《工伤保险条例》，结合本省实际情况，修订实施了《广东省工伤保险条例》，广东省基本建立了适应市场经济体制和广东实际的工伤保险制度。随后，广东省相继出台了工伤认定、劳动能力鉴定、工伤保险参保、工伤康复、工伤预防管理等配套政策标准，工伤保险制度不断发展完善。到 2008 年年底，全省工伤保险参保人数突破 2 300 万人，比《工伤保险条例》实施前翻了一番多。

2004 年 1 月 14 日，广东省人大常委会修订公布《广东省工伤保险条例》，自当年

7 月 1 日起施行。

2005 年 6 月 3 日，广东省劳动保障厅、省财政厅印发《广东省工伤保险专项经费管理暂行办法》，对从工伤保险基金中提取工伤取证费和劳动能力鉴定费、工伤预防费、医疗康复和职业康复费的比例、使用范围、部门职责与使用程序、监督检查等作出明确规定。同日，广东省劳动保障厅印发《广东省基本医疗保险和工伤保险药品目录》（2004 年版），自当年 7 月 1 日起执行。

2005 年 11 月，广州市社会劳动康复中心移交省劳动保障厅管理，更名为广东省工伤康复中心，服务对象扩大到全省工伤职工。

2006 年 11 月 8 日，广东省劳动保障厅印发《关于工伤康复管理的暂行办法》。该办法成为全国首个省级工伤康复管理办法，对广东省工伤医疗康复和职业康复管理进行了规范。

2009 年 4 月 29 日，广东省工伤康复中心异地新建项目工程正式开工。人力资源社会保障部授予广东省工伤康复中心“全国工伤康复综合基地”牌匾。

2011 年 1 月 1 日，《工伤保险条例》修订实施。根据上位法和本省实际，广东省于 2012 年 1 月 1 日修订实施了《广东省工伤保险条例》，更加突出了工伤预防、补偿、康复相结合的工伤保险原则，完善了预防、补偿、康复相结合的工伤保险制度体系。2013 年，全省工伤保险参保人数突破 3 000 万人，超过全国参保人数的 1/7，稳居全国第一。

2019 年 3 月 13 日，经中共广东省委、广东省人民政府同意，广东省印发了《关于我省公务员和参照公务员法管理单位工作人员纳入工伤保险制度统筹管理的通知》，从 2019 年 6 月 1 日起将广东省公务员和参照公务员法管理单位工作人员纳入工伤保险制度范围，进一步提升了工伤保险制度的公平性。

2019 年 5 月 21 日，广东省人大常委会全票通过修正《关于修改〈广东省工伤保险条例〉的决定》，自 2019 年 7 月 1 日起施行。修订后的《广东省工伤保险条例》修改了与实施省级统筹不相适应的条款，解决了与国家最新规定相衔接的问题，适应社会保险费征管体制改革的需要。

2019 年 6 月 23 日，经中共广东省委、广东省人民政府批准，广东省人力资源社会保障厅、广东省财政厅和广东省税务局印发了《广东省工伤保险基金省级统筹实施方案》，自 7 月 1 日起全省范围内施行“六统一”模式的工伤保险基金省级统筹。

二、广东省工伤保险发展现状和成就

（一）广东省工伤保险发展现状

1. 参保总体情况

广东省人大常委会在 2004 年修订颁布《广东省工伤保险条例》，规定本省行政区域内的各类企业、个体工商户、民办非企业单位、国家机关、社会团体及事业单位应当为与之建立劳动关系的职工或者雇工缴纳工伤保险费。

广东省人大常委会在 2011 年第二次修订颁布《广东省工伤保险条例》，规定本省行政区域内的企业、事业单位、社会团体、民办非企业单位、基金会、律师事务所、会计师事务所等组织和有雇工的个体工商户应当在生产经营所在地依法参加工伤保险，为本单位全部职工或者雇工缴纳工伤保险费。

广东省工伤保险坚持应保尽保，工伤保险参保范围不断扩大，实现职业人群制度全覆盖，全省工伤保险参保人数从 1 215 万人增长到 2018 年的 3 592 万人，位居全国第一，如图 5-4-1 所示。

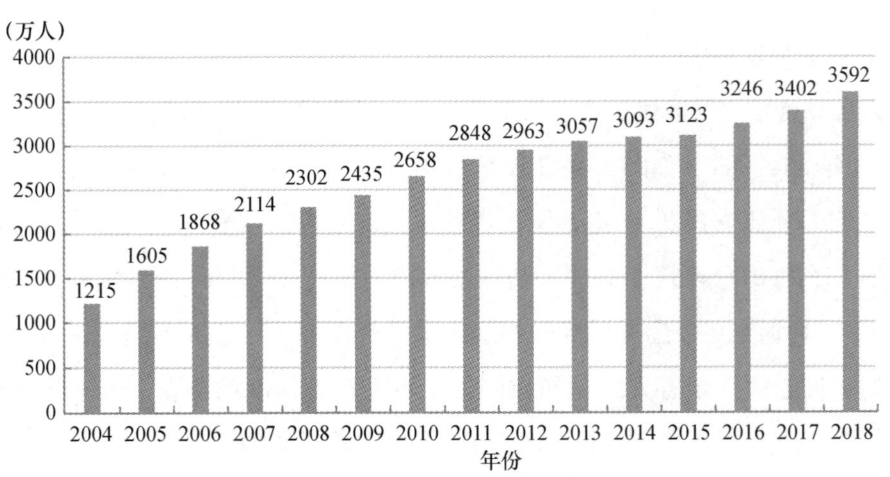

图 5-4-1　2004—2018 年广东省工伤保险参保人数

2. 农民工参保情况

广东省工伤保险法规将包括农民工在内的各类用人单位职工纳入工伤保险制度覆盖范围，农民工依法享有同等的工伤保险权益，全省农民工参加工伤保险人数从 2007 年的 1 351 万人增加到 2018 年的 2 211 万人，如图 5-4-2 所示。2004 年，广东省要求对于农民工特殊群体，在当时暂不能同时全部参加所有险种的情况下，应该从实际出发允许先参加工伤保险等部分险种。2006 年，广东省实施为期三年的农民工“平安计划”，加快推进农民工参加工伤保险工作，农民工工伤保险参保权益得到保障。

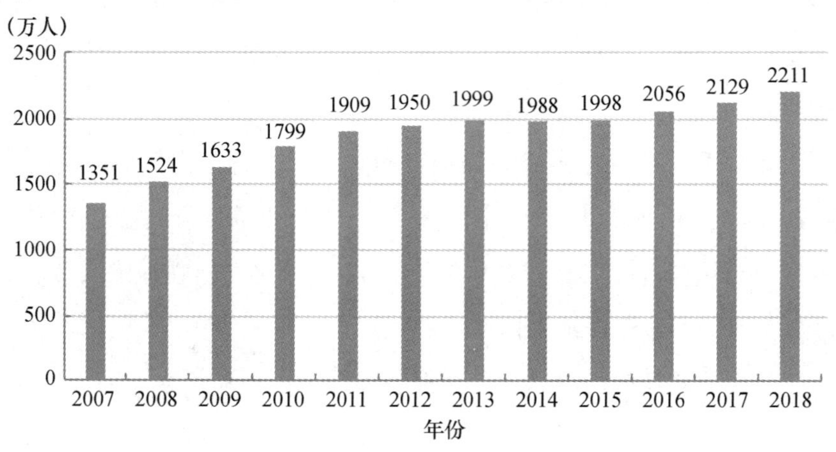

图 5-4-2　2007—2018 年广东省农民工参加工伤保险人数

3. 建筑业参保情况

广东省高度重视推进建筑业参保工作，全省建筑业参保人数从 2009 年 84 万人增加到 2018 年 854 万人，如图 5-4-3 所示。2007 年广东省转发劳动保障部通知，明确指出建筑施工企业农民工可以逐月缴费参保，也可以按工程项目一次性缴费参保。2015 年，广东省出台建筑业参加工伤保险政策，推行按项目优先参保办法，建立了“信息共享、培训宣传、经办服务、调度通报、检查督导”的五项部门联合机制，开展了两期建筑业“千企万人”工伤保险集中培训活动，覆盖全省 1 万家建筑企业和 3. 75 万名管理人员，破解了建筑业农民工工伤维权难的问题。2018 年，广东省出台交通运输等行业工程项目参加工伤保险政策，实现工程建设领域工伤保险制度全覆盖。

4. 工伤认定与劳动能力鉴定情况

广东省参保职工人数多，工业化程度高，每年工伤认定量和劳动能力鉴定量较多。

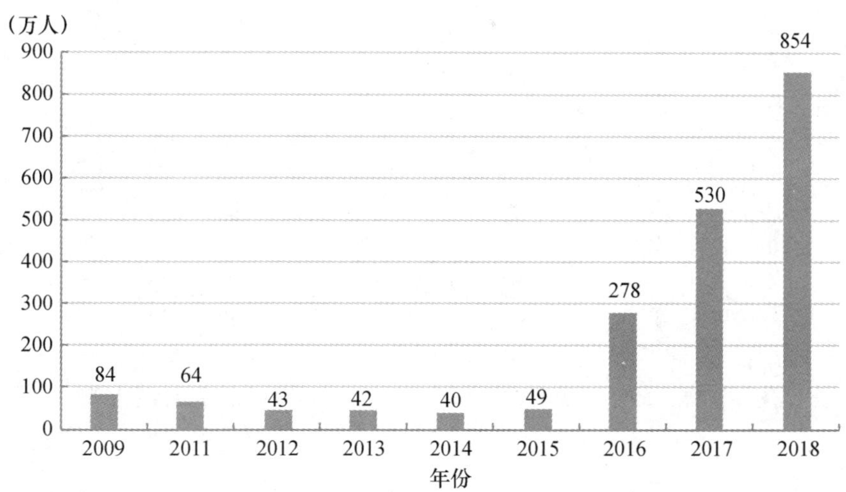

图 5-4-3　2009—2018 年广东省建筑业参加工伤保险人数

注：2010 年无数据。

为提高依法行政和服务群众的能力和水平，广东省持续规范工伤认定和劳动能力鉴定，优化便民服务，行政争议和再次鉴定更改结论率低于全国平均水平。

一是规范工伤认定工作。广东省建立了工伤保险行政部门、复议机关、人民法院联系协调机制，健全了工伤保险典型案件研讨分析制度。开展工伤认定争议案件专题调研，剖析被撤销案件的情况及原因，找准争议焦点和难点问题，在广泛征求意见的基础上，形成指导意见规范全省认定工作，努力统一和规范工伤认定裁量尺度。被撤销或改变结论案件占全部工伤认定案件的比例为 0.11%。2009—2018 年广东省工伤认定及行政复议和行政诉讼情况如图 5-4-4 至图 5-4-6 所示。

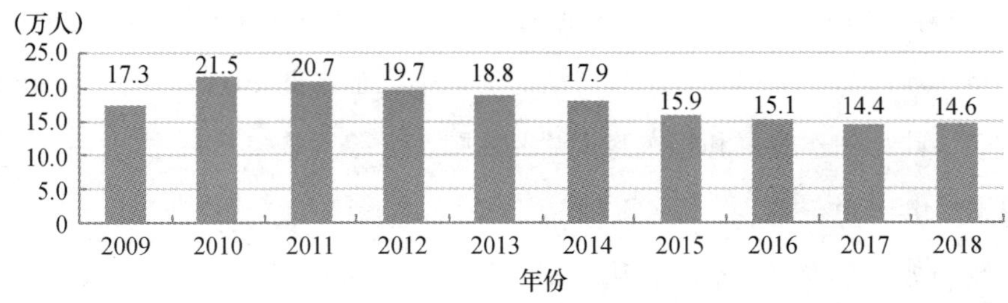

图 5-4-4　2009—2018 年广东省工伤认定情况（含认定工伤和视同工伤）

二是提高劳动能力鉴定质量。广东省出台《关于劳动能力鉴定医疗卫生专家管理

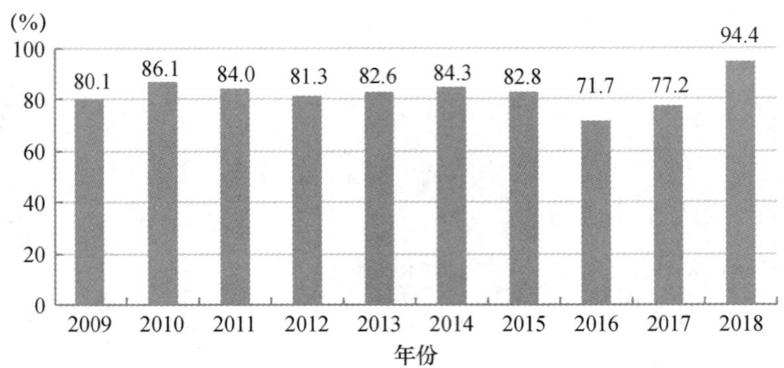

图 5-4-5　2009—2018 年广东省工伤认定行政复议案件维持率情况

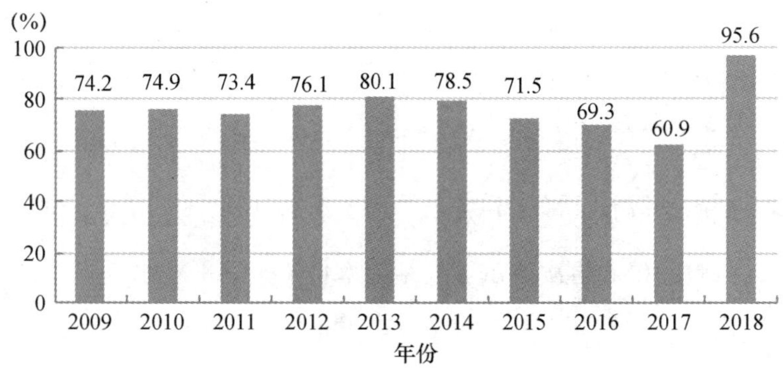

图 5-4-6　2009—2018 年广东省工伤认定行政诉讼案件胜诉率情况

的工作规则》，重新组建了 515 名省级劳动能力鉴定专家，全面实施现场鉴定，建立“质量总检、省市联动和定期通报”三项工作机制。实行疑难鉴定案件省市联合会商制度，发挥省劳动能力鉴定专家咨询委员会的作用，编印《广东省工伤劳动能力鉴定典型案例汇编》，加强了劳动能力鉴定业务培训，指导各地统一鉴定标准把握尺度。全省鉴定质量明显提高，省再次鉴定案件结论变更率比全国低 16 个百分点。2009—2018 年广东省劳动能力初次鉴定和再次鉴定情况如图 5-4-7 至图 5-4-9 所示。

5. 工伤预防工作情况

工伤预防能够减少工伤事故，从根本上保障职工劳动安全权益。广东省率先开展工伤预防工作，2009 年广州、深圳、珠海、东莞市被人力资源社会保障部选为全国首批工伤预防试点城市，于 2009—2010 年开展工伤预防试点工作。广东省不断健全工伤预防体制机制，保障工伤预防工作顺利开展，2017 年出台工伤预防费管理办法，2018

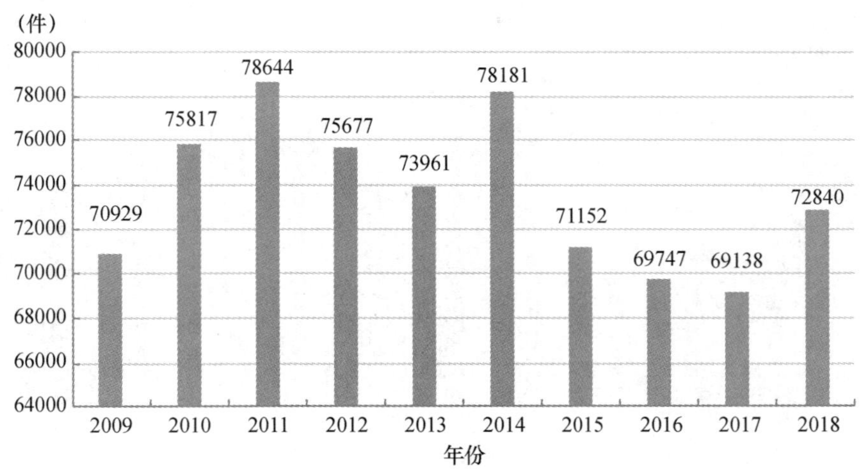

图 5-4-7 2009—2018 年广东省劳动能力初次鉴定情况

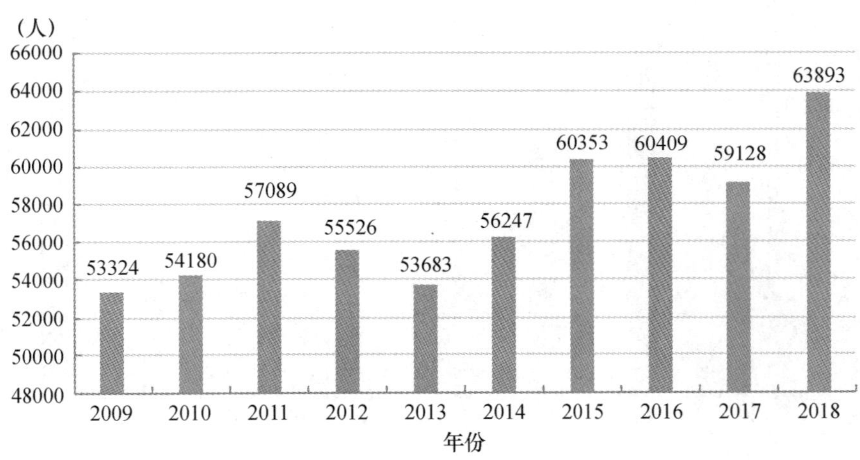

图 5-4-8 2009—2018 年广东省评定伤残等级人数情况

年出台工伤预防项目实施暂行办法，工伤预防费支出多年排名全国首位。2011—2018 年广东省工伤预防费支出情况如图 5-4-10 所示。

6. 工伤保险待遇支付情况

广东省根据经济发展水平状况依法逐年提高工伤保险待遇标准，建立了工伤保险待遇调整机制，工伤保险待遇水平不断提高，享受待遇人数常年保持在 15 万人左右（如图 5-4-11 所示），确保了工伤职工生活稳定，共享社会发展成果。2018 年工伤职工伤残津贴平均提高了 6.5%，人均伤残津贴约 3 482 元，一次性工亡补助金 72.79 万元。

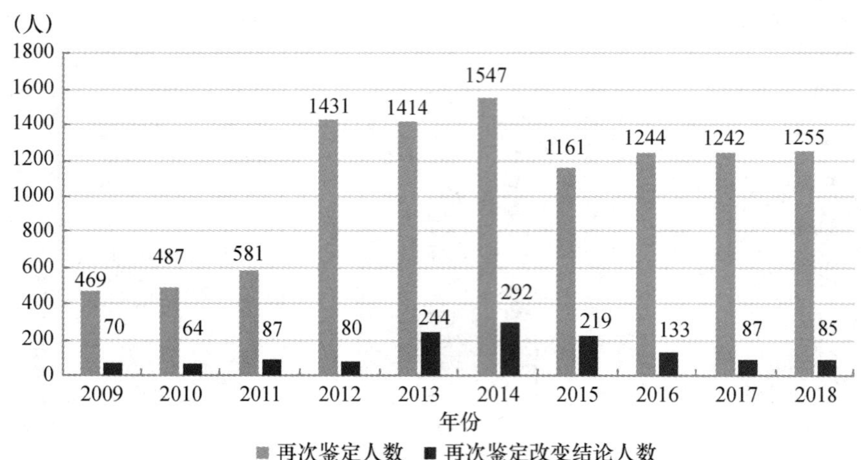

图 5-4-9　2009—2018 年广东省劳动能力再次鉴定及改变结论人数情况

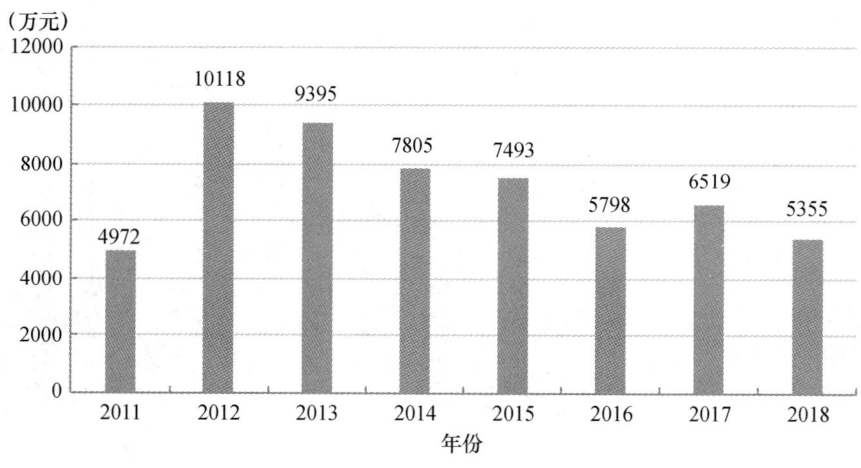

图 5-4-10　2011—2018 年广东省工伤预防费支出情况

7. 工伤康复情况

广东省高度重视工伤康复工作，较早开展了工伤康复机构建设。从 1994 年韶关市社会保险康复医疗中心正式挂牌成立到 2009 年广东省工伤康复中心作为“全国工伤康复综合基地”、2015 年全国第一批“区域性工伤康复示范平台”，广东省工伤康复工作一直走在前列。广东省已建立起以省工伤康复中心为核心的工伤康复服务网络，培养了一支懂政策、会管理的工伤康复业务管理队伍和一支技术精、专业强的工伤康复技术骨干队伍，完善了工伤康复政策标准体系、组织管理体系和康复评估体系，形成了

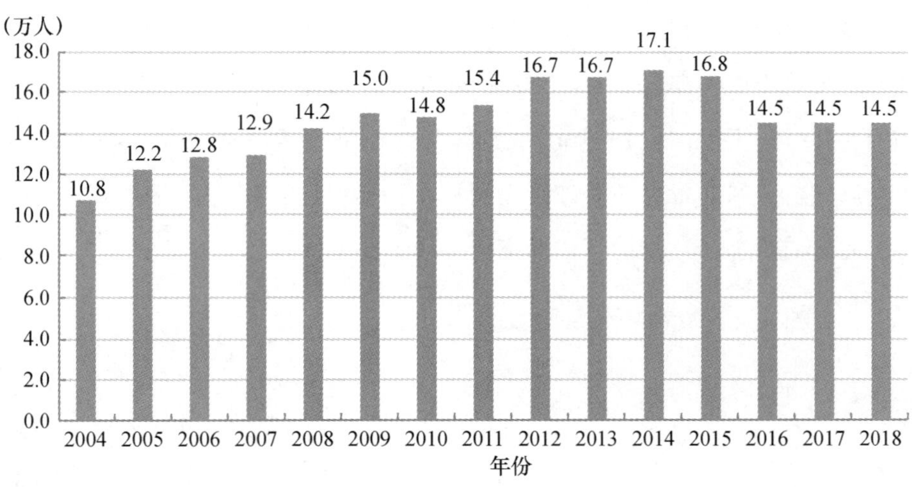

图 5-4-11 2004—2018 年广东省享受工伤保险待遇人数情况

工伤康复长效管理体制。广东省工伤康复工作快速发展，工伤康复人数从 2007 年的 1 400 人左右发展到现在的 8 000~9 000 人，在促进广大工伤职工回归家庭、回归岗位、回归社会方面发挥了重要作用。2007—2018 年广东省享受工伤康复待遇（职业康复）人次情况如图 5-4-12 所示。

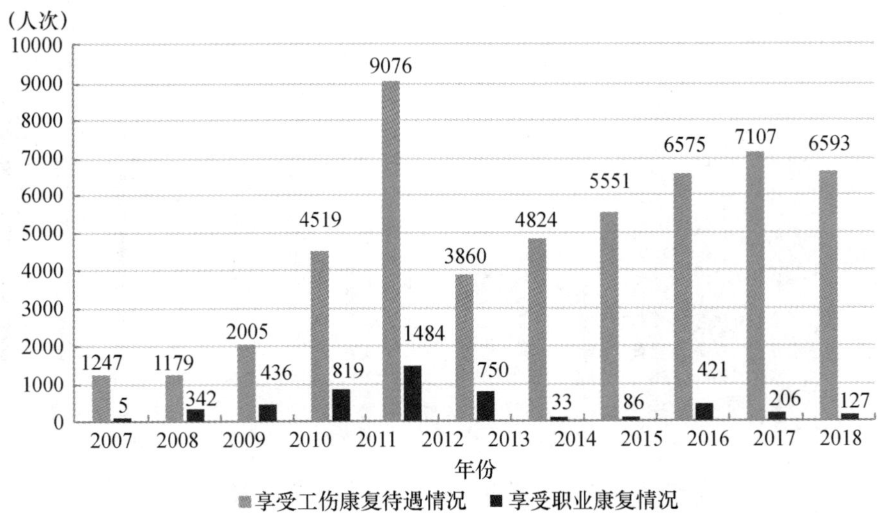

图 5-4-12 2007—2018 年广东省享受工伤康复待遇（职业康复）情况

8. 工伤保险基金情况

广东省工伤保险基金运行良好，以较低的缴费费率实现了较高的待遇水平和基金结存。一是 2018 年工伤保险基金累计结存 288 亿元，可支付月数居于全国前列，为保障待遇及时支付提供了有效支撑。2004—2018 年广东省工伤保险基金收支及累计结存情况如图 5-4-13 至图 5-4-15 所示。二是落实国家改革费率政策和“降成本”决策部署，出台调整行业基准费率、实施浮动费率办法等措施，2018 年平均费率为 0.34%。2004—2018 年广东省工伤保险平均费率情况如图 5-4-16 所示。

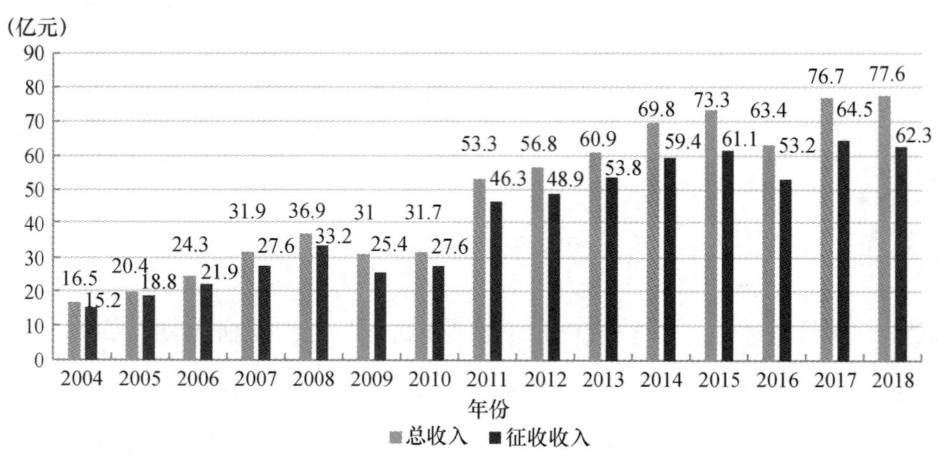

图 5-4-13　2004—2018 年广东省工伤保险基金收入情况

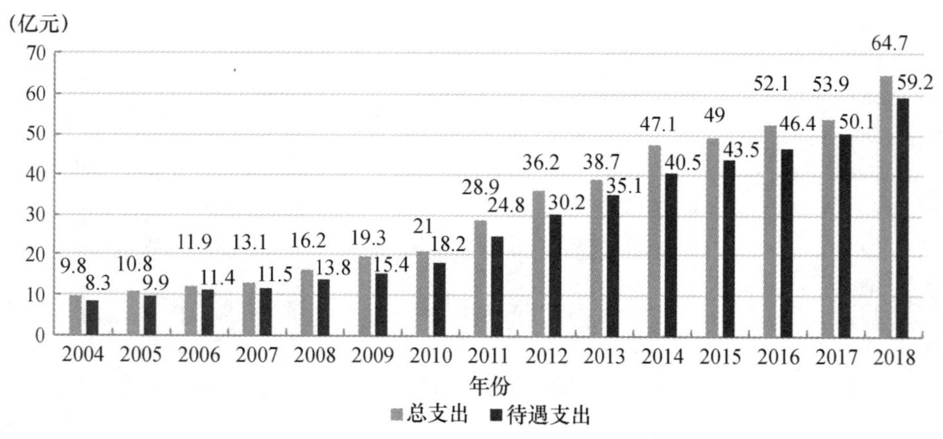

图 5-4-14　2004—2018 年广东省工伤保险基金支出情况

广东省建立健全了差别化、可浮动的工伤保险费率制度，持续降低工伤保险平均费率，2016 年以来为企业减少缴费成本约 90 亿元。一是完善行业基准费率政策。自 2016 年 7 月起，广东省督促指导各市实施了新的八类工伤保险行业基准费率，普遍制

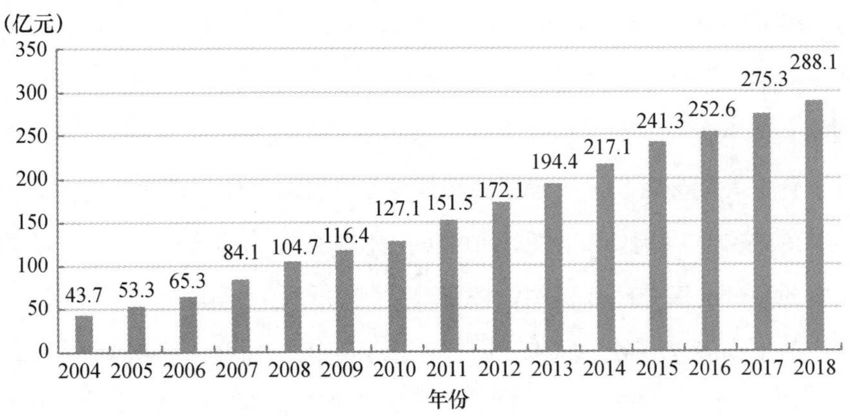

图 5-4-15　2004—2018 年广东省工伤保险基金累计结存情况

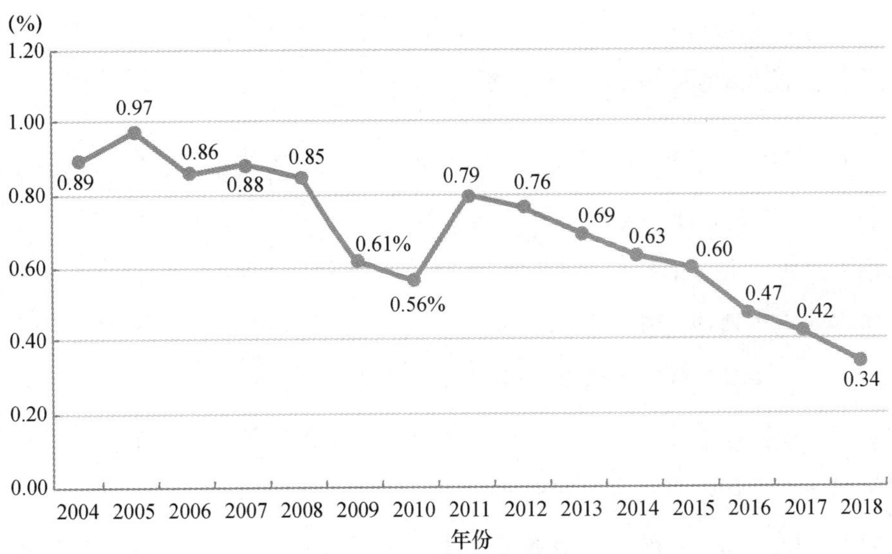

图 5-4-16　2004—2018 年广东省工伤保险平均费率情况

定了比国家标准低的基准费率。经调整后，全省平均费率由 0. 63%下降至 0. 46%左右。二是实施阶段性下调费率措施。从 2019 年 1 月起全省分三类地区实施阶段性下调工伤保险费率措施，全省平均费率再下降至 0. 24%左右。2019 年 5 月，各市进一步加大阶段性下调工伤保险费率比例，执行期限为 2019 年 5 月 1 日至 2021 年 4 月 30 日，全省平均费率进一步降至约 0. 17%，为全国最低，实施阶段性降费期间预计减少企业缴费成本约 50 亿元。

9. 工伤保险经办服务情况

2006 年广东省印发《广东省社会保险经办业务管理规程（试行）》，分总则、工伤保险待遇核发等 16 章，对全省 60 项社会保险业务的经办管理流程进行了规范，加强了广东省工伤保险业务管理，推进了工伤保险经办管理工作规范化、专业化和信息化。2007 年，广东省要求各地切实做好本地区的工伤康复工作，各地在本地区选择 1 ~ 2 家具备一定资质条件的医疗康复机构，按照有关规定签订工伤康复服务协议，为工伤职工提供优质的工伤康复服务。同年，广东省转发《关于加强工伤保险医疗服务协议管理工作的通知》，要求各地全面实行工伤保险医疗服务协议管理。截至 2018 年年末，全省签订工伤保险服务协议的医疗机构有 1 941 家；康复机构 99 家，辅助器具配置机构 34 家。

（二）工伤保险取得的主要成就

广东省工伤保险制度从计划经济时期的“企业保险”到市场经济时期的“社会保险”走过了 60 多年历程。广东省坚持民生导向、目标导向和问题导向，以改革的方法、法治的思维、务实的举措，着力织密网、降费率、强保障、促改革、优服务，至今已经基本建立了适应广东省社会经济发展的工伤保险制度，工伤预防、工伤康复、工伤补偿“三位一体”的工伤保险制度体系建设走在全国前列，切实维护了职工的工伤保险合法权益，有效分散了用人单位工伤风险，发挥了社会稳定器和经济助推器的作用，工伤保险工作取得了瞩目的成就。

1. 注重制度建设，构建了工伤预防、工伤康复、工伤补偿“三位一体”的工伤保险制度

广东省持续完善工伤保险制度，促进工伤保险在法制化、规范化轨道上有序运行，构建了“三位一体”的工伤保险制度体系框架。一是以地方性法规和政府规章奠定工伤保险法制基础。1989 年东莞市颁布办法在全省率先建立工伤保险制度。1992 年广东省政府出台了《广东省企业职工社会工伤保险规定》，以政府规章的形式在全省范围内推行工伤保险制度。1998 年颁布《广东省工伤保险条例》，2000 年省政府发布《广东省社会工伤保险条例实施细则》，2004 年和 2011 年两次修订《广东省工伤保险条例》，为推动工伤保险发展提供了有力依据，2019 年再次修正《广东省工伤保险条例》，为推进省级统筹改革提供立法依据。二是构建了工伤保险政策标准体系的“四梁八柱”。2013 年至今，广东省从参保缴费、基金管理、费率标准、待遇标准、工伤预防、工伤康复、认定鉴定等方面逐步完善配套政策和标准体系，出台 30 余份规范性文件，为保障工伤保险各项工作规范推进提供了有力支撑。

2. 坚持扩大覆盖面，工伤保险参保人数位居全国首位

广东省坚持应保尽保，通过创新参保方式，推动参保人数稳步增长，夯实制度运行基础。全省工伤保险参保人数从 2004 年的 1215 万人增长到 2019 年 6 月的 3670 万人，位居全国首位。其中，参保工程建设项目 20848 户，新开工项目参保率 97.6%，基本实现了工程建设领域工伤保险全覆盖。一是推动事业单位职工参加工伤保险。2013 年，广东省出台事业单位参加工伤保险文件，将近两百万事业单位职工纳入工伤保险范围。二是推动工程建设领域工伤保险全覆盖。从 2016 年起，广东省大力推行建筑业按项目优先参加工伤保险创新办法，建立了“信息共享、培训宣传、经办服务、调度通报、检查督导”的五项部门联合机制。2018 年，在交通运输、水利、能源等工程建设领域推行按项目参加工伤保险办法，为各类工程项目施工人员提供工伤保险制度保障。三是将公务员纳入工伤保险制度范围。贯彻落实新修订的《公务员法》，经省委、省政府和人力资源社会保障部同意，从 2019 年 6 月 1 日起将全省公务员纳入了工伤保险制度范围，为公务员解除了后顾之忧，进一步提升了工伤保险制度的公平性，实现了机关与企事业单位工伤保险制度并轨。

3. 提高基金统筹层次，推动全省工伤保险高质量发展

为破解工伤保险发展不平衡不充分的突出问题，广东省在巩固和完善工伤保险基金市级统筹的基础上，实施了工伤保险基金省级统筹，促进了工伤保险高质量发展。

一是 2016 年推动全省实现基金市级统收统支。2016 年，广东省人力资源社会保障厅、省财政厅、省地税局印发《关于加快规范工伤保险基金市级统收统支管理有关问题的通知》（粤人社发〔2016〕3 号），对完善基金市级统收统支管理进行了部署，开展了实地督导和约谈督促，全面实现了基金市级统收统支管理，为实现基金省级统筹奠定了基础。

二是 2019 年实施工伤保险基金省级统筹。修订《广东省工伤保险条例》，把与省级统筹不一致的条文作相应修改完善，保证了省级统筹于法有据。构建“1+5”政策体系，“1”即《广东省工伤保险基金省级统筹实施方案》，经省委、省政府批准印发。“5”即考核办法、业务规程、基金预算和财务管理办法、公务员参加工伤保险政策、服务协议文本等配套政策。广东省自 2019 年 7 月 1 日起实施工伤保险基金省级统筹，在全省范围实行基金管理、参保范围和参保对象、费率政策和缴费标准、工伤认定鉴定办法、待遇支付标准、经办流程和信息系统“六统一”，有效解决了工伤保险不平衡、不协调问题，推动了广东省工伤保险高质量发展。省级统筹改革后，提高了基金共济和保障能力，增强了工伤保险制度的公平性和可持续性，实现了职业人群工伤保险制度全覆盖，提升了管理服务效能，释放了提高待遇和降低费率的双重改革红利。其中，伤残待遇“托底线”平均提高约 20%，长期待遇平均提高约 15%；平均费率降至 0. 17%，为全国最低，阶段性降费期间为企业减负约 50 亿元。

4. 完善工伤保险待遇调整机制，工伤保险待遇水平持续提高

广东省始终坚持以人民为中心的发展思想，使工伤职工更多更公平共享改革发展成果，多措并举，持续提升工伤保险待遇水平。

一是完善长期待遇正常调整机制。2016 年完善了长期待遇正常调整与托底调整、特别调整相结合的机制。2019 年，根据工伤保险基金省级统筹部署，进一步明确了伤残津贴、生活护理费、供养亲属抚恤金年度调整比例的确定机制。

二是定期调整提高工伤保险待遇标准。每年调整提高伤残津贴、生活护理费、供养亲属抚恤金发放标准。其中，伤残津贴连续十四年大幅提高，2018 年人均伤残津贴 3 482 元，位居全国前列；一次性工亡补助金从 2015 年的 57. 7 万元提高至 2019 年的 78. 5 万元，增加了 20. 8 万元，更好地保障了工伤职工及其遗属的基本生活。

三是妥善解决职业病人员工伤保险保障问题。2016 年，针对老职业病人员特殊保障问题，广东省出台政策规定离开关闭、破产国有、集体企业后被诊断患职业病的人员可以纳入“老工伤”范围，老职业病人员病情加重升级可进行劳动能力鉴定并享受相应长期待遇，妥善解决了老职业病人员长期待遇保障问题。研究制定接触职业危害群体工伤保险政策，拟订了十五条针对性措施，促进接触职业危害人群工伤风险的源头治理。

5. 建立工伤预防长效机制，工伤预防工作效果显著

广东省参保单位工伤事故发生率从 2015 年的 0. 47%下降至 2018 年的 0. 34%，下降了28%。

一是广东省率先开展工伤预防工作。从1998年开始，广东省就对工伤预防作出了制度安排，用地方性法规形式奠定了工伤预防的法律地位和制度基础，2009年广州、深圳、珠海、东莞市被选为全国首批工伤预防试点城市，广州、中山、东莞市于2009—2010年开展工伤预防试点工作。

二是健全工伤预防费保障机制。2017年，广东省出台了《广东省工伤保险专项经费管理办法》，细化了包括工伤预防费在内的专项经费使用范围，完善了使用程序，强化了监督管理，为开展工伤预防提供了经费保障。

三是规范工伤预防项目实施办法。2018年出台《关于工伤预防项目实施的暂行办法》，进一步明确了工伤预防费使用范围、部门职责、组织实施、费用结算、绩效评估、监督管理等内容，建立了联席会议制度和专家库管理制度，强化了事中事后监督，确保预防工作依法规范开展。

四是抓好工伤预防宣传和培训。利用传统媒体和新媒体，在全社会持续开展工伤预防宣传，打造了大讲堂、百厂行、巡回义演、知识竞答、职业安全防护品展示五个宣传品牌活动；建立了“工伤事故警示教育基地”；制作了动漫视频和系列宣传成品；联合省总工会开展了在线访谈；以精准性和实效性为目标导向，推行全员参与和双向互动式培训，制定了标准化和个性化的培训内容，开发了在线学习培训系统，推动职工从“要我预防”向“我要预防”到“我会预防”的转变。

五是推进工伤预防专项试点效果显著。按照人力资源社会保障部的部署安排，组织广州、东莞、中山市开展工伤预防专项试点，推进工伤预防落细落实。东莞市制定了五金、模具等行业工伤预防标准，广州市制定了制造、建筑等17个行业工伤危险因素风险识别及预防措施实施办法，中山市开展了五金行业职业伤害影响因素与干预措施研究。

6. 不断完善工伤康复政策标准，工伤康复管理体系日益成熟

广东省不断完善工伤康复政策标准体系、组织管理体系和康复评估体系，形成了工伤康复长效管理体制，工伤康复工作开始快速发展，工伤康复人数从2007年的1 400人左右发展到现在的8 000~9 000人，促进了广大工伤职工回归家庭、回归岗位、回归社会。

一是较早开展工伤康复工作建设。加强工伤康复标准建设和机构建设，从 1994 年韶关市社会保险康复医疗中心正式挂牌成立到 2009 年广东省工伤康复中心作为“全国工伤康复综合基地”、全国第一批“区域性工伤康复示范平台”，引领全省不断加强工伤康复工作。

二是建立工伤康复政策标准体系。2006 年印发的《广东省工伤康复管理的暂行办法》成为全国首个省级工伤康复管理办法。同年广东省制定了《广东省工伤康复协议机构准入标准》《广东省工伤康复介入标准》《广东省工伤康复诊疗规范》，使全省工伤康复工作走上了规范化、标准化的轨道。

三是健全工伤康复早期介入和优质资源共享利用运行机制。在职工受伤入院、工伤认定申请以及劳动能力鉴定申请等环节进行宣传，引导“先康复、后鉴定”，发放康复权益告知书，让更多的工伤职工主动申请并获得及时的康复服务，实施精准康复。各地可将较重伤残以及需要职业康复的工伤职工及时转诊至省工伤康复中心，共享利用优质康复资源，更好地恢复工伤职工的劳动和生活功能。

2018 年年底，全省共有 34 家经审定的工伤康复协议机构，形成了以省工伤康复中心为龙头的省、市两级工伤康复协议服务体系，覆盖了珠江三角洲全部城市，并向粤东、粤西、粤北地区拓展。

7. 坚持以人为本，工伤保险管理服务持续优化

2016 年 7 月 1 日起，广东省将省本级 60 多万参保职工的工伤认定、劳动能力鉴定下放属地管理。出台了《广东省工伤保险基金省级统筹业务规程》，统一了全省工伤认定、鉴定、待遇审核支付等业务办理，推动业务流程再造，在事项和流程上做减法，在服务和监管上做加法，工伤保险业务办理时间压缩 15 日，减少 40%的申报材料，实现“最多跑一次”。

推行多元化服务平台，推进认定、鉴定受理窗口进大厅，利用“互联网+”手段开展网上办理、人脸识别认证等简证便民服务，实施在线服务、移动服务、自助服务。建立省集中式工伤保险业务一体化办理信息系统，打通数据壁垒，构建横向互联、纵向互通的数据应用格局，实现统一标准、集中管理、实时监控。

寓管理于服务，制定全省工伤保险诊疗项目目录和住院服务标准，以及辅助器具目录及基金最高支付标准，加快工伤医疗费联网结算，推动 117 家医疗服务协议机构完成系统接口改造，加强工伤保险和医疗保险业务协同，打通工伤保险和医疗保险基金结算通道，解决了“垫资跑腿”难题，让“数据多跑路、群众少跑腿”。

三、广东省工伤保险发展面临的形势和挑战

虽然广东省工伤保险发展取得了不小的成绩，但仍面临一些新形势、新挑战，需要认真分析，未雨绸缪，妥善应对，同时，针对制度本身存在的一些发展不平衡不充分问题，需要加大投入，创新方法，着力解决。

（一）产业转型升级对参保扩面的影响

近年来我国经济增速放缓、产业转型升级加快，国际经济环境较为严峻，广东省作为我国经济第一大省、第一制造业大省和出口第一大省，影响首当其冲。短期来看，传统行业如纺织、服装、电子、五金等低端劳动密集型企业受贸易摩擦影响，部分普通劳动力将面临群体性失业风险，职工流动性较高，广东省工伤保险参保人数下滑风险加大。长期来看，随着产业结构调整，从 2012 年开始，广东省第三产业的发展后劲已经明显强于第二产业并逐渐占据绝对的主导优势，就业结构将伴随着产业结构逐步优化，但在这个过程中会有摩擦性失业。第三产业就业比例逐步增加，民营企业就业比例逐步增大，制造业中“机器换人”步伐加快，新经济带来的新就业形态增多，未来广东省工伤保险参保扩面难度将不断加大。

（二）新经济新业态发展对工伤保险制度提出新的挑战

随着移动互联网、移动支付等新技术的出现，平台经济迅速发展，知识技能、产品、资金、劳务、空间、生产能力等众多领域的新经济形态不断涌现，催生了大量新增就业机会。在新经济形态下，劳动者就业渠道更加多元，工作形式日益灵活，非全日制、临时性、季节性、弹性工作等各种灵活就业形式迅速兴起。就业形式的转变带来了劳动关系的明显改变，使以劳动合同为基础的社会保障制度的稳定性和有效性面临挑战，尤其是工伤保险制度是建立在稳定劳动关系基础上的，无法适应新经济新业态快速发展的需要。广东省作为经济大省，未来发展的动力主要来自新经济新业态，

即依靠科技创新引领经济增长，同时广东省也是就业大省，在新经济新业态发展过程中势必会产生大量的新经济新业态从业人员。对于其中不具有传统劳动关系的从业人员，工伤保障制度的缺失将不利于维护其权益，也不利于新经济新业态的长远健康发展，因此需要人力资源社会保障部门主动创新制度供给，为经济发展保驾护航，为民生保障补上短板。

（三）工伤预防、补偿和康复之间不平衡

虽然广东省工伤预防和康复工作走在全国前列，但预防、补偿和康复之间也同样存在着发展的不平衡，“三位一体”的工伤保险体系建设仍需加强。工伤预防主要集中在试点城市和珠江三角洲地区，其使用的工伤预防费占全省工伤预防费支出的 94%，其他地区工伤预防工作比较薄弱，工伤预防宣传、培训工作尚未形成机制化、常态化，确保工伤预防规范运行的各项制度有待建立和完善，工伤预防仍是“三位一体”功能中的薄弱环节。工伤康复政策标准体系和服务体系虽较为完备，但工伤康复早期介入机制和“先康复、后评残”工作机制不够健全，工伤职工对工伤康复的认知普遍不足，工伤康复受益面偏窄，多年来康复人数占伤残职工的比例在 11%左右，近三年全省康复人数基本在 7 500 人上下波动，工伤康复帮助工伤职工“伤而不残、残而不废”的功能发挥不够。另外，部分地区工伤康复次均费用偏高。

（四）新时代职工工伤保险保障对经办工作提出更高需求

工伤保险主要分为工伤认定、劳动能力鉴定和经办服务三个板块。工伤认定和劳动能力鉴定有比较完善的国家法律法规、部门规章支持，广东省持续规范工伤认定和劳动能力鉴定，优化便民服务，工伤认定行政争议和劳动能力鉴定再次鉴定更改结论率远低于全国平均水平。进入新时代，人民群众追求更加可靠的社会保障，对工伤保险提出了新任务和新要求。目前，我国大力推行“放管服”改革，群众的公共服务需求呈现多元化、个性化，要求经办机构提供更加便捷、高效的服务。工伤保险经办力量不足，管理服务手段相对落后，尤其是长期依赖医疗保险经办，医疗保险职能划转对工伤保险经办产生较大冲击。工伤医疗费联网结算信息化程度整体较低，全省部分市尚未实现工伤住院医疗费用联网结算，工伤医疗协议机构可联网结算比例仍不高。

四、广东省工伤保险的主要任务和发展前景

（一）“十四五”规划期间广东省工伤保险进一步发展的主要任务

一是持续完善工伤保险制度。继续深化工伤保险基金省级统筹改革，制定全省工伤保险浮动费率办法，实现工伤保险费率标准平稳过渡，完善工伤保险省级统筹有关规定和运行机制。根据国家部署，推动第四次修改完善《广东省工伤保险条例》，解决工伤保险实践中的突出问题，提高工伤保险制度的科学性。

二是努力推动工伤保险应保尽保。加大督查检查和部门协作力度，推动各类用人单位依法为全部职工参加工伤保险。深入推进工程建设领域按项目参加工伤保险工作。建立新业态从业人员职业伤害保障制度。“十四五”规划期末（2025 年），工伤保险参保人数（含工程项目、新业态从业人员）达 3 800 万人以上。

三是进一步健全工伤预防、工伤康复、工伤补偿“三位一体”工伤保险制度体系。进一步完善工伤保险待遇确定和调整机制，稳步提高工伤保险待遇水平。加大工伤预防费投入，全面开展工伤预防宣传和培训，完善预防项目绩效评价体系，健全工伤预防长效机制，提高工伤预防工作效果。更好发挥全国工伤康复基地的综合示范作用，进一步完善工伤康复管理制度和标准体系，规范工伤康复机构协议管理，健全工伤康复早期介入机制，为有需求的工伤职工精准提供优质的康复服务。

四是进一步优化工伤认定、鉴定、经办管理服务。进一步规范工伤认定工作，优化工伤认定程序，加强典型案例分析与部门沟通机制，努力减少工伤认定争议。进一步完善劳动能力鉴定管理制度，强化现场鉴定，加强业务培训，统一劳动能力鉴定把握标准，提高劳动能力鉴定工作质量。规范和优化工伤保险经办流程，创新服务模式，为用人单位和职工提供便捷、高效、优质服务。加强工伤保险协议机构管理，推进工伤保险与医疗保险业务协同，推行工伤医疗费用联网结算，优化异地工伤医疗管理服务，减少“垫资跑腿”现象。

五是进一步夯实工伤保险运行基础。进一步完善省集中式工伤保险信息系统，加强大数据、人工智能、“互联网+”等新信息技术运用，实现跨层次、跨部门信息共享

和服务协同，实现在线服务、移动服务、自助服务，进一步提升信息系统的支撑服务、监测监控、决策辅助功能。加强工伤保险管理队伍建设，定期开展业务培训，提高工伤保险依法行政能力。加强工伤保险宣传工作，提高工伤保险法规政策知晓度。

（二）广东省工伤保险发展的前景

广东省将全面践行以人民为中心的发展思想，把保障和改善民生作为根本出发点，以“更加公平更可持续”为原则，以促进工伤保险高质量发展为目标，以“完善制度、应保尽保、健全体系、提升保障、优化服务、夯实基础”为工作主线，持续完善工伤保险制度和体制机制，持续提升工伤保险综合保障功能，更好地维护职工工伤保险权益。

近期目标（2020 年）：省级统筹基本实现且运行良好；职工人群实现应保尽保；工伤预防向全省逐步铺开；工伤康复受益面逐步扩大；粤港澳大湾区工伤保险合作初步展开；按照国家部署，积极推进研究制定新经济新业态从业人员职业伤害保障制度方案。

中期目标（2021—2025 年）：省级统筹全面实现，基金管理等六个方面实现完全统一，省级统筹运行机制逐步完善；工伤保险覆盖人数进一步扩大；工伤预防在全省铺开，规范的工伤预防工作机制初步形成；“先康复、后评残”理念逐步得到接受，工伤康复受益面进一步扩大；适应粤港澳大湾区人口流动的工伤保险合作全面展开；研究出台新经济新业态从业人员职业伤害保障制度方案，试点取得初步成效。

远期目标（2026—2035 年）：覆盖职工的工伤保险制度和新经济新业态从业人员职业伤害保障制度两轮并转，覆盖全部职业人群；省级统筹管理制度和运行机制完全成熟；工伤预防和康复逐步规范，“三位一体”工伤保险体系成熟运作；多层次工伤保险保障体系基本建立；粤港澳大湾区工伤保险合作机制基本成熟。

江苏省南通市工伤保险发展报告

江苏省南通市地处国家沿海经济带和沿江经济带的核心位置，素有“江海门户”之称，是国家首批对外开放的14个沿海港口城市之一，是富有特色的江海旅游门户城市和国家历史文化名城。全市陆域总面积8 001平方千米，海岸带面积1.324万平方千米，户籍人口764.5万人。2018年，全市实现地区生产总值8 427亿元，规模以上工业增加值增长7.7%，建筑业增加值为667.4亿元，是全国闻名的建筑之乡。

20世纪50年代初至80年代末，南通市工伤保险制度完全执行国家统一政策。20世纪90年代，南通市开始对工伤保险制度进行改革和探索。从覆盖全民集体所有制企业开始，经过多年的发展，特别是2004年《工伤保险条例》实施后，南通市不断扩大工伤保险覆盖面，提高保障水平和能力，逐步建立起了工伤预防、工伤康复、工伤补偿“三位一体”的现代工伤保险制度，较好地保障了广大职工的合法权益。到2018年年底，南通市工伤保险参保人数达到131.08万人，工伤保险基金收入7.6亿元，基金支出6.7亿元。2018年全市完成工伤认定10 863人次，完成劳动能力鉴定8 590人次，全年发放工伤保险待遇1.3万人次。

近年来，南通市工伤保险工作一直坚守在经济发展的前线，有效分担了企业用工风险，保障了职工的合法权益。如今，南通市工伤保险已经逐步形成日趋完善的制度框架，建立健全了工伤预防、工伤康复、工伤补偿等成熟的工作机制和模式，全面实现了工伤保险经办业务信息化、规范化，推行了一系列便民惠民政策措施，工伤认定、劳动能力鉴定、工伤预防培训等多项工作走在江苏省乃至全国前列，提供了可推广的“南通经验”。面对经济新常态，南通市将继续坚持以问题为导向，以全心全意为人民服务为宗旨，敢于担当，勇于创新，逐步构建工伤认定、劳动能力鉴定、工伤保险待遇支付等工伤保险经办一体化格局，全面提升工伤保险经办服务水平，更好地发挥社会稳定器和助推器的作用。

一、南通市工伤保险发展历史回顾

（一）改革探索先行先试时期（20 世纪 90 年代至 2003 年）

1. 起步阶段

大江大海赋予了南通市鲜明的江海风貌，改革开放后，南通市支柱型产业由纺织业、电子业逐步向轮船、机械制造业和建筑业等产业转变，各类企业如雨后春笋般地蓬勃发展，产业规模、从业人口不断壮大，但事故伤害也在逐年递增。同时国有企业改制工作如火如荼，许多用人单位不复存在，工伤引发的矛盾纠纷缺乏解决路径。面对经济发展对工伤保险工作提出的更高要求，1994 年 11 月 2 日，南通市人民政府在全省率先颁布了《南通市企业职工工伤保险试行办法》（通政发〔1994〕227 号）并实施。南通市的工伤保险基金社会统筹采取了市和区分级统筹管理体制：市直企业由市劳动局筹集、管理，由市社会劳动保险管理处同时征集工伤保险基金与养老保险基金；区属企业由各区劳动部门筹集、管理。

为适应工伤保险基金统筹的新制度，1994 年由南通市劳动局内设的劳保监察科负责工伤认定，保险福利科负责伤残等级鉴定和工伤保险待遇核定。南通市劳动局所属的南通市社会劳动保险管理处负责工伤保险基金征收和支付，并成立了工伤保险科，从事工伤保险待遇结算工作，市所属的城区和郊区的工伤保险业务由各自劳动部门所属经办机构承办。南通市工伤保险组织机构基本完善。

在实施工伤保险社会统筹前，职工在所在企业、主管局、总工会或劳动部门确认的生产安全事故中遭受伤害的，即认定为工伤。实施工伤保险社会统筹后，工伤认定范围出现了重大变化。根据《南通市企业职工工伤保险试行办法》的规定，从事抢险、救灾、救人等维护国家利益和社会公共利益的工伤遭受伤害，或从事有益于本企业的工作遭受伤害，因工（公）外出期间发生非本人主要责任的交通事故或其他不可抗拒的意外伤害，以及患重伤（病）没有抢救条件导致残废、死亡及因意外事故失踪的等，即可认定为工伤。

至此，参保、认定、待遇支付等工作制度框架基本搭建，在此基础上各项工作步入正轨。

1995 年 3 月 6 日，为进一步应对经济发展形势，推进工伤保险工作，南通市劳动局制定了相关实施细则，其中的主要措施如下：一是扩大了工伤保险的实施范围。凡在市内注册的企业，不论其企业形式如何，都统一参加工伤保险。二是建立了工伤保险基金，实行工伤保险费用统筹。三是建立了工伤认定和劳动能力鉴定规则。四是充分完善了工伤保险的待遇标准，构建了一次性和长期补偿相结合的工伤保险待遇体系。五是将工伤预防列入工伤保险体系。工伤保险经办机构可以从当年缴纳的工伤保险费用中提取安全奖励费，用于奖励安全生产管理的优秀企业和个人。六是对往年漏报、瞒报的工伤职工进行清理，待遇按新标准执行。新型工伤保险制度的建立在分散企业风险、保障职工权益、促进安全生产发挥了重要的作用。

2. 发展阶段

为贯彻落实 1996 年劳动部发布的《企业职工工伤保险试行办法》和 1999 年江苏省人民政府发布的《江苏省城镇企业职工工伤保险规定》（江苏省人民政府令第 162 号），1999 年 12 月，南通市人民政府颁布了《南通市城镇企业职工工伤保险办法》（通政发〔1999〕228 号），并于 2000 年 4 月 1 日实施。该办法结合南通市实际，与劳动部《企业职工工伤保险试行办法》相比参保范围略微缩小，实施统一费率，缴费费率有所下降。同时，根据江苏省统一规定，该办法对工伤范围作了适当调整，增加了“在上下班的规定时间和必经路线上，发生无本人责任或非本人主要责任的道路交通机动车事故”“因履行职责遭致人身伤害”、因工外出期间发生交通事故等应当认定为工伤的情形。

为保证相关工作落实到位，2000 年 5 月，南通市劳动局成立医疗保险科，负责工伤认定和劳动能力鉴定组织工作。10 月，南通市社会劳动保险管理处工伤保险科整体划入南通市职工医疗保险基金管理中心，仍行使原职能，工伤保险基金仍与养老保险基金同步征收。

自此，南通市的工伤保险制度与全国、全省的工伤保险制度保持了一致。工伤认定、鉴定、经办工作机制逐步建立健全，为下阶段工伤保险事业全面发展奠定了良好的组织、政策和工作基础。

（二）《工伤保险条例》实施后的创新发展时期（2003 年至今）

2003 年国务院颁布了《工伤保险条例》，这是继《劳动保险条例》后全国统一实施的以保险基金社会统筹为主要特征的新型工伤保险制度。2005 年，江苏省劳动厅出台《关于印发〈江苏省城镇企业职工工伤保险规定实施办法〉的通知》（苏劳险〔2000〕29 号）。2010 年 12 月 20 日国务院修订《工伤保险条例》，并于 2011 年 1 月 1 日起执行。2015 年，江苏省出台《江苏省实施〈工伤保险条例〉办法》（江苏省人民政府令第 103 号）。工伤保险制度的日益完善进一步推动了南通市工伤保险工作，工伤保险实施范围扩大到各类企业、有雇工的个体工商户，参保对象扩大到企业全部职工或雇工。工伤保险费率由原来的统一费率，改为实行差别费率和浮动费率相结合的费率机制。2015 年 9 月 1 日，南通市出台市级有关工伤保险的政策性文件《南通市工伤保险暂行办法》。

在这一时期，南通市以保障职工权益、促进工伤预防为主导，以为各类保障对象提供良好的服务为宗旨，以继续贯彻实施《社会保险法》和《工伤保险条例》为主要工作内容，全面加强工伤保险制度建设，推进农民工工伤保障工作，推进建筑施工企业项目参保，推进工伤预防和工伤康复示范点建设工作，完善工伤事故备案和工伤事故早期介入调查工作等，提升经办服务水平，南通市工伤保险事业有了突破性进展。

1. 不断健全组织机构

2004 年 3 月，南通市劳动保障局在全省率先内设工伤保险处，并挂牌劳动能力鉴定委员会办公室，负责工伤认定和劳动能力鉴定组织工作。4 月 4 日，南通市工伤保险服务中心成立，为全民事业单位，隶属市劳动保障局，全面履行工伤保险参保、工伤保险登记、工伤保险调查统计、工伤保险基金管理、定点协议管理、工伤保险待遇核定、提供咨询服务等职责，原南通市医疗保险基金管理中心工伤保险科整体并入。2016 年，南通市工伤保险服务中心更名为南通市工伤保险基金管理中心。

2. 工伤保险覆盖面持续扩大

为做到应保尽保，南通市不断加强参保征缴稽核，多层次、全方位增强工伤保险影响力。2004—2018 年工伤保险保障人群规模不断扩大，如图 5-5-1 所示。特别是《工伤保险条例》出台及修订后的三年，工伤保险参保人数实现激增，一定程度上体

现了政策效应。

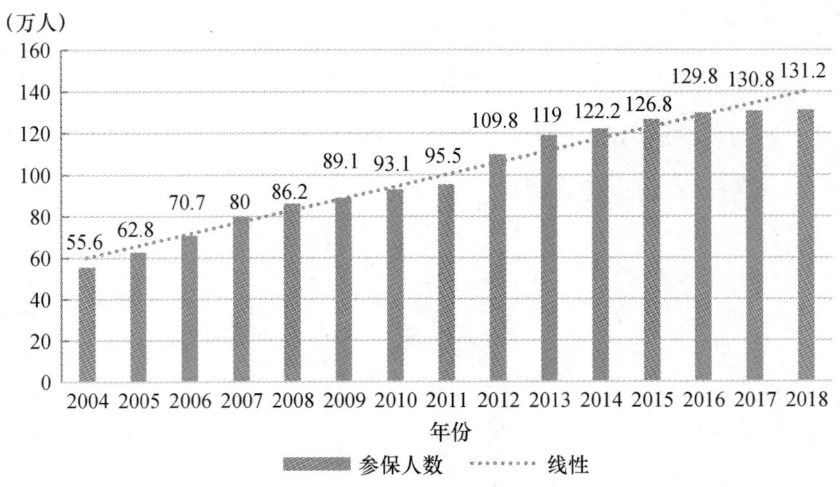

图 5-5-1　2004—2018 年南通市工伤保险参保人数

南通市一直重视农民工工伤保障工作，通过出台一系列政策文件初步形成了适应本地不同行业、不同特点企业农民工的参保政策。2004 年，劳动保障部出台《关于农民工参加工伤保险有关问题的通知》，南通市及时发文贯彻通知精神，开展部分高风险企业试行农民工单独参加工伤保险工作；2005 年转发了劳动保障部《关于进一步推进矿山等高风险企业参加工伤保险工作的通知》，至 2005 年年底南通市单独参加工伤保险人数达到 10 003 人。2006 年 9 月南通市启动建筑施工企业农民工参加工伤保险工作，积极探索以建筑企业为参保主体，以实际工程项目为参保对象，以特定“参保协议书”为管理载体的参保方法，创造性地形成了“项目参保，核定预征，协议管理”的建筑业农民工参加工伤保险新模式；经过半年的运行，2007 年 5 月又专门制定了《关于南通市建筑施工企业依法参加工伤保险有关问题的通知》，将“协议管理”转换为制度管理。针对餐饮、住宿和娱乐企业在参保扩面中反映的外来人员集中且流动频繁等问题，对外来务工人员集中（外来人员超过职工总数的 50%）且流动频繁（年内人员流动超过 20%）的用人单位实施“总量包干，实名参保，动态管理”的参保管理办法，即符合条件的用人单位按工作需要确定半年或一年期内外来务工人员总量，一次性缴清工伤保险费，在同一缴费周期内，用人单位在包干总量内可以等量置换参保职工，只需要填报置换职工名单，不再缴纳工伤保险费，超过初始总量的再按新增人员足额缴纳工伤保险费。为了保障外出务工人员的工伤保险权益，南通市制定了《关于境外派遣人员参加工伤保险有关问题的通知》（通劳社工〔2008〕1 号），力求使外来、外出务工人员全部纳入工伤保险。2008 年，南通市农民工参保工作成为联合国开发署（UNDP）与我国政府“农民工工伤保险项目”的组成部分。2004—2018 年南通市农民工参保人数（不含以建筑项目形式参保的农民工）如图 5-5-2 所示。

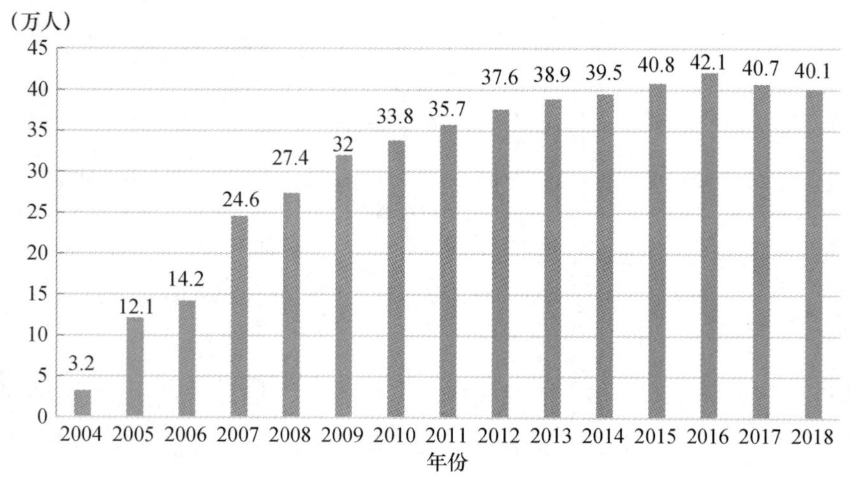

图 5-5-2　2004—2018 年南通市农民工参保人数（不含以建筑项目形式参保的农民工）

3. 工伤保险基金规模不断增长

（1）基金的征集。2004 年 12 月，根据《工伤保险条例》的要求，南通市区范围内工伤保险基金实现了并账，由市劳动保障局集中统筹管理，市工伤保险服务中心具体经办。《工伤保险条例》实施以来，南通市工伤保险基金收入出现快速增长。2018 年，根据《人力资源社会保障部　财政部关于继续阶段性降低社会保险费率的通知》（人社部发〔2018〕25 号）、《省人力资源社会保障厅省财政厅关于继续阶段性降低社会保险费率的通知》（苏人社发〔2018〕128 号）的要求，南通市所有涉企费率全部下降 50%，因而基金收入下降。2004—2018 年南通市工伤保险基金收入如图 5-5-3 所示。

（2）费率。开展工伤保险基金社会统筹时，南通市采取的是统一费率，按照工资总额的 0. 8%征集工伤保险费；2000 年 4 月起，南通市劳动局下发《关于调整市区城镇企业工伤保险费率的通知》（通劳险〔2000〕6 号），将费率下调为 0. 7%。

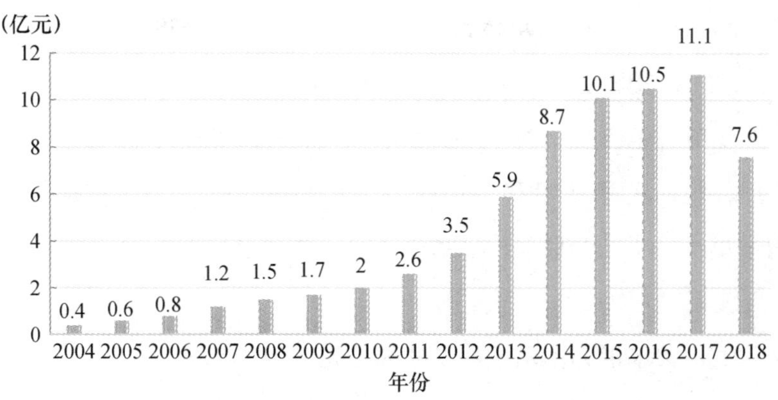

图 5-5-3 2004—2018 年南通市工伤保险基金收入

2004 年 7 月，依据《工伤保险条例》《关于工伤保险费率问题的通知》（劳社部发〔2003〕29 号）精神，南通市正式实施行业差别费率，根据行业风险程度分别实行 0.5%、1%和 2%的费率。2005 年 12 月，南通市劳动保障局下发《关于市区实行工伤保险浮动费率试点工作的通知》(通劳社工〔2005〕14 号)，开始试行浮动费率。

2015 年，根据《关于调整工伤保险费率政策的通知》(人社部发〔2015〕71 号)、《关于做好工伤保险费率调整工作　进一步加强基金管理的指导意见》（人社部发〔2015〕72 号）的要求，自 2015 年 10 月 1 日起，调整工伤保险费率政策，执行八类风险类别划分标准及相应的费率。在确定市级基准费率标准时，根据人力资源社会保障统一的基准费率测算，南通市工伤保险基金收入将只有原收入的 37%，当期赤字 3.6 亿元，将无法应对正常支付。因此，南通市结合自身实际，所有单位执行一至八类的基准费率，分别为用人单位职工工资总额的 0.8%、1.2%、1.7%、2.1%、2.5%、2.9%、3.1%、3.3%；劳务派遣、非全日制用工（或非建设工程承揽、人事代理）单位执行 2.9%的费率。

根据工伤保险“以支定收、收支平衡”的筹集原则，结合各参保单位的参保情况、工伤发生情况、支缴率等因素，自 2007 年开始，南通市共进行了七次费率浮动，浮动周期为 1~2 年。为应对企业减负降费的大环境，2018 年南通市出台了《南通市工伤保险浮动费率实施办法》(通人社规〔2018〕6 号)，调整了南通市工伤保险费率下浮标准，进一步放宽了费率浮动标准，加大了降费幅度。根据上述规定，费率下浮的企业有两万余家，占企业总数的 66%。

（3）实行市级统筹。2009 年年底南通市出台了《南通市工伤保险市级统筹试行办法》，2010 年实行工伤保险市级统筹，实现了工伤保险业务管理“五统一”模式，即在市区及六县（市）范围统一参保范围和对象、统一缴费基数和缴费费率、统一基金财务账户管理、统一工伤认定和劳动能力鉴定标准、统一工伤保险待遇支付标准。2018 年，南通市统一了社会保险信息系统，实现了信息共享，标志着南通市工伤保险初步实现市级统筹“六统一”。

4. 工伤认定、劳动能力鉴定工作不断规范化

2004 年开始，《工伤保险条例》把工伤分为认定工伤和视同工伤两类，与《南通市城镇企业职工工伤保险办法》关于工伤范围的规定有以下区别：把在工作时间前后在工作场所内，从事与工作有关的“预备性或者收尾性”工作受到事故伤害的列入工伤范围；把工作时间和工作岗位突发疾病认定为工伤的，限定在“死亡或者 48 小时内经抢救无效死亡”情形。南通市严格按照规定的工伤认定范围、程序和期限进行工伤认定。

为加强工伤认定工作，提高工伤认定质量，2004 年 7 月南通市出台《工伤认定员聘任管理试行办法》（通劳社工〔2004〕4 号），设立专职工伤认定员和兼职工伤认定员。专职工伤认定员是劳动保障行政部门专职从事工伤保险工作的人员。兼职工伤认定员是劳动保障行政部门非专职从事工伤保险工作，从其他有关部门、专家学者中聘任的人员。工伤认定员分为初、中、高三级，实行定期考核制度。未被聘为工伤认定员的不得从事工伤认定工作。2004 年 8 月，南通市在全国率先开展了工伤认定员培训工作，根据从事工伤保险工作的时限，首批 45 名同志获得了工伤认定员资格。2007 年，南通市劳动保障局出台《南通市灵活就业人员工伤认定办法》（通劳社工〔2007〕5 号），对灵活就业人员工伤认定工作予以规范，为相关群体实现工伤保险保障奠定了基础。2008 年，南通市出台《关于转发省劳动保障厅〈关于工伤认定中职工伤残与工伤因果关系确认问题的处理意见〉的通知》（通劳社工〔2008〕5 号），规定在工伤认定中需要确定职工现有伤情是否与工伤存在因果关系，并对因果鉴定委托书需要载明的内容、产生费用的支付等进行了明确。

劳动能力鉴定是对劳动功能障碍程度和生活自理障碍程度进行的等级鉴定，依据《职工工伤与职业病致残程度鉴定标准》，南通市劳动能力鉴定委员会建立了医疗专家库。医疗专家库一般每三年进行一次调整，每次采取随机抽取的办法确定鉴定专家，劳动能力鉴定委员会根据鉴定专家提出的鉴定意见，作出鉴定结论。2004 年起，对鉴定结论有异议的，可以向省级劳动能力鉴定委员会提出复查申请。2011 年修订后的《工伤保险条例》出台后，劳动能力鉴定委员会对工伤伤残等级的再次鉴定和复查鉴定时间与初次鉴定时间相同，改善了由于没有规定具体时间导致鉴定结论滞后的状况。

5. 不断提升工伤保险待遇水平

南通市工伤保险待遇支付和调整标准、项目等均严格按照《工伤保险条例》和江苏省相关规定执行。2007 年，根据《转发省劳动保障厅等部门〈转发劳动保障部等部门《关于加强工伤保险医疗服务协议管理工作的通知》的通知〉的通知》（通劳社工〔2007〕6 号）的规定，“在国家尚未颁布工伤保险诊疗项目和住院服务标准情况下，暂参照医疗保险的管理规定执行”。南通市结合本市实际，2011 年出台《关于调整部分工伤保险诊疗项目、辅助器具费报支标准的通知》（通人社工〔2011〕10 号），放宽部分材料报支范围。2017 年出台《关于增加部分工伤保险诊疗目录范围提高报支标准的通知》（通人社规〔2017〕4 号），进一步扩大全额报支范围，提高报支标准。

2004 年以来，南通市有 143 676 人次享受工伤保险待遇，其中职业病人员 231 人次。由于 2009 年之前的数据统计未对享受伤残待遇人次情况进行细分，可从图 5-5-4 看出 2009—2018 年相关待遇享受人次情况。

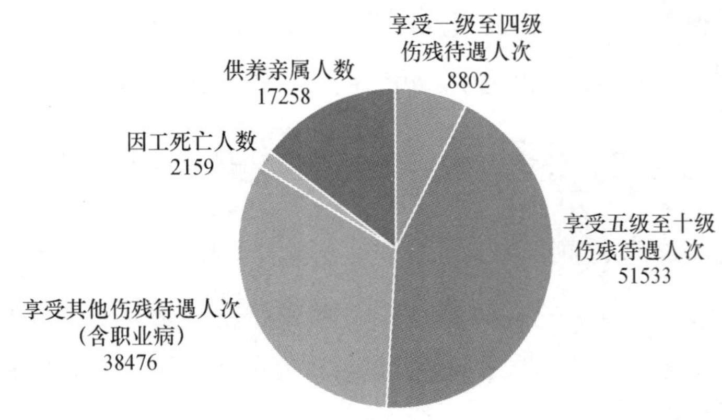

图 5-5-4　2009—2018 年南通市享受工伤保险待遇人次

6. 工伤保险经办服务稳步升级

（1）精简申报材料，缩短经办时间。近年来，南通市进一步规范经办工作，简化工伤保险办理流程，更加惠民便民。充分利用信息化手段，2018 年减少收取数十项纸质材料，经办提速达 50%。完全践行一次性告知所需材料，实现“只跑一次”。根据企业反馈，开展工伤保险参保先网上申报、后补送材料的相关业务，最大限度地方便企业。充分利用短信平台，及时通知待遇支付进程，确保工伤职工信息畅通。

（2）推进工伤医疗费联网结算。2014 年开始推进联网结算工作，2018 年市区已有 8 家协议医疗机构实现医疗待遇联网结算，为企业节约了医疗费垫付成本，减轻了企业负担，缩短了工伤职工享受医疗待遇的时间。

（3）拓宽工伤保险定期待遇资格认证渠道。寓认证于无形，除了亲自认证和针对有特殊情况的人员，安排专人进行上门认证等传统方式以外，南通市新增微信认证，减轻了认证对象的负担，杜绝虚报、冒领、骗取工伤保险待遇的现象。

（4）加强协议管理机构的监督考核。2018 年出台了《关于印发〈南通市工伤保险协议管理机构考核办法〉的通知》，通过日常检查与年终考核相结合的方式对机构服务协议执行情况进行考核，进一步加强工伤保险协议机构的管理，为工伤参保职工就医提供质量保证。

二、南通市工伤保险制度的创新与实践

南通市工伤保险制度发展坚持以问题为导向，以全心全意保障和服务用人单位和职工为宗旨，体现出强烈的以人为本、勇于创新、敢于担当的地方特色。

（一）真招实举推动建筑业农民工工伤保险保障工作

南通市共有建筑企业近 2 000 家，建筑队伍遍及全国 31 个省（自治区、直辖市），承建施工面积 8.76 亿平方米，建筑队伍人数 180 万人，累计获鲁班奖 103 项，建筑经济总量、施工生产能力、工程质量水平、市场占有率等均居全国地级市前列，建筑业成为全市最具活力、最具特色、最有影响的经济板块之一。而从事建筑施工的多为农民工群体，他们文化素质相对较低、安全意识淡薄、安全防护能力缺乏，加上工作环境相对恶劣、施工人员流动性大等特点，使建筑业农民工成为安全事故多发群体。一直以来，包括工伤保险在内的社会保险采用实名制参保的单一方式，但建筑业农民工

流动性大、工种多、用工时间不一致，实名制参保不能满足其参保需求，以致大部分从事建筑施工工作的农民工在发生工伤事故后面临工伤救助的困境。

1. 迎难而上，寻求破解之路

针对这一难题，南通市选择直面困难、拓宽思路，积极研究破解的有效方法。从2006年起，南通市对工伤保险实名制参保制度进行了改进，全国首创建筑企业建筑项目参保方式。南通市人力资源社会保障部门牵头，依托招投标平台，主动了解掌握建设项目信息，积极推进建筑领域农民工参加工伤保险工作；人力资源社会保障、建设等部门加强沟通协调，加强组织发动，形成工作合力；注重考核激励，将建筑业工伤保险工作列为相关部门年终目标责任制考核的内容之一。

2. 三抓实，织就无缝隙保障网

一是抓实制度建设，做到项目参保全覆盖。建设主管部门从源头上把关，在每个建设项目核发施工许可证时，将工伤保险经办机构的工伤保险参保证明作为必备条件之一，使所有建设项目都纳入工伤保险范围。人力资源社会保障、安全监管、总工会等部门按照各自职责，相互协调，强化联合执法，切实维护建筑业农民工工伤保险权益。二是抓实费率调控，合理确定缴费比例。南通市遵循以支定收、收支平衡的原则，综合考量对建筑业农民工的权益保障程度，兼顾建筑企业的承受能力，确定了建筑业参保的缴费比例：将建筑企业实际核发工资总额的60%与当年工程总造价相比较，得出建筑项目参保的缴费比例。据此，将缴费标准定为市政工程总造价的0.06%，房屋建筑工程总造价的0.12%，拆除工程按照每平方米拆除面积缴费1元。为了发挥工伤保险费率的经济杠杆作用，提高企业工伤预防意识，南通市对建筑项目参保也实行浮动费率机制：将建筑项目作为独立的主体，汇总发生的工伤事件数、重伤死亡人数、待遇支付金额等数据，对工伤事故发生多的建筑项目费率实行20%和50%两档的浮动费率。三是抓实待遇落实，保障农民工合法权益。将参与施工项目建设的全部职工作为参保对象，发生在该项目工作过程中的受伤职工全部予以认定工伤，并享受与正常企业职工同等的工伤保险待遇。开通快捷服务通道，一次性告知申请工伤认定、劳动能力鉴定、工伤保险待遇所需的材料和经办流程，费用报销一次性结算，适当简化建筑业农民工申请的手续。

3. 效果立竿见影，“南通经验”在全国推广

南通市在实施建筑项目参保的过程中，摒弃了项目申报和实名申报的双轨制，几年来坚持项目参保单轨制，方便了参保单位，减少了实名制漏报和难以及时申报所造成的矛盾，不仅得到了建筑施工企业及其广大从业人员的一致认同，也为全国其他地区破解建筑施工企业工伤保险参保难题提供了参考，全国许多省市到南通市考察调研，并先后出台类似政策。2015 年，全国工伤保险工作会议在南通市召开，南通市以《创新方法　破解难题　南通市实现建筑业农民工工伤保险无缝覆盖》为题，分享了建筑项目参保的“南通经验”。随后，国家四部委共同制定推进“同舟计划”专项行动。

根据四部委及江苏省相关部门《省人力资源和社会保障厅关于印发建筑业参加工伤保险“同舟计划”专项扩面行动工作方案的通知》（苏人社发〔2015〕130 号）的要求，南通市从 2015 年起用两年时间在全市范围内开展建筑业参加工伤保险“同舟计划”专项扩面行动，以农民工较为集中、工伤风险程度较高的建筑企业为重点。2018 年，“同舟计划”二期开始，南通市进一步大力推进交通运输、铁路、水利、桥梁建设等行业企业参加工伤保险，促进“同舟计划”顺利实现“三个全覆盖”，即统筹区域参保全覆盖、建设项目全覆盖、从业人员全覆盖。同时，南通市启用建设项目人脸识别系统，提高建设项目参保精细化管理程度，推动建设项目实名制参保进程。2017 年 5 月至 2018 年年底共有 2 318 个项目安装使用建筑项目信息管理系统，实名制管理建筑业农民工 31 万人。

（二）构建多层次工伤保障制度，织密扎牢工伤保障网

传统就业的劳动关系是建立在全日制和劳动合同基础上的，劳动关系简单、稳定，也较易推进参保扩面工作。但随着经济发展，就业形式日益灵活多样，很多就业形式不能适用传统劳动关系模式下的各种规则，导致相关从业人员游离在工伤保险保障之外。多年来，南通市坚持创新思维、突破难点、注重实效，主要通过特殊群体先行参加工伤保险和建立政府主导、引导型商业保险的模式，不断填补工伤保险保障空白。

1. 创设自谋职业者参保制度

自谋职业者就业状况复杂，绝大多数从事个体餐饮、修理、运输、便民服务等非规模经济行业的职业，大多是进城务工的农民工和下岗失业人员，发生工伤的概率高，

风险承受力薄弱。南通市积极组织开展调研，寻求破解问题之道，随后逐步建立健全了自谋职业者参保制度。

2006年年底，南通市出台了《关于灵活就业人员参加工伤保险的通知》（通劳社工〔2006〕14号）。从2007年1月1日起，市区自谋职业者都可以参加工伤保险，2007年年底前已有近3万人参保缴费。仅一年后已有17人享受了工伤保险待遇，南通市支付工伤保险基金53万元。2011年，南通市出台《关于家政服务从业人员参加工伤保险有关问题的通知》（通人社工〔2011〕21号）。2015年6月3日，南通市出台《关于快递行业从业人员参加工伤保险的通知》（通人社工〔2015〕5号），将快递行业从业人员纳入工伤保险保障范围。同年8月28日，南通市修订出台了《关于印发〈南通市灵活就业人员工伤伤害保险暂行办法〉的通知》（通人社规〔2015〕10号）。

由于自谋职业者的保障制度套用《工伤保险条例》，法院在司法实践中与人力资源社会保障部门存在分歧，自谋职业者工伤保险保障政策现在已全面停止。

2. 建立工伤保障补充机制

南通市在现有的社会保障制度下，创新使用政府主导或引导的商业保险手段，通过社会化运作解决保障覆盖盲点。择优选择具有相关资质的商业保险公司承保，承保公司与工伤保险经办机构签订协议，具体经办相关业务。南通市政府主导的商业保险主要有以下三种：

（1）对用人单位进行工伤保障的补充工伤保险。2011年，南通市出台《市政府办公室关于实施工伤保险的若干意见》，规定用人单位的工伤保险费率下降0.19%，以工程项目参保的建筑施工企业缴费标准由工程总造价的1.2‰下降至1‰，市政企业由0.6‰下降至0.4‰，所下降部分用于建立补充工伤保险。用人单位自愿参加补充工伤保险，单位和个人均不需要额外缴费，且参保单位发生的所有工伤事故均可在原工伤保险待遇的基础上，额外得到承保公司的补偿，不仅分担了用人单位的负担，而且保证了工伤职工由用人单位支付的工伤保险待遇的兑现。截至2018年，南通市补充工伤保险参保率基本达到100%，已赔付近5 000家企业的近30 000多名工伤职工，成为零差评政策。2018年，南通市出台《市政府办公室关于补充工伤保险工作若干具体问题的意见》（通政办发〔2018〕133号），对补充工伤保险政策进行修订，提高了待遇支付水平，将机关事业单位纳入保障范围，并拟建立重大事故再保险。

（2）对超过法定退休年龄人员建立从业伤害保险。职工到达法定退休年龄将自动终止与用人单位的劳动关系，无法参加工伤保险。针对南通市人口老龄化的实际特点，为化解用人单位使用超过法定退休年龄人员的需求与其工伤风险得不到保障的矛盾，2014 年南通市出台《超过法定退休年龄从业人员从业伤害保险实施办法》（通人社规〔2014〕12 号），由用人单位自愿参保缴费，个人不缴费。发生工伤后，参保人员将根据相关规定享受由承保公司一次性支付的保险待遇。2017 年，南通市对该政策进行了修订，补偿标准进一步提高。该政策实施以来，全市平均每年有 9 000 人参保，累计发生赔案 184 件，发生赔款 1 043 万元。

（3）对农村经济合作组织建立职业伤害保险。2016 年 9 月南通市出台《关于试行农村（社区）经济合作组织及其从业人员职业伤害保障工作的意见》（通人社工〔2016〕10 号），部分县（区）试点开展经济合作组织职业伤害保险工作。农村经济合作组织自愿参保缴费，个人不缴费，参保人发生职业伤害后，将获得医疗救治和补偿。该政策仅在南通市通州区、海门市两地试点，至 2018 年年底共有 4 200 人次参保。

（三）机关事业单位工伤保险工作

新中国成立以来，机关事业单位与企业实行着不同的工伤保险政策。机关事业单位的工伤保险一直体现为单位责任，其实质是国家责任。随着我国各项社会保险制度的建立，政府财政预算体制也进行了规范化的改革。特别是《工伤保险条例》实施以后，机关事业单位职工工伤保险问题日趋显现，给财政、人事、劳动保障等部门处理此类问题带来了不少困难。《工伤保险条例》实施一年后，南通市劳动保障部门会同财政、人事部门共同研究，拟定将机关事业单位职工也纳入工伤保险管理范围。2005 年初，国家政策尚未出台，在得到市政府同意的情况下，南通市率全国之先，认真开展调研，在摸清人员结构、费用来源、历史状况的基础上，确定了“统一认定、鉴定标准，统一工伤保险待遇，统一管理”的原则，形成了财政全额供给人员“集中管理，财政分级支付”，由工伤保险经办机构统一经办，财政定期全额结算返还；财政非全额供给人员，由用人单位按照较低的费率缴纳工伤保险费，纳入工伤保险基金管理。2005 年 10 月南通市出台了《市政府办公室转发市劳动和社会保障局人事局财政局关于市区机关事业单位职工工伤保险试行意见的通知》（通政办发〔2005〕108 号），同年 11 月市区机关事业单位的工伤保险工作全面启动。

2015 年，《江苏省实施〈工伤保险条例〉办法》（江苏省人民政府令第 103 号）和《省人力资源和社会保障厅　省财政厅关于江苏省机关及参照公务员法管理的机关（单位）工作人员参加工伤保险的实施意见》（苏人社规〔2015〕2 号）相继颁布实施，均要求机关事业单位参加工伤保险。为贯彻落实此项要求，完善南通市机关事业单位工作人员工伤保险参保缴费工作，南通市制定《关于做好机关事业单位工伤保险参保缴费工作的通知》（通人社工〔2015〕13 号）。南通市行政区域内的机关、参照公务员法管理的机关和事业单位均正常参加工伤保险，并按规定缴纳工伤保险费，缴费费率暂按 0.8%执行，实行浮动费率。取代原按实结算和独立核算的方式，其所缴纳的工伤保险费用及工伤保险待遇支出全部经与企业统一的社会保险系统操作，纳入工伤保险基金统一管理。

（四）明确“老工伤”保障制度

南通市 1994 年年底开始实施工伤保险制度，此前的“老工伤”人员中除已经失去劳动力的人员纳入了工伤保险管理外，其他人员的待遇一直由各单位自行负责解决。随着时间的推移，“老工伤”人员大多数已经退休，而国有、集体企业的破产、改制使他们的工伤医疗待遇失去了保障。2004 年以来，南通市采取发现一个解决一个的办法，使原柳新煤矿等单位“老工伤”医疗待遇先后得到了解决。2007 年 7 月，南通市政府下发《市政府关于实施〈工伤保险条例〉有关问题的处理意见》，明确了“老工伤”人员的工伤保险保障，让他们无条件纳入管理，和其他工伤人员享受一样的待遇。

（五）创建先行支付制度

1. 率先建立工伤救助制度

2006 年，某餐饮店（个体工商户）雇工在店内遭遇不法侵害造成二级伤残，侵害者承担了刑事责任，个体工商户也无力负担赔偿问题。该事件直接催生了工伤救助制度。为了切实贯彻党中央、国务院对农民工的保护精神，真正化解农民工工伤保障难的问题，确保农民工发生工伤事故后得到及时救助，预防用人单位责任缺位时职工工伤保险补偿“缺位”，实现非参保农民工与参保农民工在工伤保障方面的“无缝”对接，从制度上保障工伤保险真正惠及广大职工，2007 年南通市劳动保障部门会同财政、人事、工会、司法等部门，共同起草了《南通市市区农民工工伤救助试行办法》（通劳社工〔2007〕11 号），创建未参保农民工重大工伤事故工伤保险救助绿色通道机制，明确对未参加工伤保险的农民工，发生六级以上的工伤事故后，因用人单位拒绝或恶意拖延承担工伤保险责任时，可先由工伤保险储备金垫付其医疗费用、伤残津贴等工伤保险待遇，再由劳动保障、司法行政等政府部门全力追偿。

2. 规范化开展先行支付工作

2011 年，《社会保险法》《社会保险基金先行支付暂行办法》颁布实施，对先行支付适用及操作作了规定，工伤保险先行支付政策在南通市全面推行。由于工伤保险先行支付政策缺乏相关实施细则，为保障该政策健康运行，保证工伤职工得到有效救治，维护工伤保险基金的安全稳定运行，南通市不断探索推进规范化的工作机制，对申请所需提交材料进行规范，根据申请的不同情形进行审核并作出答复，然后委托第三方进行追偿，促进该政策“落地”。

（六）不断推动“三位一体”的工伤保险制度

现代工伤保险制度下，在做好工伤补偿的基础上，南通市更加注重工伤预防和康复工作的突破，目前均已形成相对成熟的工作机制和模式。

1. 工伤预防

（1）夯实基础，从政策层面推进。2009 年，南通市政府出台《市政府关于全面推进建筑施工企业农民工参加工伤保险的实施意见》（通政发〔2009〕50 号），明确规定应积极探索建立工伤预防机制，从工伤保险基金中提取 5%作为工伤预防资金。2011 年，南通市人力资源社会保障和安全监管两部门联合出台《关于建立南通市工伤事故预防联动机制的通知》（通人社工〔2011〕12 号），建立了工伤事故预防监管责任制、工伤预防联席会议制度、工伤预防培训考核上岗制度、工伤事故信息共享和通报制度、工伤事故联合执法检查机制，并成立了联动机制工作领导小组，由南通市人力资源社会保障和安全监管两部门局长任组长。2015 年 9 月 1 日，南通市出台《南通市工伤保险暂行办法》（通政规〔2015〕3 号），明确提出用人单位应该开展工伤预防工作。

2017 年，南通市出台《关于进一步加强企业工伤预防工作的意见》（通人社规〔2017〕10 号），该意见是市级第一部工伤预防政策文件，将费率浮动与工伤预防相结合，从政策层面提高了工伤预防的积极性。

（2）健全机制，规范项目管理。通过“政府主导，社会化运作”的模式，开展工伤预防宣传、培训、风险评估等各项工作。工伤预防培训项目通过公开招标，委托第三方实施。同时通过公开招标聘请符合条件的第三方对工伤预防项目实施情况进行专业化评估和监督，采取全程跟踪的模式，出具评估报告。在年中和项目结束时，由工伤保险部门、工伤预防委员会成员单位（包括财政、安全监管等部门）、聘请的工伤预防专家库专家等组成的评审小组，对工伤预防项目实施情况开展中期评估和终期评估，核查工伤预防培训工作台账、录像、培训人数和企业数，形成评审意见和会议纪要。

南通市持续改善与现场互动式工伤预防培训模式日趋成熟，形成由大数据分析、风险评估、培训、自主培训、整改回访、数据分析和档案管理组成的完整流程，形式与内容并重，现场效果与持续性改善兼攻，成为具有可推广的“南通经验”。

（3）工伤预防培训成效。培训规模日趋扩大，2016 年培训了 6 000 人次，2017 年培训了 300 家企业，2018 年则达到 500 家企业、25 000 人次。

2018 年对 2017 年培训的 300 家企业进行数据分析，培训后一年内工伤事故发生率下降 5. 7%，工亡人数占比下降 47. 39%，一级至四级伤残人数占比下降 32. 77%，五级至十级伤残人数占比下降 4. 28%。上述数据可以说明，工伤预防工作在遏制事故发生方面确实见到了实效。

2. 工伤康复

2007 年，南通市作为国家首批工伤康复试点城市，与市第三人民医院合作成立工伤康复中心。到 2018 年年底，工伤康复工作开展已有十几年的时间，康复中心扩展为两家，实现了从无到有、从小到大的跨越，满足了本地区部分工伤职工的康复需要。南通市通过学习借鉴也进行了一些有益的探索，各项工作机制在不断探索中日益完善，工伤康复已成为南通市日常性工作。

（1）制度体系不断夯实。南通市先后出台《南通市工伤康复管理试行办法》《南通市工伤职工就诊管理试行办法》《南通市工伤保险协议管理机构考核办法》《南通市工伤保险协议康复机构考核评分标准》《南通市市区工伤保险定点康复机构考核评分标准》《关于工伤康复住院费用结算的试行意见》等规范性文件以及“南通市工伤康复对象确认〉办事指南”“南通市职工工伤康复费用结算表”等服务资料，以加强对工伤康复工作的规范化管理。

（2）坚持“人力资源社会保障部门主导政策，社会医疗机构提供服务，经办机构协议管理”的工伤康复试点模式，高效开展康复工作。社会保险行政部门、工伤保险经办机构、劳动能力鉴定机构、康复中心责任明确，各司其职。2018 年，南通市内有两家合作的康复机构，均通过协议方式管理。每年对康复中心实行百分制考核，由日常检查与年终考核两部分组成。年度考核等级与结算费用挂钩。记账结算的工伤保险经办机构按规定逐月预留工伤保险基金结付费用的 10%，待年度考核后，根据考核实绩进行拨付。

（3）形成完整规范的流程。一是由劳动能力鉴定机构根据工伤认定情况筛选符合条件的康复对象，明确康复期限，发出工伤康复通知书。二是由工伤康复中心拟订康复计划、组织实施医疗康复，协助做好工伤职工伤残等级的评定工作。同时，做好医务人员工伤保险政策法规的宣传和培训，严格执行工伤康复药品及诊疗项目收费标准。三是建立独立于工伤康复中心的医疗专家评审队伍，介入工伤康复全过程。对工伤职工进入康复程序进行至少三次监督评价，即前期评估、中期评价、终期评价，有效加强对工伤康复机构的监督管理。同时，引入工伤职工评价机制，通过面对面询问或书面打分方式对服务态度、治疗方案、治疗质量和康复效果等进行评价，提升康复效率。

（4）康复服务水平逐步升级。一是丰富康复形式，切实提高康复效果。鼓励偏远地区工伤职工充分利用当地的门诊康复资源。同时，充分发挥传统康复形式的作用，鼓励工伤职工尝试针灸、推拿等。二是优化工伤康复报销流程。全面推广联网结算，并逐步大幅提升联网结算占比。三是鼓励和支持工伤康复中心加大职业康复投入，添置完善职业康复相关基础设施设备，寻求职业康复新的突破。

三、南通市工伤保险下一步发展的方向和前景

（一）工伤保险发展面临的新形势和挑战

1. 进一步构建更加精细化、广覆盖、高水平的职业伤害保障制度

各类从业人员自我保障意识对权益的多样性需求向社会保障制度提出了新课题，人力资源社会保障部门虽然负责工伤保险工作，但实际上应该承担的是所有从业人员的职业伤害保障的职能。近年来，南通市以问题为导向，结合实际，探索了部分人群的职业伤害保障，各项工作都取得了一定成效，但只是在职业伤害保障之路上迈出了一小步，更多群体仍游离在工伤保障范围以外，其产生的社会矛盾是我们面临的长期课题。这一课题无法在现有的法律法规中循例而为，也并非现行工伤保险制度可以独立承担的，应该探索多层次多形式、不同保障水平的职业伤害保障制度，各司其职，共同应对。

2. 有待于形成科学、完整、可持续的工伤保险制度体系

（1）确立与统筹层次相适应的费率机制。在全国各统筹地区参保面、产业结构、统筹层次等多种情形发展不平衡的情况下，影响费率的因素差异十分明显，基金收支情况也差距很大，在未实现全国统筹的基础上制定统一的费率，有失科学性、权威性。同时，现行“二元”费率机制有效性和灵活性不足，无法应对费率影响因素的多元化，未能有效促进工伤预防、工伤康复、工伤补偿“三位一体”工伤保险制度均衡发展。应该明确统筹地区责任，提高费率机制效率。可以尝试由“国家根据不同行业的工伤风险程度确定行业的差别费率”变为“国家制定工伤风险行业分类标准”，由省级或统筹地区“根据使用工伤保险基金、工伤发生率等情况确定行业费率及费率档次”。

（2）调整和完善待遇政策。根据南通市实际经办经验，随着经济的发展，沿用几十年的待遇政策明显与实际形势有差距，或已经不能满足当前需求，或会造成新的内部不公平，待遇标准、体系都需要重新调整。例如，一次性工伤医疗补助金是 20 世纪 90 年代初确立的，初衷是在当时交通和通信不发达的情况下，保障工伤后返乡的进城

务工人员旧伤复发等医疗权益。在信息化时代联网结算大力推行的情况下，应该考虑这类待遇还有无存在的必要。一次性伤残就业补助金的设置初衷是为了限制用人单位随意与工伤职工解除劳动关系，同时补偿工伤职工劳动能力下降造成的预期收入减少。如今，从经办实际看，一次性伤残就业补助金已经成为工伤职工解除劳动关系的催化剂。应该取消该待遇项目，同时提高一次性伤残补助金的补偿标准。

（3）健全工伤预防和工伤康复法规政策体系。工伤预防应该成为工伤保险工作的首要任务，但一是《工伤保险条例》对工伤预防定位不精确，没有对工伤预防进行明确的、具有操作意义的安排，体现出“重事后补偿、轻预防”的特点，不仅导致经办机构在实际经办过程中束手束脚，还造成很多企业认知上的偏差，难以形成工伤预防共识。二是工伤预防虽然有正式的协议文本，但工伤预防培训形式多样，费用组成不同，国家层面没有关于费用标准的相关规定，工伤预防先行先试地区在实施过程中存在确定费用预算标准的风险。三是级差过小，浮动“轻描淡写”的费率机制限制了工伤预防激励机制，无法体现通过建立工伤保险制度促进工伤预防的目标，不利于提高工伤预防工作积极性。四是目前工伤预防费支付范围较为狭窄，应该逐步扩大支付范围。

工伤康复的目的是让工伤职工重返工作岗位和家庭，应该起到减轻工伤职工痛苦、缩短医疗期、尽快改善身体功能的效果，但由于康复医疗在我国发展时间不长、普及不够、研究不深，尤其对工伤人员的康复缺乏相关的技术路径、衡量标准，康复变得可有可无、可长可短。工伤康复需要解决企业、工伤职工、工伤保险经办机构等多方关切，处理好以下几个关系：一是工伤康复和停工留薪期的关系，二是工伤康复和鉴定等级的关系，三是工伤医疗和工伤康复的关系，四是人文关怀和经济效益的关系。

3. 建立更高层次的信息共享机制

国家主管部门应该与相关部门协调，明确数据共享的范围、标准、方式等内容。建立全国人力资源社会保障系统信息共享平台，各层级统筹地区根据相关规定，逐步建立数据共享通道，逐步实现人力资源社会保障部门与卫健、安全监管、道路交通、司法等多部门之间的数据交换。

4. 机构改革对工伤保险经办的影响

机构改革对工伤保险经办工作影响很大，医保职能划转前，南通市六个县（市、区）均无独立的工伤保险经办机构，相关工伤保险经办工作除一地隶属社保中心、一地与医保中心合署办公外，其他均隶属医保中心。医保职能划转后，原经办人员几乎全部随迁。工伤保险经办体制有待进一步理顺，经办队伍建设亟待加强，“小险种”地位直接制约了工伤保险事业发展。

（二）南通市工伤保险发展展望

1. 建立健全多层次工伤保险体系

以问题为导向，加强社会化力量进行多层次职业伤害保障的探索。重点解决困难参保人群，如灵活就业人员、志愿者、学生等保障问题，最终实现从业人员全覆盖，做到有就业就有职业伤害保障。

（1）摸清保障群体的实际情况。对目前游离在制度外的群体进行梳理，符合纳入工伤保险制度的，积极扩面做到应保尽保；对于其他群体，摸清不同群体的实际特点和需求，开辟切实可行的差异化保障路径。

（2）平稳有序推进。根据保障需求程度的轻重缓急，针对不同群体制定保障政策，逐步做到职业伤害保障全覆盖。

（3）合理确定保障水平和经办方式。在制定具体政策时，要解决三方面问题。第一，责任主体明晰。根据不同的职业，明确责任主体。第二，保障水平适度。要根据不同保障对象的实际情况、承受能力和需求，合理确定保障水平。由保基本开始，条件成熟后再逐步提高保障水平。第三，经办方式多样。根据人群特点、保障内容范围以及社会保障、经办能力等条件，可以由社会保险经办机构直接经办，或者政府购买社会力量经办，或者政府主导政策、社会力量经办，或者政府和社会力量共同经办或分散经办等。

2. 不断完善“三位一体”工伤保险制度

切实提高工伤预防地位，使工伤预防工作成为社会共识。探索建立多部门衔接机制，增强现行工伤预防宣传、培训、风险评估的效率，共同推进安全生产和工伤预防工作，构建有机统一、综合协调的监管体系。进一步增强培训的针对性，提高效率，形成自带传播效果的品牌。

立足当下工伤康复的工作条件，进一步完善工伤康复模式，建立健全早期介入制度，规范完善协议管理内容，探索建立工伤康复监督评价机制，不断丰富康复形式，切实提高康复效果，逐步推进职业康复。

3. 提高经办服务水平

（1）加强经办队伍建设。一是逐步理顺从上至下的经办体制，加强专业人才的吸收和引进工作，力争全力增加经办力量。二是通过狠抓政策学习、廉政教育、作风建设，着力提升经办人员的业务能力、服务意识和效能，内强素质、外树形象。

（2）全面提高经办信息化水平。进一步完善网上服务平台，实现所有工伤保险业务均可网上申报受理。实现参保、工伤认定、劳动能力鉴定、待遇申请等一窗式办理，打造工伤保险经办工作一体化格局。完善社银平台，加强工伤保险基金管理，并逐步实现业务流程一体化，职工受伤后只申请一次即可享受待遇，与卫生、安全监管、公安、司法等多部门实现实时信息共享。

（3）提高经办服务水平。全面创新服务方式，优化服务细节，实行主动服务。一是充分利用信息化水平提升，全面简化办事流程，减少群众办事负担。二是坚持优质服务、精准服务和“多提示一句话，群众少跑一里路”的服务理念，规范电话文明用语、窗口服务用语，将有损形象、伤害群众感情的语言列入服务禁语；了解群众需求，实施精准服务。三是增加人文关怀，通过更人性化的手段开展工作，比如可以通过社区服务、电话、微信等多种渠道开展工伤职工及其家属的关心、慰问工作。

4. 配合机构改革工作，全面加强基金内控监督管理

全面加强基金内控监督管理，完善基金风险防控工作，形成互相监督、互相制约、授权适度、权责明晰的经办流程，加强对医疗机构、辅助器具机构的协议管理，确保工伤保险基金平稳运行。

广东省东莞市工伤保险发展报告

东莞市位于广东省中南部、珠江口东岸、东江下游的珠江三角洲，因地处广州之东、盛产莞草而得名。东莞是岭南文明的重要发源地、中国近代史的开篇地和改革开放的先行地、广东重要的交通枢纽和外贸口岸，号称“世界工厂”。2018 年年末全市户籍人口 231.59 万人，常住人口 839.22 万人，2018 年全年地区生产总值 8 278.59 亿元，规模以上工业增加值 3 904.57 亿元，是国内外享有盛名的“会展名城”“制造名城”和“生态绿城”。

东莞市工伤保险制度正式建立于 1990 年 2 月。2004 年《工伤保险条例》和《广东省工伤保险条例》实施后，东莞市工伤保险各部门主动担当、锐意创新、敢为人先，迎来业务的全面发展，工伤保险参保范围全面覆盖，工伤预防工作全面推进，工伤认定工作指引规范，劳动能力鉴定标准严谨，工伤康复业务稳步发展，工伤保险经办服务不断推陈出新，工伤预防、工伤康复、工伤补偿“三位一体”的工伤保险体系日臻完善。到 2018 年 12 月，东莞市工伤保险参保单位 29.02 万家，参保人 437.48 万人，工伤保险基金全年征收 9.00 亿元，工伤保险待遇全年支出 11.49 亿元①。2018 年全市全年完成工伤认定 33 849 人次，完成劳动能力鉴定 20 946 人次，全年发放工伤保险待遇 24 028 人次（含往年人员）。

经过多年的发展，东莞市已建立了完善的工伤保险制度管理体系和业务管理规程，工伤保险业务已全面实施信息化联网管理和智能监管，在工伤预防、工伤认定、劳动能力鉴定、工伤康复及业务经办等各个领域内创造出一系列能解决实际问题的“东莞经验”，推行了一系列切合当地实际问题的惠民服务措施，东莞市工伤保险工作在制度建设、待遇水平、业务发展、改革创新和惠民服务等方面均处于广东省乃至全国领先水平。

① 工伤保险基金出现 2.49 亿元收支赤字是因为东莞市自 2018 年 1 月起按国家规定实施了一系列阶段性下调费率、减轻企业成本的措施。

一、东莞市工伤保险发展历程回顾

（一）计划经济体制和企业负责时期（1990 年以前）

1990 年 2 月以前，东莞市企业职工发生工伤事故后，均由企业按照《劳动保险条例》的规定处理，即由企业负责工伤医疗待遇、医疗期间的工资待遇、残废待遇、丧葬待遇、抚恤待遇及残废鉴定、部分伤残职工的就业保障和疗养康复待遇等。

（二）改革探索时期（20 世纪 90 年代至 2003 年）

20 世纪 80 年代中后期，东莞市的改革开放深入发展，引进大量的“三资”“三来一补”企业，其中大部分是加工制造企业。近百万的外来劳动力进入此类企业工作，由于企业缺乏安全生产管理及业务培训、操作指导，东莞市的工伤事故发生率明显上升。同时，东莞市国有（集体）企业因体制改革而关、停、并、转，以及外商经营者频繁变更等情况越来越多，引发较多工伤伤残待遇纠纷。鉴于这种情况，东莞市开始研究建立企业职工工伤保险制度。

1990 年 2 月，《东莞市职工工伤保险暂行办法》正式施行。同年 12 月，东莞市企业职工因工伤残劳动能力鉴定标准均按《广东省职工因工残废评定暂行标准》执行。

1992 年 3 月，东莞市执行《广东省企业职工社会工伤保险规定》。为吸取 1991 年东莞市石排镇盆岭村个体户开办的制衣厂特大火灾 72 人死亡的教训，东莞市明确将“个体工商户”纳入工伤保险范畴，进一步扩大了工伤保险的覆盖面。

1994 年 9 月，东莞市社会保险委员会办公室牵头，市府办、市劳动局、市工商局、市财政局、市总工会、市审计局、市社保局联合组成检查组，开展全市社会保险大检查，以此促进工伤保险扩面。同年 12 月，东莞市参保单位达到 1.24 万家，参保人数突破 100 万人，达 116 万人。

1995 年 10 月，经市政府同意，东莞市社保局对工伤保险待遇政策作了调整，提高了工伤医疗费基金支付比例、九级伤残以上的一次性残废补偿金发放标准及因工死亡抚恤金待遇。同年 12 月，东莞市劳动能力鉴定标准按国家技术监督局发布的《职工工伤与职业病致残程度鉴定》（GB/T 16180—1996）执行。

1998 年 1 月，东莞市建立社会工伤保险安全生产奖励机制，奖励安全生产的优秀企业和先进企业。同年 10 月，东莞市社保局对因工死亡直系亲属抚恤金再度调整，由 40 个月本市上年度职工月平均工资调整为 60 个月。11 月，东莞市全面执行《广东省社会工伤保险条例》。在工伤保险待遇发放上，东莞市计发标准高于《广东省社会工伤保险条例》规定的，均按原待遇标准执行。12 月，东莞市成立工伤康复中心。

2000 年 1 月，东莞市重新核定全市各行业社会工伤保险缴费费率，并实施费率浮动机制。同年 3 月，东莞继续扩大工伤保险参保范围，主要针对私营企业和个体工商户，以及全市机关事业单位及工作人员，要求私营企业、个体工商户在办理工商营业执照换照、年检（验照）时，必须向工商行政管理部门出示有效的社会保险登记证和近期缴纳社会保险费凭证。

2001 年 4 月，东莞市工伤康复中心正式运行。同年 11 月，东莞市成立劳动能力鉴定委员会，委员会下设办公室，与东莞市社保局工伤保险科合署办公。

2002 年 11 月，东莞市社保局会同市建设局制定了《关于做好建筑企业伤亡事故工伤认定工作的通知》，对建筑企业工伤事故处理规则予以明确。

2003 年，东莞市社保局对工伤认定进行了大量的调研，先后就职工工作间隙发生意外伤害、驾驶员工作期间遭遇本人主要责任（或全部）的交通事故、上下班途中或因工外出期间遭遇暴力侵害致伤、致亡等工伤认定统一意见，使东莞市的工伤认定工作进一步规范、准确，有效保证了工伤认定的合法性。

（三）全面发展时期（2004 年以后）

2004 年 1 月起，《工伤保险条例》《广东省工伤保险条例》先后实施，极大地提高了工伤保险的立法层次。东莞市以上述条例为依据，以工伤保险领域内的问题为导向，以解决企业和员工实际需要为出发点，充分发挥改革探索时期积累的“东莞经验”，厚积而薄发，在国家、省的部署下开展多个工伤保险“先行先试”试点，东莞市工伤预防、工伤认定、劳动能力鉴定及工伤保险经办工作均取得了蓬勃的发展。

1. 参保缴费

2004 年，《工伤保险条例》《广东省工伤保险条例》相继实施，东莞市工伤保险参保范围经过之前多次扩面，已经覆盖东莞辖区内各类企业、有雇工的个体工商户。至 2004 年 12 月，全市工伤保险参保单位有 5.25 万家，参保人数达 150.46 万人次。

2006—2007 年，东莞市工伤保险实施农民工“平安计划”，推进农民工参加工伤保险。2007 年，东莞市在全省范围内率先实施建筑业企业施工作业人员按照建筑施工项目参加工伤保险制度。至 2007 年 12 月底，全市工伤保险参保单位有 6.24 万家，参保人数达 360 万人次。

2013 年 12 月，东莞市工伤保险参保单位为 15.42 万家，参保人数达 496.03 万人，为东莞有史以来工伤保险参保人数最高值。2018 年 12 月，东莞市工伤保险参保单位为 29.02 万家，工伤保险参保人数达 437.48 万人，工伤保险基金全年征收 9.00 亿元。

2019 年 1 月，东莞市根据人力资源社会保障部和省人力资源社会保障厅《关于做好铁路、公路、水运、水利、能源、机场工程建设项目参加工伤保险工作的通知》，将相关工程项目人员全部纳入工伤保险参保范围。同年 6 月，东莞市再次将公务员纳入工伤保险参保范围。至此，东莞工伤保险已经完全覆盖《工伤保险条例》规定的全部参保人员范围，并且覆盖至建筑、铁路、公路、水运、水利等工程建设项目人员及公务员。

2. 工伤预防

2007 年 11 月，东莞市社保局、市安全监管局制定《关于印发〈东莞市工伤保险工伤事故预防工作实施方案〉的通知》，成立东莞市工伤保险工伤事故预防工作小组，开始探索部门之间联合的工伤预防工作机制。

2008 年 3 月起，在工伤事故预防工作小组的领导下，东莞市工伤预防工作全面展开，全市开展了针对事故多发企业的工伤预防培训、工伤预防宣传口号征集、工伤保险与工伤预防知识竞赛等活动，并建立了包括社保、安全监管、卫生等部门，覆盖市局及分局的“部门间协调的工伤预防机制”。

2009 年 8 月，东莞市被人力资源社会保障部确定为全国第一批工伤预防试点城市，试点任务为建立具有东莞特色的“部门间协调工作机制”。2011 年 6 月，东莞市工伤预防试点工作圆满完成并通过人力资源社会保障部验收。

2010 年 6 月，东莞市开始在镇街以产业集群和行业为基础，探索针对性的工伤预防机制。2010 年在大岭山镇进行家具行业的工伤预防风险防控研究，2011 年在长安镇进行五金模具行业工伤预防风险防控研究。

2013 年 4 月，东莞市再次被人力资源社会保障部确定为全国工伤预防试点城市，试点任务是探索建立科学、规范的工伤预防工作模式，包括费用提取比例、预算、宣传培训具体工作的开展等。

2016 年 8 月，东莞市第三次被人力资源社会保障部确定为工伤预防专项试点城市，试点任务是选择工伤高发的行业、工种、岗位等进行研究，最终形成行之有效、可复制推广的经验。

2017 年开始，东莞市结合之前的基础研究，将专业研究与自身经验相结合，总结形成工伤预防经验，2017 年完成《模具行业工伤预防指导规范》，2018 年完成《制造行业工伤预防指导规范》。上述经验总结出版后在全国发行，作为工伤预防经验在全国范围内进行推广。

3. 工伤认定

2004 年 6 月，东莞市工伤认定工作实现网络信息化管理，市局与各分局通过“5+2 信息平台”对工伤认定工作进行系统处理，实现了全市工伤认定业务规程、管理、操作等完全一致，并建立了分局负责辖区的工伤认定、市局对重大疑难案件进行重点指导的管理模式。

2005 年 3 月，东莞市制定《东莞市非法用工单位职工因工作伤亡或患职业病赔偿处理程序》，以解决童工及用人单位未登记注册或注销后发生的安全事故问题。

2007 年 8 月，东莞市社保局、市建设局制定《关于落实建筑业企业施工作业人员参加工伤保险工作的通知》，对建筑业企业事项按项目不记名参加工伤保险。

2009 年 9 月，东莞市将重大工伤认定事项作为配合全市扩权强镇政策措施下放至镇街分局办理。为配合做好业务管理，东莞市建立工伤保险业务联络员制度，对于业务中遇到的问题通过统一的邮件答复，实现全市政策理解和业务操作一致。

4. 劳动能力鉴定

2011 年 6 月，东莞市通过公开招标的方式确定非参保人劳动能力鉴定协议机构，将劳动能力鉴定购买服务从“委托鉴定”改为公开招标，理顺了鉴定服务的程序问题。

2013 年 3 月，东莞市劳动能力鉴定继续推行“全工作日开展现场鉴定”“流动点就近开展现场鉴定”“劳动能力鉴定网上申请”“特殊情况上门鉴定”等“鉴定十大便民服务”。11 月，东莞市与广州市签订劳动能力鉴定结论互认合作协议书，实现了两地劳动能力鉴定结论互认。

2014 年 3 月，东莞市社保局下发《关于简化工伤康复资格确认办理手续有关事项的通知》，简化工伤康复、辅助器具配置办理手续，实现了大部分劳动能力确认业务当日、当场办结。

2016 年 12 月，东莞市社保局、市卫计局联合下发《关于印发〈东莞市劳动能力鉴定专家抽取管理制度〉的通知》，对鉴定专家的抽取、管理、报酬支付等进行了规范管理。

2017 年 1 月，东莞市通过公开招标确定的两家鉴定服务协议机构开始提供现场鉴定服务。同年 4 月，东莞市印发《东莞市劳动能力鉴定（确认）现场鉴定管理规程》。同年 5 月，东莞市社保局印发《关于工伤职工劳动能力现场鉴定期间补充门诊检查、检验费用在院结算有关事项的通知》，解决鉴定期间补充的门诊检查、检验费用结算问题。

5. 工伤保险经办

2004 年 6 月，东莞市工伤保险待遇核发实现网络化管理与服务。同年 12 月，东莞市在全省率先实现工伤定点医疗机构工伤医疗住院费用现场结算。

2006 年 6 月，东莞市全面实施劳动保障部农民工“平安计划”，加大力度推进农民工参加工伤保险。2006 年 12 月，东莞市工伤保险参保人数达 283.25 万人，其中约 90%为农民工。

2007 年 6 月，东莞市社保局在开展省劳动保障厅工伤康复“关爱行动”的基础上，不断探索发展工伤康复工作。同年 10 月，东莞市（虎门）工伤康复中心正式挂牌成立。

2010 年 4 月，东莞市加强工伤医疗协议机构管理，采用定期检查和随机专项抽查的方式加强日常业务监管。同年 4 月，东莞市建立工伤康复协议机构考评制度，并建立工伤康复协议机构日限额结算方式。

2011 年 7 月，东莞市根据《社会保险基金先行支付暂行办法》规定，建立工伤保险基金先行支付制度。

2012 年 1 月，东莞市城乡一体化社会保险管理与服务平台系统正式上线，平台整合工伤保险行政、经办、协议机构等各项业务。同年 9 月，东莞市社保局下发《关于进一步加强东莞市社会保险签约定点医疗机构管理有关问题的通知》，进一步明确社会保险定点医疗机构准入规则。

2013 年 1 月，东莞市建立通过系统规则对工伤保险业务进行风险提示的工伤保险稽核统计分析系统模块。根据系统检测规则，当系统内出现异常操作时，由系统发出风险提示。

2014 年 9 月，东莞市再次对工伤保险业务规程进行修订，编印《东莞市社会保险业务管理规程（2014 年修订版）》。同年 12 月，东莞市康复医院通过省工伤康复资质委员会的评审，正式成为市工伤康复协议机构。

2015 年 4 月，东莞市社保局下发《关于工伤保险异地就医管理有关事项的通知》，对工伤保险异地就医进行规范管理。

2018 年 8 月，东莞市实现了在工伤职工入院登记、出院结算、费用零报出账等关键时点向工伤职工本人发送通知短信的功能，办事群众及时了解与掌握流程办理进度。

二、东莞市工伤保险的进展和主要成就

（一）坚持应保尽保，实现工伤保险全面覆盖

1. 参保单位情况

东莞市建立工伤保险制度的首要目的，就是解决当地因工伤引发的待遇纠纷问题。东莞市因地理位置特殊，处于改革开放发展前沿，20 世纪 80 年代中后期引入大量的“三资”“三来一补”企业，其中大部分是加工制造企业，工伤事故频发。东莞市工伤保险从建立之初，就迫切需要打破《劳动保险条例》对企业性质的限制，将工伤保险参保单位向私营企业、个体工商户进行扩展。

《东莞市职工社会工伤保险暂行办法》正式施行后，东莞市工伤保险参保单位覆盖行政区内全民所有制企业，集体所有制企业、股份制企业、私营企业、“三来一补”和“三资”企业以及实行企业管理的事业单位。2004 年，《工伤保险条例》《广东省

工伤保险条例》相继出台后，东莞市工伤保险参保单位在政策覆盖上已经完全和上述条例一致。2007年，东莞市实现建筑业企业施工作业人员按项目参加工伤保险。2019年1月，东莞市实现铁路、公路、水运、水利、能源、机场工程建设项目人员按项目参加工伤保险。2019年6月，东莞市再次将机关单位（公务员）纳入工伤保险参保范围。1990—2018年东莞市工伤保险参保单位数如图5-6-1所示。

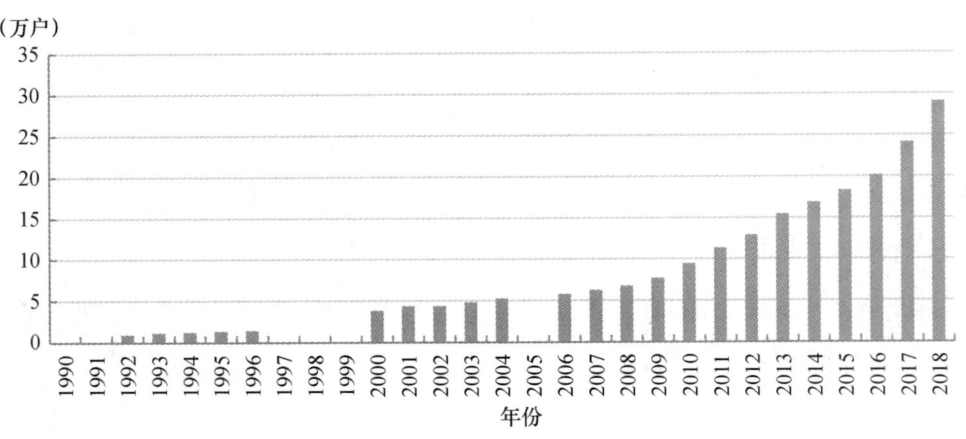

图5-6-1　1990—2018年东莞市工伤保险参保单位数

注：1997—1999年和2005年无参保单位统计数据。

2. 参保人员情况

20世纪80年代中后期，东莞市的改革开放深入发展，近百万的外来劳动力进入“三资”“三来一补”企业工作，大多为来自各地的农民工。1990年2月，《东莞市职工社会工伤保险暂行办法》规定的参保人员范围为东莞市行政区内各类企业以及实行企业管理的事业单位的职工，包括固定职工（含干部、工人）、合同制职工、临时工、学徒工、见习工作人员、农民轮换工。

1992年以后，东莞市逐年进行工伤保险扩面，将工伤保险参保对象从所有企业和实行企业管理的事业单位扩大到城镇个体工商户及其所属全部职工。2000年3月起，东莞市进一步推动私营企业、个体工商户参加社会保险，还将工伤保险一并覆盖了全市机关事业单位及其工作人员。2000年12月底，东莞市工伤保险参保人数突破百万大关，达到136.53万人。

2004年，《工伤保险条例》和《广东省工伤保险条例》相继实施，东莞市工伤保险参保人员在政策覆盖范围上已经和上述条例完全一致。2006 年 7 月，东莞市全面实施农民工“平安计划”，在全市范围内开展农民工参加工伤保险工作。2007 年 9 月，东莞将建筑业企业施工作业人员全部纳入工伤保险参保范围。2019 年 1 月，东莞市将铁路、公路、水运、水利、能源、机场工程建设项目人员全部纳入工伤保险参保范围。2019 年 6 月，东莞市根据广东省人力资源社会保障厅的要求，再次将机关公务员纳入工伤保险参保范围。1990—2018 年东莞市工伤保险参保人数如图 5-6-2 所示。

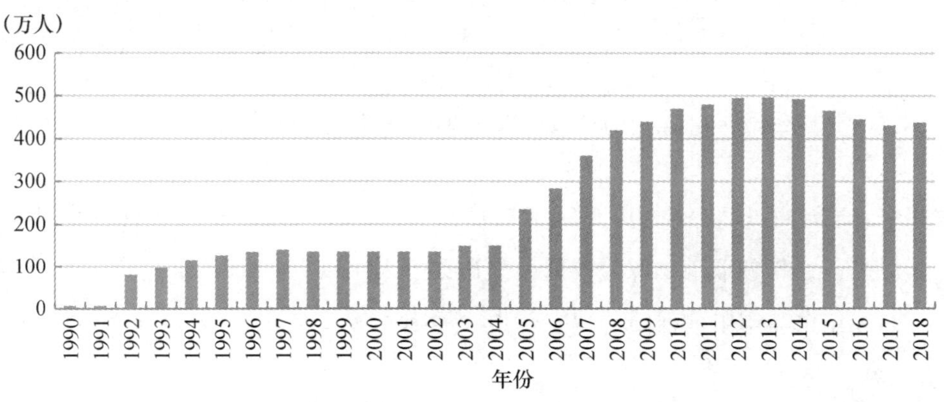

图 5-6-2　1990—2018 年东莞市工伤保险参保人数

（二）坚持及时高效，工伤保险待遇落实到位

1. 待遇支付情况

1990 年 2 月，东莞市实施《东莞市职工社会工伤保险暂行办法》，工伤医疗费采取社会保险机构与单位按金额数分段支付的办法，达到由用人单位参与监管、控制费用的目的。在待遇项目设置和费用标准上，东莞市一直坚持以最大的范围和最高的标准对工伤职工进行保障。1993—1995 年，东莞市多次政策性提高工伤保险待遇标准。1998 年 11 月，东莞市工伤保险执行《广东省社会工伤保险条例》，同时规定原东莞市计发工伤保险待遇标准高于《广东省社会工伤保险条例》规定的，仍按原待遇标准执行。1990—2018 年东莞市工伤保险待遇支付总额如图 5-6-3 所示。

2. 待遇人次情况

为提高待遇核发的办事效率，尽快将工伤保险待遇核发到工伤职工及工亡职工供养亲属。东莞市采取了一系列措施，包括 2004 年 6 月工伤保险待遇核发实现网络化管

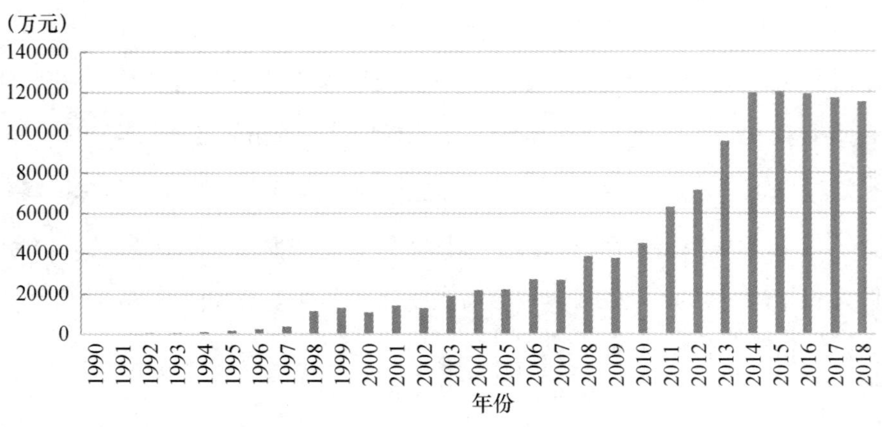

图 5-6-3　1990—2018 年东莞市工伤保险待遇支付情况

理与服务，2004 年 12 月工伤医疗定点医疗机构工伤医疗住院费用实现现场结算。自 2003 年以来，每年领取工伤保险待遇人次达 2 万人次以上，2014 年达到 4. 33 万人次。1990—2018 年东莞市工伤保险待遇支付人次如图 5-6-4 所示。

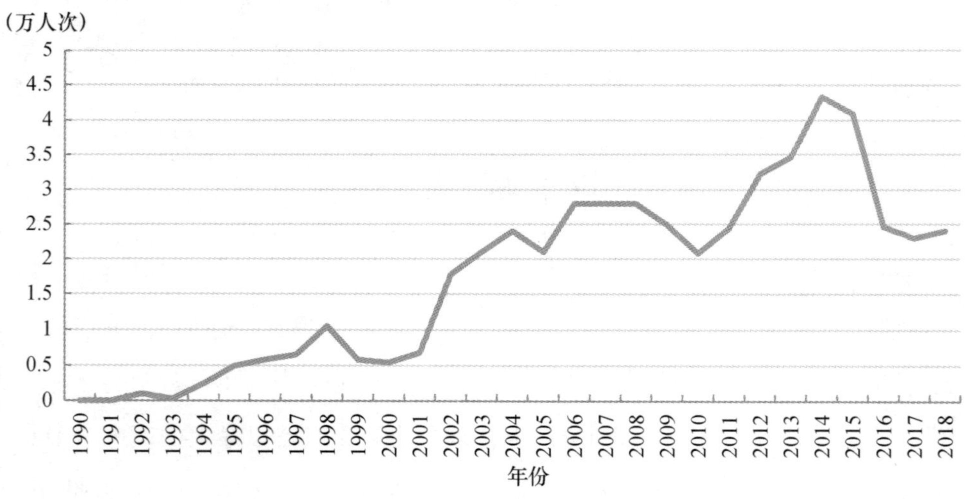

图 5-6-4　1990—2018 年东莞市工伤保险待遇支付人次

3. 待遇支付情况

2018 年，东莞市享受工伤保险待遇共 24 028 人（含往年人员），一次性伤残补助金平均 2. 37 万元，一次性工亡补助金标准为 72. 79 万元，伤残津贴平均为 2 584. 92 元/（人 · 月），生活护理费平均为 1 797. 32 元/（人 · 月），供养亲属抚恤金平均为

1 217.51 元/（人·月），工伤保险基金先行支付待遇 128 人，费用 578.01 万元，如图 5-6-5 所示。

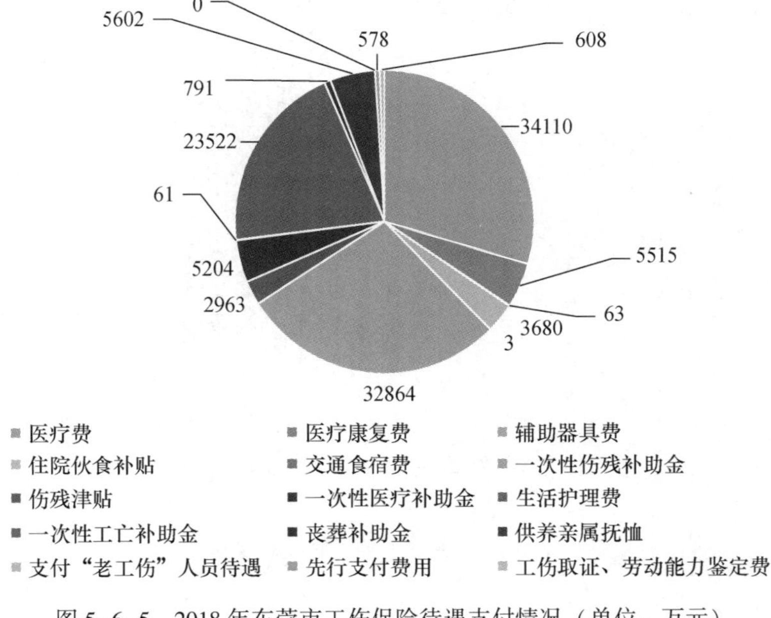

图 5-6-5　2018 年东莞市工伤保险待遇支付情况（单位：万元）

（三）坚持发展创新，构建工伤预防、工伤康复、工伤补偿“三位一体”的工伤保险制度体系

1. 工伤预防进展情况

自 1990 年 2 月，东莞市先后建立了工伤保险行业基准费率制度、安全生产奖励机制、工伤保险浮动费率机制。2004 年《工伤保险条例》和《广东省工伤保险条例》相继出台后，东莞市工伤预防工作开始全面推进。

2007 年 11 月，东莞市社会保障局与市安监局联合成立东莞市工伤保险工伤事故预防工作小组。2009 年 8 月开始，东莞市连续三次承接全国工伤预防试点项目，在建立部门间协调工作机制，探索建立科学、规范的工伤预防工作模式，探索行业工伤预防措施等方面均取得了有目共睹的成绩，形成可复制、可推广的工伤预防工作模式。

经过多年的发展，东莞市工伤预防工作已经建立了完善的工伤预防费率调控制度（行业基准费率制度、浮动费率机制）、工伤预防项目管理制度、工伤预防绩效评估及培训专家库管理等制度，在工伤预防从预算、项目确立、项目监管、费用支出、绩效评估等方面均有丰富的管理及风险管控经验。经过不懈努力，东莞市工伤事故发生率近年来整体呈下降趋势。1990—2018 年东莞市工伤事故发生率如图 5-6-6 所示。

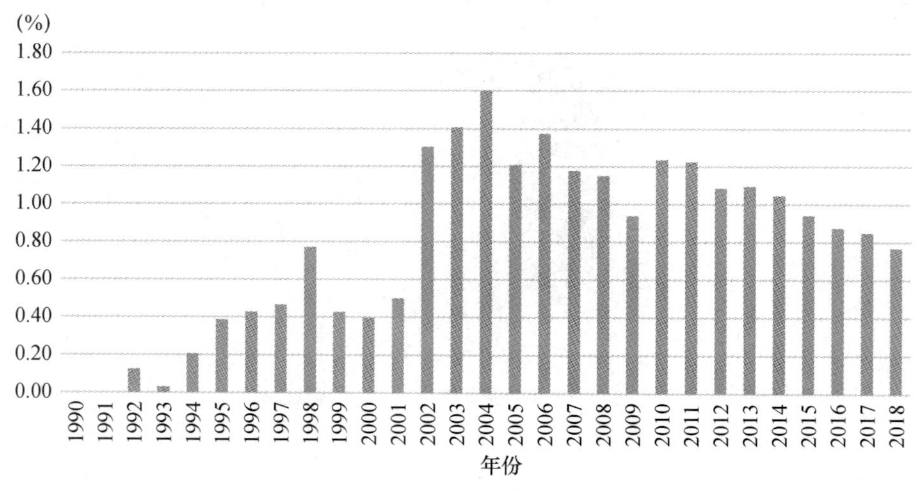

图 5-6-6　1990—2018 年东莞市工伤事故发生率

2. 工伤康复进展情况

1998 年 12 月，东莞市成立工伤康复中心，其主要工作任务是为因工受伤的参保职工提供多种治疗服务。2002 年 12 月，东莞市社会保险基金管理中心与东莞市桥头医院经过一段时间的康复治疗服务试运行后签订协议，康复治疗费用的结算根据康复时间结算，每日定额 100 元，费用全部由工伤保险基金支付。

2007 年 6 月，广东省劳动保障厅在全省推行工伤康复“关爱行动”，东莞市抓住发展机遇，在全市范围内大力推进工伤康复工作，新增东莞市虎门医院为工伤康复协议机构。2010 年 4 月，东莞市建立工伤康复协议机构考评制度，建立工伤康复协议机构日限额结算方式。通过一系列发展措施的推进，东莞市工伤康复工作得到迅猛发展。2014 年 12 月，东莞市新增东莞市康复医院为工伤康复协议机构，工伤康复协议机构增加到 4 家。2017 年 7 月，东莞市调整工伤康复协议机构费用结算方式为“项目和日平均定额相结合”。

2018 年 1—12 月，东莞市共完成工伤康复 854 人次，全年工伤康复核付天数共 88 161 天，记账费用共 5 902. 14 万元，工伤保险基金共支付工伤康复费用 5 515. 07 万元。2003—2018 年东莞市工伤康复费用支付情况如图 5-6-7 所示。

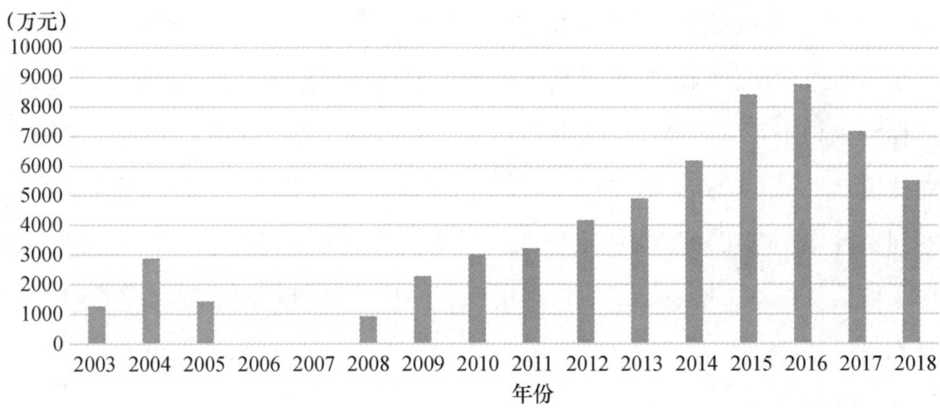

图 5-6-7　2003—2018 年东莞市工伤康复费用支付情况

注：2006 年和 2007 年工伤康复费未单独统计。

（四）坚持担当为民，发展创新体现“东莞经验”

1. 工伤保险参保缴费

社会保险经办机构与海关、外经办联办联审。1991 年，东莞市政府吸取历史多次重大事故经验，决定采取强制手段在全市推行工伤保险制度，要求东莞海关和市外经办在与“三资”“三来一补”企业签订合同、办理注册登记及相关手续时，必须符合社会保险有效证策方可办理。

2. 工伤认定

（1）聘请专业律师顾问参与工伤认定。1995 年，为解决工伤认定工作立法不够完善、政策理解多样引发的争议问题，东莞市社会保障局聘请东莞市对外经济律师事务所专业律师为法律顾问，有效地解决工伤认定争议，此举全省领先，使东莞市工伤认定工作一直维持在较高的质量水准。

（2）率先制定建筑工人工伤综合处置方案。2002 年 11 月，为解决建筑业企业未参保人员发生工伤需要处理的现状，东莞市社会保障局会同东莞市建设局制定了《关于做好建筑企业伤亡事故工伤认定工作的通知》，制定了由城建办协调处理、社保部门进行工伤认定、建筑企业配合待遇处理的综合处理方案，在全国范围内较早关注建筑业企业施工作业人员工伤，并制定了明确建筑工人工伤处置方案。

（3）引入“伤病因果关系司法鉴定结论”为工伤认定取证。2013 年 3 月，为彻底解决工伤认定过程中伤病因果关系判定困难、劳动能力鉴定委员会开展伤病因果关系鉴定依据和效力不足的问题，经认真研究，东莞市在工伤认定调查中引入“伤病因果关系司法鉴定”，对于存在疑问的案件，由认定部门主动委托司法鉴定机构开展伤病因果关系司法鉴定，费用从工伤认定取证费列支，司法鉴定结论作为认定的重要依据。该措施采取后从根本上解决了工伤认定中伤病因果关系判断的证据和效力问题，社会各界反响良好。

3. 劳动能力鉴定

（1）劳动能力鉴定现场鉴定委托医疗机构开展。1996 年，东莞市劳动能力工作委托东莞市万江谷涌医院进行，通过购买服务，由医院按要求聘请相关专家建立专家库，成立医务鉴定小组开展现场鉴定，社保部门进行监管。此举有效解决了社保部门面临的专业人员匮乏、资金场地有限且自身进行鉴定合法性的问题，有效保证了劳动能力鉴定的质量和效率，多年来东莞市的省再次鉴定改级率接近于零。此举被广东省人力资源社会保障厅作为先进经验在全省范围内进行推广。

（2）劳动能力鉴定推行“十大便民服务措施”。自 1996 年开始，东莞市劳动能力鉴定逐步推出了“全工作日开展现场鉴定”“鉴定业务进驻大厅”“流动点就近开展现场鉴定”“特殊情况上门鉴定”“劳动能力鉴定网上申请”“申请人照片现场采集”“鉴定费用现场结算”“康复及辅具确认当场办结（已取消）”“鉴定项目材料标准化”“社工介入（已取消）”十大便民服务措施。

（3）通过公开招标确立劳动能力鉴定协议机构。2011 年 6 月，东莞市通过公开招标的方式确定非参保人劳动能力鉴定协议机构，将劳动能力鉴定购买服务从“委托鉴定”改为公开招标，彻底理顺了鉴定购买服务的程序问题。2017 年 1 月，通过公开招标确定的两家鉴定服务协议机构开始提供现场鉴定服务。

4. 工伤保险经办管理

（1）工伤保险行政与经办融合一体化办公。至 2010 年 2 月，东莞市工伤认定、劳动能力鉴定、工伤保险待遇核发等各项工伤保险业务均实施一体化办公，一个科室协调所有工伤保险环节，实现了在工作人员配置极其有限的前提下，高效完成全市每年数以万计的工伤保险行政及经办业务，并培养了一批精通工伤保险政策和经办业务的骨干、专家。

（2）与工伤医疗专科医院签订工伤医疗专项协议。2000 年 6 月，为方便工伤职工就诊，东莞市单独将广州和平手外科医院和广东省职业病防治院（限职业病）纳入工伤医疗协议机构范围，实现了工伤医疗的“分列管理”。

（3）工亡职工供养亲属抚恤金可以按供养对象分账号划拨。2003 年 6 月，东莞市工亡职工供养亲属抚恤金实现了分账号划拨，较好地保障了工亡职工的父母和未成年子女的合法权益。

（4）建立工伤保险信息系统规则检测与稽核分析系统。2004 年，东莞市工伤保险待遇核发实现网络化管理与服务，通过系统规则设置对待遇核发条件进行检测与提示。2013 年 1 月，东莞市建立工伤保险稽核统计分析系统，通过系统规则设置，当系统内出现异常操作时，由系统发出风险提示。

（5）建立一套完整、完善的工伤康复管理机制。2007 年以来，东莞市在工伤康复工作上取得瞩目的成就，在全国范围内率先探索建立工伤康复协议机构考评制度、工伤康复协议机构日限额结算方式等，建立了一套完整的工伤康复管理体系。东莞市每年完成工伤康复近千人次，工伤职工经一系列规范的康复治疗后，身体功能得到极大的恢复，再就业率达 95%以上。

（6）实现工伤保险参保人员工伤医疗费用明细数据传送。2016 年 6 月，东莞市市内协议医疗机构实现工伤参保人员工伤医疗费用明细数据传送，经办机构核发待遇时可以直接导入工伤职工住院信息数据，既方便了群众，又提高了工伤医疗费用零星报销的业务效率。

三、东莞市工伤保险面临的挑战

（一）工伤预防功能发挥不足

东莞市工伤保险制度实施近 30 年，并自 2009 年开始连续三次承担国家工伤预防试点工作，其工伤预防的意识和效果不言而喻。东莞市工伤预防措施实施后，工伤事故整体上得到了有效的控制，事故发生率和机器事故发生率都有了大幅下降，但整体来说，目前工伤预防的功能仍发挥不足，主要包括以下几点：

1. 工伤预防标准化业务和内容体系尚未建立

目前全国层面尚未建立一套完整的工伤预防标准化业务体系和工伤预防内容体系、绩效评价考核体系。工伤预防是一项需要长年、持续性开展方可见成效的工作，在标准化和内容体系未构建完全的情况下，难以充分发挥工伤预防的作用。

2. 专业化的工伤预防信息管理系统尚未建立

工伤预防是一项以大数据为基础的工作，目前各地难以建立有效的工伤预防信息管理系统，现有的工伤预防数据主要来源于人力资源社会保障部门的业务数据，存在数据来源单一、时效滞后、难以比对等情况，尚未建立有效的信息共享、交流、交换机制，难以满足当前工伤预防发展的需要。

3. 工伤预防费用提取使用不足

根据《关于印发工伤预防费使用管理暂行办法的通知》第五条规定，工伤预防费的使用原则上不得超过统筹地区上年度工伤保险基金征缴收入的 3%。因工伤预防工作需要，经省级人力资源社会保障部门和财政部门同意，可以适当提高工伤预防费的使用比例。但实际上，受制于多种主客观原因，近年来东莞市工伤预防费实际支出比例约为 0. 8%，且实际执行率为 80%左右。自 2018 年以来，全国范围内实施大规模的工伤保险费率阶段性下调，导致各地当期基金收入大幅下降，会进一步影响工伤预防费用的支出。

4. 缺乏有效的工伤预防管理协调机构

工伤预防是一项社会性、综合性、全局性的工作，但目前各部门各司其职，难以形成合力，甚至还存在部分职能重叠和交叉，不利于工伤预防工作协调开展。要进一步推进全市工伤预防工作有效和长远开展，需要进一步整合各部门职能，建立一套更高效、信息沟通反馈更快捷的联合管理协调机制。

（二）工伤康复仍需完善制度设计

工伤康复是工伤预防、工伤康复、工伤补偿“三位一体”工伤保险制度体系的一个重要组成部分，但其政策配套和政策支持力度严重不足，迫切需要对工伤康复进行制度完善。

1. 工伤康复制度建设不足

在全国层面，目前除了《人力资源社会保障部关于印发〈工伤康复服务项目（试行）〉和〈工伤康复服务规范（试行）〉（修订版）的通知》及公布第一批区域性工伤康复示范平台名单之外，对工伤康复政策规定甚少，各地工作开展缺乏统一的指导规范。

2. 工伤康复报销模式需要调整

省层面将工伤康复定义为在协议机构开展的“住院康复”，为“病情相对稳定之后的专项康复”，但根据《工伤保险条例》及《关于印发工伤保险经办规程的通知》等有关规定，工伤康复应该探索门诊康复和住院康复相结合的工伤康复管理制度。

（三）工伤医疗迎接系统重建

东莞市工伤医疗管理过去一直依托于基本医疗保险的医院管理，除广州和平手外科医院及省职业病防治院之外，协议机构的准入、管理、考核等工作均由基本医疗保险管理部门办理，工伤保险只是增加一些专业的考核评分标准。在成立医疗保障局后，工伤医疗面临着全面的系统重建，需要人力资源社会保障部门重新建立一套完整工伤医疗管理机制，包括工伤医疗协议机构准入、管理、考核制度，并且安排专人落实有关管理。工伤医疗制度的重建成为工伤保险管理的一个重要任务。

（四）惠民服务紧跟时代步伐

自 1990 年东莞市工伤保险制度体系建立以来，东莞市立足本市的实际情况，以解决问题为出发点，充分发挥主观能动性，充分利用极其有限的资源条件，将惠民服务发挥到极致，建立了一套包括参保缴费、工伤认定、工伤医疗、工伤康复、劳动能力鉴定和工伤保险待遇等在内的全方位工伤保险服务体系。随着时代的发展，惠民服务也需要紧跟时代步伐。

1. 原有的惠民服务优势逐渐被各地追平

东莞市于 1995 年开始聘请法律顾问协助开展工伤认定，1996 年开始委托医疗机构开展劳动能力鉴定，2003 年建立劳动能力鉴定流动点就近服务，2004 年实现工伤医疗住院费用联网结算，可以说极大地方便了用人单位和工伤职工。但是随着国家工伤保险立法的逐渐完善、劳动能力鉴定管理办法的实施，以及 2019 年广东省工伤保险省级统筹的推进，原有的服务优势将逐渐被全省统一的业务管理拉平。

2. 现有的惠民服务随着政策及业务形势的变化而面临困境

自 1996 年起，东莞市劳动能力鉴定即采取了“全工作日鉴定”，即每个工作日均开展现场鉴定，自 2003 年以来，每日开展现场鉴定场次均不少于 3 场。随着鉴定专家随机抽取制度的建立、工伤认定数量的下降及相关监管制度逐渐严格，在被鉴定人数量持续下降、业务运行成本高涨的情况下，原有的惠民服务能否长期维持，需要重新进行政策评估和绩效评估。

3. 新的惠民服务措施实施需要顶层设计

当前，通过购买服务、利用“互联网+”及大数据实现工伤认定、劳动能力鉴定及待遇核发等各项工伤保险业务办理，是时代的趋势和群众的迫切需要。将最新的技术，如身份验证、事故调查应用到工伤保险业务之中，需要政策支持、资金支持和多部门联动。当前工伤保险基金省级统筹、工伤保险业务进驻统一的政务大厅等，都需要政府主导。今后的工伤保险惠民措施，也越来越需要国家从顶层设计开始布局。

四、东莞市工伤保险的主要任务和发展前景

（一）东莞市工伤保险下一步发展的主要任务

1. 按工伤保险省级统筹工作部署全面开展各项工伤保险工作

根据《广东省工伤保险基金省级统筹实施方案》，自 2019 年 7 月 1 日起，广东省实施工伤保险基金省级统筹，由省人力资源社会保障厅对工伤保险进行统筹管理，实现全省工伤保险基金管理、参保范围和参保对象、费率和缴费标准、工伤认定和鉴定办法、待遇支付标准、经办流程和信息系统“六统一”。

2. 发展完善门诊与住院相结合的工伤医疗及康复体系

随着人力资源社会保障部门机构改革和职能调整，工伤医疗及工伤康复成为工伤保险业务中政策较为薄弱、发展相对滞后、管理亟待加强、风险较为突出的环节。人

力资源社会保障部门接下来应重点加强工伤医疗及工伤康复管理，构建门诊与住院相结合的工伤医疗及康复体系。

3. 构建风险预警提示性的工伤预防工作体系

在省级统筹的背景之下，应当立足东莞，结合全国、全省的工伤事故风险数据，建立一套完善的、整体的、风险预警性的工伤预防工作体系。应当从健全机构、夯实数据、加强宣传与培训、加强部门沟通等环节做文章。强化与相关职能部门沟通合作，联合执法，通过早预防、早改造、早发现、早介入等有效控制手段提高行政效率，降低事故与职业病发病率。结合本地区工伤预防重点领域和工伤保险工作重点等，统筹开展行业协会和大中型企业的工伤预防实施项目，开展面向社会和中小微企业的工伤预防项目。加强对重点行业、重点企业工伤预防的监管介入，充分发挥三次工伤预防试点的工作经验，将工伤预防工作不断推进。

4. 省统筹实施后维持现有的惠民服务不打折扣

从长远来说，工伤保险基金省级统筹按照规范高效、便民利民的原则进行构建，强调工作程序标准化，规范业务办理流程，统一申报材料要求、审核标准、裁量尺度、服务标准和协议文书，推进减证便民，强化内控与监督，实现工伤保险业务办理标准化和规范化的原则，制定和试行统一规范的经办规程。但在省人力资源社会保障厅完全落实各项措施之前，东莞市现有的系统辅助检测、鉴定伤情照片采集等惠民服务将受到直接的影响，现有的惠民便民服务将无法实现。东莞市将积极作为，主动采取措施与省级统筹集中系统进行对接，以尽量维持现有的惠民服务不打折扣。

（二）东莞市工伤保险发展前景展望

1. 初步实现以深度“互联互通”和深度大数据为基础的“智慧工伤保险”

按照省级统筹集中系统的规划，自2019年7月1日起，全省将实现工伤保险“六统一”，并逐步实现人力资源社会保障部门和卫健、应急、公安、住建等部门实现数据互联互通。展望未来，在社会各部门深度“互联互通”和深度大数据分析的基础上，工伤保险参保数据自动与税务、公安匹配，实现未参保单位和个人系统自动提示；工伤事故发生后，工伤认定调查、医疗（康复）、劳动能力鉴定、待遇核发等各环节实现信息自动交换、一体化办公。未来的“智慧工伤保险”体系，各部门、各业务流程之间可实现数据交换，业务流程将极大优化，办事群众足不出户即可完成业务办理，工伤保险业务办理更加简洁、标准、智能。

2. 以惠民服务为特色的“东莞经验”和“规模效应”将进一步放大

工伤保险省级统筹之后，在全省层面解决了政策、流程、操作、标准和构建问题，东莞市以惠民服务为特色的“东莞经验”将发挥更大的价值。东莞市将充分利用东莞人力资源社会保障系统“业务互通”的专业优势，把“东莞经验”和东莞“规模效应”两相叠加，以发挥极大的正效应。“规模效应”之下，人力资源社会保障部门更充分掌握谈判的主动权，进一步推进、调动各项工伤保险工作，以最有限的资源，为群众创造更高效便捷的服务。

3. 在省级统筹的前提下发展创造更多“东莞经验”

工伤保险省级统筹实施之后，东莞市现有的依托于政策、信息系统的便民服务措施将全部被省统一的服务平台取代，现有的政策优势和服务优势将不复存在。但依托构建完善、构架齐备、互联互通的省集中平台，东莞市将立足本市实际，以解决问题为出发点，充分发挥主观能动性，充分利用现有的资源条件，将惠民服务发挥到极致。将工伤预防、工伤医疗及工伤康复等工伤保险业务中政策较为薄弱、发展相对滞后，管理亟待加强、风险较为突出的业务作为工伤保险业务发展的突破点、创新点。

回顾历史，东莞市工伤保险自 1990 年建立以来，一路披荆斩棘，以“逢山开路，遇水架桥”的勇气和“功成不必在我”的境界，克服艰难险阻，一步一个脚印。通过 30 年的努力，东莞市工伤保险从无到有、从小到大、从弱到强，发展势头强劲，累计为 7 638.09 万人次提供了工伤保险保障，累计核发工伤保险待遇 113.31 亿元，为东莞市的改革开放和社会稳定做出了杰出的贡献。展望未来，东莞市工伤保险将立足于更高起点，重新出发，积极融入工伤保险省级统筹，继续以笃行务实的态度，以为民担当的精神，以积极创新、追求卓越的气魄，不断拓展工伤保险业务，不断提升工伤保险惠民服务水平，不断创新工伤保险“东莞经验”，以崭新的姿态迈向新时代，为保障和改善民生、全面建成小康社会贡献力量。